BASTEI
LÜBBE

BERNARD CORNWELL

TODES JACHT

Aus dem Englischen von
Hedda Pänke

BASTEI
LÜBBE

BASTEI-LÜBBE-TASCHENBUCH
Band 11789

Die englische Originalausgabe erschien 1988
unter dem Titel »Wildtrack« im Verlag MICHAEL JOSEPH
in der Penguin Group, London.

Lizenzausgabe: Gustav Lübbe Verlag GmbH, Bergisch Gladbach
Printed in Great Britain Februar 1992
Einbandgestaltung: Klaus Blumenberg, Bergisch Gladbach
Titelfoto: Image Bank
Satz: hanseatenSatz-bremen, Bremen
Druck und Bindung: Cox & Wyman, Ltd.
ISBN 3-404-11789-1

Der Preis dieses Bandes versteht sich
einschließlich der gesetzlichen Mehrwertsteuer

Dem Gedenken an David Watt gewidmet

Prolog

Sie sagten, ich würde nie wieder laufen können.

Sie sagten, ich müßte im Rollstuhl bleiben, bis man mich in die Kiste heben und den Deckel zuschrauben würde. Ich solle etwas Kaufmännisches lernen, sagten sie. Etwas Behindertenfreundliches, zum Beispiel Datenverarbeitung.

Sie behielten mich fast ein ganzes verdammtes Jahr da, bohrten eine Metallstange in meine rechte Hüfte und verpflanzten Haut da, wo meine Hüften und mein Arsch verbrannt waren. Sie malträtierten mein Rückgrat mit einer Mischung aus grober Zimmermannsarbeit und Mikrochirurgie, und als das halbwegs zu wirken begann – das hieß, ich mit den Zehen meines linken Fußes zucken konnte –, machten sie mich erneut auf und probierten noch ein bißchen mehr herum. Das alles hatte Monate gedauert, aber ich konnte noch immer nicht gehen.

Sie müssen sich daran gewöhnen, sagten sie, weil Sie nie wieder laufen werden. Sie werden nie wieder segeln können. Sie sind jetzt doppelseitig gelähmt, Nick, also schlagen Sie sich das alles aus dem Kopf. Ich sagte ihnen, sie könnten mich ...

»Das ist nicht die richtige Einstellung, Nick!« sagte Doktor Maitland mit seiner nüchternen Stimme. »Schließlich ist das kein Makel, müssen Sie wissen.

Ganz im Gegenteil!« Er blätterte durch die Seiten eines Jacht-Magazins, das auf einem Stapel ähnlicher Zeitschriften neben meinem Bett lag. »Und Sie werden bald wieder an Deck sein. Noch in diesem Frühjahr können Sie wieder segeln.«

Das war das erste Hoffnungszeichen, das er mir zuteil werden ließ, und ich reagierte erregt. »Tatsächlich?«

»Mein lieber Nick, selbstverständlich können Sie. Es gibt da einen Motorsegler auf dem Solent, der auf Fälle wie Ihren eingerichtet ist.«

Meine Erregung verebbte. »Fälle wie meinen?«

»Rampen für die Stühle und ausgebildetes Personal an Bord.« Maitland sprach stets in sachlichem Ton über diese Dinge, als wäre es absolut alltäglich, daß Menschen mit Schläuchen in ihrer Blase herumlaufen. »Vielleicht nehmen Sie jemanden von der Presse mit?« setzte er hoffnungsvoll hinzu. »Die wollen Sie alle interviewen.«

»Sagen Sie ihnen, sie könnten sich zum Teufel scheren. Keine Presse. Das war abgemacht, erinnern Sie sich? Ich will keinen einzigen verdammten Reporter sehen.«

»Also keine Presse.« Maitland konnte seine Enttäuschung nicht verbergen. Er liebte Publicity für sein paraplegisches Paradies. »Vielleicht werde ich mitkommen. Es ist schon viele Jahre her, seit ich segeln war.«

»Sie können allein gehen«, erwiderte ich.

»Das ist nicht die richtige Einstellung, Nick.« Er zupfte an meinen Hüllen, an denen es nichts zu zupfen gab.

Ich schloß die Augen. »Ich werde dieses verdammte Gebäude auf meinen eigenen zwei Beinen verlassen.«

»Das muß Sie doch aber nicht daran hindern, im Frühjahr segeln zu gehen, oder würde es?« Maitland und alle seine Hilfstruppen waren auf diese schlaue, forschende Wendung am Ende von Feststellungen spezialisiert; Wendungen, die dazu bestimmt waren, uns unser Einverständnis zu entlocken. Wenn sie uns erst einmal so weit hatten, daß wir es akzeptierten, verdammt zu sein, hatten sie ihre Schlacht schon halb gewonnen. »Würde es?« wiederholte er.

Ich öffnete die Augen. »Als ich das letzte Mal segeln war, befand ich mich auf der Forty Footer eines Freundes und kam gerade von Island zurück. Bei Färöer wurde sie schwer angeschlagen und verlor ihren Mast über den Spreizen. Wir hackten das zerbrochene Zeug ab, takelten die Mastbacken auf und brachten sie fünf Tage später sicher nach North Uist. Das war eine saubere Arbeit, Doc.« Ich erwähnte nicht, daß sich mein Freund den Arm gebrochen hatte, als das Boot quergeschlagen war, und daß das alles in einer verdammt scheußlichen Nacht geschehen war. Wichtig war nur, daß wir es mit dieser Hure von Nordsee aufgenommen und unser Boot nach Hause gebracht hatten.

Maitland hatte geduldig zugehört. »Das war vorher, nicht wahr, Nick?«

»Es kommt ja überhaupt nicht in Frage, Doc, daß ich auf Ihrer Krüppelbarke hocke und all die schönen Boote an mir vorbeiziehen sehe.« Ich wußte, daß ich flegelhaft und undankbar war, aber das war mir egal. Ich würde wieder laufen können.

»Wenn Sie meinen, Nick, wenn Sie meinen.« Maitlands Stimme deutete an, daß ich selbst mein größter Feind war. Er ging zur Tür, hielt dann aber inne, um sich im Zimmer umzusehen. Ein Ausdruck höchsten Erstaunens breitete sich auf seinem runden, rosigen Gesicht aus. »Sie haben ja gar keinen Fernseher!«

»Ich hasse das verdammte Fernsehen.«

»Wir halten es für ein extrem wichtiges therapeutisches Instrument, Nick.«

»Ich brauche keine verdammte Therapie. Ich will ein Paar Wanderschuhe.«

»Wollen Sie tatsächlich keinen Fernseher?« erkundigte sich Maitland ungläubig.

»Ich will keinen Fernseher.«

Und da schickten sie mir an diesem Nachmittag die neue Psychotherapeutin.

»Hello, Mister Sandman«, sagte sie strahlend. »Ich bin Doktor Janet Plant. Ich gehöre seit kurzem dem Team für Orientierungshilfe an.«

Sie hatte eine nette Stimme, aber ich konnte sie nicht sehen, weil ich der Tür den Rücken zugewandt hatte. »Sie sind die neue Seelenklempnerin?«

»Ich bin die neue Orientierungstherapeutin«, stimmte sie zu. »Was machen Sie da?«

Ich hielt mich mit der rechten Hand am Bettgestell fest und schob meinen rechten Fuß vorsichtig in Richtung Fußboden. »Ich bringe mir selbst das Gehen bei.«

»Ich dachte, dafür hätten wir eine physiotherapeutische Abteilung?«

»Da will man mir nur beibringen, wie man im Rollstuhl pinkelt. Sie versprechen mir, im Frühjahr zu Punkt Zwei überzugehen, wenn ich ein braver Junge bin.« Ich zuckte zusammen. Der Schmerz war unerträglich. Selbst wenn ich nur ganz wenig Druck auf mein Bein ausübte, reichte das aus, mir einen

Fleischerhaken ins Kreuz zu bohren. Ich rechnete damit, daß mich die Psychotherapeutin einen Masochisten nennen würde, weil ich mein Bein noch mehr belastete, sobald der Schmerz zuschlug.

Gott, war ich kraftlos. Mein rechtes Bein zitterte. Angeblich sollten die Nervenstränge durchtrennt sein, aber ich hatte herausgefunden, daß mein Knie angewinkelt blieb, wenn ich es mit den Händen beugte. Also schob ich das Bein hinunter und hangelte mich dann ganz behutsam vom Bett. Ich hielt mich noch immer am Bettgestell fest. Mein linkes Bein wurde ein bißchen belastet, und der Schmerz glitt wie Feuer die Sehnen entlang. Ich hatte weder Gleichgewicht noch Kraft, aber ich zwang mich vom Bett, bis ich halbgebeugt stand. Meine rechte Hand umklammerte das Fußende so krampfhaft, daß die Knöchel weiß waren. Ich konnte nicht atmen. Buchstäblich. Der Schmerz war so stark, daß mein Körper die Atemanweisungen nicht finden konnte. Er raste hinauf in meinen Oberkörper, meinen Hals und explodierte dann glühend in meinem Schädel.

Ich fiel rücklings aufs Bett. Als mein Atem zurückkam, begann mich der Schmerz zu verlassen, aber ich hielt die Augen geschlossen, damit man die Tränen nicht sah. »Als erstes«, versuchte ich ganz nonchalant zu klingen, »muß ich lernen, mich aufzurichten. Und dann einen Fuß vor den anderen zu setzen. Der Rest ist ganz einfach.« Ich wünschte, ich hätte nicht gesprochen, denn die Worte kamen als Schluchzer heraus.

Ich hörte, daß Dr. Plant einen Stuhl heranzog und sich setzte. Mir war nicht entgangen, daß sie keinen Versuch unternommen hatte, mir zu helfen – alles Bestandteil der Behandlung. Wir sollten scheitern, um unsere neuen Grenzen zu erkennen, die wir dann demütig akzeptierten. »Erzählen Sie mir von Ihrem Boot«, sagte sie mit institutionell nüchterner Stimme. Es war genau der Tonfall, den sie angeschlagen hätte, wenn ich behauptet hätte, Napoleon Bonaparte zu sein. »Erzählen Sie mir, wie Sie die Schlacht von Austerlitz gewonnen haben, Kaiserliche Hoheit.«

»Es ist ein Boot«, sagte ich mürrisch. Mein Atem ging inzwischen leichter, aber meine Augen waren noch geschlossen.

»Wir segeln eine Contessa Zweiunddreißig«, sagte Doktor Plant.

Ich öffnete die Augen und sah eine vernünftige, kurzhaarige und mütterliche Frau. »Wo liegt Ihre Contessa?« fragte ich.

»In Itchenor.«

Ich lächelte. »Ich bin einmal auf die Sandbank von East Pole aufgelaufen.«

»Unvorsichtig.«

»Es war nachts«, verteidigte ich mich, »und es hat ein Schneesturm gewütet, so daß ich die Markierungen nicht sehen konnte. Und eine mistige, hohe Flut. Ich war erst fünfzehn. Ich hätte nicht versuchen sollen, in den Kanal zu kommen, hatte aber Angst, mein alter Herr würde mir das Fell versohlen, wenn ich die ganze Nacht draußen blieb.«

»Hätte er?« fragte sie.

»Vermutlich nicht. Er griff nicht gern zum Rohrstock. Ich habe ihn häufig genug verdient, aber er ist nun mal ein ziemlich weicher Knabe.«

Sie lächelte, als wollte sie zeigen, daß ich schließlich ein Gebiet betrat, das sie verstehen konnte: einen Kanal, gut markiert mit den Pricken und Bojen des klinischen Studiums der Eltern-Kind-Beziehungen. »Ihre Mutter hat Sie verlassen, als Sie fünfzehn waren. Ist das nicht so?«

»Ich bin wohl ein richtiges Puzzle für Sie, was?«

»Nehmen Sie das denn an?« wollte sie wissen.

»Ich nehme an«, erwiderte ich, »daß ich es hasse, wenn verdammte Seelenklempner mich fragen, was ich annehme. Mein Vater hat Dreck am Stecken, meine Mutter hat sich aus dem Staub gemacht, mein Bruder ist ein Arschloch, meine Schwester noch schlimmer und meine Frau hat mich verlassen, um einen verdammten Parlamentsabgeordneten zu heiraten. Aber aus keinem dieser Gründe bin ich hier, Doktor. Ich bin hier, weil ich eine Kugel in den Rücken bekommen habe und der nationale Gesundheitsdienst die Aufgabe übernommen hat, mich wieder zurechtzuflicken. Und zu dieser Behandlung gehört nicht – ich wiederhole: nicht –, in meinem Hirn herumzustöbern.« Ich starrte zur Decke. Ich hatte fast ein Jahr damit verbracht, an diese verdammte Decke zu starren. Sie war cremefarben und hatte einen Haarriß, der irgendwie wie die Silhouette einer nackten Frau von hinten aussah. Wenigstens kam es mir so vor. Aber ich hielt es für besser, Dr. Plant nicht zuviel zu sagen, sonst würde ich noch mit an den Schädel geklebten Elektroden auf eine Couch geschnallt. »Ich habe mal eine Contessa Zweiunddreißig nach Holland gebracht«, sagte ich. »Ein hübsches Boot.«

»Das ist es«, sagte sie enthusiastisch. »Erzählen Sie mir von Ihrem Boot.«

Ich nehme an, ich habe es ihr gesagt, weil sie Seglerin war. Der Trick, den nationalen Folterdienst zu überleben, besteht darin, einen Traum zu haben, in den sie sich nicht einmischen können; eine Sache, die einem Hoffnung gibt. Mein Traum war die *Sycorax*.

»Sie heißt *Sycorax*«, sagte ich. »Achtunddreißig Fuß, Mahagoni auf Eiche, Teakholzdecks. Wurde neunzehnhundertzweiundzwanzig als gaffelgetakelte Ketsch gebaut. Für einen reichen Mann, daher wurde an nichts gespart. Ihre übliche Takelung besteht aus Klüver, Stag-, Groß-, Topsegel und Besan. Alle aus schwerer Baumwolle. Sie hat Messingluken und kardanisch aufgehängte Öllampen in der Kabine.« Meine Augen waren wieder geschlossen. »Und die hübschesten Konturen diesseits vom Paradies. Sie ist dunkelblau mit weißen Segeln. Sie hat einen langen Kiel, ist gebaut wie ein Sherman-Panzer und kann genau so eigensinnig sein wie die Hexe, von der sie ihren Namen hat.« Ich lächelte, erinnerte mich an die Sprödigkeit meiner *Sycorax* vor einem auffrischenden Wind.

»Die Hexe Sycorax.« Dr. Plant runzelte die Stirn in dem Bemühen, den Namen unterzubringen. »Von Shakespeare?«

»Aus dem *Sturm*. Sycorax war Calibans Mutter. Wer ihren Zorn erregte, den zwang sie in einen Baum. Das ist ein Witz, wissen Sie, weil ein aus Holz gebautes Boot seinen Besitzer in Schulden zwingt.«

Dr. Plant zeigte ein pflichtschuldiges Lächeln. »Ich hoffe, sie liegt während Ihres Aufenthalts hier auf Land.«

Ich schüttelte den Kopf. »Ich hatte keine Zeit, sie aus dem Wasser zu holen. Aber sie ist kupferummantelt und liegt an einem privaten Liegeplatz. Sie ist vielleicht ein bißchen ramponiert, aber das kann ich reparieren.«

»Sie sind Tischler?« Da war ein Anflug von Überraschung in ihrer Stimme.

Ich wandte den Kopf, um sie anzusehen. »Daß ich Armeeoffizier war, Doktor Plant, heißt noch lange nicht, daß ich absolut nutzlos bin.«

»Kennen Sie sich mit Holzarbeiten aus?« beharrte sie.

Ich hob die Hände mit den Schwielen meiner Tätigkeit. Aber wenn die Schwielen auch hart waren – die Fingerspitzen waren weiß und zart. »Früher einmal. Und ich war auch ein guter Mechaniker.«

»Sie betrachten sich also durchaus als einen Mann fürs Praktische, oder etwa nicht?« fragte sie mit der professionellen Wendung.

»Sie mischen sich schon wieder ein«, warnte ich. »Sie sind gekommen, um Doktor Maitlands Arie zu singen. Lernen Sie was, Nick. Lassen Sie sich zum Buchhalter und Programmierer ausbilden. Reden Sie mit den Zeitungen, Nick. Man wird Sie für das Interview bezahlen, und dann können Sie sich mit dem Geld einen hübschen, kleinen, elektrisch betriebenen Rollstuhl mit Hupe kaufen. Mit anderen Worten – geben Sie auf, Nick, fügen Sie sich. Wenn ich das gewollt hätte, Doktor, wäre ich in der Armee geblieben. Dort hat man mir einen Schreibtischjob angeboten.«

Sie stand auf und ging zum Fenster. Ein kalter Wind trieb winterlichen Sprühregen gegen die Scheiben. »Sie sind ein sehr starrköpfiger Mann, Mister Sandman.«

»Stimmt.«

»Aber wie wird Ihre Starrköpfigkeit mit der Tatsache fertig, daß Sie nicht mehr gehen können?« Sie wandte sich mit einem fragenden Ausdruck auf dem mütterlichen Gesicht vom Fenster ab. »Wenn Sie feststellen, daß Sie Ihre *Sycorax* nie wieder segeln werden?«

»Im nächsten Jahr«, ignorierte ich ihre Fragen, »werde ich mit ihr nach Süden segeln. Nach Neuseeland. Für das Ziel Neuseeland gibt es keinen besonderen Grund. Also fragen Sie nicht danach.« Jedenfalls fiel mir kein besonderer Grund ein. Ich kannte niemanden in Neuseeland, war noch nie dort gewesen, aber irgendwie war es mein Gelobtes Land geworden. Ich wußte, dort spielte man gut Rugby und Cricket, es gab hervorragende Segelgewässer, und es schien ganz allgemein eine Gegend zu sein, in der ein anständiger Mensch anständige Tage verbringen konnte; unbehelligt von der Anmaßung wichtigtuerischer Dummköpfe. Sollte ich Neuseeland je erreichen, werde ich zweifellos feststellen, daß ich mir da etwas vorgemacht habe, aber diese Enttäuschung kann warten, bis ich von Deck mein fernes Ziel sichte. »Zunächst segele ich zu den Azoren«, fuhr ich verträumt fort, »dann hinüber nach Barbados, südlich nach Panama, weiter zu den Marquesas . . .«

»Nicht um Kap Hoorn?« unterbrach Dr. Plant scharf.

Ich warf ihr einen warnenden Blick zu. »Schon wieder Einmischungen?«

»Es war keine unfaire Frage.«

»Nehmen Sie an, ich wolle nicht in den südlichen Atlantik zurück?«

Sie schwieg einen Moment. »Dieser Gedanke ist mir gekommen, ja.«

»Ich habe keine Alpträume, Doktor, nur Träume.« Das stimmte nicht. Noch immer fuhr ich zitternd aus dem Schlaf hoch, mit meinen Gedanken auf einer Insel im Südatlantik. Aber das war meine Sache, nicht ihre.

Dr. Plant lächelte. »Träume können in Erfüllung gehen, Nick.«

»Bemuttern Sie mich nicht, Doktor.«

Sie lachte und klang plötzlich viel mehr nach einem Segler als nach einem Psychotherapeuten. »Sie sind wirklich ein sturer Hund, was?« Ich war es; und zwei Wochen später, obwohl ich es niemandem erzählte, schaffte ich es, humpelnd, hüpfend und schlurfend bis zum Fenster zu kommen. Es kostete mich drei Minuten und heftige Schmerzen, und mein Atem rasselte wie Glaspapier, als ich mich schließlich ans Fensterbrett klammerte und die Stirn gegen die kühlen Scheiben lehnte. Es war ein wolkenloser Winterabend. Der Vollmond stand über dem Krankenhausgelände, auf dem die kahlen Bäume mattschwarz und -silbern schimmerten. Ein Auto bog um das Nachbarhaus und seine Scheinwerfer blendeten mich einen Augenblick lang. Dann waren sie verschwunden. Als ich wieder sehen konnte, suchte ich den Aldebaran. Es hatte eine Zeit gegeben, in der ich diese ferne Sonne mühelos hinunter zum morgendlichen Horizont bringen konnte. Das gelang durch das Wunder eines Sextantenspiegels. Jetzt war ich ein zitternder Krüppel, aber irgendwo weiter südwestlich wartete mein Boot. Sie würde an ihren Warpleinen zerren, ihre Trossenschoner an der Kaimauer reiben und wie ich darauf warten, freigelassen zu werden. Frei zu sein für die langen, langen Winde unter dem kalten Licht des Aldebaran.

Denn eines Tages, egal was die verdammten Ärzte auch sagten, würde die *Sycorax* mich nach Neuseeland tragen. Nur wir zwei in großartigen Wassern, nach Süden segelnd und frei.

Teil Eins

Vierzehn Monate später durchschritt ich das Krankenhaustor.

Ich wußte, daß Dr. Maitland der Presse von meiner Entlassung berichten würde, deshalb ging ich zwei Tage vor der Zeit. Ich wollte kein großes Theater. Ich wollte nur zurück nach Devon, dort in ein Pub gehen und so tun, als wäre ich lediglich ein oder zwei Wochen fortgewesen, mehr nicht.

Also hinkte ich die Auffahrt hinunter und redete mir ein, der Schmerz in meinem Rücken sei erträglich und der humpelnde Gang nicht allzu grotesk. Vor dem Krankenhausgelände bestieg ich einen Bus, dann einen Zug nach Totnes und schließlich einen weiteren Bus, der sich durch die tiefeingeschnittenen Täler zwischen den Hügeln der West Hams entlangschlängelte. Der Winter ging zu Ende, und an den Hecken entlang der Straße blühten Schneeglöckchen. Ich hätte heulen können; aus diesem Grund hatte ich niemandem erzählt, daß ich nach Hause kam. Ich hatte gewußt, wie glücklich mich der Anblick der Hügel von Devon machen würde.

Ich bat den Busfahrer, mich oben an der Ferry Lane abzusetzen. Er sah zu, wie ich die Stufen des Fahrzeugs hinunterhinkte und hörte mein Ächzen unter der Anstrengung des letzten, tiefsten

Schritts auf die Straße. »Alles in Ordnung, mein Freund?«

»Ausgezeichnet«, log ich. »Ich möchte nur ein bißchen laufen.«

Die Tür zischte zu, und der Bus rumpelte auf das Dorf zu, während ich mich humpelnd die Straße zur alten Fähren-Helling hinunterquälte. Von dort aus konnte ich einen Blick über den Fluß auf die *Sycorax* werfen.

Ein Blick auf mein Zuhause, denn wie angeschlagen sie durch den Frost und die Stürme des Winters auch sein mochte – die *Sycorax* war mein Zuhause. Sie war das einzige Zuhause, das ich hatte oder wollte, und der Gedanke an sie hatte mich durch die langen Monate bis zu dem Moment aufrechterhalten, an dem ich nun auf sie zuging.

Oder besser zuhinkte. Das Laufen schmerzte, aber ich wußte, daß es für den Rest meines Lebens schmerzen würde. Ich mußte ganz einfach damit leben und ich hatte entschieden, daß der beste Weg zum Damitleben das Vergessen war. Und der beste Weg zum Vergessen war, an etwas anderes zu denken.

Das fiel mir plötzlich ganz leicht, denn als ich auf halbem Wege um die scharfe Biegung kam, spiegelte sich eine wäßrige Sonne überraschend strahlend in den Fenstern des alten Hauses meines Vaters hoch über dem anderen Ufer.

Ich blieb stehen. Der neue Besitzer hatte einen Vorbau hinzugefügt und ihn fast vollständig verglasen lassen, so daß man über die weiten geschwungenen Rasenflächen bis hinunter zum Wasser blicken konnte. Der hohe Mast, den mein Vater auf der Terrasse installiert hatte, stand immer noch da mit seinem Dwarssaling, seinen Wanten und seiner winkligen Rah. Da keine Flagge am Mast hing, nahm ich an, daß niemand zu Hause war. Als ich so über den Fluß blickte, wirkte das Haus auf mich wie ein fremder Ort, für den mein Visum längst abgelaufen war.

Ich nahm meine kleine Tasche auf und hinkte weiter. Im Sommer war diese Straße voller Dingi-Segler, die ihre Fahrzeuge zum Ufer zogen. Aber jetzt, im Kielwasser der Winterkälte, war lediglich ein Auto oben an der alten Helling geparkt. Es war ein großer Kombi, gefüllt mit Werkzeug, Warpleinen und all den Utensilien, die nötig sind, um ein Boot für die neue Saison fertig zu machen. Ein Mann mittleren Alters verstaute Dosen und Pinsel in einem Sack. »Morgen! Ist es nicht ein herrlicher Tag?«

»Ist es«, stimmte ich zu. Draußen im Fluß war etwa ein Dutzend Boote vertäut – eine Handvoll, verglichen mit der Zahl der Schiffe, die diesen Ankerplatz im Sommer nutzten, aber genügend, um mir die Sicht auf die *Sycorax* zu versperren. Sie lag an der Anlegemauer, die zum alten Bootshaus meines Vaters führte, am gegenüberliegenden Ufer.

Es war Ebbe. Ich hoffte, daß der Mann mich nicht beachten würde, weil nun der Moment gekommen war, der mich die ganzen Monate im Krankenhaus am Leben erhalten, mich die Schmerzen hatte ertragen lassen. Das war der Traum: Das Boot zu sehen, das mich nach Neuseeland bringen würde. Ich war auf das Schlimmste vorbereitet, daß ihre oberen Seitenteile schäbig und ihr Rumpf von der Kälte zweier Winter angegriffen war. Im Herbst hatte Jimmy Nicholls geschrieben, daß an ihr etwas getan werden müsse, und zwischen den Zeilen hatte ich gelesen, daß eine Menge Arbeit nötig war. Ich hatte mir aber eingeredet, daß es ein Vergnügen sein würde, die *Sycorax* zu reparieren, wenn die Tage länger wurden und meine Kräfte zurückkehrten.

Wie ein Kind, das eine Vorfreude verlängern will, sah ich nicht auf, während ich zum Ende der Helling humpelte. Erst als meine Füße fast das schnellfließende Wasser des Flusses berührten, hob ich den Blick. Ich hielt den Atem an. Ich war wieder zu Hause.

Und die *Sycorax* war fort.

»Ist irgend etwas nicht in Ordnung?«

Mein rechtes Bein zuckte unkontrolliert. Die *Sycorax* war fort. An ihrer Stelle, festgemacht an der Mauer, die mein privater Liegeplatz war, befand sich ein kastenförmiges Hausboot.

»Entschuldigen Sie . . .« Es war der Mann mittleren Alters, der sich auf weichsohligen Gummistiefeln genähert hatte. Es war ihm peinlich, die Frage stellen zu müssen. »Geht es Ihnen auch gut?«

»Ja«, erwiderte ich schroff, da ich nichts von der Verärgerung verraten wollte, die ich empfand. Ich sah zur großen Bucht weiter flußaufwärts, in der eine Handvoll Boote vertäut waren, aber auch dort war die *Sycorax* nicht. Ich blickte zur Flußbiegung, die das Dorf verbarg, aber da war kein einziges Schiff festgemacht. Sie war fort.

Ich drehte mich um. Der Mann war zurückgegangen, um sein Schlauchboot mit Gerätschaften zu beladen. »Haben Sie während des Winters draußen gelegen?« fragte ich.

»Ich fürchte, ja«, erwiderte er zögernd, als würde ich ihn beschuldigen, sein Boot zu mißhandeln.

»Sie wissen nicht zufällig, was mit der *Sycorax* geschehen ist, oder?«

»Sycorax?« Er richtete sich verdutzt auf und schnippte dann mit den Fingern, als er sich an den Namen erinnerte. »Tommy Sandmans altes Boot?«

»Ja.« Es war kaum der richtige Zeitpunkt für die Erklärung, daß mir mein Vater die Jacht vor langer Zeit verkauft hatte.

»Traurig«, sagte er. »Eine Schande, wirklich. Sie liegt da oben.« Er deutete über den Fluß. Ich drehte mich um, und endlich sah ich sie.

Sie war nicht verschwunden, sondern auf den bewaldeten Hügel südlich vom Bootshaus gezogen worden. Ich konnte gerade noch ihr Heck im Unterholz erkennen. Ein tiefgekielter Rumpf wie der der *Sycorax* sollte auf einen Stapelschlitten gehoben oder auf Böcken gelagert werden, aber wer auch immer mein Boot an Land gebracht hatte, hatte es wie ein Stück totes Fleisch ins Trockene gehievt und im Unterholz ausgesetzt.

»Eine verdammte Schande«, meinte der Mann bekümmert. »Sie war ein hübsches Ding.«

»Können Sie mich hinüberbringen?« fragte ich.

Er zögerte. »Ist das nicht Privatbesitz?«

»Das Gehölz nicht, glaube ich.« Ich war sicher, aber ich wollte meine Beziehungen zu diesem Flußstreifen nicht preisgeben. Er verfolgte die unbeholfenen Manöver, die nötig waren, damit ich in sein Dingi klettern konnte. Statt einfach einzusteigen, mußte ich mich auf die Steine am Rand der Helling setzen und dann den Körper zur Seite wuchten, als wollte ich vom Bett in den Rollstuhl.

»Wie ist das passiert?« fragte er.

»Autounfall. Vorderreifen geplatzt.«

»Pech.« Er ließ die Säcke mit Farbe und Pinseln hinuntergleiten, kletterte dann selbst ins Boot und zerrte den Außenbordmotor in sein geräuschvolles Leben. Er erzählte mir, er sei Zahnarzt mit einer Praxis in Devizes. Seine Frau verabscheute das Meer. Er zeigte mir sein Boot, eine Westerly Fulmar, und meinte, er glaube, langsam zu alt dafür zu werden; was vermutlich hieß, daß die Nörgelei seiner Frau ihn fertigzumachen begann. In ein oder zwei Jahren, sagte er, werde er seine Westerly auf den Markt werfen und das dann für den Rest seines Lebens bereuen.

»Machen Sie es nicht«, sagte ich.

»Sie will Disneyworld sehen.«

Wir verfielen in gemeinschaftlichen Trübsinn. Ich sah zur *Sycorax* hinüber. Die goldene Beschriftung am Heck fing einen Sonnenstrahl auf und zwinkerte mir zu. »Wer hat sie an Land gebracht?« fragte ich.

»Weiß der Himmel. Es ist eigentlich nicht Bannisters Art.«

»Bannister?« fragte ich.

»Tony Bannister.« Er bemerkte mit einigem Erstaunen, daß ich den Namen nicht sofort unterbringen konnte. »Tony Bannister? *Der* Tony Bannister? Ihm gehört jetzt der Besitz. Er hat sein Boot unten in der Marina des Ortes.«

Nun war es an mir, erstaunt zu sein. Anthony Bannister war ein Fernsehmoderator, der ein Liebling des britischen Publikums geworden war. Sein Ruhm ging über den Glanz der Idiotenkiste weit hinaus. Sein Gesicht erschien auf den Titelseiten von Zeitschriften, und seine werbende Fürsprache wurde für so unterschiedliche Produkte wie Autos und Sonnenschutzcreme gesucht. Er war auch ein Segler, einer von diesen goldenen Amateuren, deren große Boote die teuersten Regatten der Welt schmücken. Aber Bannister, erinnerte ich mich, hatte auch die Schrekken des Meeres kennengelernt. Seine Frau war ein Jahr zuvor bei einem Unfall auf See ums Leben gekommen, während Bannister unterwegs war, um die St. Pierre Trophy zu gewinnen. Die Tragödie hatte im ganzen Land große Anteilnahme erregt, da Bannister eine Berühmtheit war. In der Tat so berühmt, daß ich mich eigenartig geschmeichelt fühlte, daß er jetzt im alten Haus meines Vaters lebte.

»Vielleicht ist es ein Unglückshaus, wie?« Der Zahnarzt starrte an der breiten Glasfront empor.

»Wegen seiner Frau, meinen Sie?«

»Tommy Sandman hat auch dort gewohnt.«

»Ich erinnere mich.« Ich hielt meine Stimme neutral.

Der Zahnarzt lachte glucksend. »Ich frage mich, wie ihm sein neues Zuhause gefällt.«

Das Glucksen zeigte ein eindeutig britisches Vergnügen am Sturz eines reichen Mannes. Mein Vater, der einmal so glanzvoll erfolgreich gewesen war, saß jetzt im Gefängnis. »Ich nehme an, er wird überleben«, bemerkte ich trocken.

»Jedenfalls leichter als sein armer Sohn. Für immer gelähmt, habe ich gehört.«

Ich schwieg und heuchelte Interesse an dem häßlichen Hausboot, das an meinem Liegeplatz festgemacht war. Es war einmal ein Arbeitsschiff gewesen, ein Trawler vielleicht, aber sein Oberwerk war abmontiert und durch eine Hütte ersetzt worden. Es gab kein anderes Wort dafür: Eine Hütte, die so häßlich aussah wie ein Container auf einer Barke. Die Hütte hatte ein geschwungenes Dach, das mit Dachpappe gedeckt war. Mittschiffs ragte ein Ofenrohr empor. Am Heck umspannte eine Reling das Achterdeck, auf dem zwei Liegestühle herumstanden. An die Reling war Wäsche geklammert. »Wer lebt denn da drin?« fragte ich mit deutlichem Abscheu.

»Bannisters Regatta-Crew. Verdammte Affen sind das.«

Das Hausboot an meinem Liegeplatz wies darauf hin, daß es Bannister gewesen sein mußte, der die *Sycorax* entfernt hatte, aber ich wollte nicht, daß es so war. Anthony Bannister hatte in der Öffentlichkeit das Image eines starken und besonnenen Mannes; das eines Menschen, an den sich jeder von uns mit der Bitte um Rat und Hilfe wenden könnte. Ich zögerte, diesen imaginären Freund aufzugeben. Abgesehen davon war er ein Segler, der seine Frau verloren hatte. Das ließ mich ihm gegenüber Mitleid empfinden. Ich war sicher, daß ein anderer die *Sycorax* entfernt hatte.

Wir waren jetzt auf der Höhe des Bootshauses, und ich konnte ein zweites Bannister-Fahrzeug im Inneren erkennen. Dieses Schiff war ein flaches, gedrungenes zweimotoriges Rennboot mit hochpoliertem Rumpf und einem protzigen Radarschirm. Ich konnte seinen Namen erkennen, *Wildtrack II,* und ich erinnerte mich, daß Bannisters Jacht, die fast die St. Pierre gewonnen hätte, den Namen *Wildtrack* getragen hatte. Am Dachbalken über dem Motorboot hing ein Schild: »Privat. Kein Zutritt.«

»Sind Sie sicher, daß wir richtig handeln?« Der Zahnarzt drosselte den Motor, beunruhigt durch weitere Schilder am Flußufer: »Privat«; »Anlegen verboten«; »Privat«. Die Beschriftung war rot auf weiß; grelle Verbote, die die Landschaft verschandelten.

»Der Makler sagte, das ginge schon in Ordnung.« Ich reckte meinen Kopf der *Sycorax* entgegen. »Er meinte, jedermann könne sie besichtigen.«

»Wollen Sie sie kaufen?«

»Ich habe daran gedacht«, sagte ich vorsichtig.

Die Erklärung schien den Zahnarzt davon zu überzeugen, daß ich kein Einbrecher war; auch mein Dialekt klang vermutlich beruhigend, aber er wirkte noch immer skeptisch. »Sie werden ein bißchen Arbeit in sie investieren müssen.«

»Die Therapie habe ich nötig.« Ich sah zur *Sycorax* und bemerkte, daß sie volle zwanzig Fuß über die Hochwassermarkierung geschleppt worden war. Auf dem Hang lagen Steine, die mit Sicherheit ihre Planken aufgerissen oder zumindest zerschrammt haben mußten, als sie hügelan gezerrt worden war. Ihr Heck war mir zugewandt, der Kiel zeigte den Hügel hinunter und die Schraube war fort. Man hatte sie zwischen die Bäume geschleppt und zum langsamen Sterben verurteilt. »Warum hat man sie nicht einfach im Wasser verrotten lassen?« fragte ich ärgerlich.

»Das hätte die Hafenbehörde wohl kaum zugelassen, oder?« Der Zahnarzt wendete das Schlauchboot fachmännisch und ließ sein Heck leicht an die Anlegemauer stoßen, wo eine Treppe zum Wäldchen hinaufführte. Er hielt das Dingi flott, während ich unbeholfen an Land kletterte. »Winken Sie, wenn Sie zurück wollen«, sagte er.

Ich mußte mich auf die Steine setzen, bis der Schmerz in meinem Rücken nachließ, und sah dabei zu, wie der Zahnarzt sein Schlauchboot zu den Liegeplätzen flußaufwärts steuerte. Als sein Motor erstarb, waren nur noch die sanften Geräusche des Flusses zu hören, aber ich war nicht in der Stimmung, den Frieden zu genießen. Mein Rücken tat weh, mein Boot war ein Wrack, und ich fragte mich, warum Jimmy Nicholls es zugelassen hatte, daß man so mit der *Sycorax* umgegangen war. Verdammt noch mal, schließlich hatte ich Jimmy ein Honorar gezahlt. Es war nicht gerade viel gewesen, aber um es zu verdienen, hätte er nur ein Auge auf die *Sycorax* zu werfen brauchen. Statt dessen fand ich sie nun auf dem Trockenen vor.

Die Kletterei war anstrengend. Die ersten paar Schritte waren die schwierigsten, weil es keine Bäume gab, an denen man sich hätte festhalten können, und weil der Boden vom Transport der *Sycorax* glattgewalzt war. Nach ein paar Metern mußte ich vornübergebeugt stehenbleiben, um wieder Luft in meine Lungen zu bekommen. Auf den letzten paar Metern gaben niedrighängende Äste und das Unterholz genügend Halt, aber als ich die *Sycorax* erreicht hatte, war es so, als bohre sich weißglühender Stahl in mein Rückgrat. Ich hielt mich an ihrem Ruder fest und zwang mich zu der Überzeugung, daß der Schmerz erträglich war. Es muß volle zwei Minuten gedauert haben, bis ich mich wieder aufrichten und mein Boot in Augenschein nehmen konnte.

Es lag auf der Seite, gesprenkelt von der Wintersonne. Wenigstens ein Drittel der Kupferummantelung war fortgerissen. Treibeis hatte ihre Planken gedellt, aber nicht aufgerissen. Der Kiel war aufgebrochen, der Bleiballast gestohlen. Masten und Bugspriet waren fort. Die Masten waren nicht herausgelöst, sondern plan mit dem Deck abgesägt worden. Die Teak-Gräting im Cockpit, die Setzborde und beide Lukendeckel fehlten. Die Kompasse waren verschwunden.

Die Springluken aus Messing waren herausgerissen worden. Die Wegweiser und die Rollen waren fort. Alles von Wert war entfernt worden. Das Kabinendach muß auf dem Transport den Hügel hinauf gegen einen Baumstumpf geraten sein, denn es war aufgeschlitzt wie von einem Dosenöffner. Ich stützte mich auf das gebrochene Dach und spähte in die Kabine.

Es dauerte einen Moment, bis sich meine Augen an das Dämmerlicht gewöhnt hatten. Anfangs konnte ich lediglich den schwachen Schimmer unbewegten Wassers tief unten im Rumpf erkennen. Aber dann sah ich, was ich erwartet hatte: nichts. Die Funkgeräte waren nicht mehr da, die Öfen gestohlen, und es fehlten alle Lampen. In der Hauptkabine war die Täfelung heruntergerissen. Eine Matratze lag im Regenwasser. Inzwischen mußte die Fäule im Schiffskörper sein. Salzwasser imprägniert Holz, aber Süßwasser zerstört es. Der Motor lag frei, weil die Kabinenstufen herausgerissen worden waren. Er zeigte eine dikke Rostschicht.

Ich war seltsam ruhig. Wenigstens war die *Sycorax* hier. Sie war nicht verschwunden, nicht gesunken. Sie konnte restauriert werden. Alles was ich dazu benötigte, waren meine Zeit und das Geld des Misthundes, der ihr das angetan hatte. Der Schaden war herzzerreißend, doch ich empfand eher Schuld als Wut. Als ich acht Jahre alt war, wurde mein Hund, ein Foxterrier, von einem Milchlastwagen überfahren. Ich fand die Hündin sterbend im Gras neben der Straße. Sie begrüßte mich mit einem Schwanzwedeln, und ich weinte neben ihr, fühlte mich schuldig, weil ihr ganzes unschuldiges Vertrauen in mich verraten worden war. So empfand ich jetzt auch. Ich hatte das Gefühl, die *Sycorax* im Stich gelassen zu haben. Auf See achtete sie auf mich, aber in den Gefilden, an denen die Menschen leben, war ich ihr Beschützer; und ich hörte mich mit ihr sprechen – genauso, wie ich mit ihr gesprochen hatte, als wir auf See waren. Ich tätschelte ihr aufgeschlitztes Kabinendach und sagte, es würde schon alles wieder in Ordnung kommen. Sie wäre lediglich zur Reparatur fällig, das sei alles.

Dann stolperte ich wieder den Hügel hinunter. Ich nahm mir vor, den Fluß zu überqueren und dann in das Pub zu gehen und Jimmy Nicholls ein paar sehr unangenehme Minuten zu bereiten. Warum zum Teufel hatte er nichts unternommen? Das Eigentumsrecht an dem Liegeplatz gehörte mir, und kein Gesetz auf Gottes Erdboden konnte es mir streitig machen. Die Anlegestelle war vor zweihundert Jahren gebaut worden, als Kalk über den Fluß transportiert worden war, aber jetzt waren die gut zwanzig Meter alter Steinmauer mein Besitz. Selbst die Hafenbehörde hatte kein Recht an dieser Front, weil ich sie von meinem Vater gekauft hatte, weil sie ein Hafen für die *Sycorax* darstellte und einen Ort, den ich Zuhause nennen konnte. Verdammt noch mal, es war meine Adresse, meine einzige Adresse: Lime Wharf, Tidesham, South Devon, und jetzt hatte Anthony Bannister sein abscheuliches Hausboot dort festgemacht. Ich konnte immer noch nicht glauben, daß eine solche Zelebrität wie Bannister die Anlegestelle gestohlen hatte, indem er die *Sycorax* einfach entfernte – aber irgend jemand hatte mein Boot aufs Trockene gesetzt, und ich schwor, denjenigen zu finden und auf jeden Penny zu verklagen, den mein geborstenes Schiff für die Wiederherstellung nötig hatte.

Ich trat über eines der Springtaue, die das Hausboot an meiner Anlegestelle festhielten. Ich wollte den Zahnarzt für die Fahrt über den Fluß heranwinken, warf aber zuvor einen Blick in das Bootshaus.

Und sah dort mein Dingi. Ordentlich vertäut hing es an der Steuerbordseite der *Wildtrack II.* Abblätternde Farbe an seinem Heck wies es als mein Eigentum aus: *»Tender der Sycorax«.* Es war ein klinkergebautes hölzernes Dingi, mein Dingi, und es war an Bannisters protzigem Rennboot festgemacht.

Ich nehme an, daß es die Häßlichkeit dieses Motorbootes war, die mich von Bannisters Schuld überzeugte. Jemand, der ein so protziges und aufgemotztes Boot besaß, konnte nicht so vernünftig und besonnen sein, wie sein Image in der Öffentlichkeit vorgab. Für mich wurde er zu einem weiteren reichen Hund, der überzeugt war, sein Geld gäbe ihm Privilegien, die über geltendes Gesetz weit hinausreichten.

So ein blöder Hund. Er hatte mein Boot ruiniert, meine Anlegestelle gestohlen, aber ich wollte verflucht sein, wenn er auch mein Dingi stehlen konnte. Ich beschloß, das Beiboot wieder in meinen Besitz zu nehmen und damit bei der herrschenden Ebbe zum Pub im Dorf zu rudern. »Hallo!« rief ich laut. Keine Antwort. Ich schlug gegen die Seitenwand des Hausbootes, aber niemand schien an Bord zu sein.

In das Bootshaus gelangte man entweder über das Wasser oder durch eine Tür vom Garten aus. Ich mußte die Gartentür benutzen, die mit einem Vorhängeschloß gesichert war. Ich verharrte einen Moment, grübelte über die Rechtslage nach, entschied mich dann aber gegen die Möglichkeit, daß Bannister das Dingi sichergestellt hatte, um es bis zu meiner Rückkehr aufzubewahren. Die Existenz seines scheußlichen Hausbootes an meiner Anlegestelle wies auf anderes hin, und so entschloß ich mich zum Einbrechen.

Mein Rücken schmerzte schauderhaft, als ich einen schweren Stein aufhob und damit gegen das Metallschloß hämmerte. Die Geräusche meines Angriffs hallten dumpf vom kurzgeschorenen Rasenhang unter dem alten Haus meines Vaters wider. Sechs kräftige Schläge waren nötig, bis die Haspe aus dem Holz riß und die Tür aufsprang.

Ich trat ein und sah, daß die *Wildtrack II* sanft in der fallenden Flut schaukelte. Das Boot war vom Windschirm bis zu den massiven Zwillingsmotoren am Heck mit einer grünen Persenning verhüllt. Der Bug, scharf wie die spitze Nase eines Düsenjägers, war glänzend verchromt. Das Boot war ein Monstrum, ausgebrütet von der Gier nach Vulgarität, und mein Vater hätte jeden Zentimeter an ihm geliebt.

Ich humpelte über das innere Dock des Bootshauses. Meine Baumwollsegel, noch immer in ihren Säkken, waren neben meinem Anker an einer Wand gestapelt. Die Leinensegelsäcke trugen den Namen *Sycorax.* Ich bückte mich, pfiff vor Schmerz durch die Zähne und spürte die verräterische Feuchtigkeit in den Säcken. Dieser verdammte Bannister, dachte ich. Gott verfluche seine Habgier!

Ich fand zwei Riemen, warf sie in mein Dingi und kletterte dann vorsichtig über das Schutzgeländer aus rostfreiem Stahl an Deck der *Wildtrack II.* Das Boot erzitterte unter meinem Gewicht. Ich stellte fest, daß die beiden Springtaue, die mein Dingi am Motorboot festhielten, unter der Persenning irgendwie mit Klampen befestigt waren. Also begann ich, den steifen Stoff aufzuschnüren und von dem Windschirm zurückzurollen. Als die Umhüllung zurückgefaltet war, trat ich zum schwarzen Ledersitz des Steuermanns hinunter.

Und fand meine Springluken.

Und meine Funkgeräte. Das Hochfrequenzradio und das Kurzwellengerät waren da – beide kurzgeschlossen.

Die Funkgeräte befanden sich in einem Haufen anderer Gegenstände, die in zwei Teekisten gestapelt unter der Persenning versteckt gewesen waren. Die meisten Dinge stammten von anderen Jachten. Da waren Echolote, elektronische Logs, Hochfrequenzausrüstungen, Kompasse und sogar Lewmar-Winsche, die von den Decks vertäuter Boote sorgsam entfernt worden sein mußten. Es ist wenig einträglich, in England Boote zu stehlen, weil die Registrierung so gut ist, aber es war schon immer gewinnbringend, von ihnen die Wertsachen zu plündern. Ich starrte auf die Kisten und schätzte, daß ihr Inhalt zwischen drei- und viertausend Pfund auf dem schwarzen Markt bringen würde. Warum in Gottesnamen gab sich ein Mann, der so reich wie Bannister war, mit krummen Geschäften ab?

»Keine Bewegung!«

Die Stimme kam von der Tür, die ich aufgebrochen hatte.

Ich drehte mich um.

»Keine Bewegung, habe ich gesagt, du Hund!« Der Mann schrie, so wie wir geschrien hatten, wenn wir in irgendeiner nordirischen Hinterstraße in ein Haus eingedrungen waren. Das erste Kommando ließ die Menschen drinnen stets erschreckt hochfahren, und wir schrien den zweiten Befehl, um sie erstarren zu lassen.

Ich erstarrte.

Der Mann stand als Silhouette im Türrahmen. Die Sonne lag hell auf dem fahlen Rasen hinter ihm, während das Bootshaus in tiefem Schatten war, so daß ich sein Gesicht nicht erkennen konnte. Ich sah nur, daß er ein riesiger Mann war, weit über einsachtzig groß, mit muskelbepackten Schultern und einem kurzgeschorenen Schädel. Mit Sicherheit war es nicht Bannister, der mir da gegenüberstand. Der Mann trug eine doppelläufige Schrotflinte, die auf meine Brust gerichtet war.

»Was machen Sie da?« Er hatte eine harte und knarrende Stimme, die seine Worte abrupt kurz klingen ließ. Der Akzent war der des Bankerts der niederländischen Sprache: Afrikaans.

»Ich nehme mein Eigentum wieder an mich«, stellte ich fest.

»Sie haben das Schloß aufgebrochen und sind eingedrungen«, korrigierte der Südafrikaner. »Sie sind ein beschissener Dieb, Mann. Kommen Sie her!« Er fuchtelte mit der Waffe, um seiner Anordnung Nachdruck zu verleihen.

»Warum verpissen Sie sich nicht?« Ich hätte nicht so aggressiv reagieren sollen, nicht in meinem geschwächten Zustand; aber ich war sauwütend über das, was mit der *Sycorax* geschehen war. Ich bückte mich zum Bugspringtau meines Dingi und riß es aus der Stahlklampe.

Die *Wildtrack II* schaukelte heftig, als der Mann auf das Vordeck sprang. Die Bewegung brachte mich ins Schwanken, und ich mußte mich am Radarschirm festhalten – gerade, als er mit seiner linken Hand über den Windschirm griff. Ich fing die Hand mit meinen Fingern in dem instinktiven Versuch ein, ihn auf mich zuzuziehen und aus dem Gleichgewicht zu bringen.

Ich hatte vergessen, wie wenig Kraft in meinen Beinen war. Ich zog ein bißchen, und dann gab mein rechtes Knie nach. Ich stolperte zurück zu den Teekisten. Der Südafrikaner lachte, und ich sah den stumpf glänzenden Metallauf seiner Waffe auf mich zukommen.

Ich hatte keine Balance, ich konnte nicht parieren, und der Lauf bohrte sich wie eine Ramme gegen meine Rippen. Mit den Fingern stieß ich nach seinen Augen, aber meine Koordination war gleich null. Die Waffe kam erneut auf mich zu, warf mich zurück. Und dann ergriff er verächtlich mein Jackett, um mich aus dem Cockpit zu zerren.

Ich hörte mich schreien, als mein Rücken über die Oberkante des Windschirms glitt. Ich schlug nach ihm, aber das mußte ihn erheitert haben, denn er ließ ein merkwürdig feminines, hohes Kichern hören, bevor er mich wie Müll auf das Dock warf. Ich landete auf meinen eigenen Segelsäcken, die nicht weich genug waren, um zu verhindern, daß der Schmerz wie glühendes Phosphor meine Beine hinunterfuhr. Die Flinte drückte erneut gegen meine Rippen.

Er stand über mir. Überzeugt davon, mir eine Niederlage beigebracht zu haben, ließ er die Waffe sinken. »Stehen Sie auf«, meinte er knapp.

»Hören Sie, Sie Bastard ...« Mühsam schob ich mich in die Senkrechte, aber der Schmerz schlug wie eine Kugel in meinen Rücken. Ich ächzte und stürzte zurück. Ich wollte darauf bestehen, nicht notwendigerweise höflich, daß der Südafrikaner mir half, mein Eigentum aus dem Bootshaus zu schaffen, aber der Schmerz drückte mir die Kehle zu.

Mein sich windender, ächzender Körper muß ihm Angst eingejagt haben. »Stehen Sie auf.« Er machte eine Pause. »Sie machen mir was vor, Sie schwuler Hund.« Besorgnis klang aus seiner Stimme. »Sie sind nicht verletzt, Mann. Ich habe Sie doch kaum angerührt.« Er versuchte, sich selbst zu überzeugen.

Er muß sich zu mir heruntergebeugt haben, denn ich erinnere mich an seine Hände unter meinen Oberarmen und auch daran, daß er mich hochgezogen hat. Er ließ mich los, und ich versuchte, mein rechtes Bein zu belasten, aber es war wacklig wie Pudding. Ich stürzte erneut, und diesmal muß mein geschundener Rücken vom hochstehenden Ankerflügel aufgespießt worden sein.

Und ich schrie mich in eine segensreiche Ohnmacht.

Als ich wieder zu mir kam, sah ich über mir eine cremefarbene Decke. Da war kein Haarriß; statt dessen waren da zwei hell fluoreszierende Röhren, die eingeschaltet waren, obwohl Tageslicht durch ein großes Fenster rechts von mir zu kommen schien. Ich konnte die Töne eines Kardiographen hören. Links von mir stand ein Chromgestell, von dessen Haken Kochsalzlösung tropfte. In meinem linken Nasenloch steckte ein Schlauch, der sich dick und würgend meine Speiseröhre entlangschob. Zwei ernste Gesichter waren über mich gebeugt. Eins war von einer weißen Schwesternhaube umrahmt, das andere gehörte einem Arzt, der mit einem Stethoskop gegen meine Brust drückte.

»Großer Gott«, sagte ich.

»Sprechen Sie nicht.« Der Arzt nahm das Stethoskop aus den Ohren und begann meine Rippen zu betasten.

»Lieber Himmel!« Plötzlich spürte ich den Schmerz. Nicht den alten Schmerz, sondern einen neuen, in meinem Oberkörper.

»Ich sagte, Sie sollen nicht sprechen.« Der Arzt hatte eine Halbbrille. »Können Sie die Finger Ihrer rechten Hand bewegen?« Ich versuchte es – offenbar erfolgreich, denn er nickte zufrieden. »Nun die linke. Das ist gut. Das ist sehr gut.« Sein Gesicht spiegelte den Optimismus seiner Worte nicht wider. »Wenn Sie sprechen«, riet er, »dann machen Sie es sehr vorsichtig. Können Sie uns Ihren Namen sagen?«

»Meinen Namen?« Ich war verwirrt.

»Sie hatten keinerlei Papiere bei sich, als man Sie gefunden hat. Sie sind hier im South Devon General Hospital. Können Sie sich an Ihren Namen erinnern?«

»Sandman«, sagte ich. »Nick Sandman.«

Er schien den Namen nicht zu kennen. »Das ist gut, Nick.« Während ich sprach, hatte er meine Rippen befühlt, aber jetzt beugte er sich vor, um mir in die Augen zu leuchten. »Wo wohnen Sie?«

»Hier«, sagte ich, wohl wissend, daß das keine hilfreiche Antwort war. Aber plötzlich verschmolz der neue Schmerz mit dem alten, durchfuhr mich, ließ mich den Rücken krümmen. Ich sah, daß die Hand des Arztes zum Tropf schoß und wußte, was geschehen würde. Aber ich wollte jetzt nicht schlafen. Ich wollte wissen, wie schwer verletzt ich war. Und so versuchte ich zu protestieren, aber kein Wort kam über meine Lippen. Ich sah, daß mich die Schwester stirnrunzelnd betrachtete, und ich wollte ihr versichern, daß ich schon Schlimmeres durchgemacht hatte, viel Schlimmeres, aber ich konnte nicht sprechen, weil ich wieder in den weichen, dunklen und vertrauten Tunnel pharmazeutischen Schlafs fiel.

Wo ich von der *Sycorax* träumte. Nachts, wenn das Nachleuchten in ihrem wirbelnden Kielwasser funkelte, setzte ich gern ihre Ruderpinne fest und ging nach vorn. Ganz nach vorn, an der Kanzel vorbei, bis ich auf dem Bugspriet stand und mich am Fockstag festhielt. Dort drehte ich mich um und sah sie mir an. Davon träumte ich jetzt, allerdings hatte ich in meinem Traum zwei gesunde Beine. Ich träumte, ich stehe auf dem Bugspriet und betrachte die schlanke Schönheit eines leeren Schiffskörpers, der durch dunkle Wasser treibt und einen pfeilförmigen Pfad aus Licht unter den Sternen hinterläßt.

So sollte die *Sycorax* ewig segeln; die glitzernde See durchschneidend und – getrieben von den stetigen Winden der Nacht – frei.

Die *Sycorax* wurde an meinem Fluß als Spielzeug für einen reichen Mann, aber von Männern gebaut, die lediglich wußten, wie ein Fischerboot konstruiert wurde. Sie hatte die Linienführung einer Schute, eines Brixham Mule, mit ihrem geraden Bug, dem überhängenden Heck, ihrem Großmast und niedrigem Besan. Das Design war alt und von Männern erprobt, die die gefährlichen Western Approaches bewältigt hatten. Sie war ein ehrliches Boot, robust und funktionell, aber auch schön durch ihre elegante, überhängende Gillung und die Qualität ihrer Ausstattung. Ihr erster Eigner, an Schnelligkeit nicht besonders interessiert, hatte ein Kreuzfahrtboot in Auftrag gegeben, das sich verbissen durch die schlimmsten Wasser kämpfen konnte.

Die *Sycorax* hatte fünf gute Jahre hinter sich, als die Wirtschaftskrise zuschlug. Ihr reicher Eigner verkaufte sie und dann bekam sie bis 1932 Jahr für Jahr einen neuen Besitzer, für die sie entweder zu langsam oder zu teuer im Unterhalt war. So wurde die *Sycorax* von Sommer zu Sommer schäbiger. Ihre Beschläge waren angelaufen, die Segel verschlissen und die Farbe abgeblättert. Aber die Kupferummantelung hielt ihre Rumpfplanken so intakt und trocken wie an dem Tag, an dem sie kalfatert worden waren.

Mitte der dreißiger Jahre wurde sie zum Arbeitsboot. Aus ihrer Kabine wurden alle Luxusgegenstände entfernt, und sie wurde so verkleinert, daß nur eine winzige Kajüte hinter dem Großmast blieb. Ihr langes, überhängendes Heck kürzte man ein und verzichtete auf den Besan. Das alles muß sie auf See zu einem sehr unausgeglichenen Wesen gemacht haben, aber sie ertrug die schlechte Behandlung wie die sture Hexe, die sie nun einmal war. Man änderte auch ihren Namen – etwas, was durchaus Unglück hätte bringen können, aber als *The Girl Pauline* kreuzte sie fünf Jahre lang sicher vor den Gestaden Devons. Der Krieg machte dem ein Ende. Sie wurde in Schräglage auf die Sandbank von Dawlish Warren gesetzt und aufgegeben. Man riß ihr das oxidierte Kupfer vom Rumpf, entfernte das Blei vom Kiel. Soldaten, die sich auf die Invasion in der Normandie vorbereiteten, benutzten das Boot als Zielscheibe. Ihre Planken rissen, und Regen sickerte in die Eichenspanten und ließ sie faulen.

In den sechziger Jahren entdeckte sie mein Vater auf der Sandbank. Damals machte er sein Geld, viel Geld, so viel Geld, daß er kaum wußte, was er damit anfangen sollte. Seine Geschäfte auf dem Londoner Immobilienmarkt hatten ihm einen Rolls eingebracht, zwei Jaguar, drei Maserati und zwei Nicholson-Motorkreuzer, die vor unserem Haus am Flußufer lagen. Das war das Haus in Devon, in dem ich geboren worden bin. Es gab auch ein Haus in London, eins in Berkshire und eine Wohnung am Hafen von St. Tropez. Aus irgendeinem Grund hatte mein Vater Lust, seine Flotte um eine alte Jacht zu bereichern. Er liebte auffällige Dinge wie schnelle Autos, angemalte Frauen und einen Sohn in Eton. Mein älterer Bruder trug eine feine Weste in Eton, aber zu meiner Erleichterung wollte dieses College mich nicht haben. Ich war zu still, zu langsam und mußte auf eine Boarding School für kleine Dummköpfe geschickt werden, auf der ich in Unwissenheit zufrieden vor mich hindämmerte.

Ich interessierte mich nur für Schiffe, und in jenem langen Sommer, bevor ich auf meine Trottelschule mußte, half ich dabei, die *Sycorax* auf der Werft zu restaurieren, auf der sie das Licht der Welt erblickt hatte. Wie der erste Eigner ordnete auch mein Vater an, daß an nichts gespart wurde. Sie sollte in alter und hinreißender Schönheit wiedererstehen.

Ihr Schiffskörper wurde mit Liebe und fast vergessenem Können repariert. Ich half die Planken zu kalfatern und lernte das uralte Geräusch von Holzhämmern kennen, deren Schläge von Hafenmauern widerhallen. Wir teerten und polierten sie mit Sandpapier, verkleideten sie mit neuem Kupfer, so daß sie glänzte wie ein Boot aus purem Gold. Wir verlängerten das gestutzte Heck, um die Doppelstützen für den neuen Besan unterbringen zu können. Teakdecks wurden genutet und eine neue Kabine hergestellt, in der all die von meinem Vater gesammelten Messinggeräte liebevoll installiert wurden.

Neue Masten wurden geschnitten, sorgsam auf der Nordseite eines Fichtenwaldes ausgewählt, so daß das Kernholz des Stammes genau in der Mitte saß und nicht etwa an der Südflanke des Waldes von der Sonne verzogen war. Ich half den Bootsbauern, die Fichten mit dem Breitbeil zu bearbeiten, bis zwei Baumstämme zu glatten und schimmernden Masten geworden waren. Wir tränkten sie mit Leinöl und Paraffin und trugen dann eine Schicht Lack nach der anderen auf. Wenn ich die Augen schließe, kann ich noch immer den fertigen Großmast auf seinen Bökken liegen sehen – gerade wie ein Pfeil und in der Sonne glänzend.

Segel wurden gemacht, Tau in Tuch geschert, Öllampen poliert, und auf den Schlippen einer Werft in Devon erwachte ein totes Boot zu neuem Leben. Sein alter Name wurde tief in das neue Heck eingeschnitten und dann golden ausgemalt: *Sycorax.* Ein Dieselmotor wurde in ihrem Hinterbauch installiert, und es kam der Tag, an dem sie von Stroppen in das schmutzige Wasser des Werftdocks gehoben wurde. Sie mußte noch aufgetakelt werden, aber als ich sah, wie der Schiffskörper im Seetang der Flut trieb, schwor ich, daß sie mein Boot fürs Leben werden würde.

Mein Vater bemerkte meine Zuneigung und war amüsiert. Aber nachdem sie vom Stapel gelassen worden war, verlor er das Interesse an der *Sycorax.* Sie war so schön, wie er es sich vorgestellt hatte, aber sie war nicht das langsame, gefügige Fahrzeug, das er sich erträumt hatte. Er wollte ein Boot für ausgedehnte Sonnenuntergänge mit Gin und dahinschmelzenden Mädchen, aber die *Sycorax* konnte eine sture Hexe sein, wenn sie es sich in den Kopf gesetzt hatte. Sie war ein zäher Seemann in steifen Seewinden und zu langkielig für leichtes Kreuzen auf dem Fluß. Mein Vater hätte sie verkauft, aber er hatte es noch nie ertragen können, sich von schönen Dingen zu trennen. Und die *Sycorax* war atemberaubend schön mit ihrem schimmernden Messing und glänzendem Lack. Er vertäute sie unter dem Haus wie eine Gartendekoration. Nur selten fuhr er sie mit Motorkraft den Fluß hinauf, aber ich war der einzige, der sich die Mühe machte, ihre Segel zu setzen. Jimmy Nicholls und ich nahmen sie aufs Meer hinaus und richteten ihren Bug gegen die gewaltigen Wellen, die vom Atlantik heranrollten. Sie konnte verdammt starrköpfig sein, aber Jimmy sagte, sie wäre ein feines, seetüchtiges Boot wie nur eines in ganz Devon. »Sie ist nur eigensinnig, wenn du gegen sie kämpfst, Junge«, sagte er in seinem ausgeprägten Devon-Dialekt. »Laß ihr ihren Willen, und sie wird für dich sorgen.«

Sechs Jahre nachdem die *Sycorax* zum zweiten Mal zu Wasser gelassen worden war, trat ich in die Armee ein. Selten habe ich meinen Vater so wütend erlebt. »Himmeldonnerwetter noch einmal!« hat er geschrien. »Die Armee?« Es entstand eine Pause, und dann schlich sich ein vorsichtig-hoffnungsfroher Klang in seine Stimme: »Bei den Guards?«

Nein, nicht bei den Guards.

»Warum gehst du denn nicht zur verdammten Navy? Du segelst doch gern, oder? Ist schließlich so etwa das einzige, was dir Spaß macht. Das und eigene Wege zu gehen.«

»Auf großen Schiffen habe ich keine Freude daran.«

»Du verschwendest dein Leben!«

Ich mag vielleicht nicht besonders gescheit gewesen sein, aber mein Vater dachte, ich könnte mir meinen Lebensunterhalt im Bankwesen, an der Börse oder mit einer der Nadelstreifenformen von Diebstahl verdienen, in denen er und mein Bruder sich so auszeichneten.

Ich trat in die Armee ein, fuhr aber noch immer nach Devon und holte die spröden Baumwollsegel vom Boden des Bootshauses und fuhr mit der *Sycorax* aufs Meer hinaus. Ich heiratete Melissa und nahm sie für lange Wochenenden ins Haus am Fluß mit. Aber mit der Zeit hatte mein Vater immer weniger Zeit für uns. Später entdeckte ich den Grund. Er lieh Geld, das er nicht zurückzahlen, auf Versprechen hin, die er nicht halten konnte. Er verkaufte mir sogar die *Sycorax* wie auch den Liegeplatz, um an ein bißchen Geld zu kommen. Sein Kampf wurde immer verzweifelter und exzentrischer – und er verlor ihn. Er wurde zu sieben Jahren verurteilt. Ein hartes Urteil, aber der Richter hatte klarstellen wollen, daß auch ein in einem Büro begangenes Verbrechen ein Verbrechen blieb. Aber zu diesem Zeitpunkt schipperte ich in den Südatlantik und alles veränderte sich.

Nur die *Sycorax* nicht. Sie war jetzt alles, was ich hatte, und alles, was ich wollte.

»Sie erinnern sich nicht mehr an mich, was?« Ein hochgewachsener, klapperdürrer Mann in einem schäbigen grauen Anzug trat an mein Bett. Er war in seinen Fünfzigern, sah aber älter aus. Er hatte gelbe Zähne, blutunterlaufene Augen, dünnes graues Haar und ein kummervolles Gesicht mit Rasierschnitten.

»Selbstverständlich erinnere ich mich an Sie«, entgegnete ich. »Detective Sergeant Harry Abbott. So lecker wie eh und je.«

»Inzwischen Inspector Abbott.« Er war erfreut, daß ich ihn nicht vergessen hatte. »Wie geht es Ihnen, Nick?«

»Mir geht es verdammt gut.« Es war kompliziert für mich, deutlich zu sprechen, weil der Schmerz in der Brust das Atmen erschwerte. »Wenn es trocken bleibt, könnte ich eine kleine Radtour machen.«

»Es regnet nicht«, erklärte Abbott düster. »Es ist zur Abwechslung sogar mal recht frühlingshaft. Was dagegen, wenn ich rauche?« Er zündete sich unverzüglich eine Zigarette an. Abbott pflegte mit meinem Vater Golf zu spielen, der mit den örtlichen Gesetzeshütern gern auf gutem Fuß stand. Mein Vater hat ihrem Klatschbedürfnis Nahrung gegeben und sich auf ihre Hilfe verlassen, wenn er sich angetrunken hinters Steuer setzte. Er gab herrliche Partys, mein Vater. Sie waren eine Meile flußaufwärts zu hören, aber nie gab es irgendeine Beschwerde; nicht, solange die lokale Polizei von ihm so angetan war. »Schon die Mittwochzeitungen gesehen?« wollte Abbott jetzt von mir wissen.

»Nein.«

Er hielt mir ein Boulevardblatt vor die Nase. »VC-Held der Falklands in TV-Tonys Versteck überfallen« stand da. Auf der Titelseite. Da war ein Foto von mir in Uniform, ein großes Bild von Anthony Bannister und eine Aufnahme des Hauses. »Verdammt«, sagte ich.

»Mister Bannister hat sich in London aufgehalten.« Abbott faltete die Zeitung zusammen. »Also war er es nicht, der Sie so zugerichtet hat.«

»Es war ein Südafrikaner.«

»Habe ich mir schon gedacht.« Abbott zeigte keine Überraschung und wenig Interesse. Er zupfte eine Beere von der Weintraube neben meinem Bett und spuckte die Kerne auf den Fußboden. »Ein großer Typ?«

»Gebaut wie eine Schaluppe.«

Abbott nickte. »Fanny Mulder. Er ist Mister Bannisters professioneller Skipper.« In den letzten beiden Worten lag grenzenloser Hohn.

»Fanny?«

»Francis, aber überall Fanny genannt. Hat sich natürlich abgesetzt. Ist wahrscheinlich inzwischen in Frankreich. Oder in Spanien. Oder ist ins Vaterland zurückgekehrt. Wie auch immer; er wird abwarten, daß sich die Dinge ein bißchen beruhigen, bevor er wiederkommt.« Abbott starrte mir ins Gesicht. »Er hat Sie sich richtig vorgenommen, was?«

»Er hat mir meine Brieftasche geklaut. Und meine Tasche. Und alles von meinem Boot.«

»Er hat verdammt versucht, Sie umzubringen, was?« Abbott klang nicht allzu besorgt. »Er hat Sie am Ufer abgeladen und wahrscheinlich gehofft, daß die Flut Sie hinausträgt. Irgend so ein Zahnarzt hat Sie gefunden. Mister Bannister behauptet, Sie wären in sein Bootshaus eingebrochen.«

»Er hat mein verdammtes Dingi da drin!« Ich hatte zu heftig protestiert, und der Schmerz in meiner Brust peitschte mich wie der Rückstoß eines durchgescheuerten Stahlkabels. Ich mußte gemein husten. Tränen traten mir in die Augen.

Abbott wartete, bis ich mich beruhigt hatte. »Mister Bannister möchte, daß das alles möglichst niedriggehängt wird. Klar.«

»Klar?«

»Nicht gerade gut fürs Image, oder? Er will nicht, daß die Schundblätter schreiben, ein Kriegsheld ist von einem seiner Lieblingsgorillas zusammengeschlagen worden. Für Mister Bannister ist das Image sehr wichtig. Er ist einer von diesen Kerlen, die sich in einen Bombersitz schnallen, nur um eine verdammte Makrele zu fangen.« Abbott lachte verächtlich. »Sie kennen den Typ, Nick; ein verdammter Londoner, der an den Wochenenden herunterkommt, um uns dämlichen Einheimischen zu zeigen, wo's lang geht.«

»Sagt man nicht, er sei ein brillanter Segler?« fragte ich.

»Seine Frau war es. Sie hat darauf bestanden, das Haus in Devon zu kaufen. Sie war sehr häufig hier, und dann fast immer nur segeln.« Abbott zog die Schublade des Nachttisches auf und schnippte ein langes Stück Asche hinein. »Ich habe sie nicht besonders gemocht. Amerikanerin.« Er setzte das letzte Wort hinzu, als würde es seine Abneigung erklären, und blies dann ein Rauchwölkchen gegen meinen Tropf. »Ihr alter Herr fehlt mir, Nick.«

»Nicht überraschend, wenn man bedenkt, wie großzügig er den Waisen- und Champagnerfonds der Polizei bedacht hat.«

Abbott rümpfte mißbilligend die Nase. »Haben Sie Ihren Vater besucht, Nick?«

»Ich hatte keine Zeit«, sagte ich, und dann, um das Thema zu wechseln: »Wann hat Bannister das Haus gekauft?«

»Vor wenigen Jahren. So lange haben die Gerichte gebraucht, um das Chaos Ihres alten Herrn zu sortieren.«

»Hat Bannister mein Boot aus dem Wasser geholt?«

»Weiß der Himmel.« Abbott schien das nicht zu bekümmern. »Hätte jeder getan haben können. In diesem Winter ist eine Menge Schaden auf dem Fluß angerichtet worden. Das Übliche. Funkgeräte und Lote wurden geklaut.«

»Das war Mulder«, stellte ich fest. »Im Bootshaus waren Kisten voll mit allem möglichen Zeug. Einschließlich meiner Ausrüstung.«

»Wird kaum noch da sein, oder?« meinte Abbott sorglos. »Er hat sicher alles zu George Cullen geschafft. Erinnern Sie sich an George?«

»Natürlich erinnere ich mich an George.«

»Er hat sich nicht geändert. Mulder macht mit Georgie krumme Geschäfte, aber es ist schwer zu beweisen.«

»Ich habe angenommen, wir Steuerzahler bezahlen Sie dafür, daß Sie schwierige Fälle lösen.«

»Nicht mein Job, Nick. Nicht mein Job.« Abbott ging zum Fenster und starrte mürrisch in den wolkenlosen Himmel. »Ich bin inzwischen vom Verbrechen weg.«

»Wo sind Sie jetzt? Verkehrsvergehen? Verteilen Sie Strafzettel an Grockles?« Grockles waren Touristen.

Abbott ignorierte die Häme. »Ich werde der Kripo von dem gestohlenen Zeug erzählen, Nick. Natürlich werde ich das tun. Aber ich bezweifle, daß die irgend etwas unternehmen. Ich meine, reiche Typen, deren glänzende Jachten ausgeraubt werden, stehen nicht gerade ganz oben auf unserer Prioritätenliste. Nicht, solange Witwen und Waisen beraubt werden. Witwen und Waisen neigen dazu, nicht versichert zu sein, müssen Sie wissen; anders als die flüssigen Reichen.«

»Mein Boot war nicht versichert. Meine Frau hat

vergessen, mir die Verlängerungsaufforderung nachzusenden.«

»Sie sind ein verdammter Narr«, stellte Abbott fest.

»Es war nicht leicht für Melissa, an alles zu denken, wenn sie sich amüsierte. Abgesehen davon«, zuckte ich mit den Schultern, »sollte Jimmy Nicholls nach der *Sycorax* sehen.«

»Jimmy ist seit November im Krankenhaus gewesen«, sagte Abbott und erklärte damit, warum die *Sycorax* entfernt worden war. »Ein Emphysem. Er raucht zuviel.« Er sah auf seine Zigarette hinunter, zuckte mit den Schultern und stahl eine weitere Weinbeere. »Haben Sie Ihre Kinder gesehen?«

»Sie haben mich in dem anderen Krankenhaus besucht.« Ich fragte mich, warum Abbott dringenderen Themen so absichtsvoll aus dem Wege ging. »Werden Sie Mulder belangen?« wollte ich wissen.

»Ich bezweifle es, Nick. Ich bezweifle es. Würde doch kaum etwas bringen, oder?«

»Guter Gott! Er hat mir meine gesamte Ausstattung gestohlen!«

»Schwer zu beweisen. Sie könnten ihn wegen Körperverletzung anzeigen, wenn Sie das wollen.« Abbott klang nicht begeistert.

»Warum nehmen Sie ihn nicht fest?«

»Sie sind derjenige, der die Sache einleiten muß«, führte Abbott logisch aus. »Nicht ich.«

»Sind Sie denn nicht gehalten, gegen ihn vorzugehen?«

»Ich habe es Ihnen doch schon gesagt. Ich bin nicht mehr für Verbrechen zuständig. Ich bin aus freien Stücken hergekommen, um mit Ihnen zu plaudern. Der guten alten Zeiten wegen.«

»Vielen Dank, Harry«, sagte ich spöttisch.

»Aber an Ihrer Stelle würde ich mir nicht die Mühe machen, die Sache vor Gericht zu bringen«, erklärte Abbott leichthin. »Bannister läßt Fanny nicht im Stich. Auf keinen Fall. Er wird ihm einen Top-Anwalt besorgen, der jede Menge Schaum schlägt. Am Ende haben Sie zwar wegen des Ordens die tiefe Sympathie des Gerichts, aber auch eine verdammt saftige Rechnung wegen der Gerichtskosten am Hals.« Er schüttelte den Kopf. »Das ist die Sache nicht wert, Nick. Vergessen Sie es.«

»Ich will es nicht vergessen. Ich muß jemanden verklagen, wenn ich das Geld für die Reparatur der *Sycorax* haben will.«

Abbott wies mit dem Kopf zur Tür. »Da draußen sind jede Menge zwielichtiger Typen, die Ihnen freudig einen Scheck ausschreiben würden. Die Presse, Nick. Seit Tagen versuchen die, mit Ihnen zu sprechen.«

»Bleiben Sie mir mit denen vom Leibe, Harry, um Himmels willen. Und ich möchte, daß gegen Mulder Anklage erhoben wird.«

Abbott beseufzte meine Hartnäckigkeit. »Wenn Sie darauf bestehen, Nick, wenn Sie darauf bestehen. Ich werde dafür sorgen, daß Sie ein verdammter Anwalt aufsucht.« Er ging zur Tür, hielt dort inne. »Wissen Sie, daß Ihr alter Herr stolz auf Sie war, Nick? Richtig stolz.« Er wartete, und als ich nicht reagierte, erklärte er: »Das Victoria-Kreuz.«

»Die anderen beiden haben es verdient«, entgegnete ich. »Ich habe nur Befehle mißachtet.«

»Es ist immer noch ein Victoria Cross, Nick. Es kann das Leben verändern, ein solches Ding verliehen zu bekommen.«

»Ich möchte mein Leben nicht verändern. Ich möchte es nur zurückhaben.«

Abbott runzelte die Stirn. »Was zurückhaben?«

»Das VC, Harry. Der verdammte Mulder hat mir auch das geklaut. Es war in meiner Tasche.«

Abbott zuckte zusammen, als hätte er schließlich doch begriffen, daß mich ein Mißgeschick ereilt hatte. »Das tut mir leid, Nick.«

»Sehen Sie jetzt ein, daß ich den Scheißkerl vor Gericht bringen muß?«

»Falls das eine Beruhigung für Sie ist, kann ich Ihnen versichern, daß er jede Menge Mühe haben wird, den Orden zu verkaufen. Jeder Sammler wird wissen, daß es gestohlen ist. Und ich kann mir beim besten Willen nicht vorstellen, daß Fanny den richtigen Draht hat. Für gewöhnlich verhandelt er nur mit George Cullen, und Georgie würde den Teufel tun, Ihre Auszeichnung anzurühren.«

»Kümmern Sie sich um die Sache, Harry?«

»Das werde ich tun, Nick.« Abbott nickte mir einen Abschiedsgruß zu.

Am nächsten Tag erstattete ich Anzeige wegen Körperverletzung und Diebstahl gegen Francis Mulder. Der Anwalt war teilnahmsvoll, aber pessimistisch. Mulder sei verschwunden, sagte er; und es sei unwahrscheinlich, daß er nach England zurückkäme, solange gegen ihn eine Anzeige vorläge. Die Aussicht, meinen Orden wiederzubekommen, schätzte er als minimal ein, und meine Chancen, die Reparaturkosten für die *Sycorax* erstattet zu bekommen, als womöglich noch minimaler.

»Und wenn wir Bannister wegen der Beschädigung des Bootes verklagen?« wollte ich wissen.

»Dann müßten wir beweisen, daß Mulder in seinem Auftrag gehandelt hat.« Der Anwalt schüttelte den Kopf, um anzudeuten, wie wenig Hoffnung er auf diese Möglichkeit setzte.

Als der Anwalt gegangen war, legte ich mich zurück, starrte an die Decke und wünschte mir, sie hätte einen Haarriß. Die Schmerzen waren heimtükkisch. Wenn ich den Atem anhielt und mich nicht bewegte, konnte ich mir einreden, sie würden vorübergehen, aber sobald ich wieder atmete, kamen sie in Wellen zurück. Ich fühlte mich auf dem absoluten Tiefpunkt. Die Sirene eines Krankenwagens heulte, ein Wagen wurde ratternd über den Flur geschoben. Ich fragte mich, wie lange ich noch hier bleiben mußte. Der Arzt hatte gesagt, daß ich vielleicht wieder hinken könnte, aber er hatte nicht prophezeit, wann das sein würde.

Ich schloß die Augen und dachte an die *Sycorax*, wie sie zerbrochen auf dem Trockenen gestrandet war, ohne Mast auf einem Hügel lag, während ihr Rumpf verrottete. Für den Schaden würde Fanny Mulder verantwortlich gemacht werden, und der hatte das Weite gesucht. Ich hatte zwar mit dem Gesetz gegen ihn ausgeholt, aber das war eine kümmerliche Waffe, und es gab keine Sicherheit, daß er je gefunden würde. Und selbst wenn, war noch längst nicht garantiert, daß er genügend Mittel besaß, um für die Reparatur der *Sycorax* aufkommen zu können. Die Restaurierungsarbeiten, das wußte ich, würden an mir hängenbleiben. Ich dachte an mein kleines Bankkonto. Den Rumpf könnte ich mit Altmaterial flicken und marineblaues Sperrholz auf das Kabinendach schlagen. Ich konnte neue Masten anfertigen, wenn man mir die Bäume dafür gab. Das gestohlene Blei könnte ich durch Roheisen ersetzen, aber das alles würde Zeit kosten, sehr viel Zeit. Die Segelsaison würde vorübergleiten, und ich könnte die *Sycorax* wohl kaum zu Wasser lassen, bevor die ersten Winterstürme über den Kanal fegten.

Und selbst dann war sie noch längst nicht komplett. Mir war klar, daß ich mir keine Instrumente, Segel, Segelleinen, Lampen oder eine neue Schiffsschraube leisten konnte. Das würde ein Vermögen verschlingen. Mir war bewußt, daß ich mit ein paar hundert Pfund versuchte, ein Faß ohne Boden zu füllen. Allein die Krangebühren, um sie auf Stützen zu heben, würden mich fast an den Bettelstab bringen. Ich konnte mir nicht einmal ein neues Hochfrequenzgerät leisten, ganz zu schweigen von abgelagerter Eiche für ihre verrottenden Spanten. Ich würde sie zum Schrottwert verkaufen müssen und konnte von Glück sagen, wenn ich fünfhundert Pfund sah. Andererseits könnte ich mich prostituieren und meine Geschichte an die Zeitungen verkaufen. Aber das würde ich bestimmt nicht tun.

Aber wenn ich nicht huren wollte, mußte ich die *Sycorax* verkaufen. Das wußte ich und versuchte, gegen dieses Wissen anzukämpfen. Sie war das Spielzeug eines reichen Mannes, nicht der Traum eines Mannes ohne jeden Penny. Ich konnte sie mir nicht leisten, also hatte sie zu verschwinden.

Die Tür knarrte, und ich öffnete die Augen.

Ein hochgewachsener Mann stand da und betrachtete mich. Ich erkannte ihn nicht gleich. Ich hätte es tun müssen, aber sein langes Kinn hing schlaffer herab als auf den Fotos, sein blondes Haar war weniger glänzend und seine Bräune nicht gleichmäßig. Es dauerte ein oder zwei Sekunden, bevor ich mir klar wurde, daß das tatsächlich der berühmte Anthony

Bannister war, aber ein Anthony Bannister ohne Fernseh-Make-up und ohne die freundliche, schmeichelnde Retuschierkunst eines Fotografen. Er wirkte älter als ich erwartet hatte, aber dann lächelte er, und die Unzulänglichkeiten wurden durch einen unübersehbaren und betörenden Charme überdeckt. »Captain Sandman?« Seine vertraute Stimme vermittelte Zuverlässigkeit und Liebenswürdigkeit.

»Wer zum Teufel sind Sie?« Ich wollte seinem Charme widerstehen und seine allzu sichere Zuversicht zerstören, daß ich ihn auf der Stelle erkennen und vertrauen würde.

»Mein Name ist Bannister. Tony Bannister.« Hinter ihm standen Schwestern mit ausgesprochen albernem Gesichtsausdruck; sie waren erregt, weil der große Tony Bannister ihr Krankenhaus aufsuchte. Es war wie ein königlicher Besuch, und das Personal schien wie mit Geistlosigkeit geschlagen. Bannister lächelte sie freundlich-entschuldigend an und schloß dann die Tür. Wir waren unter uns. Er wirkte schlank und fit in seinem hervorragend geschnittenen Tweedjackett, aber als er sich von der Tür umwandte, bemerkte ich, daß sein Hemd über dem Taillenbund spannte. »Ich denke, wir haben ein gemeinsames Problem«, stellte er fest.

Überrascht entdeckte ich eine gewisse Nervosität an ihm. Ich hätte erwartet, daß ein Mann wie Bannister mit unbekümmerter und unerschütterlicher Zuversicht durchs Leben stolzierte. »Mein einziges Problem ist ein Boot ...« – Ich konnte die hinterlistige Verführungskunst seines Ruhms und Reichtums spüren und wehrte mich dagegen – »... das Ihr Bure ruiniert hat.«

Mit einem unverzüglichen Nicken erkannte er seine Verantwortung an. »Meine Schuld. Mir war versichert worden, das Boot sei aufgegeben. Ich habe einen Fehler begangen und entschuldige mich dafür. Nun, ich kann mir vorstellen, daß Sie möchten, daß Ihr Boot perfekt wiederhergestellt wird?«

Er hatte mir glatt den Wind aus den Segeln genommen. Ich starrte in das berühmte Gesicht, und trotz meines Zögerns, mich in die Schar unkritischer Bewunderer dieses Mannes einzureihen, empfand ich eine gewisse Sympathie für Bannister. Er hatte Ehrlichkeit bewiesen – eine Eigenschaft, die ich überaus schätzte. Aber ich war auch geschmeichelt, daß ein so berühmter Mann hier in meinem Zimmer war. Meine Angriffslust ließ nach. »Ich kann sie selbst reparieren«, sagte ich, »aber ich kann die nötigen Materialien nicht kaufen. Ich bin ziemlich pleite, müssen Sie wissen.«

»Glücklicherweise bin ich nicht pleite.« Er lächelte und streckte mir seine rechte Hand entgegen. Er trug ein goldenes Armband, eine goldene Armbanduhr und zwei schwere Ringe.

Mir fiel einer der Lieblingssprüche meines Vaters ein, nach dem Prinzipien eine feine Sache seien, die sich in Bargeld verflüchtigten. Aber wegen der *Sycorax*, allein wegen der *Sycorax*, schüttelte ich die goldene Hand.

»Sie müssen verstehen«, sagte Matthew Cooper, »daß das nur ein ganz roher Schnitt ist.«

»Ein roher Schnitt?«

Er gestikulierte energisch mit der rechten Hand; sie war so nikotinfleckig, als wäre sie in Ockerfarbe getaucht worden. »Es sind nur Filmschnipsel, die wir zusammengeworfen haben.« Er runzelte die Stirn, suchte Worte, die mir das Ganze verständlicher machen konnten. »Wir haben es zusammengehämmert, anstatt sie ordentlich einzupassen.« Matthew, ein nervöser Mann Mitte Dreißig, war ein Filmregisseur, den mir Anthony Bannister geschickt hatte. Seit er das Haus betreten hatte, rauchte er Kette.

»Und der Film ist stumm«, stellte Angela Westmacott kategorisch fest.

»Stumm?« fragte ich.

»Der Ton ist noch nicht in Ordnung«, erwiderte Matthew an ihrer Stelle. »Und es sind nur zehn Minuten. Der endgültige Streifen wird es auf sechzig Minuten bringen.«

»Oder neunzig«, sagte Angela Westmacott. »Aber das ist riskant.« Sie sah mich nicht an. Das gab mir die Möglichkeit, sie anzusehen. Als mich Bannister aus London angerufen hatte, um mir Matthews Besuch anzukündigen, hatte er dieses Mädchen nicht erwähnt. Hätte er es getan, hätte ich der Begegnung mit mehr Enthusiasmus entgegengesehen. Angela Westmacott war eine große, ätherische Blondine; so schlank und scheinbar zerbrechlich, daß sich bei ihrem Eintritt spontan meine Beschützerinstinkte geregt hatten. Ihre Haare waren mit Kämmen und Nadeln zusammengefaßt, denen Federwölkchensträhnen in hellstem Gold zu entkommen suchten. Sie trug eine formlose Steppjacke in Weiß und Pink, von der Schlaufen, Gürtel und Verschlüsse herabhingen wie Mühlsteine. Ihre weitgeschnittenen weißen Hosen steckten in knöchelhohen pinkfarbenen Stiefeln. Sie war modisch ungekämmt und verwirrend, sogar verheerend schön.

Zwei Jahre im Krankenhaus hatten diesen speziellen Appetit zu Heißhunger gesteigert. Ich mußte sie unverwandt betrachten und dachte, wie feingeschnitten und verletzlich ihr Gesicht in seiner Wolke goldener Unordnung doch wirkte. Sie trug, bemerkte ich, weder Ehe- noch Verlobungsring. Ihre Kleidung, so kalkuliert lässig, war eindeutig teuer, und als ich sie zum ersten Mal sah, hielt ich sie für eine Fernsehmoderatorin. Das sagte ich ihr auch, aber sie schüttelte ablehnend den Kopf. Jetzt fragte ich mich, ob Anthony Bannisters TV-Gesellschaft sie als Köder geschickt hatte. Sie gab einen hervorragenden Köder ab.

»Es ist ein Risiko«, wiederholte sie, »denn ohne Ihre Zustimmung ist das Material, das wir bereits im Kasten haben, Abfall.«

»Bereits im Kasten haben?« Ich war verdutzt.

»Der Rohschnitt«, erklärte Matthew. »Tony glaubte, es wäre besser, wenn Sie sich ein Bild von unserem Vorhaben machen können.«

Wir befanden uns im neuen Wohnraum von Bannisters Haus. Das Haus war total verändert, und mein Vater hätte jeden Quadratzentimeter geliebt. Dieser neue Raum mußte fast dreißig Meter lang sein, und jeder Meter bot eine atemberaubende Aussicht auf den Fluß, der sich hinter dem Garten dahinschlängelte. Drei mit Teppich ausgelegte Stufen führten zur oberen Hälfte des Raumes, wo sich jetzt die zwanzig sanft bewegten Meter eines Swimmingpools befanden. Zwischen den Stufen und dem Panoramafenster war ein erhöhter, von einer massiven Kupferhaube gekrönter Kamin wie eine Insel in das Zentrum gebaut. Weiße Sofas waren zu beiden Seiten des Kamins angeordnet, während vor der Nordwand des Raumes ein Raumzeitalteraufgebot an Ton- und Bildträgern zu finden war. Da gab es Radios, Kassettendecks, CD-Geräte, Plattenspieler, Lautsprecher, Videokassettengeräte und einen riesigen Fernseher, den größten Fernseher in einem Haus, das mit TV-Geräten angefüllt war.

Und auf diese Fernsehschirme wollte mich Anthony Bannister jetzt bringen. Er wollte einen Film über mein Leben drehen, über meine Verwundung und meine Wiederherstellung. Er hatte Matthew und Angela vorgeschickt, um meine Zustimmung einzuholen. Matthew Cooper holte die Videokassette aus seiner Aktentasche. »Wollen wir sie uns jetzt ansehen?« fragte er.

Ich war zum Fenster gegangen und sah hinüber zu einer aluminiumverkleideten Jacht, die unter Großsegel und Klüver auf die Anlegestellen in der Bucht zuhielt. Der einzige Mensch an Deck war ein Mann mit schwarzer Wollmütze, und ich bewunderte die Kunstfertigkeit, mit der er seine Vertäuboje aufgenommen hatte. Von hier oben aus wirkte es leicht, aber da unten trieb ein trügerisch stürmischer Wind gegen die Frühjahrsflut, und ich wußte, daß ich gerade Zeuge ausgezeichneten seemännischen Könnens geworden war. Ich beobachtete das Boot, anstatt mein selbstquälerisches Interesse an Angela Westmacott zu verraten. Es war unfair, ging es mir durch den Kopf, von so fahrlässiger Schönheit gefoltert zu werden.

»Sind Sie bereit?« bohrte Matthew nach.

»Das ist ein französisches Boot.« Ich sprach, als hätte ich seine Frage nicht gehört. »Das erste, das ich seit Jahren gesehen habe. Er ist wahrscheinlich von Cherbourg herübergekommen. Er ist gut, sehr gut.«

»Was ist mit dem Band?« fragte Angela. Ich nahm inzwischen an, daß sie Matthews Assistentin war, und fragte mich, ob auch seine Geliebte. Diese Vorstellung machte mich eifersüchtig.

Matthew schob das Videoband in den Schlitz. »Ist wirklich nur eine Rohfassung«, sagte er entschuldigend.

»In Ordnung.« Ich sagte das, als sei ich ganz zufrieden, aber in Wahrheit schlug ich mich mit meiner Verärgerung herum. Monatelang hatte ich mich bemüht, der Presse aus dem Wege zu gehen, und nun wollte mich Bannister zum Sujet eines Fernsehfilms machen. Und die Schuld daran hatte ich nur mir selbst zuzuschreiben. Bei seinem Besuch im Krankenhaus hatte mir Bannister alles angeboten, was ich mir nur wünschen konnte. Eine Zuflucht, Sicherheit und die nötigen Mittel zur Reparatur der *Sycorax*. Keine rechtlichen Auseinandersetzungen, keine Unerfreulichkeiten, nur Frieden und Vergeben. Ich hätte den Preis dafür ahnen sollen, als die Zeitungen am nächsten Tag Bannisters Großzügigkeit in die Welt hinausposaunten: »TV-Tony rettet VC-Helden.« Fanny Mulder war mit keinem einzigen Wort erwähnt worden. Eine Zeitung behauptete, ich wäre von Rowdies angegriffen worden, während andere schlankweg angaben, meine Angreifer wären unbekannt.

Keines der Blätter brachte die Angreifer mit Anthony Bannister in Verbindung. Bannister kam in den Zeitungen weg wie frischgefallener Schnee: geruchlos und sauber. Während er sich in London aufgehalten hatte, war in seinem Bootshaus irgend etwas Unangenehmes geschehen, und nun bügelte er das wieder aus. Ich wechselte vom Krankenhaus in Bannisters Haus, wo ich mich in den letzten drei Wochen schnell erholte. Bannisters Ärzte kümmerten sich um mich, ich schwamm in Bannisters Pool und wurde von seiner Haushälterin verpflegt. Die *Sycorax* war aus dem Unterholz geborgen worden und stand nun auf Böcken mitten auf Bannisters Rasen. Das Material für ihre Reparatur war in Auftrag gegeben, und es war nur vom Besten: Mahagoni, Teak, abgelagerte Eiche, Kupfer, Fichte und Oregon-Kiefer. TV-Tony hatte diese Wunder bewirkt, aber nun wurde mir die Rechnung für all diese Freundlichkeit präsentiert.

»Es geht los«, sagte Angela scharf und rügte mich damit für meine mangelnde Aufmerksamkeit dem Fernsehschirm gegenüber, auf dem Zahlen auf Null zuliefen. Dann zeigte sich eine rauhe und kahle Landschaft, die durch die Dämmerung verdunkelt und einen rosa verwaschenen Himmel begrenzt wurde. Als der Titel erschien, wurde er von einer getragenen Melodie untermalt: »›Die Geschichte eines Soldaten‹ – ein Film von Angela Westmacott«. Ich sah sie überrascht an. Ganz eindeutig hatte ich meine Besucher falsch eingeschätzt, als ich mir Matthew als den Verantwortlichen vorgestellt hatte.

»Es ist nur ein Arbeitstitel.« Matthew schien meinen Blick kritisch gedeutet zu haben. »Wir wollen Ihnen nur einen Einblick in unsere Vorstellungen geben.« Angela war durch Matthews Unterbrechung irritiert.

Der Titel verschwand, und statt dessen erschien eine nächtliche Szenerie. Leuchtspurgeschosse zuckten von links nach rechts, zeichneten Bögen mit ihrer charakteristischen und trügerischen Langsamkeit. In der Ferne war eine Explosion zu hören, und ich erkannte das plötzliche Aufflammen von weißem Phosphor. Unsere 105er, erinnerte ich mich, abgefeuert von Mount Vernet. Oder war es eine Cocktail Round? Hochexplosiv und phosphorhaltig von einer Rakete abgeschossen. Das waren schauerliche Geschosse. Ich sah weg.

»Die Falklandinseln . . .« — Anthony Bannisters charakteristische und warme Stimme brachte die Erinnerung mit ernster Aufrichtigkeit — ». . . am vierzehnten Juni neunzehnhundertzweiundachtzig. Britische Truppen rücken auf Stanley vor; die Schlacht von Goose Green und die Berge liegen hinter ihnen, und das Gefühl eines bevorstehenden Sieges liegt in der kalten Luft des Südatlantik. Captain Nick Sandman ist einer der Männer, die . . .«

Ich stand auf. »Macht es Ihnen etwas aus, wenn ich mir das nicht ansehe?«

Sie konnten nicht viel dagegen einwenden. Ich humpelte zum Fenster und sah auf die aufgebockte *Sycorax* hinunter. Das Wasser war aus ihrem Bootskörper entfernt, sie war gesäubert, und die faulen Stellen waren aus ihrem Rumpf herausgeschnitten. Die alte Kupferummantelung, bis auf die Dicke von Reispapier oxidiert, war heruntergeholt und die Nagellöcher mit Kiefernholz verschlossen worden. Die Stümpfe ihrer Masten hatte man wie faule Zähne gezogen und das Kabinendach entfernt. Jetzt lag sie eingehüllt in eine Persenning und wartete auf das neue Schnittholz, das in ihren alten Rumpf eingepaßt werden würde.

Ich blickte flußaufwärts zu der französischen Jacht, auf der gerade der Skipper seine Wollmütze abnahm. Er war eine sie, die ihr schwarzes Haar schüttelte. Sie ging zum Vordeck, um den Klüver einzuholen, und ich beneidete sie um ihre einfache Aufgabe. Ich erinnerte mich an den süßen Luxus der Ankunft an einer Anlegestelle und an das Wissen, daß, wenn die kleinen Aufgaben erst einmal erledigt waren, genügend

Zeit für einen Drink war, wenn die Ebbe einsetzte. Hinter mir erzählte Bannisters berühmte und wohlklingende Stimme meine Geschichte. Ich versuchte sie zu verdrängen, aber es gelang mir nicht. Fast widerwillig drehte ich mich um und sah mein Foto auf dem Bildschirm. Es war vor fünf Jahren aufgenommen worden und hatte einmal auf dem Ankleidetisch meiner Frau gestanden. Ich fragte mich, wie die Fernsehleute zu einem Abzug gekommen waren. Es sah mir nicht ähnlich, wenigstens kam mir das so vor. Mein mausfarbenes Haar war ungewöhnlich ordentlich und vermittelte den Eindruck, als wäre eine billige Perücke über mein häßliches, langes Gesicht gestülpt worden. »Das werden wir natürlich durch Filmaufnahmen ersetzen.« Angela hatte bemerkt, daß ich mich vom Fenster abgewandt hatte.

»Was?«

»Das Foto. Wir werden statt dessen von Ihnen Filmaufnahmen machen.«

Mein Gesicht wurde durch Sergeant Terry Farebrother ersetzt, der in seinem Kampfanzug häßlich, brutal und etwas kurz geraten wirkte. Er war auf einem Übungsgelände in Surrey aufgenommen worden, auf dem im Hintergrund Leuchtraketen rauchten und dem TV-Bild eine hinreichend kriegsähnliche Atmosphäre vermittelten. Farebrother hatte für die Kamera seine Sprache von seinem Dialekt gesäubert, und das Ergebnis war eine offene und vorhersagbare Würdigung eines verwundeten Offiziers. Sie war so unglaubwürdig, als würde man seinen eigenen Nachruf lesen. Ich erinnerte mich daran, daß Terry noch immer meine Ausrüstung hatte. Ich sollte ihn irgendwann einmal besuchen und sie abholen. Er beschrieb den Augenblick, in dem ich verwundet worden war, den Augenblick, der zum Orden geführt hatte. Ich erkannte ihn aufgrund der Beschreibung nicht wieder. Ich war mir nicht heldenhaft vorgekommen, nur verdammt dämlich; und anstatt auf einen Orden zu hoffen, hatte ich mit einem Verweis wegen der Mißachtung von Befehlen gerechnet.

Dr. Maitlands rosafarbenes molliges Gesicht füllte den Bildschirm. »Offengesagt waren wir überrascht, daß er nicht gestorben ist. Der menschliche Körper ist nur bis zu einer bestimmten Grenze heilungsfähig, und Nick war unvorstellbar zugerichtet. Aber das ist nun einmal unser Spezialgebiet hier, sehen Sie. Wir machen, daß die Lahmen wieder gehen.«

Das Bild zeigte einen der physiotherapeutischen Räume.

»Diese Aufnahmen werden wir mit *Wildtrack* füllen«, sagte Angela, »mit einer Stimme aus dem Off, die Ihre Behandlung beschreibt.«

»Wildtrack«, erklärte Matthew hilfreich, »ist eine unsichtbare Stimme.«

»Wie Gott?«

»Genau.«

Dr. Plant erschien und erklärte, ich verfügte über einen ungewöhnlich hohen Anteil an Aggressivität, die weit typischer für einen Kriminellen als für einen Soldaten sei. Die meisten Armeeoffiziere, erläuterte sie, wären Konformisten, aber ganz unzweifelhaft wären meine kämpferischen Anlagen die Ursache dafür, daß ich das Krankenhaus eines Besseren belehren mußte, indem ich mir selbst das Laufen wieder beigebracht hatte. Irgendwie klang das ganz und gar nicht wie ein Kompliment. Sie fügte hinzu, daß meine Aggressivität durch sehr altmodische Begriffe von Ehre und Aufrichtigkeit gemildert würde; aber auch das klang nicht wie ein Kompliment. Ich bemerkte, wie intensiv Matthew und Angela den Film betrachteten, sie hockten wie Meßdiener vor einem Altar. Das war ihre Arbeit: die Rohfassung eines Films, in dem erzählt wurde, wie ich als hoffnungsloses Opfer eines bitteren kleinen Krieges in einer halbvergessenen Ecke des Atlantik abgeschrieben worden war. Eine Krankenschwester aus der Karibik beschrieb, wie aufreizend es gewesen war, mir bei meinen Gehversuchen zuzusehen. »Das ist eine hübsche ethnische Komponente«, flüsterte Matthew Angela zu. Sie nickte.

»Er hat sich gekrümmt«, sagte die Schwester. »Ich wußte, welche Schmerzen er sich zufügte, aber er wollte einfach nicht aufgeben.«

»Nick Sandman gab nicht auf«, meldete sich Tony Bannisters Stimme. »Weil er einen Traum hatte.« Die Kamera schwenkte auf die *Sycorax* in dem Zustand, in dem ich sie im Unterholz gefunden hatte. »Er hatte ein Boot, die *Sycorax*; und er träumte davon, mit ihr zurück zu den Falklands zu segeln. Er wollte da in Frieden segeln, wo er einmal bitter gekämpft hatte.«

»O nein!« protestierte ich. »Wer hat sich denn diesen Schrott ausgedacht?«

»Wir können alles ändern«, tat Angela meinen Einwand als unwesentlich ab. »Wir wollen Ihnen nur einen Eindruck vermitteln, wie der Film in der Endfassung aussehen könnte.«

Der Film beschrieb, daß die Leinen der *Sycorax* durchgescheuert waren, und daß sie auf eine Schlammbank im Fluß getrieben worden war. »Das ist eine verdammte Lüge!« Ich war wütend. »Bannister wollte meinen Liegeplatz! Er hat seinen verdammten Buren beauftragt, mein Boot zu entfernen.«

»Aber das können wir nicht sagen.« Angela drückte auf die Stoptaste, und ihre Stimme deutete an, daß ich übertrieben kleinlich war. »Die Geschehnisse waren ein bedauerliches Mißgeschick, für das Tony Schadenersatz leistet.« Sie gab die Stoptaste frei, und der Film zeigte den Raupenschlepper-Kran, der die *Sycorax* vom Hügel auf Bannisters Rasen transportierte. »Boot und Mann«, kam Bannisters Stimme aus dem Off, »wurden gemeinsam wiederhergestellt, und dieser Film folgt ihren Fortschritten.« Der Bildschirm wurde schwarz. Es waren zehn schlimme Minuten gewesen, und jetzt wollten sie meine Zusammenarbeit, um den Rest des Filmes fertigzustellen.

»Na«, schaltete Angela den Apparat aus, »das war doch nicht allzu schmerzlich, oder etwa doch?« Sie benutzte die gleiche suggestive Wendung, über die ich mich schon im Krankenhaus so geärgert hatte.

»Schmerzlich ist es . . .« – mein Zorn ließ mich vergessen, wie attraktiv ich sie fand – ». . . eine Kugel in den Rücken zu bekommen. Das da ist nicht schmerzlich.« Ich wedelte mit der Hand in Richtung Fernseher. »Das ist Schrott. Bannister hat mir mein Boot und meinen Liegeplatz genommen. Und jetzt, weil er die negative Publicity scheut, dreht er der Öffentlichkeit diesen Quatsch an.«

»Tony hat Lime Wharf in gutem Glauben von Ihrer Frau gemietet«, erklärte Angela gouvernantenhaft.

»Meiner Exfrau«, korrigierte ich. »Und deren rechtliche Handlungsbefugnis endete in dem Moment, als sie mich verließ, um diesen faden Parlamentarier zu heiraten.«

»Das wußte Tony nicht. Und Sie müssen zugeben,

daß er sich bemüht, die Dinge in Ordnung zu bringen – und das ziemlich großzügig würde ich meinen.«

»Wenigstens erwähnt Ihr verdammter Film meinen Vater nicht«, stellte ich fest.

»Darüber wollten wir uns mit Ihnen unterhalten.« Eindeutig nervös wegen der feindseligen Atmosphäre zwischen Angela und mir, zündete sich Matthew eine neue Zigarette an der Kippe der alten an.

»Verdammter Mist.« Ich wandte mich um, um aus dem Fenster zu sehen, aber das französische Mädchen war hinunter in seine Kabine gegangen. Ich hinkte zum anderen Ende des Raums, wo Bannister eine ganze Galerie von Bildern seiner toten Frau Nadeschna aufgehängt hatte. Die Fotos zeigten Nadeschna auf See, Nadeschna in Rom, Nadeschna und ihren Bruder auf Cape Cod, Nadeschna und Bannister in Sydney, Nadeschna in Ölzeug, Nadeschna in einem traumhaften Ballkleid. Nadeschna war ein wunderschönes Mädchen gewesen, mit dunklen Augen und einem fröhlichen Lächeln, das zeigte, daß sie bestimmt niemals von irgend jemand genötigt wurde, als Fernsehstar aufzutreten. Ich drehte mich wieder zu Matthew und Angela um. »Nur so nebenbei«, fragte ich. »Wer genau zahlt für die Reparaturen an der *Sycorax?*«

Angela goß sich ein bißchen Perrier ein. Eine Sekunde lang nahm ich an, sie würde nicht antworten, doch dann schenkte sie mir einen sehr kalten Blick. »Wir selbstverständlich.«

Meine Rippen taten unter den Verbänden weh. »Wir?«

»Es handelt sich um eine Fernsehproduktion, Mister Sandman. Wenn die Gesellschaft die Restaurierung eines Bootes filmen will, dann hat sie auch die Kosten dafür aufzubringen.«

Also bezahlte Bannister nicht einmal für die *Sycorax?* Er hatte sie an Land gezerrt und dann zugelassen, daß sein Bure alles Wertvolle von Bord stahl, aber nun würde die Fernsehgesellschaft für die Wiedergutmachung des Schadens zahlen? Das war erstaunlich. Das war eine Korruptheit, die meinen Vater begeistert hätte, mich aber nicht. »Nein«, sagte ich. »Auf gar keinen Fall.«

»Nein?« erkundigte sich Angela spröde.

»Bannister hat mein Boot ruiniert. Bannister wird es auch wieder reparieren. Warum zum Teufel sollte ich mich zum Hanswurst machen für eine Sache, die er verschuldet hat?«

»Sie trinken Whisky, nicht wahr, Nick?« fragte Angela.

Ich ignorierte ihr Versöhnungsangebot. »Ich habe die letzten beiden Jahre damit verbracht, der öffentlichen Aufmerksamkeit zu entgehen. Können Sie das denn nicht verstehen? Ich möchte nicht den Rest meines Lebens als Mann verbringen, der einen Orden bekommen hat. Ich habe andere Dinge zu tun, und ich möchte in Ruhe gelassen werden. Ich bin kein Held. Ich bin nur ein verdammter Dummkopf, der angeschossen worden ist. Ich möchte nicht, daß aus mir jemand gemacht wird, der ich nicht bin. Ich möchte kein Geld aus etwas schlagen, das ich nicht verdient habe. Ich werde Ihren Film nicht machen. Also nehmen Sie das verdammte Band wieder mit nach London und sagen Sie Bannister, er soll mir einen dicken Scheck schicken.«

Einige Sekunden lang herrschte Stille, dann stand Angela auf und ging zum Fenster. »Sehen Sie es doch einmal so, mein Lieber.« Ihre Stimme fiel bei den beiden letzten Worten ausgesprochen häßlich ab. »Sie haben Tonys Gastfreundschaft angenommen. Ihr Boot befindet sich auf seinem Rasen. Die ersten zehn Minuten des Films sind bereits gedreht. Glauben Sie, daß irgendein Gericht zu der Auffassung kommt, das sei alles ohne Ihr Einverständnis geschehen? Daß Sie dem hier nicht zugestimmt haben?« Sie deutete in den verschwenderisch ausgestatteten Raum mit seinem Swimmingpool, den elektronischen Anlagen und dem erhöhten Kamin. »Natürlich können Sie vor Gericht gehen, Mister Sandman. Sie können behaupten, Sie hätten von Anfang an geplant, Tony zu verklagen, sich aber zunächst einmal an seiner Gastfreundschaft schadlos halten wollen.« Sie verhöhnte mich mit einem Lächeln. »Meinen Sie, daß Sie gewinnen?«

»Er hat mein Boot ruiniert!«

»Sie öden mich an! Ihm ist versichert worden, es sei aufgegeben!« Ich begann zu entdecken, daß dieses schlanke und schöne Wesen einen Skorpionstachel hatte. Sie sah mich spöttisch an. »Ihre Frau hat Tony versichert, es sei aufgegeben. Sie hat es ihm persönlich versichert. Sehr persönlich.«

Sarg dich ein, dachte ich, sagte es aber nicht. Ich fragte mich, wie Melissa und Bannister einander kennengelernt hatten, nahm dann aber an, daß das gewesen sein mußte, als Bannister den Liegeplatz mieten wollte. Wie mußte es Melissa genossen haben, eine Berühmtheit wie Bannister zu ihren Eroberungen zu zählen!

»Nun?« fragte Angela kalt.

»Nun was?«

»Was ist Ihre Antwort, Nick?« Sie bediente sich

meines Vornamens nicht freundlich, sondern ausgesprochen gönnerhaft. Als ich nicht antwortete, ging sie zum Tisch und zog eine Zigarette aus Matthews Schachtel. Er gab ihr Feuer, und sie blies Rauch in meine Richtung. »Wir möchten einen Film machen, Nick. Es wird ein sehr ehrlicher und sehr aussagestarker Film werden. Er wird die Geschichte eines Mannes erzählen, der etwas sehr Bemerkenswertes erreicht hat. Er wird auch vom Sieg über die Schmerzen berichten, vom Triumph der Ambition über die Verzweiflung. Er wird anderen Menschen Hoffnung geben, die ebenfalls leiden.« Ihre Stimme war die Vernunft, die Überzeugung selbst. »Und gleichzeitig können Sie sich in aller Ruhe erholen und erhalten ein perfekt wiederhergestelltes Boot. Ich nehme doch an, daß Sie die *Sycorax* repariert haben wollen?«

»Das wissen Sie gut genug.«

»Dann sollten Sie begreifen, daß nichts von den bestellten Materialien ausgeliefert wird, bevor Sie den Vertrag unterzeichnet haben.« Sie starrte mich mit kalter Herausforderung an.

»Und wir werden Ihnen ein Honorar zahlen«, sagte Matthew aufmunternd.

»Halt den Mund, Matthew.« Angela ließ mich nicht aus den Augen.

Ich drehte mich um und sah auf die *Sycorax*. Es war ein abscheulicher Anblick, sie außerhalb ihres Elementes zu sehen. »Lassen Sie mich eine Sache klarstellen«, sagte ich. »Bannister holte mein Boot aus dem Wasser, weil er annahm, es sei aufgegeben?«

»Ja, es wurde ihm gesagt, es sei aufgegeben«, bestätigte Angela.

»Und Melissa hat ihm den Liegeplatz vermietet, obwohl sie dazu nicht berechtigt war?«

»Sie sagen es.« Angela war vorsichtig.

»Und es war Bannisters Gorilla, der mich zusammengeschlagen hat.«

»Damit hat Tony nichts zu tun. Fanny hat angenommen, Sie wollten das Rennboot stehlen. Aber wir räumen ein, daß er überreagiert hat.«

»Auch ich würde zwei gebrochene Rippen eine Überreaktion nennen.« Meine Ironie war an sie glatt verschwendet. »Und wo ist Mulder eigentlich?«

»Das wissen wir wirklich nicht«, sagte Angela. Bannister hatte mir versprochen, sein möglichstes zu tun, um Mulder ausfindig zu machen und den Südafrikaner dann zu überreden, mir meinen Orden zurückzugeben. Aber bisher war in dieser Hinsicht nichts geschehen. Bannister hatte auch versucht, mich zur Zurücknahme meiner Anzeige mit dem Argument zu bewegen, daß Fanny wahrscheinlich eher zurückkomme, wenn er nicht gerichtlich bedroht werde. Aber das hatte ich abgelehnt. Mulder hatte die *Sycorax* und mich überfallen, und dafür sollte er geradestehen.

Aber Mulder zur Verantwortung zu ziehen war eine Sache, und die Reparatur der *Sycorax* eine andere. Ob es mir nun gefiel oder nicht, ich begann einzusehen, daß ich dazu bei Angelas verdammtem Film mitmachen mußte. Und das sagte ich auch so zu ihr, was Angela irritierte. »Ich würde ihn nicht einen verdammten Film nennen«, meinte sie spitz. »Es wird eine sehr aufrichtige, bewegende, menschliche Story.«

»Welchen Einfluß habe ich?«

Sie runzelte die Stirn. »Einfluß?«

»Im Hinblick auf Unwahrheiten. Ich kann nicht zulassen, daß Sie behaupten, ich wolle zurück zu den Falklandinseln. Es ist nicht so, daß ich Angst davor hätte, aber meine Pläne gehen nun mal in eine andere Richtung. Ich möchte nach Neuseeland segeln.«

»Sie meinen redaktionellen Einfluß?« erkundigte sich Angela ruhig. »Lassen Sie mich Ihnen das erklären. Sie waren ganz eindeutig ein guter Soldat, Nick, aber Sie sind wohl kaum ein ausgebildeter Fernsehproduzent. Sie müssen einsehen, daß wir Erfahrung und Fähigkeiten im Ausformen und Übertragen von Informationen haben. Darin sind wir sehr gut, und, wir haben nicht die Absicht, uns diese Dinge aus der Hand nehmen zu lassen. Von niemandem. Denn wenn wir es täten, wären wir gezwungen, uns den Launen jedes Politikers und jedes Lobbyisten zu beugen, der die Wahrheit verschleiern will. Und genau die berichten wir, die Wahrheit. Also werden Sie keinen redaktionellen Einfluß erhalten. Sie erzählen uns die Wahrheit, und wir erzählen sie der Welt.«

Dazu war wohl nicht viel zu sagen. »Ich verstehe.«

Angela drückte ihre halbgerauchte Zigarette aus. »Vielleicht wollen Sie die Verträge unterzeichnen?« Sie öffnete ihre Tasche und zog ein dickes Bündel Dokumente hervor. »Hauptvertrag.« Sie unterteilte die Papiere, legte drei Kopien von jedem Dokument auf den Tisch, während sie sprach. »Der Untervertrag mit Bannister Productions Ltd., die den Film herstellen. Ein Schadensversicherungsformular. Ihre Verpflichtung, mit keiner anderen Filmgesellschaft oder Zeitung zu sprechen, während der Film gedreht wird. Und ein Gesundheitsformular.« Sie legte die letzten Papiere hin und hielt mir dann einen Stift entgegen. »Unterschreiben Sie immer da, wo ich ein

Kreuz gemacht habe, und zeichnen Sie jede einzelne Seite der beiden Verträge mit einem Kürzel.«

Ich nahm den Stift und setzte mich. Ich bemühte mich, dem guten Rat zu folgen, alles genau zu lesen, bevor ich es unterschrieb. Aber die Verträge strotzten von Unterparagraphen über Gesellschaftsrechte und Verpflichtungen.

»Es sind Standardverträge.« Angela schien über mein Zögern frustriert zu sein. »Und ich lasse Ihnen die Kopien hier.«

»Selbstverständlich«, sagte ich. Eigentlich hatte ich es schon immer peinlich gefunden, andere auf meine Unterschrift warten zu lassen, während ich das Kleingedruckte las. Es erschien so mißtrauisch, und ohnehin habe ich die Sprache der Juristen noch nie recht verstanden. Ich unterschrieb dreimal und kritzelte dann meine Initialen auf alle einzelnen Seiten. »Bekomme ich jetzt das Holz für den Rumpf der *Sycorax*?«

»Es wird in der nächsten Woche geliefert.« Angela schob Matthew die Dokumente zu, der sie mit seiner Unterschrift bestätigte. »Ihr erster Auftritt«, sagte sie zu mir, »ist am nächsten Dienstag, mittags. Wir drehen in der Marina des Dorfes. Wissen Sie, wo das ist?«

»Ich bin darin aufgewachsen.«

»Und Sie haben verstanden, was Sie unterschrieben haben, Captain Sandman?«

»Ihren Film zu machen«, sagte ich.

»Sich bis zur vollständigen Fertigstellung des Films bereitzuhalten und kooperativ zu zeigen.« Sie trennte meine Kopien von den anderen Papieren und händigte sie mir aus. »Das heißt, daß ich Ihnen verbunden wäre, wenn Sie mich jederzeit wissen ließen, wo Sie sich gerade aufhalten.«

»Morgen werde ich in London sein«, sagte ich. »Um meine Kinder zu besuchen. Ist das gestattet, Ma'am?«

Sie überhörte meine plumpe Ironie. »Wir sehen Sie am Dienstag«, sagte sie statt dessen, »wenn wir hinausfahren. Sollen wir Ihnen Gummistiefel zur Verfügung stellen?«

»Ich habe meine eigenen.«

»Ich hoffe darauf, daß unsere Zusammenarbeit sehr konstruktiv sein wird«, sagte sie kalt. »Und darf ich Ihnen empfehlen, sich heute abend Tonys Show anzusehen? Matthew und ich finden allein hinaus. Bis Dienstag, Captain Sandman.«

»Mister«, sagte ich. »Ich habe die Armee verlassen.«

Sie schwieg. Ihre blauen Augen schätzten mich kurz ab und schienen mit dem Ergebnis nicht zufrieden zu sein. »Bis Dienstag, Nick. Bist du soweit, Matthew?«

Sie gingen, und ich begann zu begreifen, wie sich General Menendez in Port Stanley gefühlt haben muß: in blutige Fetzen gehauen und ohne jeden Zufluchtsort.

Und es war alles meine eigene Schuld.

Am Abend sah ich die »Tony Bannister Show«. Ich hatte Schmerzen. Aus irgendeinem Grund hatte sich die Pein in meinem Rücken entschlossen, erneut und kräftig zuzuschlagen, während mein rechtes Bein, von dem ich mir eingeredet hatte, es sei fast geheilt, sich taub und schlaff anfühlte. Allein in dem verschwenderischen Haus, spürte ich die Versuchung der Verzweiflung, des Sichdamitabfindens, daß ich nie wieder richtig laufen würde. Ich schluckte vier

Aspirin, die ich mit zwei großen Gläsern irischen Whiskys hinunterspülte. Und als beides nicht half, lenkte ich mich von meinem Selbstmitleid ab, indem ich Bannisters Programm einschaltete.

Es war ein Nachtprogramm, das vom Herbst bis zum Frühling allabendlich nach den Spätnachrichten gesendet wurde. Da ich Gast in Bannisters Haus war, hatte ich mehr als nur ein paar dieser Shows gesehen, und sie hatten mir nicht besonders gefallen.

Die Sendung dieses Abends war die letzte der laufenden Serie. Sie hielt sich an Bannisters bekanntes Rezept: eine Handvoll prominenter Gäste, eine Rock-Gruppe und ein begeistertes Publikum. Ich sah mir das Programm in Bannisters großem Wohnraum an, wo ich auf einem Sofa lag und mir einredete, die Schwäche meines rechten Beines sei pure Einbildung. Ich hatte die Fenster offengelassen, um den Raum von dem immer noch spürbaren Zigarettengeruch zu reinigen, den Matthew hinterlassen hatte.

Bannisters erster Gast war eine amerikanische Schauspielerin, dann kam ein britischer Politiker, der ein bißchen witziger zu sein schien als die meisten Akteure dieses üblen Berufsstandes. Als eine Rock-Gruppe aufjaulte, drehte ich den Ton leiser, drehte ihn dann aber wieder auf, als ein Komiker seine Witze mit der Geschwindigkeit eines Maschinengewehrs herunterrasselte.

Es war die übliche leichte Fernsehunterhaltung, eine durchschnittliche Show, und doch hatte sie einen ganz besonderen Bestandteil: Tony Bannister selbst. Ich brauchte kein Fernsehfan zu sein, um zu begreifen, daß er in der Tat sehr gut in seinem Job war. Er besaß einen natürlichen und spontanen Charme, einen hellwachen Verstand und eine sehr beruhigende

Ausstrahlung, die ihn zum idealen Mittler zwischen dem Publikum und den hochkarätigen Berühmtheiten machte, die seine Gäste waren. Er wirkte so ungeheuer vertrauenswürdig, was Angela Westmacotts stachlig-saure Attitüde so verwunderlich machte. Ich fühlte mich zu Bannister hingezogen, als ich ihm zusah, und war stolz, daß ich ihm begegnet war. Verdammt noch mal, ich mochte ihn. Mir entging keineswegs, wieviel jünger er auf dem Fernsehschirm wirkte. Im Krankenhaus hatte ich ihn auf Mitte Vierzig geschätzt, aber heute abend sah er nicht älter als dreißig aus.

Gegen Ende der Show sprach Bannister über die Filme, die er in den kommenden Sommermonaten drehen würde. Ich hatte gehört, daß er in der warmen Jahreszeit immer Filme machte, und daß fast alle diese Streifen seinem Image vom harten Kerl mit dem weichen Herzen Rechnung trugen. Sie zeigten Bannister beim Bergsteigen, beim Tauchen nach fast vergessenen Wracks, bei der Ausbildung mit Fremdenlegionären. In diesem Jahr würden seine Filme, alle von der gleichen Art, von einem Bericht über seinen Versuch, die St. Pierre Trophy zu gewinnen, dominiert werden. Er sprach mit echter Würde von seiner Frau, erinnerte an ihren Tod und versprach, im kommenden Sommer die *Wildtrack* in ihrem Gedenken zum Sieg zu segeln. Während er sprach, wurde ein Film über die *Wildtrack* gezeigt. Sie war eine Farley 64, ein Rennkreuzer britischer Herkunft, der überall in der Welt Eigner mit dicken Brieftaschen ansprach. Ich war oft an der Farley-Werft vorbeigesegelt und hatte beobachtet, wie ihre schnittigen Produkte auf See getestet wurden. Die 64-Footer, das größte Modell von Farley, war ein typisch modernes

Boot: keilförmig, flach und mit einem scharfen Flossenkiel. Ganz unzweifelhaft waren sie schnell, aber in einem wirklichen atlantischen Sturm hätte ich mich nur ungern auf sie verlassen. Ein so tiefliegendes, schweres Boot wie die *Sycorax* war da doch eine ganz andere Sache. Sie mochte vielleicht nicht schnell sein, aber sie war für schlechte See gebaut.

Der Fernsehschirm zeigte wieder Bannister im Studio. »Und ich werde noch einen anderen, ganz besonderen Film in diesem Sommer machen«, sagte er, »einen Film über Tapferkeit und Gesundung. Einen Film über einen Mann, der es bescheiden abgelehnt hat, einen Gewinn aus seinem hartverdienten Ruhm zu ziehen.« Nun wußte ich, warum mir Angela geraten hatte, mir dieses Programm anzusehen. Ich krümmte mich auf dem Sofa zusammen. »Einen Mann«, fuhr Bannister fort, »der in der Tat das Rampenlicht bisher gescheut hat, aber schließlich doch bereit war, seine Geschichte zu erzählen – als Ermutigung für all jene, die in Not sind.« Der TV-Schirm zeigte ein Foto von mir. Ich trug Uniform und saß in einem Rollstuhl. Es mußte an dem Tag aufgenommen worden sein, an dem ich den Orden erhalten hatte. »Im Herbst werden wir Ihnen die wahre Geschichte des zurückhaltendsten britischen Falkland-Helden bringen, die Geschichte von Captain Nicholas Sandman, Träger des Victoria Cross.«

Schmerz durchfuhr meinen Rücken, während ich mich vom Sofa quälte und das Gerät ausschaltete. Ich atmete schwer und gequält durch. Dann hockte ich mich in der lastenden Stille wieder hin. Gott verdammt noch mal, warum hatte ich ihrem verfluchten Film nur zugestimmt? Nur für die *Sycorax* natürlich, aber ich kam mir wie ein Trottel vor, wie ein dreimal verfluchter Trottel. Ich hörte, wie die Falleinen gegen die Masten auf dem Fluß schlugen, und das Geräusch ließ mich ängstlich und einsam fühlen. Verdammt, verdammt, verdammt. Ich öffnete den Schraubverschluß der Whiskyflasche.

Plötzlich klingelte das Telefon und ich zwang mich dazu, den Whisky ins Abseits zu stellen und den Telefonhörer aufzunehmen. »Also deshalb haben Sie es getan?« Es war Inspector Abbott, der sich hörbar über mich lustig machte.

Ich schloß die Augen wegen des dumpfen und beständigen Schmerzes in meinem Rücken. »Warum habe ich was getan, Harry?«

»Ich habe Ihnen gesagt, daß Bannister seine Freunde nicht im Stich läßt, und ich nehme an, daß Sie inzwischen ein Freund des großen Mannes sind. Auf dem Weg, ein Bildschirmstar zu werden, was? Aber vergessen Sie nicht, was man über das Essen mit dem Teufel sagt, Nick.«

»Was habe ich denn getan, Harry?«

Er schwieg, mußte offenbar die Naivität meiner Frage verdauen. »Sie haben Ihre Anzeige gegen Fanny Mulder zurückgezogen, Nick. Das haben Sie getan.«

»Das habe ich nicht!«

»Wie kommt es dann, daß sich ein Anwalt der Fernsehgesellschaft in unserem Büro gemeldet hat?«

»Mit welchem Anliegen?«

»Mit der Mitteilung, daß Sie Ihre Anzeige zurückgezogen haben, natürlich. Er wird uns die nötigen Unterlagen schicken. Er sagte, sie wären von Ihnen unterschrieben. Wollen Sie mir nun etwa erzählen, daß da nichts dran ist?«

»Verdammter Mist«, zischte ich leise und erinnerte

mich an den Wust von Papieren, die ich unterschrieben und abgezeichnet hatte, ohne sie wirklich gelesen zu haben. »Ich weiß, was an der Sache dran ist.«

»Man braucht einen langen Löffel, Junge. Einen sehr langen Löffel.« Harry seufzte. »Ich nehme an, er hat Ihr Blech immer noch?«

»Ja.«

»Falls es für Sie von irgendwelchem Interesse sein sollte, Nick, der Kerl wohnt in Bannisters Haus in London. Wir gehen davon aus, daß er seit dem Überfall auf Sie dort wohnt.«

»Wenn Sie das wissen«, antwortete ich gereizt, »warum ist dann nicht jemand hingegangen und hat ihn festgenommen?«

Abbott schwieg. »Ich hatte es Ihnen doch gesagt, Nick. Ich bin nicht mehr beim Verbrechen.«

»Wo arbeiten Sie, Harry?«

»Gute Nacht, Nick.«

Ich legte den Telefonhörer auf die Gabel und beschäftigte mich mit meinen Vertragskopien. Wie vermutet, fand ich eine Klausel, nach der ich ausnahmslos auf alle rechtlichen Ansprüche, jedes juristische Vorgehen gegen irgendeinen Angehörigen der Produktionsgesellschaft verzichtete. Ich blätterte ein paar Seiten weiter und fand Francis Mulder als Bootsmeister für die Produktion aufgeführt, als Verantwortlichen für die Beschaffung und ordnungsgemäße Wartung aller Schiffe, die für die Filmarbeiten gebraucht wurden.

Und die ganze Zeit hatte Bannister geschworen, er wisse nicht, wo sich Mulder aufhielt. Die ganze Zeit.

Ich hinkte zum Fenster und verlagerte mein Gewicht auf das rechte Bein in der Hoffnung, daß es nicht einknickte, und ich kräftig genug war, allein ins

Leere segeln zu können. Endlich am Fenster, starrte ich in die Nacht hinaus und grübelte über die Kunst nach, einen zögerlichen Feind zur offenen Schlacht herauszufordern. Man wiegt ihn in Sicherheit, bietet einen leichten Sieg an, und dann macht man ihn mit all den Widerwärtigkeiten fertig, die man gut verborgen gehalten hat.

Und ich war gerade fertiggemacht worden.

Es war ein leichtes, Bannisters Londoner Adresse unter den Papieren in seinem Arbeitszimmer zu finden. Ich dachte daran, ihn anzurufen; aber ein gewarnter Feind ist ein gewappneter Feind.

Am nächsten Morgen fuhr ich mit dem ersten Zug nach London, war aber dennoch erst gegen elf Uhr in Richmond Green. Es war abgesprochen, daß ich die Kinder gegen Mittag vom Dienstboteneingang an Melissas Haus in Kensington abholte, also war ich in Eile. Mein Rücken tat weh, aber nicht so stark, wie am vorangegangenen Abend.

Vielleicht lag es am Wetter, daß ich mich besser fühlte, denn es war ein herrlicher Frühlingsmorgen, warm und blütenduftend. Ein Kirschbaum verstreute seine Blüten im Garten vor Bannisters Haus. Es sah teuer aus, und das wurde durch die Alarmanlage noch betont, die hoch an der imposanten Fassade angebracht war. Die Fenster im Erdgeschoß waren alle vergittert und gesichert.

Ich kletterte die Treppe hinauf und klingelte. Milch und Zeitungen waren noch nicht hereingeholt worden. Ich läutete noch einmal und ließ meinen Finger diesmal auf der Klingel, so daß es anhaltend schrillte.

Ich nahm den Finger erst fort, als ich das Rasseln

von Ketten und Riegeln hörte. Ein dünner Mann mit beginnender Glatze, in dunklen Hosen und Weste öffnete die Tür. Er war offensichtlich empört über mein Verhalten, aber ich ließ ihm keine Zeit zum Protest. »Ist Mister Bannister zu Hause?« fragte ich.

Er maß mich von Kopf bis Fuß, bevor er antwortete. Ich sah nicht besonders beeindruckend aus, trug alte Jeans, ramponierte Segelschuhe und eine angejahrte Lederjacke. »Mister Bannister ist noch nicht aufgestanden, Sir.« Er sprach mit der hochnäsigen Reserviertheit gutausgebildeter Diener, selbst wenn er mich »Sir« nannte. Ich bemerkte, wie sich seine Hand zum versteckten Klingelknopf der Alarmanlage ausstreckte, die das nächstliegende Polizeirevier davon informieren würde, daß sich ein Eindringling unrechtmäßig Zutritt verschaffen wollte.

»Mein Name ist Captain Nicholas Sandman, VC.« Ich setzte den ganzen Hokuspokus und meine sprödeste Stimmlage ein, um ihn zu beruhigen. Es muß gewirkt haben, denn er zog die Hand wieder zurück. »Eigentlich bin ich gekommen, um mit Fanny Mulder zu sprechen.«

»Mister Mulder hat einen privaten Eingang neben der Garage, Sir.«

»Ich bin nun einmal hier angekommen«, sagte ich, »würden Sie ihn also hierher bitten? Gibt es irgendeinen Raum, in dem ich warten kann?«

»In der Tat, Sir.« Er führte mich in einen herrlichen, hohen Raum, in dem er die Vorhänge fortzog und die Fensterläden öffnete, um die Vormittagssonne auf einen kostbaren, fahlen Teppich scheinen zu lassen. »Ich glaube, Mister Mulder schläft ebenfalls noch, Sir. Darf ich Ihnen etwas Kaffee bringen, während Sie warten?«

»Eine große Kanne, bitte. Und Milch, aber keinen Zucker.«

»Ich werde Mister Mulder Bescheid sagen, daß Sie hier sind, Sir.« Er deutete eine Verbeugung an und ging.

Ich wartete. Der Raum war hervorragend eingerichtet, mit einem schönen impressionistischen Gemälde über dem Kaminsims und einer ganzen Reihe von Aquarellen an der gegenüberliegenden Wand. Eine hübsche Fotografie von Nadeschna Bannister stand auf einem Tisch. Dahinter, wie eine Kopie der Vielfalt in Bannisters Haus in Devon, war eine Vielzahl elektronischer Geräte. Vor dem Kamin stand ein teurer Tisch mit einer Glasplatte von mindestens drei Quadratmetern Fläche. Das Rauchglas hatte reizvoll abgeschrägte Kanten. Während ich auf den Kaffee wartete, las ich die Zeitung vom Vortag, die dort lag. Der Streik der Bergleute ging in den zweiten Monat, und Polizei und Kumpel lieferten sich vor den Gruben erbitterte Gefechte.

»Der Kaffee, Sir.« Der Diener stellte eine große silberne Thermoskanne auf den Tisch. »Ich habe Mister Mulder davon informiert, daß Sie hier auf ihn warten. Er wird so schnell wie möglich zu Ihnen kommen. Möchten Sie die heutige Zeitung lesen, Sir?«

»Nein. Hat das Haus einen Hintereingang?«

Er zögerte, schüttelte dann aber den Kopf. Das hieß, wenn Mulder die Absicht hatte, mir zu entkommen, mußte er den Vordereingang benutzen. Und dann würde ich ihn sehen.

Aber Mulder dachte nicht an Flucht. Er ließ mich zehn Minuten warten und erschien dann in Jeans und einem T-Shirt, auf dem in großen Buchstaben der Name *Wildtrack* stand. Mürrisch und riesig stand er neben der Tür. Er hatte die Hände eines Windendrehers, ein Gesicht, das von Sonne und See gezeichnet war, und die Zuversicht seiner riesigen Körpergröße. »Was ist?« fragte er knapp.

»Haben Sie gehört, daß ich meine Anzeige gegen Sie zurückgezogen habe, Fanny?«

»Ich habe es gehört.« Er war mißtrauisch.

»Aber ich warte immer noch auf eine Entschuldigung, Fanny.«

Ein Ausdruck verletzten Stolzes irrlichterte über sein Gesicht, dann zuckte er mit den Schultern. »Ich hatte keine Ahnung, daß Sie ein Krüppel sind, Mann.«

Ich nehme an, das ging bei Buren als Entschuldigung durch und hieß, daß er mir nur eine Rippe gebrochen hätte, wenn er es gewußt hätte. Ich lächelte. »Und Sie besitzen etwas, was ich gern hätte, Fanny.« Er sagte kein Wort, stand neben der Tür und blickte finster vor sich hin.

»Ich sagte, Sie hätten etwas, was ich gern wiederhaben will, Fanny. Oder haben Sie einen Käufer für den Orden gefunden?«

Er versuchte es mit Unverfrorenheit. »Was für ein Orden?«

Ich trat an den Tisch, nahm die silberne Thermoskanne hoch und schlug sie hart auf die Oberfläche. Das Rauchglas war gehärtet, und der Schlag brachte nur einen Riß zustande. Ich hob die gedellte Kanne höher und ließ sie erneut niedersausen. Diesmal splitterte das kostbare Glas in krakelierte Fragmente. Zeitschriften, getrocknete Blüten und Aschenbecher vereinigten sich mit dem zerbrochenen Glas. Ich lächelte Fanny wieder freundlich an. »Ich gebe Ihnen zwei Minuten, meinen Orden zu holen, Sie Hund. Sonst schlage ich hier das Haus zusammen.«

Fanny starrte entsetzt auf das Tischwrack. »Sie sind verrückt!«

»Eine Minute und fünfzig Sekunden.«

»Sie können mich mal!« Eine Sekunde lang dachte ich, er würde mich angreifen, aber er blieb unbeweglich an der Tür stehen.

Ich schraubte den Verschluß der Kanne auf und drehte sie um. Eine Mischung aus heißem Kaffee und zerbrochener Innenbeschichtung ergoß sich auf den edlen Teppich. »Eine Minute und vierzig Sekunden, Fanny. Als nächstes kommt das Bild über dem Kamin dran.«

»Ich hole ihn, Mann! Ich hole ihn!« Er hielt beide Hände abwehrend vor sich ausgestreckt. »Stellen Sie bloß nicht noch mehr an. Ich hole ihn ja schon!«

Der Orden war innerhalb einer Minute da. Nur Sekunden, nachdem Fanny mir das schmale Etui zugeworfen hatte, erschien Bannister im Türrahmen. Er trug einen Morgenrock aus aufwendiger Seide. Er starrte entsetzt auf das Chaos, das einmal sein Tisch gewesen war, und sah mich dann mit neuerwachtem Erstaunen an. »Captain Sandman?«

»Guten Morgen«, sagte ich höflich. »Ich bin gekommen, um meinen Orden wieder an mich zu nehmen. Mister Mulder hat mit dem Zugeständnis, ihn noch im Besitz zu haben, etwas zu sehr gezögert.« Ich öffnete das Etui und betrachtete das einfache Bronzekreuz mit dem weinroten Band. »Es tut mir leid, daß ich unfaire Methoden anwenden mußte, um ihn zu überzeugen, aber Sie hatten ja in dieser Hinsicht keinerlei Anstrengungen unternommen.«

»Ah.« Bannister schien unter seinem Morgenmantel nackt zu sein. Er schien auch nicht in der Lage, seine Geistesgegenwart in den Griff zu bekommen.

»Sie sagten, Sie wüßten nicht, wo sich Fanny aufhält«, beschuldigte ich ihn.

»Ich ...« Er brach ab, hatte sich in seinen Lügen verfangen, wußte nicht, was er sagen sollte.

»Aber wie Sie sehen, habe ich ihn gefunden.« Ich steckte den Orden in meine Tasche.

»Ich kann alles erklären, Nick.« Bannister hatte seinen Charme wiedergefunden und knipste ihn hastig an. »Fanny ist erst gestern abend gekommen. Ich hatte selbstverständlich vor, mit Ihnen über ihn zu sprechen ...«

»Ich bin in Eile«, unterbrach ich ihn. »Aber ich möchte Sie noch davon informieren, daß ich nicht die Absicht habe, Ihren Film zu machen. Absolut keine Absicht. Ich werde meinen Anwalt beauftragen, Ihnen eine Rechnung für die Reparatur der *Sycorax* zu schicken. Es sei denn, Sie ziehen es vor, mir schon jetzt einen Scheck auszuschreiben?«

»Nick!« Bannisters verletzter Tonfall deutete an, daß ihm bitter Unrecht getan worden war. »Es wird ein sehr guter Film, ein überaus guter Film.«

»Ich hätte lieber einen Scheck«, sagte ich.

»Sie haben einen Vertrag unterzeichnet.« Angela Westmacott betrat den Raum. Bis jetzt war ich bei der Konfrontation im Vorteil gewesen, aber ihr plötzliches Auftreten verwirrte mich, ließ mich verstummen. »Sie haben einen Vertrag unterzeichnet«, wiederholte sie. »Und ich erwarte, daß Sie ihn erfüllen.« Wie Bannister trug sie einen seidenen Morgenrock und schien, wie er, auch nackt unter dem farbenfreudigen Gewand zu sein. Ihre Haare waren offen, fielen in goldenen Kaskaden auf ihren Rücken. Sie trug kein Make-up und war doch wunderschön. Ich begriff, warum sie sich stets so anmaßend verhielt; sie hatte Anthony Bannister zum Liebhaber und mit seinem Bett seinen Einfluß in Besitz genommen. Angewidert betrachtete sie die Unordnung, die ich verursacht hatte. »Wollen Sie uns sagen, daß Sie vom Vertrag zurücktreten, Mister Sandman?«

»Darüber werde ich am Montag mit meinem Anwalt sprechen.«

»Tun Sie das. Und wenn Sie Ihr Geld und seine Zeit verschwendet haben, erwarte ich Sie am Dienstagmittag zu den Dreharbeiten.« Ihre Verachtung war beißend, ihre Stimme wie eine Peitsche. »Gehen Sie, Fanny«, fuhr sie Mulder an, der fluchtartig das Zimmer verließ.

»Ich brauche Fanny, Nick«, bot Bannister als lahme Erklärung an. »Wenn ich die St. Pierre gewinnen will, brauche ich ihn.«

»Haben Sie vor, das Zimmer weiter zu verwüsten?« Angela glaubte nicht an Erklärungen, nur an Angriff. »Oder habe ich richtig gehört, als Sie sagten, Sie seien in Eile, Mister Sandman?«

Sie brachte es fertig, daß ich mich linkisch und unbedarft fühlte. »Ich bin in Eile.«

»Dann lassen Sie sich von uns nicht aufhalten.« Sie trat einen Schritt von der Tür zurück, um mich durchzulassen. »Wenn Sie am Dienstag nicht auf der Marina sind, werde ich das als Vertragsbruch ansehen. Ihr Anwalt wird Sie mit Sicherheit über unsere Schadensersatzforderungen informieren können. Guten Tag, Mister Sandman.«

Ich ging die Treppe hinunter und trat in den Sonnenschein. Plötzlich war ich auf Anthony Bannister eifersüchtig. Angela mochte die Inkarnation der Bösartigkeit sein, sie war vermutlich eine Lügnerin und mit Sicherheit eine Betrügerin, aber ich war eifersüchtig. Verdammte Drüsen, dachte ich, aber ich war eifersüchtig.

Zur Teestunde lieferte ich die Kinder wohlbehalten bei ihrem schwedischen Kindermädchen ab. Melissa, die unsere Stimmen in der Küche gehört hatte, gewährte mir gnädig Audienz. Sie gestattete, daß ich ihr einen Martini und mir einen Whisky eingoß. Dann verzog sie beim Anblick meiner Kleidung das Gesicht. »Ich kann nur hoffen, daß die Kinder nichts dagegen hatten, mit dir gesehen zu werden. Haben die Passanten nicht angenommen, sie seien gekidnappt worden?« Melissa hatte eine Stimme wie ein Diamant, der Schiefer durchschneidet. Ich habe diese Stimme nie gemocht, aber sie hatte mich nicht davon abgehalten, sie zu heiraten.

»Ich will kein Geld für Kleidung ausgeben«, sagte ich. »Außerdem habe ich gar kein Geld für Kleidung.«

»Ich hoffe, du wirst mich nicht mit deinen finanziellen Problemen langweilen.«

»Meine finanziellen Probleme gehen dich nichts mehr an.«

»Sie gehen mich doch etwas an, Darling«, sagte sie. »Das Schulgeld. Oder hast du es vergessen?«

»Schulgeld.« Ich imitierte ihre perfekte Aussprache.

»Du kannst nicht erwarten, daß Mands und Pip in einer staatlichen Schule verkommen. Sei doch vernünftig, Nick.« Melissas Kosenamen für unsere Kinder ließen mich zusammenzucken. Amanda war die ältere und inzwischen sechs Jahre alt. Piers war vier.

Bei Amandas Geburt war ich in Belfast gewesen, bei Piers' Ankunft in Deutschland. Die beiden Stationierungen erklärten, warum ich bei der Wahl der Namen kein Mitspracherecht erhalten hatte. Melissa nahm eine Nagelfeile und glättete die Spitze eines Fingernagels. »Oder willst du, daß sie kommunistische Agitatoren werden, Nick? Das ist doch alles, was Kindern heutzutage auf Londoner Schulen beigebracht wird.«

»Ich zahle bereits für ihr Schulgeld«, sagte ich. »Bei meiner Bank läuft ein Dauerauftrag.«

»Aber in ein paar Jahren wird Mands auf eine anständige Boarding School gehen wollen, Nick, und Piers zur Dragon. Danach kommt natürlich Eton, und du kannst nicht damit rechnen, daß Hon-John zahlt. Es sind schließlich nicht seine Kinder.«

»Aber der Honorable John ist stinkend reich«, stellte ich fest, als sei das eine hinlängliche Erklärung.

Melissa seufzte. »Mumsy und Dadsy werden auch nicht zahlen.« So wurden Melissas Eltern genannt: Mumsy und Dadsy. Ich konnte mir gut vorstellen, wie erleichtert Mumsy und Dadsy gewesen waren, als sich Melissa von dem Sohn eines Knastbruders getrennt hatte, um den Ehrenwerten John zu heiraten. Melissa war eine wunderschöne Ratte, die das sinkende Schiff mit viel Sinn für perfektes Timing verlassen hatte. Sie war außerdem eine sehr schlaue Ratte, obwohl sie das gern verheimlichte. Schlauer als ich. »Jedenfalls würde Dadsy nicht zahlen, bevor du tot bist.«

Ich hielt zwei Finger gegen meinen Kopf. »Peng!«

»Wenn du dein ganzes Geld für dieses unsinnige Boot ausgibst, Nick, kannst du auch keins für die

Schulbildung der Kinder haben. Und dann müßte ich dich wieder verklagen, obwohl das so schrecklich lästig ist.«

»Lieber Himmel!« Ich ging zum Fenster. »Du hast meine verdammte Armeepension, die ich für ihr verdammtes Schulgeld abgetreten habe. Du hast mein verdammtes Versprechen, für ihre Zimmer in diesem Palast hier zu zahlen. Was willst du denn noch? Einen Liter meines Blutes? Oder willst du ihnen eine meiner Nieren zum Frühstück braten?«

»Wie ich sehe, hat die Entlassung aus dem Krankenhaus deine Aggressivität nicht gemildert.« Stirnrunzelnd betrachtete Melissa ihren Fingernagel und fand, sie hatte wohl getan. Sie lächelte mich an, war offensichtlich zufrieden mit ihrem Sieg im Vorgeplänkel und nun bereit, mir einen Waffenstillstand anzubieten. »Ich habe dich gestern abend in der Show gesehen. Ich glaube, es wäre ganz lustig, wenn ein ordentlicher Film über dich gedreht würde. Glaubst du, daß sie mich interviewen wollen?«

»Warum fragst du nicht deinen Freund Tony? Deinen engen Freund Tony?«

Melissa sah mich drohend an. Sie ist eine schöne Frau, und ich hatte sie, weil ich scharf auf sie war, nur deswegen geheiratet. Sie hatte mich wegen des Reichtums meines Vaters geheiratet, und als es damit vorbei war, hatte Melissas Weg schnurstracks zum Scheidungsanwalt geführt. Zu diesem Zeitpunkt hatte ich mich auf einem Lazarettschiff befunden. »Höre ich da etwa Eifersucht?« fragte sie honigsüß.

»Ja.«

Sie lächelte, die Antwort gefiel ihr. »Ich kenne Tony recht gut.« Ihre Stimme stattete das Wort »recht« mit einer ganz bestimmten Bedeutung aus. »Er ist allerdings ein bißchen ungehobelt, findest du nicht auch? Aber natürlich hat er schrecklich reich geheiratet.«

»Ungehobelt? Auf mich machte er einen verdammt glatten Eindruck.«

»Ich meine, daß er nicht gerade aus der besten Familie stammt, Nick. Aber das ist bei dir ja nicht anders. Und dann ist er Segler. Glaubst du wirklich, ich hätte eine Schwäche für Segler?«

»Ich weiß nur«, sagte ich bitter, »daß dein Freund Tony eine Schwäche für einen verdammten Buren hat.«

»Das ist doch wohl kaum überraschend. Wenn du von diesem gräßlichen Menschen bedroht würdest, hättest du bestimmt auch einen Buren als Leibwächter.«

Ich starrte sie verdutzt an. Ich hatte das nur aus Verärgerung über die Tricks gesagt, die sich Angela mit den Verträgen erlaubt hatte, aber meine Worte hatten die gleiche Wirkung, als würde man eine Granate in einen scheinbar leeren Fuchsbau werfen und mit einem Kadaver belohnt. In diesem Fall war der Fuchsbau Melissas sagenhaftes Gedächtnis für Klatsch. »Wer bedroht ihn denn?« fragte ich.

Die langen Wimpern hoben sich, die großen blauen Augen sahen mich mißtrauisch an. Klatsch war für Melissa eine kostbare Währung, die nicht verplempert werden durfte. Ihre Bemerkung über die Bedrohung Bannisters war auf ihre Annahme hin gefallen, ich wüßte davon. Doch nun, nachdem ich meine Unwissenheit verraten hatte, fragte sie sich, welchen Vorteil es ihr bringen würde, mehr zu enthüllen.

»Wer?« fragte ich noch einmal.

Sie legte ihre Nagelfeile weg und kam offenbar zu dem Schluß, daß es keineswegs vorteilhaft war, ihr Wissen preiszugeben. »Hast du mit den Kindern eine schöne Zeit verbracht?«

»Wir waren im Holland Park.«

»Wie aufregend für euch. Ich hoffe nur, du hast sie nicht mit diesen gräßlichen Burgern vollgestopft, Nick.«

»Sie haben von mir Fish und Chips bekommen. Piers verputzte gleich drei Portionen.«

»Ich halte das für unverantwortlich, Nick.«

»Was sollte ich ihnen denn sonst servieren? Avocado-Creme? Fish und Chips ist alles, was ich mir leisten kann.« Ich starrte finster aus dem Fenster auf das Spiegelbild von Melissas Haus auf der gegenüberliegenden Straßenseite. Das Londoner Heim des Honorable John Makyns und Mrs. Makyns war eins dieser hohen und herrlichen stuckverzierten Gebäude. Der Ehrenwerte John beklagte sich darüber, daß Kensington viel zu weit vom Unterhaus entfernt sei, aber ich ahnte, wie sehr Melissa dieses teure Haus liebte. Jetzt im Frühling war die Straße voller Kirschblüten, im Sommer wurden die Stuckarbeiten strahlendweiß reflektiert, und im Winter enthüllten die Fenster den sanften Schimmer von Reichtum in den hohen Wohnräumen. »Und da wir gerade von Geld sprechen«, sagte ich, »wann wirst du mir eigentlich die Miete zahlen, die du für meinen Liegeplatz kassiert hast?«

Eine Spur von Beunruhigung schlich sich in Melissas Stimme. »Sei nicht lächerlich, Nick.«

Ich drehte mich zu ihr um. »Du hast meinen verdammten Liegeplatz vermietet, obwohl du kein Recht dazu hattest und keine Notwendigkeit dafür bestand.«

»Ich hätte wissen müssen, daß es Ärger gibt, wenn ich dich zum Plaudern einlade.« Melissa spreizte ihre Finger wie eine Katze die Krallen. Sie unterzog ihre Nägel einer kritischen Inspektion. »Es bestand in der Tat eine Notwendigkeit, den Liegeplatz zu vermieten.«

»Welche? Hatte Hon-John eine seiner Millionen verlegt?« Der Ehrenwerte John hatte sich in den Vorstand einer Handelsbank geschmeichelt und das Wahlkomitee eines sicheren Grafschaftssitzes beschwatzt, ihn zu seinem Parlamentskandidaten zu machen. Kurz gesagt, der Ehrenwerte John saß sehr bequem, wurde bereits als möglicher Minister gehandelt, und solange er nicht dabei ertappt wurde, daß er mit einer Nutte an jedem Arm Whitehall hinuntertanzte, war sein Aufstieg sicher: erst zum Minister für Aufgeblasenheit, dann zum Lord und schließlich zur hochangesehenen Leiche. Was immer Hon-John auch sein mochte – auf keinen Fall war er ungehobelt.

»Es sind nicht Hon-Johns Kinder«, sagte Melissa. »Mands und Pip brauchen Ponys, und ich kann nun wirklich nicht Hon-Johns Privatkonto wegen deiner Kinder plündern.«

»Warum hast du mich nicht einfach um Geld gebeten?«

»Hast du welches?« Das Interesse war spontan.

»Ich hätte das Blech verpfänden können.« Ich schützte meine Flanke. Ich hatte etwas Geld, aber gerade so viel, um eine reparierte *Sycorax* unterhalten zu können. Und ich wollte nicht, daß Melissa es für ihre Wochenration an Lippenstiften verschleuderte.

»Hast du den Orden bei dir?« fragte sie neugierig.

»Wie es der Zufall will – ja.«

»Darf ich ihn sehen, Nick? Bitte.«

Ich gab ihn ihr. Sie drehte den Orden in den Händen und hielt ihn sich an ihre linke Brust, als wolle sie erkunden, wie er sich als Brosche machen würde. »Ist er viel wert?« fragte sie.

»Er hat nur Seltenheitswert.« Ich streckte die Hand aus.

Sie gab ihn mir nicht. »Pip sollte ihn bekommen, Nick.«

»Wenn ich tot bin, kann er ihn haben.«

»Bei deinem Vagabundenleben ist er vielleicht hier sicherer?«

»Kann ich ihn bitte zurückhaben?«

Sie umschloß ihn mit den Fingern. »Denk darüber nach, Nick. Fairerweise sollte er an deinen Sohn übergehen, oder nicht? Ich meine, du kannst jederzeit kommen, um ihn dir anzusehen. Aber es ist doch viel sicherer, wenn ich ihn für dich aufbewahre.«

Ich hinkte zu einem Beistelltisch und hob die Porzellanfigur einer Schäferin mit drei rührenden Lämmern hoch. Meiner Meinung nach hätte das Dekorationsstück auch in einem Laden für Ausschußware gekauft sein können, aber es sah teuer aus. Die Taktik hatte am Vormittag in Richmond gewirkt, und eine funktionierende Taktik sollte nicht ohne Grund aufgegeben werden. Ich hob das Porzellan und zielte damit auf einen der großen Fensterrahmen.

»Nick!« Melissa hielt mir den Orden zerknirscht entgegen, und ich setzte die Statuette behutsam wieder auf den Beistelltisch. »Ich habe doch nur gefragt«, sagte sie verletzt.

»Und ich frage lediglich, liebste Melissa ...« – ich steckte das Victoria Cross wieder in die Tasche –

»... warum du Lime Wharf an Bannister vermietet hast.«

»Du warst schließlich gelähmt, oder? Dieser unangenehme dickliche Arzt sagte, du würdest nie wieder gehen können. Also war es doch sehr unwahrscheinlich, daß du das Boot je wieder benutzen würdest, von dem übelriechenden Liegeplatz ganz zu schweigen. Und dein Boot war doch nur Schrott, Nick! Es war ein Wrack! Niemand hat sich darum gekümmert.«

»Jimmy Nicholls hat sich darum gekümmert. Aber dann ist er krank geworden.«

»Er hat mit Sicherheit keine großartige Arbeit geleistet«, stellte Melissa spitz fest. »Und offen gesagt, Nick, ich dachte, du könntest das Extrageld brauchen. Für die Kinder natürlich. Ich meine wirklich, daß du mir dankbar sein solltest. Ich habe nur getan, was ich für richtig hielt. Es hat mich viel Zeit und Mühe gekostet, das alles in die Wege zu leiten.«

Diese Unverfrorenheit war ehrfurchtgebietend. Wenn die Zulassungspapiere nicht im Büro meines Anwalts in Sicherheit gewesen wären, hätte Melissa die *Sycorax* mit Sicherheit verkauft, um sich einen neuen Hut für Ascot zu kaufen. »Wieviel Miete zahlt dein Loverboy denn für die Anlegestelle?«

»Ich bitte dich, Nick, sei nicht so gewöhnlich!«

Ich hielt ihrem Blick stand und fragte mich, wie oft mich Melissa während unserer Ehe betrogen hatte. »Wieviel?« fragte ich noch einmal.

Die Tür ging auf, und das ersparte Melissa die Antwort. Der Ehrenwerte John trat ein. Er sah – jeder Zoll – so teuer aus wie seine Frau. Der Ehrenwerte John ist hochgewachsen, dünn, sehr nadelgestreift, mit glattem schwarzem Haar, das dicht an seinem schmalen und gutaussehenden Kopf anliegt. »Ah.

Wußte nicht, daß Sie hier sind, Nick. Wie ich höre, sind Sie ja bald eine Fernsehpersönlichkeit.«

»Sie brauchen mich, damit ich die Nation an ihre Pflicht erinnere.«

»Ausgezeichnet, ganz ausgezeichnet.« Er zögerte. »Und Sie erholen sich gut?«

»Meistens geht es mir hervorragend«, sagte ich munter. »Aber hin und wieder brennt eine Sicherung durch, und ich laufe Amok. Letzte Woche habe ich einen Immobilienmakler umgebracht. Die Ärzte meinen, der Anblick eines Nadelstreifenanzugs mache mich ausgesprochen labil.«

»Köstlich, ganz köstlich.« Der Ehrenwerte John fühlte sich in meiner Gesellschaft unbehaglich, und ich konnte es ihm noch nicht einmal verdenken. Wahrscheinlich ist es ganz natürlich, daß ein Mann in der Gegenwart eines Ex-Ehemannes nervös ist, dem er Hörner aufgesetzt hat. »Ich bin nur gekommen, um den EG-Bericht zum Thema Broccoli zu holen«, sagte er zu Melissa.

»Er ist im Schreibpult, Darling, bei deinen anderen Thrillern. Nick hat sich lästigerweise nach seinem Liegeplatz erkundigt.«

»Zu Recht. Ich habe dir gesagt, daß du kein Recht hast, ihn zu vermieten.« Der Ehrenwerte John schloß sich meiner Beurteilung der juristischen Lage an.

Melissa warf ihrem Mann einen funkelnden Blick zu. »Es war für Mands und Pip.«

»Genau wie die Versteigerung meiner Golfschläger! Ich kann mir nicht vorstellen, daß ein Kind ein gutes Eisen wert ist, was?« Er wühlte in den Papieren auf dem Schreibtisch und fand, was auch immer er gesucht hatte. »Ich habe eine Verabredung. Sehe ich Sie zum Dinner?«

»Nein«, sagte ich. Sie nahmen keine weitere Notiz von mir, küßten sich, und der Ehrenwerte John verließ den Raum.

»Kümmere dich nicht weiter um ihn«, meinte Melissa. »In Wirklichkeit hat er die Kinder sehr gern.«

»Weiß er von dir und Anthony Bannister?« wollte ich wissen.

Sie drehte sich wie eine aufgescheuchte Katze. »Sei nicht lästiger als unbedingt nötig, Nicholas.«

Ich sah ihr ins Gesicht. In ein herzförmiges Gesicht, das sich von der klaren Stirn zum feingeschnittenen Kinn verjüngte. Es war, wie mein Vater gern gesagt hatte, ein Gesicht, an dem nichts stimmte. Ihre Nase war zu lang, ihre Augen standen zu weit auseinander, ihr Mund war zu schmal – und doch, mit den hellen, hellen Haaren, war es ein Gesicht, nach dem sich die Männer umdrehten, wenn sie vorüberging. Als ich sie mir jetzt so betrachtete, konnte ich mir einfach nicht vorstellen, einmal mit dieser hellen und zarten Schönheit verheiratet gewesen zu sein.

»Wer?« kehrte ich zu der Frage zurück, die Melissa vorhin nicht beantwortet hatte. »Wer bedroht Bannister?«

Kurz zuvor hatte ich mich nach Melissas Beziehungen zu Bannister erkundigt, und nun witterte sie Erpressung. »Meine Ehe ist sehr glücklich, Nick. Hon-John und ich sind beide erwachsen.« Melissa hatte einen warnenden Ton in der Stimme.

»Ich hoffe, sie bleibt sehr glücklich«, sagte ich und machte mich so zum Erpresser. Aber ich war neugierig, was Melissas bemerkenswertes Gedächtnis zutage fördern würde.

»Es ist nur so eine Geschichte.« Melissa öffnete ein Onyx-Kästchen, nahm eine Zigarette heraus und wartete darauf, daß ich mit einem Feuerzeug zu ihr gehastet kam.

Ich rührte mich nicht, und Melissa zündete sich die Zigarette allein an. »Ich meine, sie laden doch geradezu zu Geschichten ein, Nick. So ist das nun einmal bei ihnen. Berühmte Männer wie Tony, meine ich.« Sie schwieg und stieß eine Rauchwolke aus. Ihr Kaminsims war mit feingeprägten Einladungskarten geradezu übersät. Ich entdeckte auch eine von mir, aus meiner alten Messe. Gute alte Loyalität ... »Du solltest das nicht herumerzählen, Nick«, sagte sie pflichtschuldig.

»Selbstverständlich nicht.«

»Es hat mit Nadeschna zu tun, seiner früh Verblichenen. Schrecklicher Name, findest du nicht auch? Klingt wie der einer dieser russischen Ballettänzerinnen, die in den Westen überlaufen, sobald sie Strumpfhosen und Deodorants entdeckt haben. Wie auch immer – du weißt, daß sie im vergangenen Jahr gestorben ist?«

»Ich weiß.«

»Tony wurde natürlich von allen Seiten tiefe Anteilnahme entgegengebracht, aber da gab es auch einen winzigen Hauch von Verdacht, er hätte sie aus dem Wege haben wollen.« Melissa beobachtete mich sehr wachsam. »Das wäre doch der perfekte Mord, oder? Ich meine, wer sollte schon etwas erfahren?«

»Über Bord«, sagte ich.

»Genau. Ein Klatscher, und du brauchst nicht mal einen Sarg zu kaufen, nicht? Vielleicht habe ich deswegen immer abgelehnt, mit dir segeln zu gehen?« Sie lächelte, um mir zu zeigen, daß sie es nicht ernst meinte. »Wie auch immer. Nadeschna starb nachts, und es war nur noch eine andere Person an Deck.«

»Der Bure?«

»Volltreffer.«

»Aber warum hätte Bannister sie aus dem Weg haben wollen?«

Melissa schlug die Augen zur Decke. »Weil sie vorhatte, ihn zu verlassen, selbstverständlich! Das nimmt ohnehin jeder an. Und sie hätte ihm das Fell über die Ohren gezogen. Denk doch nur an die Unterhaltszahlungen.« Melissas Stimme zeigte eine unübliche Begeisterung. »Und ich bin sicher, daß Tony seine kleinen Geheimnisse vor dem Finanzamt hat. Er besitzt jede Menge Firmen im Ausland und unterhält eine Unzahl dubioser Bankkonten. Nadeschna wäre doch mit Sicherheit ins Plaudern gekommen, oder meinst du etwa nicht?«

»Er muß doch gute Anwälte haben«, warf ich ein. »Und Scheidungen unter Fernsehleuten sind doch bestimmt so gewöhnlich wie Moos im Rasen.«

»So gewöhnlich wie Kokain«, korrigierte mich Melissa. »Aber Nadeschna hat mit Sicherheit bessere Anwälte gehabt. Sie war erschreckend reich. Außerdem hätte es Tonys Stolz nicht zugelassen, eine so gute Partie wie Nadeschna zu verlieren.«

»War sie eine gute Partie?«

»Sie war nur Kassoulis Tochter.« Melissas Ton machte deutlich, wie angewidert sie von meiner Ignoranz war. »Nun komm schon, Nick. Selbst du mußt doch schon mal von Yassir Kassouli gehört haben!«

Natürlich hatte ich von ihm gehört. Es war ein Name, der im gleichen Atemzug mit Getty, Rockefeller oder Krösus genannt wurde. Yassir Kassouli besaß Schiffe, Ölgesellschaften, Finanzholdings und Fabriken rund um die Welt. Er war in der Levante geboren worden, hatte aber eine amerikanische Frau geheiratet und war Bürger der Vereinigten Staaten geworden. Es ging das Gerücht, er sei reicher als Gott.

»Sein Geld«, sagte Melissa, »geht an seinen Sohn. Aber Nadeschna wird auch nicht gerade arm gestorben sein, oder? Sie war die echte amerikanische Prinzessin.«

»Auf jeden Fall war sie sehr hübsch.« Ich dachte an die Fotografien in Bannisters Haus in Devon.

»Wenn man strammes braunes Fleisch und Pfadfinderinnenaugen mag, ja.« Melissa erschauerte. »Ich bitte dich, da war doch etwas ausgesprochen Unheimliches an all dem vermischten Blut. Sie hat Tony natürlich aus Trotz geheiratet, und Kassouli war nie ganz einverstanden. In seinen Augen hatte sie sich weggeworfen, und Yassir Kassouli hat Tony ihren Tod nie verziehen. Ich meine, im schlimmsten Fall war es Mord, im leichtesten Fahrlässigkeit. Und du kannst dir doch sicher vorstellen, wie finster ein Mann wie Kassouli reagiert, wenn er beschlossen hat, jemand nicht leiden zu können? Er wird dir kaum den Brief eines Anwalts schicken. Wahrscheinlicher ist doch, daß er dir eine Kobra ins Bett legt.« Sie lachte.

»Glaubst du, daß Bannister Nadeschna ermordet hat?« fragte ich.

»So etwas habe ich nie gesagt!«

»Nimmst du an, daß sie der Bure über Bord gestoßen hat?« bohrte ich nach.

Melissas Gesicht war die personifizierte verletzte Unschuld. »Ich habe dir lediglich ein bißchen widerwärtigen Klatsch weitergegeben. Klatsch, mit dem ich nichts zu tun habe. Und sollte man mich fragen, werde ich bestreiten, dir gegenüber jemals Tonys Namen erwähnt zu haben.« Sie schnippte Asche in eine Kristallschale. »Aber um nun endlich deine Frage zu beantworten, Nick: Der Mann, der Tony bedroht haben könnte, ist Yassir Kassouli. Zur Zeit wird hinter vorgehaltener Hand geraunt, daß Yassir geschworen hat, Tony werde die St. Pierre nie gewinnen.«

»Hat Bannister aus diesem Grund den Buren um sich?«

»Du magst ja entsetzlich langsam sein, Nick, aber manchmal begreifst sogar du. Genau!« Melissa drückte ihre Zigarette aus und zeigte damit, daß das Thema abgeschlossen war. »Und was wirst du jetzt tun, Nick?«

»Ich werde die Kinder in zwei Wochen wieder besuchen kommen.«

»Das meine ich nicht, Nick. Ich meine, was du mit dem Rest deines Lebens anfangen willst.«

»Ah! Ich werde die *Sycorax* reparieren und dann mit ihr nach Neuseeland segeln. Ich werde zurückgeflogen kommen, um die Kinder zu besuchen, sobald ich kann.«

»Meinst du, das Geld wächst auf Bäumen?«

»Mein Problem.«

Sie griff erneut zur Nagelfeile. »Such dir einen Job, Nick. Ich meine, es ist ja schrecklich tapfer von dir zu glauben, du könntest um die Welt segeln, aber das kannst du nun einmal nicht. Hon-John wird dir helfen. Er hat ganze Rudel von Freunden, die nur zu begierig darauf sind, einen Träger des Viktoria-Kreuzes anstellen zu können. Dann kannst du dir einen Erwachsenenanzug kaufen und dich Werbefachmann nennen.«

»Ich werde um die Welt segeln.«

Sie zuckte mit den Schultern. »Ich werde eine gewisse Sicherheit von dir verlangen müssen, Nick. Ich meine, du kannst deine Kinder nicht einfach der Mittellosigkeit überantworten, während du dich in der Südsee amüsierst, oder?«

»Warum denn nicht?«

»Ich werde meine Anwälte darüber informieren müssen, daß du die Absicht hast, dich aus dem Staub zu machen, Nick. Ich hasse das, du weißt es, aber mir bleibt wirklich keine Wahl. Gar keine.«

Ich lächelte. »Liebe Melissa. Geld, Geld, Geld.«

»Wer kümmert sich denn um die Kinder, wenn ich es nicht tue?«

»Ihr Kindermädchen?« Ich küßte sie auf die Wange. »Ich sehe dich in zwei Wochen?«

»Lebewohl, Nicholas. Das Mädchen wird dich hinausbringen.« Sie zog an der Klingelschnur.

Ich verließ Melissa mit leeren Händen, aber eigentlich hatte ich auch nicht damit gerechnet, einen Penny von Bannisters Miete zu sehen.

Aber ich hatte auch nicht damit gerechnet, irgendwelche Gerüchte über ein mögliches Verbrechen zu hören. Hatte Inspector Abbott das gemeint, als er sagte, um mit dem Teufel essen zu können, brauche man einen sehr langen Löffel? Ich hinkte über die Schichten gefallener Blüten und erinnerte mich an Nadeschna Bannisters Gesicht auf den Fotografien. Sie war so hübsch und fröhlich gewesen, und jetzt lag sie zweitausend Meter tief, und ihr verwesender Körper wurde durch die träge Dunkelheit getrieben.

Und da gab es ein Flüstern – so leise, als würde eine Katzenpfote einen ansonsten absolut ruhigen Ozean berühren –, daß sie ermordet worden war.

Und Bannister schützte den Buren. Ohne jeden Zweifel.

Aber, sagte ich mir, das ging mich nichts an, ging mich ganz und gar nichts an. Es ging mich nichts an, aber ich bekam es auch nicht aus dem Kopf.

Als ich wieder in Devon war, suchte ich in den Segelsport-Magazinen in Bannisters Arbeitszimmer nach Berichten über Nadeschna Bannisters Unfall. Ich fand etwas noch viel Besseres. In einem braunen Aktenordner auf seinem Schreibtisch lag der Untersuchungsbericht über Nadeschnas Tod.

Er erzählte eine simple Geschichte. Im Kampf um die St. Pierre Trophy befand sich die *Wildtrack* auf dem Rückweg, ungefähr fünfhundert Meilen vor der kanadischen Küste. Die See war rauh, und der Wind hatte Stärke sechs bis sieben, in Böen sogar acht. Um zwei Uhr morgens hatte Nadeschna Bannister die Wache übernommen. Außer ihr war nur Fanny Mulder an Deck, der im Untersuchungsbericht als Navigator genannt wurde. Das kam mir komisch vor. Mir war gesagt worden, Fanny sei der professionelle Skipper, und abgesehen davon, warum sollte ein Navigator an einer Nachtwache teilnehmen?

In seiner Aussage gab Mulder an, der Wind hätte nach Mitternacht aufgefrischt, aber Nadeschna Bannister hätte dagegen entschieden, daß Segel gerefft wurden. In der guten alten Zeit nahmen Jachten stets Segel zurück, um Böen heil überstehen zu können, aber heutzutage werden die Rennen wie verrückt gefahren – nur um zu gewinnen. Das Boot wäre sehr schnell gewesen, sagte Mulder aus. Gegen zwei Uhr morgens hätte Nadeschna Bannister entdeckt, daß die Barring kläffte. Sie hätte ihn – Mulder – daraufhin gebeten, nach vorn zu gehen und nachzusehen, ob sich der Stropp gelockert hatte. Also sei er nach vorn gegangen. Er habe Sicherungsgurte getragen, und er bezeugte, daß Nadeschna am Steuerrad im hinteren Cockpit ähnlich ausgerüstet gewesen war. Er erinnerte sich, daß er auf seinem Weg nach vorn den Eindruck gehabt habe, die See werde immer höher und gefährlicher. Dann stellte er fest, daß sich der Stroppanker gelöst hatte. Gerade, als er den Stropp wieder mit einem D-Ring an der Basis des Großmastes sichern wollte, bekam die *Wildtrack* eine Sturzsee von achtern ab. Ein Brecher, größer als alle vorangegangenen in dieser dunklen Nacht, überrollte das Heck der Jacht. Das Boot erbebte, und Mulder beschrieb, wie ihn der Schwall kalten Wassers nach vorn geschwemmt hatte. Sein Sicherungsgurt hielt, aber als er wieder zu sich kam, zu dem Zeitpunkt, als die *Wildtrack* wieder frei von Wasser war, hatte er festgestellt, daß Nadeschna verschwunden war. Die Gewalt des Brechers hatte den Jackstag, das Geländer und die Rettungsringe der Jacht hinweggespült.

Bannister, der als Skipper der *Wildtrack* aufgeführt wurde, erschien als erster an Deck. Der Rest der Crew folgte schnell. Sie holten die Segel ein, starteten den Motor und suchten mit Hilfe von weißen Leuchtkugeln die See ab. Bei Tagesanbruch suchten sie immer noch, obwohl da kaum noch Hoffnung bestand, denn Nadeschna Bannister hatte keine Rettungsweste getragen, sondern sich ganz auf ihren Sicherungsgurt verlassen. Am Morgen hatte zusätzlich ein amerikanisches Suchflugzeug das Seegebiet durchkämmt, aber gegen Mittag war alle Hoffnung auf ein Wunder längst aufgegeben worden. Nadeschna Bannisters Leiche wurde nie gefunden.

Der Untersuchungsbeamte kritisierte, daß die *Wildtrack* keine Segel zurückgenommen hatte und rügte die Einstellung von Jachtsportlern, für den flüchtigen Triumph eines Sieges jedes Risiko einzugehen. Das blieb die einzige Kritik. Er stellte dann fest, daß die Entscheidung, die Segelfläche nicht zu reduzieren, vom Unfallopfer getroffen worden war, einer Frau, deren Fähigkeiten im Segeln und deren Tapferkeit auf See außer Frage gestanden hätten. Es sei ein tragischer Unfall gewesen, und das Mitgefühl der Untersuchenden gehöre Mr. Anthony Bannister und Nadeschnas Vater, Mr. Yassir Kassouli, der aus Amerika eingeflogen war, um der Untersuchung beizuwohnen.

Die Behörde kam zu dem Schluß, daß es sich um einen tödlichen Unfall gehandelt hatte, und damit wurde die Akte geschlossen.

»Stärke sechs bis sieben?« fragte Jimmy Nicholls. »Da hätte auch ich keine Segel eingeholt.«

»Glaubst du, daß es ein Unfall war?« wollte ich wissen.

»Ich war nicht dabei, Junge. Und du auch nicht. Aber da siehst du es doch mal wieder. Es bringt Unglück, ein Mädel mit auf See zu nehmen. Mädels sollten an Land bleiben. Ja, das sollten sie.«

Es war Dienstag. Mein Anwalt hatte mir geraten, den Film zu machen, wenn ich an der Wiederherstellung der *Sycorax* interessiert sei. Und so brachte mich Jimmy in seinem zehn Meter langen Fischerboot zur Marina. Es war ein warmer Tag, sehr warm, aber Jimmy trug seine übliche Wollweste, das Flanellhemd und das ausgebeulte Tweedjackett über dikken, teerbefleckten Hosen, die er in gefütterte Gummistiefel gesteckt hatte. *Ne 'er cast a clout till May be out,* sagt man in England, zieh dich vor Mai bloß nicht aus... Aber Jimmy hatte nicht die geringste Absicht, auch nur ein Kleidungsstück abzulegen, bevor sie ihn für seinen Sarg einkleiden würden.

Und im letzten Winter wäre es fast soweit gewesen. »Diese Hunde haben mich ins Krankenhaus geschafft, Nick.« Das hatte er mir bereits an die zwanzigmal erzählt, aber Jimmy ließ ein Thema nie fallen, bevor er felsenfest davon überzeugt war, es sei auch richtig verstanden worden. »Es war nicht meine Schuld, bestimmt nicht. Verdammte Sozialarbeiter! Sagten mir, ich würde da in einem Slum leben. Sagten, daran sei nur die Regierung schuld. Ich habe ihnen gesagt, es handele sich um ein Zuhause.« Er mußte schrecklich husten und spuckte in Richtung auf das Hausboot, das noch immer an meiner Mauer lag. Eigentlich sollte Mulder in der häßlichen schwimmenden Hütte leben, aber ich hatte den Südafrikaner seit meinem Besuch in Bannisters Haus nicht mehr gesehen.

»Du solltest das Rauchen aufgeben, Jimmy«, sagte ich.

»Das würde den Hunden so passen, was? Es hat mal eine Zeit gegeben, da waren die Engländer frei, Nick, aber jetzt sind sie nicht mehr frei. Als nächstes werden sie uns das Bier verbieten. Sie setzen uns bestimmt bald auf Milch und Kopfsalat, wie die Chinesen.« Die chinesische Art der Ernährung war eins der vielen Themen, über die Jimmy ernsthaft uninformiert war. Das einzige Gebiet, auf dem er sich meisterhaft auskannte, war die Seefahrt.

Inzwischen war er dreiundsiebzig. In seinen jungen Jahren, in den Zwanzigern, war er auf einer Rennjacht der J-Klasse gesegelt; als einer von zwanzig angeheuerten Matrosen, die in den lukenlosen

Löchern des Regattabootes eines reichen Mannes lebten – mit einem einzigen Eimer für ihre Entsorgung. Jimmys Job war der eines Masttopmannes gewesen, der seine Tage fünfunddreißig Meter hoch in der Dwarssaling verbrachte und dafür sorgte, daß die großen Segel sich nicht im stehenden Gut verhedderten. Er bekam drei Pfund und fünf Shilling pro Woche, zuzüglich zwei Shilling für Verpflegung sowie ein Extra-Pfund für jede gewonnene Regatta. Während des Krieges hatte er auf Zerstörern gedient und war zweimal torpediert worden. Von 1947 an war er Matrose auf einem kleinen Küstenmotorschiff gewesen, das Kaolin und Dünger den Kanal entlang transportierte. Später hatte er auf Trawlern gearbeitet, um nun – theoretisch auf Rente – mit seinem klinkergebauten Boot Barsche, Krebse und Hummer vor der zerklüfteten Küste zu fischen. Jimmy war ein echter Seemann aus Devon – zäh wie die Granitklippen, die immer wieder versuchten, sein Boot in ihren mahlenden Sog zu ziehen. Vermutlich würde Jimmy, wenn seine Zeit gekommen war, seinen Tod auch in diesen dunklen Wassern arrangieren, anstatt sich im Sauerstoffzelt eines Krankenhauses zu ergeben.

Während wir nun flußabwärts tuckerten, versuchte ich noch einmal, Jimmys Meinung über Nadeschna Bannisters Tod zu ergründen. »Ich würde nicht annehmen, daß sie ein Risiko eingegangen wäre«, sagte Jimmy. »Von dem Mädel würde ich annehmen, daß es gut genug mit einem Boot umgehen konnte.«

Das war, als hätte Sokrates zugestanden, es könne auch noch andere einigermaßen klare Denker geben. »Gut genug, um über Bord zu fallen?« fragte ich.

»Ah!« Das war halb Husten, halb Spucken. »Ihr

seid doch alle gleich, ihr Grünspechte. Ihr denkt, ihr wißt, was ihr da draußen tut. Aber ich habe Männer erlebt, die kannten die See, wie ein Jagdhund seinen Herrn, und sind trotzdem über die Schiffsseite gegangen. Es gibt da kein Gesetz, Nick. Nicht auf See. Wie lange segelst du jetzt?«

»Seit ich zwölf bin.«

»Wie lange ist das?«

Ich mußte nachdenken. »Zweiundzwanzig Jahre.«

Jimmy nickte aufgeräumt. »Und in weiteren zweiundzwanzig Jahren, Junge, hast du dann vielleicht ein oder zwei Dinge dazugelernt.«

Ich fischte weiter nach Klatsch. »Hast du je etwas über Mrs. Bannister gehört?«

Er schüttelte den Kopf. »Nichts, was dich überraschen würde, nein.«

»Ich hörte, daß sie eine Affaire gehabt haben könnte.«

»Na, nicht mit mir.« Er brüllte vor Lachen, und das Lachen wurde zu einem stoßartigen Husten.

Ich wartete, bis er sich beruhigt hatte. »Ich habe da Gerüchte gehört, Jimmy, nach denen es kein Unfall gewesen sein soll.«

»Gerüchte.« Er spuckte über die Reling. »Es gibt immer irgendwelche Gerüchte. Sie sagen, daß sie gestoßen wurde, nicht? Ich habe davon gehört. Und sie sagen auch, daß nicht Mulder mit ihr an Deck war, sondern Mister Bannister.«

»Das ist neu für mich.«

»Nur Pub-Gerede, Nick. Nur Pub-Gerede. Das Mädel ist tot, und nichts bringt es in den Hafen zurück.«

Ich versuchte anders zu lavieren. »Warum umgibt sich Bannister mit Mulder?«

»Will verdammt sein, wenn ich das wüßte. Er redet nicht mit mir, Mister Bannister, nein. Ich bin nicht hochwohlgeboren genug. Aber dieser andere Kerl gefällt mir nicht. Bewegt sich in schlechter Gesellschaft, ja. Hebt gern einen mit Georgie Cullen. Erinnerst du dich an Georgie?«

»Natürlich erinnere ich mich an Georgie.«

Jimmy setzte eine seiner Stummelpfeifen in Brand. Wir näherten uns der Flußmündung, und er sah hinüber zu den alten Schlachtschiffmarkierungen, wo zwei niederländische Trawler abgekratzt und neu angemalt wurden. Die niederländische Regierung subventionierte ihre Fischer, die sich so jedes Jahr einen neuen Trawler leisten konnten. Die alten verkauften sie uns. Kurz vor den Trawlern bemühte sich ein Motorkreuzer, eine Vertäuboje aufzunehmen. Der Skipper blaffte eine Frau an, die mit dem Bootshaken vergebens nach ihr hangelte. Er hatte die Flut falsch eingeschätzt, was die Aufgabe der Frau aussichtslos machte. »Du nutzlose, alte Kuh!« schrie der Mann.

Jimmy feixte. »Die meisten von denen können nicht einmal einen Eierkarton in der Badewanne flottkriegen. Nennen sich Segler! Es wäre leichter, einem verdammten Affen was beizubringen.«

Ein französisches Boot mit Aluminiumrumpf kam unter Motorkraft von See herein. Ich erkannte die Jacht, die in der vergangenen Woche in der Bucht in der Nähe von Bannisters Haus gelegen hatte. Dasselbe schwarzhaarige Mädchen war an der Ruderpinne, und ich machte Jimmy auf die junge Frau aufmerksam. »Sie ist ein guter Segler.«

»Das Boot kommt aus Cherbourg. Heißt *Mystique.*« Es gab nur sehr wenig, was Jimmy auf dem Fluß entging. Touristen mochten ihn wegen seiner schmuddligen Kleidung und seiner altertümlichen Pfeife meiden, aber seine alten entzündeten Augen sahen alles, und er pickte Neuigkeiten in den kleinen Pubs am Fluß mit der erbarmungslosen Effizienz eines Monofilamentnetzes auf. »Das Mädel ist aber keine Froggy«, fügte er hinzu.

»Was denn?«

»Amerikanerin. Ihr Vater war im Krieg hier, weißt du. Sie wandelt auf seinen alten Pfaden.« Die Amerikaner, die 1944 in der Normandie gelandet waren, wurden auch an den Stränden von Devon ausgebildet. »Und sie sagt, sie schreibt ein Buch.«

»Ein Buch?« Ich versuchte, mein Interesse an dem Mädchen zu verbergen.

Jimmy lachte glucksend. »Hab mir doch gedacht, daß du Hunger haben würdest, wenn du entlassen wirst.«

»Danke, Jimmy.«

»Sie sagt, sie schreibt ein Lotsenbuch. Ich hätte gedacht, es gäbe bereits mehr als genug schlaue Bücher über das Segeln auf dem Kanal, aber sie meint, für Amerikaner nicht. Nehme an, das bedeutet, daß wir nächstes Jahr hier vor Yankees nicht aus den Augen gucken können.« Er drehte am Ruder, um mit dem Boot auf die Einfahrt zur Bootswerft zuzuhalten. Dort wurden längst keine Boote mehr hergestellt; es war eine Marina für die Reichen, die geschützte Liegeplätze für ihre Jachten haben wollten. Ich sah, daß die *Wildtrack* bereits auf mich wartete. Sie lag an einem der schwimmenden Pontons. Sie war lang, sehr schlank und trug einen mächtigen blauen Blitz auf ihrem glänzendweißen Rumpf.

»Hast du davon gehört, daß jemand den Sieg Bannisters beim Rennen um die St. Pierre Trophy verhindern will?« fragte ich Jimmy.

»Natürlich die Froggies. Die würden doch alles tun, um seinen Sieg zu vermiesen, oder etwa nicht?« Jimmy hegte das echte Mißtrauen eines Mannes aus Devon gegen die Franzosen. Er bewunderte sie als Seeleute, zog sie vermutlich jeder anderen Nation vor, war sich aber unbewußt bewußt, daß sie keine Engländer waren.

Jimmy brachte das schwere Fischerboot mit einer Feinheit längsseits an den Ponton, die ebenso erstaunlich wie unbewußt war. Er sah hinüber zur *Wildtrack* und verzog das Gesicht über die kleine Ansammlung, die dort auf mich wartete. Matthew Cooper war mit seiner Filmcrew da, Anthony Bannister stand wartend neben Angela. Angela trug Shorts, und Jimmy knurrte anerkennend beim Anblick ihrer langen Beine. »Das ist doch mal was Hübsches, Nick.«

»Sie würde dir den Kopf abbeißen, bevor du dich versiehst.«

»Ich mag Mädels mit ein bißchen Mumm in den Knochen.« Er hielt mir hilfreich die Hand hin, als ich auf den Ponton zu klettern begann. »Du hast dich noch nie durch viel Vernunft ausgezeichnet, Nick Sandman. Also hör mir jetzt zu. Du nimmst ihr verdammtes Geld und reparierst dein Boot. Du läßt sie ihren dämlichen Film machen, und dann stichst du in See. Hast du gehört? Und du wirst kein Theater um die Tote machen, Junge. Das führt ja doch zu nichts.«

»Ich habe gehört, Jimmy.«

»Aber du bist doch bisher niemand gewesen, der auf andere gehört hätte, oder? Nun ab mit dir, Junge.

Bis heute abend im Pub.« Er äugte zu dem wartenden Filmteam hinüber. »Wirst du dir die Lippen anmalen müssen, Nick?«

»Zieh Leine, Jimmy.«

Er lachte, und ich machte mich auf den Weg zu den Dreharbeiten.

Ich kann nicht behaupten, daß wir als fröhliche Gesellschaft in See gestochen sind. Mulder sprach nicht mit mir, seine Crew war mürrisch, während Matthew und sein Kamerateam jedem aus dem Weg gingen. Angela zog sich in das hintere Cockpit zurück.

Aber Tony Bannister packte den Stier bei den Hörnern. »Ich freue mich, daß Sie gekommen sind, Nick.«

»Gewissermaßen unter Protest«, sagte ich steif.

»Das glaube ich.« Wir fuhren unter Motorkraft über die Barre zwischen den Klippen der felsigen Küste, wo die Wellen weiß gischteten. Steuerbords konnte ich sehen, wie sich die Wogen am Calfstone Shoal brachen. »Ich denke«, sagte Bannister fast verlegen, »wir sollten Vergangenes vergangen sein lassen. Wir haben uns nicht besonders gut benommen. Aber ich hätte Ihnen schon noch von Fanny erzählt, und Ihren Orden hätten Sie auch zurückbekommen.«

»Ich kann Unaufrichtigkeit nun einmal nicht ausstehen.«

»Ich denke, das haben Sie deutlich genug gemacht. Wollen wir nicht übereinkommen, uns ein bißchen mehr zusammenzunehmen?«

Um des lieben Friedens willen, und weil wir die Gesellschaft des jeweils anderen offenbar nicht umgehen konnten, stimmte ich zu.

Wir hatten uns über die Barre gequält, und Mulder ordnete jetzt an, daß Segel gesetzt wurden. Er stellte den Motor aus, klappte die Schraubenflügel zusammen, und sofort war die *Wildtrack* in ihrem Element. Sie trotzte dem Meer nicht länger mit ihrem Dieselöl und den peitschenden Schraubenflügeln. Jetzt war sie dem Gleichgewicht von Wind und Wasser ausgesetzt. Die Segel waren riesig und weiß; sie warfen das Schiff anmutig nach Süden, in einen frischen Wind aus Südwest.

Bannister und ich saßen im mittleren Cockpit. Mulder muß gewußt haben, daß ich ihn beobachtete, und er muß auch vermutet haben, wie sehr ich mir wünschte, sein seemännisches Können berechtigt in Zweifel ziehen zu können.

Aber er war gut.

Ich wollte, daß er ein Schlächter von einem Steuermann war. Ich wollte, daß er das Boot so grob behandelte, wie seine körperliche Erscheinung vermuten ließ. Aber statt dessen zeigte er überzeugende und seltene Fähigkeiten. Ich hatte erwartet, daß er die verabscheuungswürdigste aller Kreaturen sein würde, der lautstarke und strenge Skipper, aber seine Anordnungen kamen ganz selbstverständlich. Seine Crew von sieben Mann, alle gleich in Blauweiß gekleidet, war auf ruhige, sachliche Effizienz geschult, aber der Star des Bootes war Fanny Mulder. Er hatte eine instinktive, fast sanfte Art, und ich wußte sofort, daß er ein Naturtalent war. Er war gut.

Und ich war plötzlich und unerwartet glücklich. Nicht, weil ich einen fragwürdigen Frieden mit Bannister geschlossen hatte, sondern weil ich auf See war. Ich beobachtete, wie meine dunkle Devon-Küste entglitt. Ihre kleinen Strände waren bereits verschwunden, verborgen vom Hub grauer Wellen. Ich konnte in die Mündung des Flusses zurückblicken und sah, was ich vergessen hatte; daß die Hügel im Landesinneren so grün und sanft sind, während die der See zugewandten Hänge so windzerzaust und dunkel sind, daß es fast scheint, als wäre der Fluß eine Wunde, die in irgendeine Kruste geschnitten worden war, um das zartere Fleisch im Inneren zu enthüllen.

Ich sah auf See hinaus. Eine Westerly zog unter vollen Segeln auf Dartmouth zu. Eine graue unförmige Masse am Horizont verriet einen Flottenverband mit Ziel Plymouth. Ein Hummerfischer aus der Richtung Start Point zog dumpf tuckernd mit seinem befleckten Boot voller Hummerkörbe und Bojen vorbei, und es kam mir vor, als zeige sich ein verächtlicher Ausdruck im Gesicht des Skippers, als er Bannisters feinem Boot einen Blick zuwarf. Wäre ich gefragt worden, hätte ich mich nicht darum gerissen, ausgerechnet auf einer Jacht wie der *Wildtrack* wieder auf See zu sein, aber plötzlich war das nicht mehr wichtig. Ich war wieder auf See, von der man mir im Krankenhaus gesagt hatte, ich würde sie für den Rest meines Lebens von Land aus betrachten müssen. Ich konnte das Meer riechen, sein Peitschen in der Gischt spüren, und als ich den ersten Eissturmvogel im Bogen auf die Wellen herunterstoßen sah, hätte ich vor Glück heulen können.

»Sie sehen glücklich aus.« Bannister hatte das Ruder von Mulder übernommen.

»Es ist gut, wieder auf See zu sein.« Es entstand ein unbehaglicher Moment, als keiner von uns etwas zu sagen hatte. Mulder war verschwunden, in die Kabine hinuntergeschickt worden, als Bannister die

Führung der Jacht übernommen hatte. Ich nahm an, und diese Vermutung wurde später bestätigt, daß Mulder im Film nicht auftreten würde. Das Publikum mußte voll und ganz davon überzeugt werden, daß es allein der vielgeliebte Tony Bannister war, der mich errettete. Er wirkte beeindruckend, wie er da am Ruder stand. Seine Beine waren kraftvoll-sehnig, sein Gesicht braungebrannt und seine Haare windzerzaust. Im Film würde er großartig aussehen – wie ein Wikinger in Designer-Bootskluft.

»Was halten Sie von dem Boot?« fragte er.

»Beeindruckend.« In Wahrheit hatte ich altmodische Jachten lieber. Ich hatte nie viel Wert auf Schnelligkeit gelegt, aber die *Wildtrack* war so darauf bedacht, daß ihr Digitallog auf den Hundertstel Knoten genau war.

Ja, auf ihre Art war die *Wildtrack* wahrscheinlich ein beeindruckendes Boot. Mit Sicherheit war sie teuer. Das Haupt-Cockpit befand sich im Zentrum des Schiffs, aber es gab auch ein kleineres Cockpit hinter der Eignerkabine, das als Sonnendeck genutzt werden konnte, wenn sich das Boot in wärmeren Gewässern befand. Die *Wildtrack* war eine für die Reichen dieser Welt gebaute Jacht – mit Digitallogs, die geradezu grotesk genau waren, mit motorgetriebenen Winschen, Geräten zur Eisherstellung und einer Servolenkung.

Die alten Seeleute, die von Devon aus auf See gegangen waren – Raleigh und Drake, Howe und Nelson –, hätten sich auf der *Sycorax* sofort zurecht gefunden, aber die Silikon-Chip-Effizienz dieses schlanken Ungeheuers hätte sie aus der Fassung gebracht.

Mit Sicherheit hätte sie auch die außergewöhnliche

Ausstattung verwirrt, die die Filmcrew auf dem Kabinendach ausgebreitet hatte. Bannister bemerkte meine Nervosität und versuchte, mich zu beruhigen. »Heute steht ein Background-Interview auf dem Programm. Wie Sie segeln gelernt haben, wer es Ihnen beigebracht hat, wo und wann. Wir nehmen das alles dann natürlich auseinander und schneiden ein paar alte Amateurfilme von Ihnen als Kind hinein. Na, wie finden Sie das?«

»Nicht gerade begeisternd.«

»Wir wollen abwarten. Das Ergebnis zählt.«

Der Kameramann nahm das Boot als Totale auf und arbeitete sich dann akribisch nach hinten, wo Bannister und ich im Haupt-Cockpit saßen. Ich bemerkte, wie nervös Bannister mit dem Boot hantierte. Ständig überprüfte er den Windrichtungsanzeiger auf dem Instrumentenbrett und zerrte dann am Steuer, um den Flüssigkristall in Bootsform konstant auf dem Monitor zu halten. Mulder hatte diese elektronischen Hilfsmittel nicht nötig gehabt, um die *Wildtrack* mit Höchstgeschwindigkeit voranzubringen, aber Mulder war ein geborener Steuermann, und das war Bannister nicht. Plötzlich schien er sich meiner Blicke unbehaglich bewußt zu werden. »Möchten Sie übernehmen?«

»Gern.«

»Wir steuern hundertfünfundneunzig«, sagte Bannister, als er zur Seite trat.

»Hundertfünfundneunzig.« Ich sah auf den Kompaß. Solange sich der Wind nicht veränderte, und dieser Wind schien für die Ewigkeit bestimmt, brauchte ich nur einen Finger an das große, mit Servolenkung ausgestattete Ruder aus rostfreiem Stahl zu legen, um die *Wildtrack* auszugleichen. Die See war nicht rauh genug, um eine große Jacht wie die *Wildtrack* vom Kurs abzubringen. Ein paar Wellen schlugen gegen den Rumpf, aber ich stellte erleichtert fest, daß meine Balance von ihnen unbeeinflußt blieb. Ich spürte eine Bö, luvte das Boot und wurde mit einem zusätzlichen halben Knoten auf dem raffinierten Geschwindigkeitsmesser belohnt. Ich hatte das getan, ohne groß nachzudenken. Im selben Moment wußte ich, daß sich nichts verändert hatte.

Es ist nicht schwierig, ein Boot zu segeln. Das Schwierige sind die Launen der See und die Gereiztheit des Windes. Schwierig ist es, Untiefen zu überstehen, Sturmböen und kabbelige See zu überleben. Schwierig ist es, in einer lausigen Nacht zu navigieren oder in einem brüllenden Sturm zu reffen, wenn man bereits so naß, kalt und müde ist, daß man nur noch sterben möchte. Aber ein Boot an den Wind zu bringen und es dort auch zu halten, ist so einfach wie ein Sturz von den Klippen. Jeder kann es.

Aber das Segeln eines Bootes verlangt eine Erfahrung, die sich im Laufe der Zeit in Instinkt verwandelt. In dem Augenblick, als ich dem Rumpf diesen kleinen zusätzlichen Geschwindigkeitsimpuls vermittelt hatte, wußte ich, daß diese Instinkte während der Jahre im Krankenhaus nicht gelitten hatten. Nichts hatte sich verändert, und ich war wieder da, wo ich sein wollte.

Der Kameramann stand inzwischen dicht vor mir. Die Klappe fiel, ich zeigte die Zähne und versuchte, die aufdringliche Anwesenheit der Objektive zu vergessen.

»Erzählen Sie mir, Nick, wann Sie zum ersten Mal gesegelt sind.«

»Vor langer Zeit.« Ich beobachtete die Gischt, die

vom Wind vor Start Point hochgefetzt wurde. Wir überholten gerade eine große Moody, die träge dahintrieb, während die Crew im Cockpit ein Mittagessen zu sich nahm. Sie winkten.

»Sagen Sie mir, wie alles begonnen hat?« fragte Bannister noch einmal. Der Tontechniker hockte sich neben mich und streckte mir den langen grauen Phallus eines Mikrophons entgegen.

Bannister mußte mich überreden, aber plötzlich fand ich es ganz einfach, darüber zu sprechen. Ich erzählte von Jimmy, der mir das Segeln in einem Schlauchboot mit Lugger beigebracht hatte und berichtete, daß ich die Boote meines Vaters genommen hatte, um mit ihnen die Kanalküste zu erkunden, und ich beschrieb die schlimme Nacht, sehr viel später, in der mich die *Sycorax* windwärts von den Roches Douvres abgehalten hatte. Ich könnte heute noch schwören, daß es die *Sycorax* gewesen war, die mir in diesem Chaos von Felsen und peitschendem Regen das Leben gerettet hatte. Nie hätte ich in diesem schauerlichen Nordwind hinausfahren sollen, aber ich hatte einem Kameraden, einem Leutnant, versprochen, ihn in St. Malo abzuholen. Und irgendwie hat die *Sycorax* dieses Versprechen für mich gehalten. Ich muß wohl ziemlich begeistert erzählt haben, denn Bannister schien zufrieden mit dem, was er hörte.

»Haben Sie nach Ihrer Verwundung eigentlich geglaubt, je wieder an Bord eines Segelschiffes gehen zu können?« fragte er.

»Ich habe an nichts anderes denken können.«

»Aber während der Schlacht, gleich danach . . . hatten Sie die Hoffnung da nicht aufgegeben?«

»In diesem Moment habe ich kaum etwas gedacht.« Jetzt, da er von den Falklandinseln sprach, wurden meine Antworten mürrisch und knapp.

»Wie sind Sie eigentlich verwundet worden? Wie hat sich das genau abgespielt?«

»Ich bin angeschossen worden.«

Er lächelte, als wollte er mich entspannen. »Durch was haben Sie sich das VC verdient?«

»Wollen Sie über die Skerries?« Ich deutete nach vorn, wo die flache Sandbank vor Start Point die Flut turbulent machte.

»Das Victoria Cross, Nick?« fragte er nach.

»Wollen Sie mitten durch die Skerries?« fragte ich. »Dort könnten wir den Vorteil der Gezeitenströmung nutzen.«

Bannister wurde klar, daß er mich nicht über den Orden ausholen konnte. Er lächelte. »Wie ist es«, fragte er statt dessen, »wieder an Bord zu sein?«

Ich zögerte, suchte nach den richtigen Worten. Ich wollte ihm schon sagen, ich würde es ihn wissen lassen, sobald ich auf einem ordentlichen Boot war und nicht auf so einer superelektronischen Tupperware-Hochgeschwindigkeitsmaschine, aber das wäre unfair gewesen angesichts des Vergnügens, das ich empfand. Der Gedanke an dieses Vergnügen ließ mich lächeln.

»Schnitt!« rief Matthew Cooper seinem Kameramann zu.

»Ich habe doch noch gar nicht geantwortet«, protestierte ich.

»Das Lächeln hat alles gesagt, Nick.« Cooper blickte zu Angela im hinteren Cockpit hinüber, und ich sah ihn nicken. Der Tanzbär, so schien es, hatte seine Sache gut gemacht.

Bannister, inzwischen außer Reichweite der Kamera, bückte sich und zündete sich mit einem vergoldeten Sturmfeuerzeug eine Zigarette an. »Sie werden diese unangenehmen Fragen beantworten müssen, Nick.«

»Muß ich?« Ich ließ den Bug der *Wildtrack* vom Wind fallen, damit sie östlich vom bewegten Wasser vorbeizog.

»Sie können eine Erwähnung des Ordens nicht vermeiden. Schließlich machen wir den Film, weil Sie ein Held sind.«

»Und ich dachte, wir würden ihn drehen, weil Ihr Kerl mein Boot ruiniert hat.«

Er lächelte. »*Touché*. Aber Sie werden uns davon erzählen müssen. Wenn nicht heute, dann irgendwann.«

Ich zuckte mit den Schultern. Offenbar waren die Aufnahmen für heute beendet, denn das Kamerateam packte seine Ausstattung zusammen, während Mulder das Steuer von mir übernahm. Um der mürrischen Gesellschaft des Südafrikaners zu entkommen, erkundete ich die *Wildtrack*. Bevor ich an Bord gegangen war, hatte ich mich darum gesorgt, daß meine Verletzungen unter Umständen meinen Gleichgewichtssinn beeinträchtigen könnten. Aber ich hatte keinerlei Schwierigkeiten, mich auf den Beinen zu halten, als ich zum Vordeck ging. Mein Rücken tat weh, aber ich sagte mir, daß das regelmäßige Schwimmen morgens in Bannisters Pool Wunder gewirkt hatte, um meine Muskeln zu kräftigen und die Beschwerden zu lindern. Mehr sorgte ich mich da schon um mein rechtes Bein, das immer noch unkontrolliert zuckte und drohte, mich wie einen Betrunkenen schwanken zu lassen. Diese Schwäche zeigte sich am intensivsten, wenn ich erschöpft war;

und das war kaum eine Ermutigung für jemanden, der als Einhandsegler um die Welt will. Aber meine Beweglichkeit an Bord der *Wildtrack* vermittelte mir wenigstens ein bißchen Hoffnung. Ich hielt mich am Handlauf und an den Wanten fest, aber das hätte ich auch getan, wenn ich nicht verletzt gewesen wäre.

Ich öffnete eine Luke und sah, daß die Vorpiek freigeräumt worden war, um den Bug leicht zu machen. Die Hauptkabine zeigte die gleiche Hingabe an die Geschwindigkeit. Ich hatte einen verschwenderisch-behaglichen Raum erwartet, aber der Luxus war der Leichtigkeit geopfert worden. Was an Geld ausgegeben worden war, steckte in der navigatorischen Ausstattung. Da waren Loran, Decca, Satnav, sogar ein Omega, um Radiowellen aufzufangen, die auf sehr niedriger Frequenz um den Erdball gefunkt wurden. Das einzige, was ich nicht sah, war ein Sextant.

Die hintere Kabine, die man durch einen engen Tunnel betrat, der hinter der Hauptkabine verlief, war luxuriöser ausgestattet. Es war klar, daß es sich hierbei um Bannisters Quartier handelte. Es gab eine Klimaanlage, eine Heizung, sogar einen Fernseher und einen Videokassettenrecorder, die in das Schott zu Füßen der Koje eingebaut waren.

Über der Doppelkoje war eine Fotografie von Nadeschna, gerahmt und an das Schott geschraubt. Das Bild trug eine gedruckte Inschrift, und ich kniete mich auf die Koje, um sie lesen zu können: Nadeschna Bannister, 1956 – 1983, 49° 18' N, 41° 36' W.

Ich sah in die dunklen Augen des toten Mädchens, die mir inzwischen von den anderen Bildern, die ich gesehen hatte, so vertraut waren. Sie war keine zarte Blondine wie Melissa oder Angela, sondern ein stabiles Mädchen mit dunkler Haut und kräftigem Knochenbau. Es schien eine schreckliche Verschwendung zu sein, daß ihr Körper nun im Dunkel des Ozeans lag.

Die hintere Luke der Kabine glitt auf, und Bannister schwang sich herunter. Er schien überrascht, mich in seinem Raum vorzufinden, erhob aber keinen Einwand. Er deutete mit dem Kopf auf die Fotografie. »Meine Frau.«

»Sie war sehr schön«, sagte ich.

Er zog die Schiebetür eines Spinds auf und entnahm ihm etwas. Ich sah, daß es ein Röhrchen Tabletten gegen Seekrankheit war. Er drehte sich um und betrachtete die Fotografie. »Griechisches, arabisches, französisches, persisches und amerikanisches Blut. Eine herrliche Mischung. Allerdings gab ihr das auch ein beängstigendes Temperament.« Er schaffte es irgendwie, das Temperament als eine ihrer liebenswerteren Eigenschaften erscheinen zu lassen. »Sie konnte sehr entschieden sein«, fuhr er fort, »besonders beim Segeln. Sie war so verdammt sicher, die St. Pierre gewinnen zu können; darum hat sie das Boot auch so hart rangenommen.«

»Hat ihr das den Tod gebracht?« fragte ich brutal offen.

»Wir wissen es nicht, nicht wirklich.« Er machte eine kalkulierte Pause, als wäre es ihm schmerzlich, vom Tod seiner Frau zu sprechen. »Es war eine schlimme Nacht«, sagte er schließlich. »Eine Sturzflut fegte von hinten über die *Wildtrack* hinweg. So etwas geschieht meist, wenn man zu schnell ist, nicht? Und ich glaube, Nadeschna hat für ein paar Sekunden ihren Sicherungsgurt gelöst.«

Das hatte ich im Untersuchungsbericht nicht gelesen. »War sie allein?« forderte ich ihn heraus.

»Sie war allein hinten am Steuer.« Er deutete auf das kleine hintere Cockpit. »Die andere Person der Wache war nach vorn gegangen, um den Stropp zu befestigen.« Er benutzte nicht das englische, sondern das amerikanische Wort für Stropp: *vang*. »Wir anderen schliefen. Aber sie war eine ausgezeichnete Seglerin. Aufgewachsen in Massachusetts, wissen Sie, direkt am Meer. Sie ist schon in einem Alter gesegelt, in dem die meisten von uns Dreiradfahren lernen. Ich habe oft im Scherz zu ihr gesagt, sie müsse Phönizierblut in den Adern haben. Vielleicht traf das auch zu.«

Ich sah wieder auf die Fotografie.

»Wir haben natürlich gesucht. Haben fast den ganzen Tag lang das Seegebiet durchforscht.« Bannisters Stimme war jetzt beinahe tonlos, als wären die Ereignisse durch die Wiederholung erstarrt. »Aber in der See? Sie muß innerhalb weniger Minuten tot gewesen sein.« Er klammerte sich an den Handlauf, als das Boot von Steuerbord nach Backbord schlingerte. Mulder brachte das Boot auf Renngeschwindigkeit, und die Bewegungen der *Wildtrack* wurden ungemütlich. Bannister hob eine Decke vom Fußende der Koje. »Entschuldigen Sie, aber ich fürchte, Angela ist nicht gerade die geborene Segelsportlerin.«

Ich folgte ihm durch den Niedergang zum hinteren Cockpit, wo sich Angela, jetzt in einem dicken Pullover über Shorts und Hemd, in argen Nöten befand. Als sie mich sah, verzog sie das Gesicht, mußte aufstoßen, drehte sich um und schob den Kopf durch die Reling. Ich betrachtete ihren hochgewachsenen Körper, der über dem Speigatt lag, und sah in ihren langen Beinen einen der Gründe, warum sich Bannister mit diesem widerborstigen und leicht erregbaren Mädchen zusammengetan hatte. Sie war wirklich schön. Er bemerkte meinen Blick, und ich spürte seinen Besitzerstolz wie einen kleinen Stich.

Angela zog den Kopf wieder ein und schmiegte sich in Bannisters Armbeuge. Er wickelte sie in die Decke und gab ihr dann zwei der Tabletten, die – wie ich wußte – ja doch nicht helfen würden. »Es gibt nur ein Mittel gegen Seekrankheit«, sagte ich mitleidslos.

»Welches?« fragte Bannister.

»Sich unter einen Baum zu stellen.«

»Sehr komisch.« Er drückte sie fest an sich. »Was halten Sie jetzt von Fanny?«

»Ich halte ihn für einen brutalen Buren.«

Bannister schenkte mir ein selbstsicheres und tolerantes Lächeln. »Ich meine, wie Sie ihn als Steuermann einschätzen.«

»Er ist gut.« Ich bemühte mich, nicht widerwillig zu klingen. Mulder ließ die Segel jetzt vor dem Wind übergehen, so daß der Baum gegen den Rumpf schlug. Es war ein riskantes Manöver, aber er führte es so sicher aus, daß kein einziger Aufschlag kratzte. Zur gleichen Zeit ließ er seinen Vordeckmann den Klüver wechseln. »Er ist sehr gut«, fügte ich aufrichtig hinzu.

»Nadeschna hat ihn entdeckt. Er hatte da einen Charterdienst auf den Seychellen. Sie gab ihm den Spitznamen Caliban. Finden Sie nicht, daß das ein gutes Omen war?«

Caliban war der ungestalte Sohn der Hexe Sycorax. »Nein.« Ich sah auf die entkräftete Angela. »Ist sie Ihr Ariel?«

Aber Bannister hatte keine Lust, das Geplänkel fortzusetzen. »Fanny ist gut«, sagte er. »Nur wenige wissen, wie gut er ist. Sehen Sie in ihm meine Geheimwaffe für den Sieg im Kampf um die St. Pierre Trophy. Deshalb brauche ich ihn, Nick.«

Ich brummte. Die anderthalb Stunden, die ich auf der *Wildtrack* verbracht hatte, reichten mir nicht für eine Entscheidung darüber, ob das Boot und seine Crew den Franzosen die St. Pierre entreißen konnten. Aber ich räumte ein, daß durchaus eine Chance dafür bestand. Das Boot war schnell, Fanny zweifellos brillant, und Bannister verfügte über den nötigen Ehrgeiz.

Und den würde er brauchen, denn die St. Pierre ist der angesehenste Preis für Rennkreuzer.

Der Wettbewerb wird von den Franzosen organisiert. Es gibt kein großartiges Preisgeld, und eigentlich ist es gar kein richtiges Rennen, weil die Teilnehmer ihre Startzeit selbst bestimmen können. Die einzigen Regeln bestehen darin, daß das Boot nur einen Rumpf haben darf und in Serie gefertigt sein muß – keine abgemagerte Eintagsfliege, die eigens für das Ereignis produziert wurde –, und daß die Fahrt in Cherbourg beginnen, um die Inseln St. Pierre und Miquelon vor der Küste Neufundlands und – ohne Landberührung – nach Cherbourg zurückführen muß. Der Kurs umfaßt ungefähr 4500 Seemeilen: ein ununterbrochenes Luvrennen gegen den Wind, gegen Strömungen und Böen, ein Glücksspiel mit Nebel und Eis bei der Wende und eine schnelle Rückfahrt in schwerer See. Am Ende der Saison erhält der den Preis, der das am schnellsten geschafft hat.

Eigenartige Bestimmungen, aber es liegt methodische List in der Verrücktheit der Gallier. Zunächst einmal ist da der politische Faktor. Der Machteinfluß

Europas in Nordamerika ist längst dahin – bis auf zwei winzige und vergessene Inseln: St. Pierre und Miquelon. Sie sind französischer Besitz und werden von Paris aus regiert, unberücksichtigt gebliebene Insel-Lappalien, über die die Briten nie hinweggefegt und die von den Kanadiern übersehen worden sind. Daher ist das Rennen um die St. Pierre Trophy eine stete Erinnerung für die Franzosen, daß die Trikolore noch immer über amerikanischem Boden weht.

Die Regeln haben aber auch noch einen handfesteren Zweck. Französische Boote sind gut. Die Janneaus, Centurions und Beneteaus haben die St. Pierre beherrscht, und jeder neue Gewinn wird zum großen Werbeerfolg: Noch mehr französische Boote werden in alle Welt verkauft. Jedes Jahr versucht eine Reihe von serienmäßig hergestellten Booten aus Großbritannien, den Vereinigten Staaten, den Niederlanden, der Bundesrepublik Deutschland und Finnland, das Rennen zu gewinnen, aber in jedem Herbst, wenn der Nebel und das Eis nach Süden treiben, um schließlich die St. Pierre-Saison zu beenden, haben die Franzosen die Nase vorn, sind Trophy-Inhaber, und ein paar tausend neue Bestellungen halten die französischen Werften flott. Als Marketinginstrument ist das Rennen ein Wunder, und wenn ein Ausländer den Preis gewinnen sollte – und sei es nur für ein Jahr –, wäre das für Frankreich eine nationale Katastrophe.

»Ich habe vor, spät zu starten«, sagte Bannister jetzt, »und die nördlichste Route zu nehmen. Mit ein bißchen Glück bin ich zu Beginn des Herbstprogramms wieder zu Hause. Das wäre ein triumphaler Auftakt für die neue Saison.«

»Nehmen Sie deshalb teil?«

»Ich gehe an den Start, um die Leistungsfähigkeit eines britischen Bootes zu beweisen. Und zur Erinnerung an Nadeschna. Weil die Fernsehgesellschaft meine Teilnahme bezahlt, und weil mein Publikum will, daß ich siege.« Er hatte die Gründe wie auswendiggelernt heruntergerasselt und machte nun eine kleine Pause vor der letzten Rechtfertigung: »Und um zu beweisen, daß ein Fernsehstar nicht nur ein gepuderter Affe in einem überbeleuchteten Studio ist.«

Das letzte Motiv hatte er ganz leichthin gesagt, aber ich nahm an, daß es der wichtigste Antrieb für seine Ambitionen war. »Sehen die Menschen das so?«

»Sie etwa nicht?« forderte er mich heraus.

»Ich würde mich nach dieser Beschäftigung nicht reißen«, erwiderte ich. »Aber ich gehe davon aus, daß irgend jemand sie übernehmen muß.«

Er lächelte. »Die meisten von ihnen sind gepuderte Affen in einem überbeleuchteten Studio, Nick. Sie halten sich für verdammt schlau, nur weil sie in der Idiotenkiste zu sehen sind, während der Job in Wahrheit wesentlich weniger Intelligenz erfordert, als gemeinhin angenommen wird. Also wenn ich wirklich etwas darstellen will, muß ich etwas Anständiges leisten, oder? Etwas wie den Sieg in der St. Pierre. Das mag vielleicht nicht das VC sein, aber es ist immerhin etwas.«

Das war ein bemerkenswertes Zugeständnis, in seiner Offenheit sogar anziehend. Und es erklärte, warum sich Bannister mit Männern wie Mulder und seiner flegelhaften Crew umgab. Die Anerkennung solcher Kerle ließ ihn sich stark fühlen. Er lachte plötzlich, war vielleicht verlegen, etwas sehr Persönliches verraten zu haben.

Angelas traurige Augen sahen mich über den Rand ihrer Decke hinweg an. Ich legte die Hand auf das kleine Steuerrad, das mit dem größeren Ruder im Haupt-Cockpit verbunden war, und ich spürte das Vibrieren in den Spaken aus rostfreiem Stahl. Ich dachte an die Nacht, in der Nadeschna gestorben war. Wenn die *Wildtrack* damals durch schwere See gesegelt war – warum, in Gottesnamen, sollte ein erfahrener Seemann das Schiff vom hinteren Cockpit aus steuern? Im Haupt-Cockpit wäre das wesentlich bequemer gewesen. Aber vielleicht hatte Nadeschna Bannister dieses kleinere Cockpit als den günstigeren Punkt gewählt, um die hohen Wellen beobachten zu können, die sich hinter ihr in der Dunkelheit auftürmten. Ich erschauerte bei der Vorstellung der Tonnen eiskalten Wassers, die über dem Heck der *Wildtrack* zusammengeschlagen waren. Es mußte so gewesen sein, als wäre eine Lastwagenladung Zement aus der Höhe des zweiten Stockwerks geworfen worden.

Angela drehte sich zur Seite und erbrach die Tabletten. Ich sah höflich weg, in das Kielwasser der Jacht. Ein Kormoran flog flach und schnell über unser Heck. »Glauben Sie, daß die *Wildtrack* gewinnen kann?« fragte Bannister unvermittelt.

»Mit Glück, ja.«

»Möchten Sie dabei sein, Nick? Als Navigator?«

»Ich?« Das Angebot erstaunte mich. »Sie brauchen doch keinen Navigator, Bannister. Sie haben mehr Scheißelektronik auf diesem Ding als eine *Apollo.*«

»Die Regeln verlangen, daß wir einen navigatorischen Spezialisten an Bord haben.«

»Ich dachte, Fanny sei Ihr Navigator?«

»Er war es, aber in diesem Jahr wird er Nadeschnas Platz als Watch-Captain einnehmen.« Bannister drehte sich um, als seine Crew den Spinnaker herausholte. Das auffällig bunte Segel entfaltete sich, während er sein Gesicht wieder mir zuwandte. »Eigentlich war das Angelas Idee, nicht meine; aber sie gefällt mir sehr. Warum lassen wir unseren Film nicht damit enden, daß Sie Cherbourg an Bord der *Wildtrack* verlassen? Der Film wird gesendet, während wir unterwegs sind, und er kann das öffentliche Interesse für den eigentlichen Film über das Rennen anheizen.«

Ich nehme nicht an, daß er mich aus Zuneigung gefragt hatte, aber es war doch ziemlich niederschmetternd, sich klarzumachen, daß er meinen Film lediglich als Appetithäppchen für seinen eigenen Triumph betrachtete. »Ich dachte, zum Schluß des Films würde die *Sycorax* in einen Sonnenuntergang segeln?«

»Vielleicht werden wir das in den Vorspann einbauen. Aber lassen Sie es sich durch den Kopf gehen, Nick. Stellen Sie sich vor, die St. Pierre gewinnen!« Bannister redete sich in Begeisterung. »Die Froschfresser in ihrem Element schlagen!«

Angela beobachtete mich wie ein kranker Habicht. Ich schüttelte den Kopf. »Ich bin noch nie ein Schnelligkeitsfanatiker gewesen. Ich gehe es gern langsam an.«

»Aber denken Sie trotzdem darüber nach«, drängte er. »In ein paar Monaten gebe ich eine große Party, um meinen Anspruch auf die Trophy offiziell anzumelden. Dabei würde ich gern sagen können, daß Sie sich an unseren Anstrengungen beteiligen, Nick. Werden Sie es sich überlegen?«

»Sie brauchen einen navigatorischen Fachmann«, sagte ich. »Einen Mann, der auch ein außergewöhnlicher Taktiker ist. Ich kann für Sie kaum eine Hilfe sein.«

»Vielleicht nicht beim Rennen ...«, brachte Angela mühsam über die Lippen, »aber Sie können helfen, die Quoten zu erhöhen.«

»Die Quoten?«

»Die Einschaltquoten«, sagte Angela mit einer Schärfe, die ihre Ungeduld über meine Begriffsstutzigkeit deutlich machte. »Das Victoria Cross macht Sie interessant, Mister Sandman, interessant genug, um uns mehr als zwanzig Millionen Zuschauer zu garantieren. Mit diesen Zahlen rechnen zu können, erhöht die Preise für die Werbeeinblendungen. Das ist es, wobei Sie uns helfen können.«

Wenigstens war sie ehrlich gewesen, aber das milderte die Beleidigung keineswegs, die ich empfand. Mein Victoria-Kreuz sollte also als Waffe im Werbegeschäft eingesetzt werden, um mehr Hundefutter und Dosenbohnen verkaufen zu können. Ich formulierte gerade eine wütende und unverblümte Absage, als ein heftiges Schlingern der *Wildtrack* das Gespräch beendete. Angela zuckte hoch und übergab sich. Ich sah den Schatten des Großsegels über uns hinwegpeitschen. Da war ein Geräusch, als würde eine Baßsaite gegen den Himmel schnellen, und das Boot legte sich plötzlich zur Seite. Ich hielt mich schnell am kleinen Ruder fest. Der hohe Mast bog sich, brach und fiel dann nach Lee. Wasser sprudelte in den Speigatts hoch und ergoß sich kalt in die Cockpits. Wantenteile schossen himmelwärts und trugen eine zerbrochene Abstandsstütze mit sich. Der gelöste Spinnaker bauschte sich nach vorn, als der Mast fiel. Der schlanke Rumpf rollte, erholte sich und wurde langsamer. Die Wellen waren flach, nicht höher als sechzig bis neunzig Zentimeter, aber trotzdem war der Bug der *Wildtrack* von ihnen begraben, und das Boot schwankte, als wäre es auf eine Sandbank aufgelaufen. Die Takelage verfing sich, und das Großsegel zerriß mit einem Geräusch, als würde ein Maschinengewehr abgefeuert.

Bannister stand, schlug fast hin und schrie unzusammenhängende Sätze. Ein Mitglied der Crew war über Bord gegangen und hatte sich in den gefallenen Wanten verfangen. Angela lag zusammengekrümmt auf der Ruderbank und schluchzte. Mulders Stimme bellte über das Chaos hinweg und versuchte, Ordnung in die Panik zu bekommen.

Ein Wanttau war backbord gebrochen. Das Kanel aus rostfreiem Stahl, das dazu da war, das gesamte Gewicht der großen Winden auf den ragenden Mast zu übertragen, mußte gerissen sein. Mast und Segel waren über Bord gefetzt worden. Es hatte nicht länger als zwei oder drei Sekunden gedauert, und nun lag die *Wildtrack* schlingernd in der fast ruhigen See. Niemand war verletzt worden. Das Boot war schnell wieder hochgekommen, und es war ein leichtes, den über Bord gegangenen Seemann in Sicherheit zu holen. Das Filmteam, das sich in der Hauptkabine aufgehalten hatte, kam in Panik zum Haupt-Cockpit gestürzt. Den Männern wurde knapp bedeutet, sich aus dem Weg und zum Teufel zu scheren.

»Scheiße!« Bannister starrte hilflos auf die Trümmer.

»Drahtschneider!« schrie Mulder.

Ich hielt mich zurück. Die Crew wußte, was zu tun war. Die gebrochene Takelage wurde gesichert und die verbliebenen Wanten so beschnitten, daß die beschädigten Teile an Deck gezogen werden konnten.

Der Motor wurde in Betrieb gesetzt. Alles in allem war es ein leichterer Unfall gewesen, eindrucksvoll zu beobachten, aber harmlos – nur nicht für Bannisters Brieftasche.

Und auch nicht für seine Verärgerung. Er nahm mich mit nach vorn und zeigte mir die Spannschraube, die den Druck des gebrochenen Wanttaus aufgenommen hatte. Es war nicht das Kabel gebrochen, sondern die Spannschraube hatte versagt, hatte das Wanttau einfach freigegeben. Sie war auf der anderen Seite verdrahtet gewesen, und jemand hatte diesen Draht durchgefeilt. Die Sabotage war ungeschickt ausgeführt und offensichtlich: Metallsplitter vom Feilen steckten in dem Schmierfett, das aufgetragen worden war, um die Manipulation zu verdecken. Der Draht hielt noch eine Weile, aber als Mulder das Extragewicht des Spinnakers auf den Mast verlagerte, war der Draht endgültig gerissen. Und als erst einmal ein Want nachgegeben hatte, folgten die anderen backbords wie die Orgelpfeifen.

»Fanny!« Bannister war hochrot vor Zorn. »Von heute an wohnst du in der Marina. Ihr alle!«

»Heißt das, daß ich meinen Liegeplatz zurückbekomme?« erkundigte ich mich taktlos.

Eine Sekunde lang glaubte ich, er würde zuschlagen, aber dann nickte er. »Sie bekommen Ihre verdammte Anlegestelle.« Seine Wut zeigte sich als Verdrossenheit, wie bei einem Kind, dem ein Ausflug verpatzt wird. Er schob sich an mir vorbei, ging zum Heck zurück, wo sich seine Freundin noch immer dem Elend der Seekrankheit hingab. Für den Moment schien Bannister sein Angebot vergessen zu haben, ich solle am Triumph der *Wildtrack* im Kampf um die St. Pierre als Crew-Mitglied teilnehmen.

Aber ich hatte es nicht vergessen.

Und ich würde es nicht annehmen. Es gibt glückliche und unglückliche Boote. Das ist keine Phantasterei, kein Aberglauben, sondern Tatsache. Die *Sycorax* war ein glückliches Schiff, aber auf der *Wildtrack* witterte ich den Geruch von Desaster. Sie hatte Bannisters Frau getötet, und nun hatte ihr jemand den Mast genommen. Sie war bemannt mit einer mürrischen Crew, und ihr Skipper war Kleptomane. Es kümmerte mich nicht, welcher Ruhm der Crew dieses Bootes zuteil wurde, wenn es die St. Pierre Trophy gewann, denn ich würde an ihm nicht teilhaben, weil ich mit keinem Schiff segeln würde, das unter einem solchen Unstern stand.

Bannister konnte allein über den Atlantik segeln. Ich wußte, er würde sein Angebot wiederholen, aber bislang hatte ich ihm bereits zu viel für sehr wenig gegeben. Diesmal würde meine Antwort Nein sein. Wenn ich wieder über einen Ozean segelte, dann an Bord der *Sycorax* und in keinem anderen Boot. Nur mit der *Sycorax*.

Mulder sah mich grollend an, brachte den Motor auf volle Touren, und wir machten uns auf eine schimpfliche Heimfahrt.

Teil Zwei

Drei Wochen nachdem die *Wildtrack* ihren Mast verloren hatte, kam Inspector Abbott in das Dorf-Pub. Er trug blaurosa Karos, die aussahen wie abgetakelte Gardinen.

»Sie sehen besser aus«, stellte er fast widerwillig fest.

»Es geht mir gut, Harry«, sagte ich entschieden, aber das stimmte nicht ganz. Ich schwamm jeden Morgen drei Kilometer in Bannisters Swimmingpool, und die sportliche Betätigung hatte das Muskelgewebe unter meinen Narben gekräftigt, aber mein Bein konnte mich noch immer mit einer unerwarteten Schwäche im Stich lassen. Erst am Tag zuvor lag ich auf dem Rückweg vom Postamt im Dorf plötzlich hilflos auf dem Pflaster. Von einer Minute zur anderen versagte mein rechtes Bein ohne erkennbaren Grund. Aber diese Schwäche würde ich nie eingestehen – schon gar nicht würde ich mir vorhalten, daß ich nicht fit genug war, um die Welt umsegeln zu können. »Ihrer modischen Kleidung nach gehe ich davon aus, daß Sie nicht im Dienst sind?«

Abbott zupfte an seinen Hosen. »Gefallen sie Ihnen nicht, Nick?«

»Sie sind verdammt scheußlich.«

»Es sind amerikanische Golfhosen«, sagte er pikiert. »Sie sollen den Schwung erleichtern. Jede Menge Platz im Schritt, sehen Sie? Wollen Sie eine Limonade, Nick? Vielleicht eine Flasche Kirschbrause?«

»Ein Pint vom besten, Harry.«

Vorsichtig brachte er die beiden vollen Pints an meinen Tisch. Es war früh am Abend, und das Pub noch leer; aber in wenigen Wochen würde das Gedränge der Touristen unerträglich werden. Abbott nahm einen ersten Schluck und seufzte befriedigt auf. »Sie haben Ihren Orden wieder, nicht wahr?«

»Ja, und vielen Dank.«

Er wehrte den Dank mit einer großzügigen Geste seines Feuerzeugs ab. »Und was halten Sie jetzt von dem Buren?«

»Er ist ein guter Seemann«, sagte ich neutral.

»Das war Blaubart auch.« Abbott zündete sich eine Zigarette an. »Ich habe Mister Bannister lange nicht gesehen.«

»Er ist mit seiner Freundin auf Capri. Sie machen Ferien.«

»Ich frage mich, warum er seinen Urlaub nicht mehr in Amerika verbringt«, sagte Abbott und stellte verwirrtes Staunen zur Schau. »Und ich? Ich verbringe eine Woche bei der Schwester meiner Frau im verdammten Frinton. Wer ist die Freundin?«

»Ein Mädchen namens Angela Westmacott. Eine Produzentin in Bannisters Fernsehgesellschaft.«

Abbott runzelte die Stirn und schnippte dann mit den Fingern. »Haut und Knochen, blonde Haare?«

»Stimmt.«

»Sieht ein bißchen aus wie Ihre Ex-Ehefrau – verhungert. Wie geht es Melissa?«

»Sie kämpft sich so durch.«

»Ich habe nie verstanden, warum Männer auf diese Dürren abfahren.« Abbott machte eine Pause, um sein Bier auszutrinken. »Ich habe mal einen Typen eingelocht, der einen total Fremden ermordet hatte. Die Frau des Opfers hatte ihn darum gebeten, wissen Sie. Also schlug er dem Kerl mit einem Schürhaken den Schädel ein. Dreckige Angelegenheit. Sie hatte ihm ein Schäferstündchen versprochen, deshalb hat er es getan, und die Frau war so mager wie ein gerupftes Huhn. Wissen Sie, was er mir in seinem Geständnis verriet?«

»Nein.«

»Er sagte, das wäre wahrscheinlich seine einzige Chance gewesen, je mit einer hübschen Frau ins Bett gehen zu können. Hübsch? Sie war ungefähr so hübsch wie ein Zahnstocher. Und als Krönung des Ganzen hat sie ihr Versprechen dann noch nicht einmal gehalten! Sagte ihm, er solle sich aus dem Staub machen, als er mit steifem Willi rumschlich.« Abbott starrte mißmutig über den Fluß. »Ein fast perfekter Mord, nicht? Sich den Herzallerliebsten von einem Fremden vom Hals schaffen zu lassen.«

Die leichte Betonung auf »perfekter Mord« war der zweite Hinweis darauf, daß Abbott nicht nur aus Durst in das Pub gekommen war. Seine erste Andeutung war das Erstaunen darüber gewesen, daß Bannister nicht mehr nach Amerika fuhr.

»Perfekter Mord?« fragte ich nach.

»Mein Glas ist leer, Nick, und jetzt sind Sie dran.«

Pflichtschuldig holte ich zwei Pints. »Perfekter Mord?« erkundigte ich mich noch einmal.

»Das Problem bei perfektem Mord ist, daß wir nie herausbekommen werden, wie es sich abgespielt hat, Nick. Also gibt es offiziell keinen perfekten Mord.

Wenn Sie mal von einem hören, Nick, dann glauben Sie es nicht.«

Die Bemerkungen waren zu pointiert, um ignoriert werden zu können. »Heißt das, daß es ein Unfall war?« fragte ich.

»Daß was ein Unfall war?« täuschte Abbott Unschuld vor.

»Nadeschna Bannister?«

»Ich war nicht dabei, Nick, ich war nicht dabei.« Abbott war offensichtlich mit sich zufrieden. Mir war eine Botschaft übermittelt worden, auch wenn ich nicht genau wußte welche und warum. Abbott fixierte mich mit seiner Armesündermiene. »Haben Sie von den Gerüchten gehört, daß jemand versuchen will, Bannisters Chancen auf einen Sieg der St. Pierre zu verpatzen?«

»Ich habe davon gehört.«

»Und Sie wissen auch, was sich vor zwei Tagen in der Marina abgespielt hat?«

»Ich habe es gehört.« Mitten in der Nacht waren die Vertäuseile der *Wildtrack* gekappt worden. Es war eine hohe Frühjahrsflut gewesen, und wenn da nicht ein französischer Segler zur Stelle gewesen wäre, wäre Bannisters Boot mit Sicherheit hinausgetragen worden. Mulder und seine Crew hatten längsseits in dem Hausboot geschlafen, das von meinem Liegeplatz entfernt worden war, und die Warnrufe des Franzosen hatten sie gerade noch rechtzeitig geweckt. Es ging alles gut aus, und das Ganze hätte als belangloser Zwischenfall betrachtet werden können – bis auf die Tatsache, daß die Seile durchschnitten worden waren. Das machte das Mißgeschick zu einem zweiten Versuch von Sabotage.

»Aber ziemlich plump«, sagte Abbott jetzt. »Sehr

plump. Ich meine, wenn Sie einen Kerl davon abhalten wollen, die St. Pierre zu gewinnen, würden Sie dann jetzt seinen Mast zerstören? Oder sein Boot jetzt hinaustreiben lassen? Warum nicht warten, bis er an den Start gegangen ist?«

»Will denn jemand verhindern, daß Bannister die St. Pierre Trophy gewinnt?« fragte ich.

Abbott ignorierte meine Frage geflissentlich. »Kinder könnten über den Zaun der Marina geklettert sein und die Seile durchschnitten haben, nehme ich an.«

»Der Mast wurde nicht von Kindern zerstört«, stellte ich fest. »Ich habe die Spannschraube gesehen, und es war Sabotage.«

»Was auch immer eine Spannschraube ist«, stellte Abbott düster fest. »Vermutlich hat ein Crew-Mitglied daran herumgebastelt, weil es eine Woche frei haben wollte.«

Das war eine Möglichkeit, nahm ich an. Wenn Melissa recht hatte, und Yassir Kassouli Bannisters Chancen auf die Trophäe zunichte machen wollte, dann waren die beiden Zwischenfälle mit Sicherheit trivial, besonders für einen Mann von Kassoulis sprichwörtlichem Reichtum. »Stellen Sie Nachforschungen an?« fragte ich Abbott.

»Großer Himmel, nein! Ich will damit nichts zu tun haben. Darüber hinaus habe ich Ihnen doch schon gesagt, daß ich für Verbrechen nicht mehr zuständig bin.«

»Wofür sind Sie zuständig, Harry?«

»Krimskrams, Nick. Die übliche Drecksarbeit.« Er klang gelangweilt.

Und ich war verwirrt. Abbott kreuzte sehr dicht an den Gerüchten, die ich gehört hatte, bekam jedoch jedesmal die Wende, bevor irgend etwas Definitives gesagt wurde. Wenn mir eine Botschaft übermittelt worden war, dann so kryptisch, daß ich nichts mitbekommen hatte. Ich wußte auch, daß es sinnlos wäre, um eine Erleuchtung zu bitten, denn Abbott würde steif und fest behaupten, mit mir lediglich ein belangloses Gespräch geführt zu haben. »Haben Sie Ihren alten Herrn in letzter Zeit gesehen?« erkundigte er sich jetzt.

»Ich bin beschäftigt.«

»Zusammen mit Jimmy Nicholls, wie ich hörte«, sagte Abbott. Jimmy half mir bei der Instandsetzung der *Sycorax*. »Wie geht es ihm?«

»Er hustet.«

»Seine Tage sind wohl gezählt. Armer, alter Hund. Er sollte nicht soviel rauchen, nicht?« Abbott grübelte darüber nach, ob er seine eigene Zigarette ausdrücken sollte, entschied sich dann aber dafür, an ihr zu ziehen. Er blies mir Rauch entgegen. »Wann ist denn die große Party, Nick?«

Er bezog sich damit auf die Party, die im Frühsommer in Bannisters Haus am Fluß stattfinden sollte. Die Party war nicht nur ein gesellschaftliches Ereignis, auf ihr sollte auch offiziell Bannisters Teilnahme am Rennen um die St. Pierre bekanntgegeben werden. Es war unerheblich, daß er diese Absicht bereits im Fernsehen verkündet hatte, denn die Wiederholung würde ihm erneute Beachtung in den Zeitungen und in den Segelsportzeitschriften sichern.

»Ich habe gehört«, sagte Abbott, »daß Bannister seine Crew auf der Party vorstellen wird?«

»Ich weiß nichts davon, Harry.«

»Ich will ja auch nur sagen, daß ich nicht hoffe, Sie sind einer davon, Nick.«

Nun gab er sich nicht geheimnisvoll, ganz im Gegenteil. »Ich werde nicht mit von der Partie sein«, erklärte ich.

»Ich sage das nur, weil ich gehört habe, Bannister hätte Sie gebeten.«

Ich fragte mich, woher Abbott das wußte, kam aber zu der Überzeugung, daß es sich lediglich um Gerüchte handelte. Ich hatte Jimmy davon erzählt, und das war genauso, als hätte ich es auf der ersten Seite der Lokalzeitung drucken lassen. »Er hat mich gefragt«, sagte ich. »Ich habe abgelehnt und seither nichts mehr in dieser Angelegenheit gehört.«

»Wird er wieder fragen?«

Ich zuckte mit den Schultern. »Kann sein.«

»Dann bleiben Sie bei Ihrem Nein.«

Ich trank mein Glas aus und lehnte mich zurück. »Warum, Harry?«

»Warum? Weil ich Sie auf eine einfache Art sehr gern habe, Nick. Wegen Ihres Vaters, verstehen Sie? Und weil Sie dumm genug waren, dieses verdammte Blech zu bekommen. Ich möchte nicht, daß Sie zu einem Köder für die Haie werden. Und dieses Boot von Bannister scheint ...« Er machte eine winzige Pause, »... unter einem unglücklichen Stern zu stehen?«

»Es scheint ein Unglücksschiff zu sein«, stimmte ich zu. Und dann fragte ich mich, ob die geringfügige Betonung auf seinen Worten ein weiterer Hinweis war. Ich versuchte, ihn zu einer offenen Antwort zu verlocken. »Wollen Sie mir sagen, daß jemand versucht, ihn am Siegen zu hindern?«

»Ich will verdammt sein, wenn ich das weiß, Nick. Vielleicht leidet Bannister unter Verfolgungswahn. Ich meine, es muß einen Mann doch paranoid machen, auf dem verdammten Schirm zu sein.« Er legte sein Glas trocken. »Ich weiß, daß Sie mir gern noch ein Pint kaufen würden, Nick, aber meine Frau hat Kutteln und Schweinsfüße für mich gekocht, also mache ich mich besser auf die Strümpfe. Denken Sie daran, was ich gesagt habe.«

»Das werde ich tun.«

Ich hörte, wie er draußen den Wagen startete, der sich dann den Hügel hinaufquälte. Draußen auf dem Fluß mühte sich ein Kind verbissen in einem Mirror-Schlauchboot stromaufwärts. Dahinter kam, bei dem Wind unter Motorkraft, die *Mystique.* Das amerikanische Mädchen stand an der Ruderpinne, und ich hoffte, es könnte vielleicht herumschwenken, auf den gebrechlichen Anlegesteg des Pubs zuhalten, um hier ein Bier zu trinken, aber statt dessen hielt es sein Boot draußen in der Mitte des Flusses.

Ein Reiher flog über das Aluminiumheck und suchte sein Nest auf. Drei Schwäne trieben unter den Bäumen dahin. Es war ein Frühlingsabend, schön, arglos und voller Zauber.

»Was wollte Harry denn?« fragte mich der Wirt.

»Sich nur ein bißchen mit mir unterhalten.«

»Das macht der nie. Er ist ein schlauer Fuchs, unser Harry. Aber glauben Sie mir, seine Schläge beim Golf sind lausig. Das ist das einzige, wofür Harry Zeit verschwendet. Da können Sie ganz sicher sein.«

Ich war es, und das beunruhigte mich.

Während die Tage länger und wärmer wurden, vergaß ich meine Sorgen. Ich vergaß Bannister und Mulder, ich vergaß die Gerüchte über Nadeschna Bannisters Tod und das Getuschel über Sabotage. Ich vergaß sogar die Unerfreulichkeiten, die meinen Eintritt ins Fernsehgeschäft begleitet hatten – die *Sycorax* wurde repariert.

Jimmy Nicholls und ich stellten sie wieder her. Es waren Wochen harter Arbeit und daher ein großes Vergnügen. Wir verlaschten neues Holz im Rumpf der *Sycorax* und kalfaterten es ordentlich. Wir formten neue Deckplanken und vernuteten sie. Wir erhöhten die Bodenfläche des Cockpits und bauten Abflüsse in das Heckwerk ein, so daß die *Sycorax* zum erstenmal über ein Cockpit verfügte, aus dem das Wasser von selbst ablief.

Jimmy suchte in einem Sägewerk Stämme norwegischer Fichte aus und transportierte sie in seinem Boot flußaufwärts. Er sagte, ich solle mein Ohr an ein Ende des Stammes legen, während er am anderen Ende mit einem Schraubenschlüssel dagegenklopfte. Ich hörte den klaren und scharfen Ton – ein Zeichen für die gute Qualität des Holzes. Wir deponierten die Fichten auf den Liegeplatz und bearbeiteten sie mit dem Breitbeil. Zunächst schnitten wir die Stämme quadratisch zu, um dann die Ecken abzuschälen, bis sie ganz rund waren und wir unsere Masten, Spiere und die Gaffel hatten. Für den Bugspriet nahmen wir ein besonders derbes Stück Pechkiefer. Jeden Abend, wenn die Arbeit getan war und bevor ich in das Pub ging, trat ich in die Pedale eines Schleifsteins, um das Werkzeug neu zu schärfen, das durch gutes Holz stumpf geworden war.

Es waren gute Tage. Manchmal klatschte ein Frühlingsregen auf die Persenning, die wir über uns aufgespannt hatten, aber meistens schien die Sonne und vermittelte einen Vorgeschmack auf den Sommer. Ein Schmied aus dem Ort legte Blei in den Kiel und fertigte mir neue Mastbacken für die Takelage an. Als aus dem Frühling Sommer wurde, begannen Jimmy und ich damit, neues Kupferblech auf den Schiffskörper aufzubringen. Wir betteten das Blech auf Schichten von Teer und Papier, und nagelten es mit flachköpfigen Bronzenägeln fest. Das Kupfer war teuer, hatte aber Vorteile gegenüber jedem Schutzanstrich. Und ich wollte, daß der Rumpf geschützt war, bevor ich mit meinem Holzboot dorthin segelte, wo tropisches Gewürm aus eisenhartem Mahagoni porösen Schwamm machen kann. Jimmy und ich leisteten gute, altmodische Arbeit. An unseren seltenen freien Tagen gingen wir zu Bootsauktionen am und auf dem Fluß und kauften gutes Zubehör aus zweiter Hand: einen Außenbordmotor für das Dingi, Warpleinen, Klampen, Leucht- und Rauschsignale, Feuerlöscher. Die Rechnungen schickten wir an die Fernsehgesellschaft, die diese ohne Murren beglich. Sie zahlte Jimmy sogar ein Honorar in bar, von dem die Steuer kein Sterbenswörtchen erfahren würde. Das Leben in dieser Zeit war wirklich prächtig.

Die *Wildtrack* war in eine neue Marina in der Nähe von Richmond gebracht worden, in der es uniformierte Wachposten mit großen Hunden gab. Es gab keine weiteren Mißgeschicke oder Fälle von Sabotage. Nachdem Anthony Bannister vom Urlaub zurückgekommen war, blieb er in Richmond und segelte von der neuen Marina aus, so daß ich nicht mit ihm zusammentraf. Dann und wann erschien Angela im Haus, um sich von den Fortschritten bei der Filmarbeit zu überzeugen – aber das war eher selten. Wenn sie kam, war sie brüsk und sehr sachlich. Sie tat so, als hätte sie kein gesteigertes Interesse an den Instandsetzungsarbeiten an der *Sycorax* bis auf ihre Forderung, daß das Boot vor der Party von Bannisters Rasen verschwunden war. Ich versicherte Angela, daß das Schiff rechtzeitig fertig sein würde.

Sie runzelte die Stirn, als der aufgebockte Rumpf erst zur Hälfte mit Kupfer ummantelt war. »Wie soll es rechtzeitig fertig werden? Sie haben ja noch nicht einmal die Masten installiert.«

Ich überhörte ihren scharfen Ton. »Die Masten werden erst installiert, wenn die *Sycorax* im Wasser ist. Also brauchen wir nur noch das Kupfer aufzutragen und den Motor einzubauen, bevor sie zu Wasser gelassen wird.«

Sie ergriff die Möglichkeit, den Prozeß zu beschleunigen. »Kann der Motor nicht warten, bis sie im Fluß liegt?«

»Das wäre nicht besonders günstig. Es sei denn, Sie wollen, daß Wasser dort eintritt, wo eigentlich die Schiffsschraube sitzen sollte.«

»Ich nehme an, Sie wissen, was am besten ist.« Sie klang sehr mürrisch. Ich rechnete damit, daß sie Bannisters Einladung erwähnte, ich solle am Rennen um die St. Pierre teilnehmen, aber sie sagte nichts, und ich nahm an, die Einladung sei vergessen. Als sie davonschlenderte, war ich erleichtert – ein kühles, sprödes Mädchen mit einem Clipboard. Sie ging auf die Terrasse des Hauses und schikanierte Matthew Cooper, er möge gefälligst ein bißchen schneller arbeiten.

Mir kam es so vor, als würde Matthew die eigentliche Arbeit für die Fernsehgesellschaft machen. Er und sein Kamerateam kamen jede zweite Woche nach Devon, um die Fortschritte der Reparaturarbeiten an der *Sycorax* aufzunehmen. War Angela nicht da, wirkten sie entspannt – bis auf die Zeit, die sie zum Ausfüllen ihrer Arbeitsnachweisformulare verwandten. Und die zählte nach Stunden. Die Bestimmungen ihrer Gewerkschaft besagten, daß sie in einer riesigen Horde unterwegs waren, und das bedeutete, daß die meisten von ihnen eigentlich nichts Rechtes zu tun hatten. Aber einer der Fahrer und ein Kameraassistent erwiesen sich als begeisterte Zimmerleute. Sie halfen aus, wo immer sich Arbeit für sie bot. Dennoch bedeutete die Anwesenheit des Kamerateams Frustration und Verzögerung. Eine Arbeit, die Jimmy und ich in einer knappen Stunde fertig haben konnten, nahm einen ganzen Tag in Anspruch, wenn sich Matthew viel Zeit für Kameraeinstellung, Blickwinkel und Abstand ließ. Mitunter fand er bei seiner Ankunft eine Arbeit beendet und bestand dann darauf, daß wir alles wieder abrissen und für die Kamera neu zusammenfügten. Dann ließ er das aus jedem erdenklichen Blickwinkel aufnehmen. »Nick? Ihr rechter Arm ist der Kamera im Weg. Können Sie Ihren Ellbogen nicht etwas senken?«

»Ich kann eine Schraube nicht richtig und haltbar einsetzen, wenn ich wie Quasimodo verdreht bin.«

»Das sieht man im Film später nicht.« Er wartete geduldig, bis ich die unbequeme neue Position eingenommen hatte.

»Danke, Nick. Den Ellbogen etwas tiefer zu halten reicht. So ist es viel besser.«

Dann bestand der Tontechniker darauf, das Ganze zu stoppen, weil ein kleines Sportflugzeug seine Aufnahme ruinierte. Und waren die Geräusche des Flugzeuges verklungen, kam garantiert eine Wolke angesegelt, und der Kameramann forderte, die Luxzahl erneut zu messen. Mir wurde klar, daß es beim Filmemachen so ähnlich war wie beim Soldatenspielen:

Stunden müßigen Wartens wurden von Sekunden kaum verständlicher Panik unterbrochen.

Die Verzögerungen und Unterbrechungen frustrierten mich, aber ich frustrierte auch Matthew. Wenn die Kamera lief, überfiel er mich häufig mit Fragen. Er hatte mir erklärt, daß im fertigen Film seine Stimme durch die Bannisters ersetzt würde, so daß die Zuschauer annehmen konnten, der große Mann sei während der gesamten Dreharbeiten anwesend gewesen. Ich frustrierte Matthew jedesmal, wenn er die Frage stellte, die dem ganzen Film zugrunde lag: »Können Sie uns sagen, wie Sie den Orden verdient haben, Nick?«

»Im Augenblick nicht. Hat jemand den Fuchsschwanz gesehen?«

»Nick?« Das kam leicht tadelnd.

»Ich kann mich nicht genau erinnern, was damals geschehen ist, Matthew. Tut mir leid.«

»Nennen Sie mich nicht Matthew. Denken Sie daran, daß ich eigentlich Tony bin. Also, was ist passiert, Nick?« Schweigen. »Bitte, Nick?«

Wieder längeres Schweigen. »Was hatten Sie doch gleich gefragt, Matthew?«

»Nick!«

»Ich habe wirklich nichts zu sagen, Matthew – oh, Entschuldigung, Tony.«

»O Scheiße! Verdammte Scheiße! Schnitt!«

Jimmy gluckste, das Filmteam grinste und Matthew schoß mir tödliche Blicke zu. Dennoch mochte ich ihn. Er hatte einen schütteren Schnurrbart, wirre Haare und ein Gesicht, das hart wirkte, bei näherem Hinsehen jedoch mehr Traurigkeit und Resignation vermittelte. Er war von Selbstzweifeln zerrissen und rauchte mehr als ein kaputter Motor, aber wie sein

Kameramann sorgte sich Matthew geradezu verzweifelt um die Qualität seiner Arbeit. Er führte aus, was Angela ihm aufgetragen hatte – das aber mit dem Anspruch, das bestmögliche Ergebnis auf Film zu bannen. Er konnte Stunden damit verbringen, auf den Moment zu warten, bis das richtige Licht über dem Fluß lag, bevor er mit dem Filmen begann. Er war ein Künstler, aber er war auch das Sprachrohr für Angela Westmacotts Instruktionen und Sorgen. Und deren größte Sorge war nach wie vor, daß die *Sycorax* nicht etwa Anthony Bannisters Rasen am Tag seiner großen Party verunzierte.

Angelas Sorgen waren absolut überflüssig, denn Jimmy und ich wurden zehn Tage vor unserem Termin mit dem Rumpf fertig. Der Motor war noch nicht zusammengesetzt, die Takelage fehlte und die Segel wurden noch immer repariert, aber es war doch ein großer Tag, als wir um den glänzenden Schiffskörper herumgehen und sehen konnten, daß die langwierige und harte Arbeit zu einem befriedigenden Ergebnis geführt hatte. Ich rief Matthew an und sagte ihm, daß wir das Boot in einer Woche ins Wasser lassen könnten, sobald der Motor im Schiffskörper untergebracht war, und er versprach, aus diesem Anlaß mit der Crew anzureisen. Wir würden die *Sycorax* also einen Tag vor der Party im Fluß haben können.

Die nächsten beiden Tage verbrachte ich damit, den Dieselmotor zu reparieren und die Schiffsschraube auszutauschen. Die neue Energie, die ich durch das tägliche Schwimmen bekommen hatte, war in den anstrengenden Stunden des Motoreinbaus eine Hilfe. Ich bastelte mir eine Behelfswinde mit Ketten und Rollen und verbrachte Stunden mit dem Justieren der Keile unter dem Motorblock, damit die Welle zuverlässig lief. Das war vermutlich der schwierigste Teil der gesamten Instandsetzungsarbeiten, aber schließlich war auch das geschafft. Der Selbstanlasser wollte nicht funktionieren, aber da gab es eine Kurbel und ein Schwungrad, also warf ich das verdammte Ding weg.

Melissa fuhr zu einer Modenschau nach Paris und schickte die Kinder für drei Tage nach Devon, um sie vom Hals zu haben. Ich lieh einen Drascombe Dabber, mit dem wir in der Flußmündung herumschipperten und Makrelen angelten. Das Kindermädchen kam mit Melissas neuem Mercedes, um die Kinder zurück nach London zu bringen. »Mrs. Makyns sagt, daß die Kinder neue Sommersachen brauchen, Mister Sandman.« Das Kindermädchen war eine hochgewachsene Schwedin mit latschendem Gang und einer monotonen Stimme.

»Sagen Sie Mrs. Makyns, es gäbe da Geschäfte, die Kinderkleidung anbieten.«

»Ich glaube, Sie scherzen. Sie sagte, ich würde das Geld von Ihnen bekommen.«

»Sagen Sie ihr, daß ich ihr einen Scheck schicken werde.«

»Ich werde es ihr sagen. Ich denke, Sie werden sich nächste Woche auf Mister Bannisters Party sehen.« Es klang wie eine Drohung.

Am Nachmittag kam ein Kran, um die *Sycorax* ins Wasser zu heben. Der Stapellauf war für den nächsten Morgen geplant, und ich hatte eine Flasche Champagner parat, um ihr am Bug den Hals zu brechen. Auch die Vorbereitungen für Bannisters Party liefen auf Hochtouren. Angestellte eines Party-Service stellten Tische auf die Terrasse, Blumenhändler lieferten Blüten und Gärtner putzten die Rasenflächen.

Matthew erschien am Abend und traf mich noch mitten bei der Arbeit an. Die neue Kupferummantelung reflektierte die untergehende Sonne, und die *Sycorax* sah aus, als wäre sie aus rotem Gold.

»Sie sieht gut aus, Nick«, sagte Matthew.

»Sie ist gut.« Ich trug Badehorts und kam mir angenehm verdreckt vor mit meinen Teer-, Farb- und Lackflecken. Ich war an Deck der *Sycorax* und überzog die Spierstützen mit Klarlack. »Noch ein Monat für die Takelage, dann ist sie fertig.«

Matthew zündete sich eine Zigarette an und nahm sich ein Bier aus dem Kasten, den ich bei den Wanten deponiert hatte. »Ich habe ein paar schlechte Nachrichten für Sie.«

Ich hinkte die Leiter hinunter und nahm mir auch ein Bier. »Erzählen Sie.«

»Medusa möchte, daß Sie bis morgen abend aus dem Haus sind.« Wir hatten Angela den Spitznamen Medusa gegeben, nach dem schlangenhaarigen Weib mit dem Basiliskenblick, das seine Feinde versteinerte.

»Das geht in Ordnung«, meinte ich.

»Sie sagt, es sei nur bis zum nächsten Dienstag. Sie bekommen Gäste, die im Haus übernachten, wissen Sie? Es tut mir leid, Nick.« Es schien Matthew unendlich peinlich zu sein, die Forderung stellen zu müssen.

»Es macht mir wirklich nichts aus, Matthew.« Ich gewöhnte mich langsam ein bißchen zu sehr an den Luxus in Bannisters Haus und würde nur zu gern auf die wieder zu Wasser gelassene *Sycorax* ziehen. Sie hatte noch keine Kojen, keine Kombüse und keine Toilette, aber ich besaß einen Schlafsack, einen Primuskocher und den Fluß.

»Medusa hat mich außerdem gebeten, Ihnen zu sagen, Sie sollten doch den Swimmingpool nicht benutzen, solange die Gäste im Haus sind.«

Ich lachte. »Hat sie etwas dagegen, daß ein Krüppel das dekorative Bild verschandelt?«

»Irgendwas in der Art«, meinte Matthew düster. »Aber natürlich«, fuhr er fort, »sind Sie zur Party eingeladen.«

»Das ist aber nett.«

»Weil Bannister mitteilen möchte, daß Sie für ihn die *Wildtrack* navigieren werden.«

Eine Sekunde lang reagierte ich nicht. Ich beobachtete den schimmernden Rumpf der *Mystique*, der plötzlich bei Sansom's Point auftauchte. Das Boot war in den vergangenen beiden Monaten nicht auf dem Fluß gewesen, und ich nahm an, daß das amerikanische Mädchen die Häfen erkundet hatte, die es in seinem Buch beschreiben wollte.

»Haben Sie gehört?« fragte Matthew.

»Habe ich.«

»Und?«

»Ich werde es auf keinen Fall tun, Matthew.«

»Medusa möchte, daß Sie es machen«, erklärte Matthew warnend.

»Sie kann mich!« Ich beobachtete das amerikanische Mädchen, das die *Mystique* unter Motor und mit nur einem Klüver als Unterstützung gegen die Flut steuerte. Es hatte die östliche Fahrrinne gewählt, die enger und flacher war als die Hauptfahrrinne, und die es auch nahe an die Stelle bringen würde, an der Matthew und ich standen.

»Medusa hat es sich in den Kopf gesetzt«, meinte Matthew.

»Mit mir hat sie nie darüber gesprochen.«

»Das wird sie aber noch tun.«

»Und ich werde erneut ablehnen.«

»Dann wird sie es vielleicht ablehnen, die Takelage der *Sycorax* zu bezahlen.«

»Sie kann mich!« sagte ich noch einmal. »Ich werde das Zubehör für die Takelage von dem Honorar zahlen, das ich von Ihnen bekomme.«

»Welches Honorar?« fragte Matthew. »Medusa meint, wenn Sie schon in Bannisters Haus wohnen, hätte der auch ein Anrecht auf Miete.«

»Er ruiniert mein Boot, und nun soll ich ihm die Reparaturen bezahlen? Machen Sie Witze?«

Der hilflose Ausdruck in Matthews Gesicht sagte mir, daß er nicht scherzte. Er versuchte, den Schlag abzumildern, indem er betonte, das sei vielleicht ja auch nur ein Gerücht, aber er klang nicht sehr überzeugend. »Medusa war ein Nichts«, sagte er schließlich, »bis sie anfing, mit Bannister zu bumsen. Jetzt leitet sie praktisch das ganze verdammte Programm.« Es klang neidisch; als wäre er verbittert, daß ihm dieser Weg der Karriere versagt war. »Bevor Bannister seinen letzten Vertrag unterzeichnete, hat er darauf bestanden, daß sie zur vollberechtigten Produzentin gemacht wurde. Und da sage noch einer, Nick, daß es nicht möglich ist, an die Spitze des britischen Fernsehens zu kommen, indem man sich einfach flach auf den Rücken legt. Es ist noch immer die eine sichere, erprobte und unfehlbare Methode für den Erfolg.«

Seine Worte stimmten mich irgendwie unbehaglich, selbst wenn sie zutreffen mochten. »Sie scheint ihre Aufgabe doch ganz gut zu machen?« meinte ich lahm.

»Natürlich ist sie gut in ihrem Job«, erwiderte Matthew gereizt. »Es braucht nicht viel Intelligenz, um ein guter Fernsehproduzent zu sein. Es ist kein annähernd so fordernder Beruf wie der eines Lehrers. Alles, was man als Produzent braucht, ist ein gesundes Fassungsvermögen für Essen auf Spesenrechnung und eine gute Nase für den richtigen Regisseur.« Er zuckte mit den Schultern. »Aber was soll's? Vielleicht heiratet sie Bannister, und dann haben wir alle unsere Ruhe.«

»Halten Sie das für möglich?« erkundigte ich mich.

»Bei seinem Geld würde sie ihn doch liebend gern heiraten.« Er zog an seiner Zigarette. »Sie würde gern seine Produktionsgesellschaft in die Hand bekommen.« Bannisters Gesellschaft produzierte neben seinen eigenen Sommerfilmen auch Video-Clips und TV-Werbung. Bestimmt ein lukratives Geschäft.

»Hi!« Die Stimme ließ uns beide zusammenfahren, und als wir uns umdrehten, sahen wir das schwarzhaarige amerikanische Mädchen, das uns vom Cockpit der *Mystique* aus zugerufen hatte. Es stand an der Ruderpinne. Es war nur einen Steinwurf entfernt, aber der Glanz der untergehenden Sonne auf den Wellen warf einen undeutlichen Schatten auf ihr Gesicht. »Kann ich bis zur Ebbe hier in dieser Fahrrinne bleiben?«

»Welchen Tiefgang haben Sie?«

»Vier Fuß drei.« Ihre Stimme kam sachlich und schnell. Als sie nach vorn blickte, hatte ich den Eindruck leuchtender Augen und eines gebräunten, lebhaften Gesichts.

»Steuern Sie dreihundertzehn, wenn Sie an die Pricke kommen.« Ich deutete in die Richtung.

»Vielen Dank.«

»Weit weg gewesen?«

»Weit genug.« Sie schob mir die Antwort buchstäblich zu. Ich starrte auf ihre Silhouette und wünschte mir plötzlich ganz intensiv, in ein Mädchen wie sie verliebt zu sein. Der Wunsch war lächerlich; ich hatte weder ihr Gesicht gesehen, noch kannte ich ihren Namen, aber sie konnte meisterhaft segeln und hatte nichts mit den verdrehten Eifersüchteleien und der Habgier des Fernsehens zu tun.

Ich bückte mich nach einer Flasche und stellte fest, daß der Schmerz in meinem Rücken fast erträglich war. »Wollen Sie ein Willkommensbier?«

Ihr schwarzes Haar schwang, als sie den Kopf drehte. »Nein, danke. Weiß Ihre Hilfe aber sehr zu schätzen. Nochmals vielen Dank.« Sie beugte sich vor, gab Gas, und die Auspuffgase der *Mystique* quollen blau am Heckwerk auf.

Matthew gluckste. »Nicht gerade Ihr bester Tag, Nick.«

»Gehen Sie mit mir in den Pub«, sagte ich. »Wir werden uns betrinken.«

Und genau das taten wir.

Wir betranken uns auch am folgenden Tag. Als die Flut am höchsten stand, ließen wir die *Sycorax* zu Wasser, zerschlugen eine Champagnerflasche an ihrem Bug und holten uns dann aus Bannisters Kühlschrank weiteren Champagner. Der Kameramann wurde feierlich in den Fluß geworfen, danach Matthew und ich. Das amerikanische Mädchen sah uns von seinem Cockpit aus zu, aber als Matthew hinüberrief, es solle doch mitmachen, schüttelte es den Kopf. Eine Stunde später setzte die *Mystique* Segel und zog mit der Flut flußabwärts.

Jetzt, da sie im Wasser war, wirkte die *Sycorax* wesentlich kleiner. Sie lag hoch, so daß der breite Gürtel ihres neuen Kupfers über den Fluß schimmerte. Jimmy hatte Tränen in den Augen. »Sie ist eine Schönheit, Nick.«

»Wir werden beide mit ihr irgendwohin segeln, Jimmy.«

»Vielleicht.« Ich glaube, er wußte, daß er bald sterben und nie wieder außer Sichtweite des Landes segeln würde.

Angela erschien nicht zum Stapellauf, deshalb hatten wir auch soviel Spaß daran. Nach den zeremoniellen Ins-Wasser-Würfen gingen wir alle schwimmen und tranken dann den Champagner, während wir in der Spätnachmittagssonne trockneten. Wir plünderten Erdbeeren und Clotted Cream aus Bannisters Kühlschrank, dann weiteren Champagner, und am Abend saß ich am Flußufer und starrte auf mein Boot. Ich bewunderte es und träumte die alten Träume von weit entfernten Meeren. Die *Sycorax* hatte noch immer keine Masten, keine Takelage, keine Segel, aber sie war flott und ich glücklich. Ich konnte es mir leisten, Angelas Beharren darauf zu vergessen, daß ich in der Crew der *Wildtrack* mitsegelte; ich hatte mein eigenes Boot wieder im Wasser, und das reichte mir.

In dieser Nacht schlief ich an Bord der *Sycorax*. Ich hatte mein Zimmer in Bannisters Haus geräumt und meine wenigen Habseligkeiten zum Liegeplatz hinuntergetragen. Ich räumte auf dem Kabinenboden einen Platz für meinen Schlafsack frei, wärmte Suppe auf dem Primuskocher und aß sie dann in meinem eigenen Cockpit. Es machte nichts, daß die *Sycorax* in einem chaotischen Zustand war, daß auf ihrem Deck Seile wie Schlangen herumlagen, daß ihre Speigatte mit Werkzeug, Holzteilen und Metall zugedeckt waren; sie war flott.

Am nächsten Morgen wurde ich von dem guten Geräusch des Wassers geweckt, das gegen den Rumpf schlug. Ich ging an Deck und sah den glänzendweißen Rumpf der *Wildtrack* mit seinem breiten und zackigen Blitz in der Fahrrinne liegen. Sie mußte mit der Nachtflut flußaufwärts gekommen sein. Jetzt hißten Mulder und seine Crew Flaggen am Fockstag, zweifellos für die Party am Abend. Die *Mystique* war nicht zu sehen.

Später am Vormittag trafen Bannister und Angela mit den ersten Hausgästen ein. Angela ignorierte mich, aber Bannister kam heruntergeschlendert, um einen Blick auf die *Sycorax* zu werfen. Er brachte zwei der Gäste mit. Vermutlich erwähnte aus diesem Grund keiner von uns die St. Pierre oder meinen erzwungenen Auszug aus seinem Haus. Es war das erste Mal seit seinem Urlaub, daß ich Bannister zu Gesicht bekam, und er wirkte sehr fit. Die Abwesenheit vom Studio schien ihm gutgetan zu haben. Er behandelte mich mit scherzhafter Vertrautheit, wenn es mir auch nicht entging, wie bemüht er mein Victoria Cross vor seinen Freunden ins Gespräch brachte. Irgendwie schien der Orden mein Ansehen wiederherzustellen, das unter meinem abgerissenen und fleckigen Aufzug gelitten hatte. Bannister sah auf den Großmast der *Sycorax*, den ich gegen die Wand des Bootshauses gelehnt hatte, so daß das Leinöl und das Paraffin, in dem ich ihn getränkt hatte, gut ablaufen konnte. »Würden Sie sich mit einem Metallmast nicht wohler fühlen, Nick?«

»Nein«, erwiderte ich.

»Nick ist ein Traditionalist«, erläuterte er seinen

Freunden gegenüber, einem Ehepaar aus London. Die Frau erzählte mir, sie sei Innenarchitektin und fände mein Boot »süß«. Ihr Ehemann, ein Börsenmakler, äußerte die Meinung, die *Sycorax* sei genau die Art von Boot, um damit im Kanal herumzuflitzen. »Genau das Richtige für einen Abstecher nach Jersey, was?«

Ich erklärte, daß ich zweimal den Atlantik mit der *Sycorax* überquert hatte, was die lockere Atmosphäre von Jovialität irgendwie dämpfte, um die sich Bannister so sehr bemüht hatte. Er sah auf seine Armbanduhr, als hätte er anderswo dringliche Geschäfte. »Wir sehen Sie heute abend natürlich auf der Party?«

»Bin ich eingeladen?« fragte ich hinterhältig.

»Und bringen Sie eine Freundin mit, ja? Getränke gibt's ab sechs, Ende offen, und der morgige Tag wird als Katersonntag gefeiert.«

Ich versprach zu kommen, und nachdem sie gegangen waren, verbrachte ich einen angenehmen Tag damit, den Bugspriet an seinen Eichenpollern zu sichern und dann mit einem Wasserstag aus galvanisierten Ketten zu brassen. Es war eine ziemlich schwere Arbeit, aber sehr befriedigend. Gegen vier Uhr, als ich gerade den letzten Bolzen der eisernen Bugsprietzurring festzog, kehrte die *Mystique* zurück.

Ich beendete meine Arbeit, wusch mir den ärgsten Schmutz vom Körper und ruderte zur Bucht hinüber. Das amerikanische Mädchen war in die Kabine hinuntergegangen, also rief ich, während ich mich dem Schiff näherte: *»Mystique! Mystique!«*

»Einen Moment.« Die Stimme klang scharf. »Wer ist da?«

»Ein Nachbar.«

»Okay. Warten Sie.«

Ich war lächerlich ängstlich. Ich wollte sie mögen und wollte, daß sie mich mochte. Sie mußte sich gewaschen haben, denn sie erschien in einem großen, um den Körper geschlungenen Handtuch; ein kleines Tuch bedeckte ihre Haare. Sie schien mir gegenüber auf der Hut zu sein. »Hi.«

»Hello.« Ich hielt mich steuerbords am Geländer der *Mystique* fest und die sinkende Sonne blendete mich. Ich war nackt bis zur Taille. »Mein Name ist Nick Sandman.«

»Jill-Beth Kirov. Kirov wie das Ballett.« Jetzt aus der Nähe sah ich, daß Jill-Beth Kirov ein gebräuntes Gesicht, dunkle Augen und die kräftige amerikanische Kinnpartie hatte, von der mein Vater immer behauptet hatte, sie käme vom zu vielen Kaugummikauen. Mein Vater hatte immer für alles eine Theorie, und ich erinnerte mich, daß er die Kaugummitheorie von sich gegeben hatte, als wir im New Yorker Hotel Plaza Tee getrunken hatten. Er nahm seine Kinder gern mit auf seine Reisen, und ich dachte daran, wie sehr dem alten Bock dieses Mädchen gefallen hätte. Ich sah nach, ob sie einen Ehering trug. Sie trug keinen. »Sie nehmen es mir nicht übel, wenn ich Ihnen nicht die Hand gebe?«

Hätte sie die Hand ausgestreckt, hätte das Handtuch um ihren Körper unter Umständen ins Rutschen kommen können. Ernst erließ ich ihr die Höflichkeitsgeste und sagte, daß am Abend im Haus eine Party gefeiert würde und ich mich fragte, ob sie vielleicht in meiner Begleitung daran teilnehmen wolle.

»Heute abend?« Sie schien irgendwie kalt erwischt von der Plötzlichkeit der Einladung, aber mir entging nicht, daß sie keineswegs sofort ablehnte. Statt dessen blickte sie hinüber zu Bannisters aufwendigem Haus. »Er ist ein Prommi, nicht?«

»Ein Prommi?«

»Eine Berühmtheit«, erklärte sie. »Ein Prominenter.«

»Oh! Ja.«

»Sind Sie sein Bootsmann?«

»Nein.«

»Okay.« Sie war eindeutig unbeeindruckt von mir, ungeachtet meiner Verneinung des Dienstbotenstatus. »Wann ist diese Party?«

»Getränke ab sechs. Ich nehme an, es wird die ganze Nacht hindurch gehen.«

»In Samt und Seide?«

»Ich glaube nicht.«

»Helfen Sie mir, wie hieß der Bursche doch gleich noch?«

»Anthony Bannister.«

In plötzlicher Erkenntnis schnalzte sie mit der Zunge. »Der Fernsehtyp, stimmt's? War er nicht mit Kassoulis Tochter verheiratet?«

»Das ist er.«

»Das war vielleicht eine blutige Sache.« Sie starrte zum Haus hinauf, als erwarte sie, Blut über den sauber gestutzten Rasen tröpfeln zu sehen. Ich beobachtete sie. Es wäre albern, zu sagen, daß ich mich verliebt hatte, aber ich wollte es. »Es könnte ganz spaßig werden«, meinte sie unsicher.

»Sie schreiben ein Buch, wie ich gehört habe?« fragte ich in dem Bemühen, das Zusammensein zu verlängern.

»Vielleicht haben wir mal Gelegenheit, uns darüber zu unterhalten.« Das klang nicht so, als würde sie sich nach dieser Gelegenheit reißen. »Vielen

Dank für die Einladung. Darf ich meine Zusage noch offen lassen? Ich bin ziemlich beschäftigt.«

»Selbstverständlich.«

»Nochmals vielen Dank.« Sie blieb an Deck, um sicherzustellen, daß ich mein Dingi von ihrem Schiff fortruderte. »He, Nick?«

»Ja?« Ich mußte mich in meinem Boot umdrehen, um ihr wieder ins Gesicht sehen zu können.

Es war verzogen. »Was haben Sie mit Ihrem Rükken angestellt?«

»Autounfall. Geplatzter Vorderreifen. War nicht angeschnallt.«

»Hart.« Sie nickte, um anzudeuten, daß das Zusammentreffen für sie beendet war.

Enttäuscht ruderte ich zu meinem Liegeplatz zurück. Ich fragte mich, was ich eigentlich erwartet hatte. Eine Einladung, an Deck der *Mystique* zu kommen? Einen pubertären Seufzer und das spontane Verschmelzen zweier Herzen? Ich sagte mir, daß ich mich keineswegs verliebt, sondern meine Frustrationen nur auf ein Mädchen gerichtet hatte, das ein Symbol für Freiheit und Ungebundenheit war. Doch obwohl ich mich angestrengt bemühte, vernünftig zu sein, gelang es mir nicht. Ich versuchte, ihre vorsichtigen Worte in ein Ja auf meine Einladung umzudeuten. Aber auch das gelang mir nicht.

»Waren Sie fischen, Sandman?« Fanny Mulder lag im Haupt-Cockpit der *Wildtrack* und mußte mein Gespräch mit dem amerikanischen Mädchen beobachtet haben.

»Irgendwas gefangen?« erkundigte er sich spöttisch.

»Wieder mal ’nen Mast verloren, Fanny? Oder nachts hinausgetrieben?«

»Nicht, seit wir Sie losgeworden sind, Sandman.«

Ich ruderte an ihm vorbei, die ganze Zeit von seinen wissenden und verschlagenen Blicken verfolgt. Aber ich dachte an andere Dinge – an ein Mädchen mit einem energischen Gesicht und einem Namen wie das Ballett. Mein Boot war im Wasser und ich bereit für die Liebe.

Zur Party trafen mehr als zweihundert Gäste ein. Autos blockierten die Einfahrt und zwei Hubschrauber landeten auf der oberen Rasenfläche. Glücklicherweise hielt sich das Wetter, und so wurden auf der großen Terrasse mit Blick auf den Fluß Getränke serviert. Eine Rockband spielte laut genug, um mit ihren Klangwellen einen physischen Druck auf den Magen auszuüben. Köche schnitten Rinderbraten und Schinken an, die Bar war belagert, kurzum: die Party war von Anfang an ein Erfolg. Viele berühmte Gesichter – Schauspielerinnen, Schauspieler, Fernsehleute und Politiker. Und alle genossen es, erkannt zu werden. Hinter der Band hing eine große Karte des Nordatlantik, auf der die vermutliche Route der *Wildtrack* im Kampf um die St. Pierre Trophy verzeichnet war. Matthews Filmteam hatte das kleine Podium für Bannisters spätere Ankündigung bereits gut ausgeleuchtet. Die *Wildtrack* selbst war über und über mit Flaggen und farbigen Lichtern geschmückt, und die Gäste waren eingeladen, das Boot über eine wacklige Gangway hinweg zu betreten und zu besichtigen.

Melissa erspähte mich auf der Terrasse. Sie trug ein seidenes Kleid, das wie Altweibersommer schwang und wehte, und begrüßte mich mit einem liebevollen Kuß. »Tony will, daß ich mir sein schreckliches Schiff ansehe, aber ich habe ihm gesagt, daß ich von

Booten genug habe, seit ich mit dir verheiratet war. Wie geht es dir?« Sie wartete die Antwort nicht ab. »Wir wohnen in einem furchtbar versnobten Hotel oben am Moor. Hundertfünfzig Pfund die Nacht, aber Spinnen im Bad. Ist das zu glauben? Wußtest du, daß ich komme?«

»Ja. Es ist schön, dich zu sehen. Bist du mit Honorable John da?«

»Selbstverständlich. Er hat ein Parlamentsmitglied von Labour getroffen. Sie sind sich beide darüber einig, daß die Bergarbeiter einfach furchtbar sind. Ist das dein Boot?« Sie spähte zur *Sycorax* hinunter, die etwa hundert Meter entfernt an meinem Liegeplatz vertäut war. »Es sieht niedlich aus. Wo sind seine Dingsbumse?«

»Masten?«

»Erzähle es mir nicht, es würde mich ja doch nur langweilen.« Sie trat einen Schritt zurück und musterte mich von oben bis unten. »Hast du nichts Besseres zum Anziehen?«

Ich trug Flanellhosen, ein gewaschenes, aber ungebügeltes weißes Hemd und eine Old Etonian-Krawatte als Gürtel. Ich hatte meine einzigen ordentlichen Schuhe an und war eigentlich überzeugt, gut auszusehen. »Ich finde, daß ich gut aussehe.«

»Eine Spur anrüchig, Darling.«

»Ich habe kein Geld für Kleidung. Ich gebe alles für den Unterhalt von Kindern aus.«

»Und das solltest du besser auch weiterhin tun, Nicholas. Ich habe meinem Anwalt erzählt, daß du um die Welt segeln willst, und er meint, wir müßten vielleicht eine gerichtliche Verfügung an deinen Mastbaum nageln. Hast du vor abzuhauen?«

»Nicht sofort.«

»Trotzdem solltest du zusehen, daß du deinen Mast aufrichtest. Und das bringt mich darauf, daß dein Scheck für die Sommersachen der Kinder noch nicht eingetroffen ist.«

»Das begreife ich nicht. Er ist mit einheimischen Schnelläufern losgeschickt worden.«

»Er sollte besser bald kommen. Oh, sieh mal! Ist das nicht der Bischof, der will, daß wir alle Bigamisten werden? Es ist eine herrliche Party. Wie früher. Ist es nicht komisch, wieder in diesem Haus zu sein? Ich rechne dauernd damit, daß mich dein Vater in den Po kneift. Sei ein Schatz und hol mir noch ein bißchen Champagner.«

Pflichtgemäß war ich ein Schatz. Es gab kein Anzeichen dafür, daß Jill-Beth Kirov kam, und jedesmal, wenn ich zur Bucht hinübersah, war ihr Boot noch immer am Heckwerk der *Mystique* festgemacht. Ich entdeckte den Ehrenwerten John im ernsten Gespräch mit einem bärtigen, eifrig nickenden Parlamentarier. Bannister unterhielt sich angeregt mit einer jungen und hübschen Schauspielerin, die ich kannte, deren Name mir aber nicht einfiel. Wie Melissa gesagt hatte, war es wie auf einer der Partys meines Vaters. Nichts hatte sich verändert, und ich fühlte mich so fehl am Platze wie immer. Ich kannte nur sehr wenige der Gäste und konnte noch weniger leiden. Matthew war da, aber mit den Vorbereitungen für das Filmen von Bannisters Ankündigung beschäftigt.

Die Dämmerung kam. Offenbar hatte auch der letzte Gast die *Wildtrack* inspiziert, denn die Gangway, die riskant auf zwei Schlauchbooten geruht hatte, wurde eingezogen. Ein hübsches Mädchen sprach mich an, aber als es feststellte, daß ich nicht beim

Fernsehen war, ließ es mich für eine vielversprechendere Beute fallen. Ich wurde mit dem Bischof bekannt gemacht, aber wir hatten nichts gemein, und er schritt bald wieder von dannen. Jill-Beth Kirov war noch immer nicht gekommen. Ich sah, daß Melissa mit Bannister scherzte.

Angela sah die Vertrautheit, mit der Melissa ihren Freund behandelte, und stellte sich mir in den Weg. »Macht es Ihnen etwas aus, daß Ihre ehemalige Frau da ist?«

»Es war mir ein Vergnügen, ihr Champagner servieren zu dürfen. Natürlich macht es mir nichts aus.«

Angela zog sich an die Balustrade zurück, und ich folgte ihr höflich. »Es tut mir leid, daß wir Sie bitten mußten, das Haus zu verlassen«, sagte sie unvermittelt.

»Es war Zeit, daß ich auszog.« Ich fragte mich, warum Angela plötzlich so besorgt um mein Wohlergehen war. Ihre Haare hatte sie an ihrem schmalen Hinterkopf zu einer hübschen Rolle zusammengesteckt, und sie trug ein einfaches weißes Kleid, in dem sie sehr jung und verletzlich aussah. Ich nahm an, daß so ein einfaches weißes Kleid mehr kostete als das Großsegel der *Sycorax.*

Sie sah auf ihre diamantenbesetzte Armbanduhr. »In einer Dreiviertelstunde wird Tony seine Ankündigung machen.«

»Ich hoffe, sie kommt gut an«, sagte ich höflich.

Angela sah mich kühl an. »Ich hätte früher mit Ihnen darüber sprechen sollen, Nick, aber es war so viel zu tun. Tony wird seine Teilnahme an der St. Pierre ankündigen und dann Fanny vorstellen. Ich hätte gern, daß Sie dann der nächste sind. Sie werden nichts sagen müssen.«

»Ich?« Ich blickte zu den dunklen Umrissen der

Mystique hinüber und stellte fest, daß Jill-Beths Dingi nicht mehr da war. Das hieß, daß sie ihre Jacht verlassen hatte, aber ich konnte auf der Terrasse keine Spur von ihr sehen.

»Tony wird Sie also nach Fanny vorstellen«, erklärte Angela beharrlich.

Ich sah sie wieder an. »Warum?«

Sie seufzte. »Bitte, seien Sie nicht kompliziert, Nick. Ich möchte ganz einfach den Augenblick im Film haben, in dem Sie als Navigator der *Wildtrack* benannt werden.« Sie sah, daß ich protestieren wollte, und sprach schnell weiter. »Ich weiß, daß wir früher hätten darüber sprechen sollen. Das weiß ich! Es war mein Fehler. Aber machen Sie heute abend einfach das, worum ich Sie gebeten habe.«

»Aber ich werde nicht navigieren.«

Sie behielt ihre Geduld. Vielleicht hatte sie, wie sie behauptete, die Bagatelle meiner Zustimmung vergessen, aber ich nahm eher an, daß sie mich in Bannisters Crew boxen wollte. Indem sie mich in Gesellschaft anderer abgefangen und mit einem *fait accompli* konfrontiert hatte, rechnete sie fest mit meiner spontanen Zusage. Sie schien inzwischen jedoch meine Ablehnung zu fürchten, denn sie ereiferte sich leidenschaftlich über die Vorteile, die es bringen würde, wenn der Film so endete, wie sie es sich vorstellte, daß das die beiden Filme verbinden und mir das Honorar eines Doppelauftritts sichern würde. Sie vergaß auch nicht den Ruhm zu erwähnen, den ich einheimsen könnte, indem ich zu einer Sieger-Crew gehörte. Und dann malte sie das Bild des Helden Nick Sandman, des siegreichen Navigators, der die Benachteiligten seines Landes durch seine Leistungen anspornte.

Ich schüttelte den Kopf. »Aber ich wäre für Bannister ungefähr so hilfreich wie eine schwangere Stabhochspringerin.«

Das bremste sie. Sie runzelte die Stirn. »Ich verstehe nicht recht . . .«

»Ich habe es Ihnen schon gesagt, daß ich kein taktischer Navigator bin. Aber genau den brauchen Sie. Sie brauchen jemanden, der jeden Windhauch und die geringste Strömungsveränderung zur Strecke bringt. Sie brauchen einen rückhaltlosen Zuchtmeister. Ich hasse diese Art des Segelns. Meine Vorstellung von Segeln ist es, ein Boot vor einen bequemen Wind zu bringen und dann ein Bier zu öffnen.«

»Aber Sie sind ein brillanter Navigator«, protestierte sie. »Das sagt jeder.«

»Im allgemeinen kann ich den richtigen Kontinent finden«, stimmte ich zu. »Aber ich bin kein Regattataktiker. Und den braucht Bannister. Ich in seiner Crew – das wäre nicht ehrlich und auch nicht fair.«

»Ehrlich?« nahm sie an dem Wort Anstoß.

»Ich finde es wirklich widerlich, daß Jachten nur aus einem Grund so schnell gebaut werden: um Rennen zu gewinnen. Also wäre es absolut unehrlich von mir, wenn ich so tun würde, als hätte ich irgendein Interesse an der St. Pierre Trophy. Ich habe kein Interesse. Und ich fürchte auch, daß ich mich für Einschaltquoten nicht besonders interessiere.«

Die letzte Bemerkung reizte sie maßlos – vielleicht, weil sie sich gegen den heiligen Gral der Fernsehproduzenten richtete. »Sie sind so verdammt selbstgerecht!« In ihrer Stimme lag Wut, fast Hysterie, und sie war laut genug, um verlegene Blicke der umstehenden Gäste zu erzeugen.

»Ich möchte nur aufrichtig sein«, sagte ich höflich

und hoffte, den drohenden Sturm abwenden zu können.

Aber Angelas Geduld riß wie eine verrottete Trosse. »Wollen Sie wirklich, daß mein Film aufrichtig ist? Die aufrichtige Wahrheit, Nick Sandman, ist die, daß Sie nichts anderes als ein privilegierter Public School-Absolvent sind, der das geistlose Handwerk des Soldaten ergriffen hat, weil er sich nicht die Mühe machen wollte, sich der Realität zu stellen. Sie wurden in einem höchst sinnlosen Krieg verwundet, im Kampf um eine äußerst fragwürdige Sache, und vermutlich sind Sie schwanzwedelnd und mit feuchter Nase wie ein erregter junger Hund da hinunter gefahren. Sie dachten, das müßte ein großer Spaß werden! Aber das werden wir in unserem Film nicht erzählen. Wir sagen nicht, daß Sie ein unbedeutender Upper Class-Tagedieb mit einer Waffe waren, und daß Sie ohne den lächerlichen Orden ein Nichts wären, ein absolutes Nichts! Und wir werden auch nicht berichten, daß Sie zu stolz oder zu stur sind, sich jetzt einen anständigen Lebensunterhalt zu verdienen. Statt dessen applaudieren wir Ihrem Abenteuersinn! Nick Sandman, dem exzentrischen Rebellen, der sich glatt weigert, die Mißlichkeiten des Lebens anzuerkennen, sich mit ihnen abzufinden. Wir werden sagen, daß Sie ein Kriegsheld waren! Daß Sie Ihre Pflicht für Großbritannien getan haben!« Ihre Erregung war ungeheuerlich, entlud sich in einer ätzenden, emotionalen Flut, die den Abend verdarb und die Terrasse zu beklommenem Schweigen brachte. »Und die eigentliche Wahrheit, Nick Sandman, ist die, daß Sie ohne unsere Hilfe nicht einmal ein exzentrischer Rebell wären, weil Sie kein Boot haben. Und wenn Sie das haben, falls Sie es bekommen, werden Sie innerhalb von sechs Monaten pleite sein, weil Ihnen das Geld ausgeht, und Sie zu faul sind, sich etwas zu verdienen! Ist das die Wahrheit, die mein Film Ihrer Meinung nach erzählen sollte?«

Ein sehr peinlich berührter Bannister tauchte neben ihr auf. »Angela?«

Sie schüttelte ihn ab. In ihren Augen standen Tränen, Tränen der Wut. »Ich versuche, Ihnen zu helfen!« Sie zischte mir die Worte entgegen.

»Guten Abend«, sagte ich zu Bannister.

»Nick, bitte.« Er war ebenso verlegen wie seine Gäste.

»Guten Abend«, wiederholte ich und entfernte mich dann von den beiden. Die Gäste wandten sich in der plumpen Vortäuschung ab, es sei gar nichts passiert. Ich sah, daß Jill-Beth Kirov gekommen war, aber sie wandte sich abrupt von mir ab. Alle Welt war verlegen und vermied es, mich anzusehen. Der Abend, der so erfolgreich begonnen hatte, war plötzlich verdorben, und ich stand im Mittelpunkt des allgemeinen Unbehagens.

Da schob sich Melissa durch die Menge. »Nick, Darling! Ich dachte, du würdest mit mir tanzen?«

»Ich gehe«, sagte ich ruhig.

»Sei doch kein so verdammter Idiot.« Sie sagte es ebenso ruhig und wandte sich dann an die Rockgruppe. »Ihr werdet dafür bezahlt, Geräusche zu machen und nicht dafür, hier herumzustehen und Löcher in die Luft zu starren. Also klimpert gefälligst was!«

Ein Hauch von Normalität kehrte auf die Terrasse zurück. Melissa und ich tanzten, und ich versuchte, mein Hinken rhythmisch zu kaschieren. Ich war wütend. Angela war verschwunden und hatte Bannister seiner Schauspielerin überlassen. Auf der Terrasse machte das Gerücht flüsternd die Runde, daß Angela unter akuter Arbeitsüberlastung litt. Ich zwang mich zum Tanzen, wurde der Würdelosigkeit jedoch durch einen unerwarteten Zusammenbruch meines rechten Beines enthoben. Fast verzweifelt klammerte ich mich an den Flaggenmast.

»Bist du betrunken?« erkundigte sich Melissa amüsiert.

»Mein Bein ist immer noch im Arsch.«

»Wir werden uns setzen.« Sie nahm meinen Arm und steuerte mich zum Rand der Terrasse, wo sie sich eine Zigarette anzündete. »Ich muß zugeben, daß dieses entsetzliche Mädchen recht hatte. Du bist schwanzwedelnd und mit feuchter Nase zu den Falklands gefahren. Du warst schrecklich blutrünstig.«

»Ich wurde dafür bezahlt, blutrünstig zu sein, erinnerst du dich?« Ich massierte mir mein rechtes Knie, um wieder Gefühl hineinzubekommen.

Melissa beobachtete mich. »Armer Nick. War es ein schrecklicher kleiner Krieg?«

»Nicht schrecklich, nur unfair. Als würde man gegen eine Blindenschule Fußball spielen.«

»Es war schrecklich, das weiß ich. Armer Nick. Und ich war scheußlich zu dir. Ich dachte, dein Bein wäre geheilt?«

»Ist es auch, meistens jedenfalls.« Aber jetzt nicht. Mein Rücken brannte wie Feuer, und mein Bein schien überhaupt keine Nerven mehr zu haben. Die alte Panik kam hoch, die Angst, nie wieder funktionsfähig zu sein. Ich wußte, daß ich nie wieder ganz fit sein würde. Nie wieder würde ich mit einem schweren Rucksack bergauf laufen oder beim Cricket am Mal stehen und einen Ball gekonnt durch die

Deckung schlagen. Aber ich wollte wieder funktionsfähig sein, wollte ein Bein, das mich fest auf einem stampfenden Vordeck hielt, während ich ein Stagsegel wechselte. Das schien nicht zuviel verlangt, und tageweise auch durchaus möglich, bis – ganz plötzlich und unerwartet wie jetzt – das verdammte Knie unter mir nachgab und der Schmerz mir die Tränen in die Augen trieb.

Melissa stieß eine Rauchwolke aus. »Weißt du, was dein Problem ist, Nick?«

»Eine argentinische Kugel.«

»Das ist ein Selbstmitleid, das nicht zu dir paßt. Nein, Nick, dein Problem besteht darin, daß du dich in die falschen Frauen verliebst.«

Ich war so verblüfft, daß ich mein Knie vergaß. »Das stimmt nicht!« protestierte ich.

»Natürlich stimmt es. Du warst einmal sehr verknallt in mich, und jetzt bist du es in dieses gemeine, kleine Fernsehflittchen, das dich gerade fertiggemacht hat.«

»Das ist ja absurd!«

Melissa lachte über meinen Gesichtsausdruck. »Ich habe gesehen, wie du sie angehimmelt hast, bevor sie in die Luft ging. Du verliebst dich immer rettungslos in blasse Blonde. Aber das ist extrem unvernünftig von dir, weil die nie so hilflos sind, wie du glaubst.«

»Angela ist nicht hilflos.«

»Aber sie sieht so aus, und das ist es, was dich anmacht. Ich kenne dich, Nick. Du solltest dich für irgendein stämmiges Mädchen mit Mordshüften entscheiden. Du würdest damit wesentlich glücklicher werden.«

»In eine wie die da?« fragte ich ziemlich ungalant,

weil Melissas Beschreibung kaum auf Jill-Beth paßte. Das amerikanische Mädchen tanzte mit Fanny Mulder und wirkte zu meinem Verdruß höchst glücklich in seinen Armen.

Melissa sah zu, bis Jill-Beth und Mulder inmitten anderer Paare verschwunden waren. »Sie würde gehen«, sagte sie schließlich. »Bis auf die Tatsache, daß du Frauen bevorzugst, die wie verletzte Vögel aussehen.« Sie seufzte. »Die Begierde ist so schrecklich unbequem, nicht? Weißt du noch, wie wir uns kennengelernt haben? Du warst mit Waffen förmlich behängt und in Tarnfarben gehüllt. Du hast umwerfend ausgesehen, so ganz anders als die Männer, die sich immer nur Sorgen um Hypotheken machen.« Wir hatten uns auf der ›Bath and West Show‹ kennengelernt, wo mein Regiment aufgetreten war. Melissas Vater, ein Brigadekommandeur a. D., hatte darauf bestanden, den Offizieren einen Drink in seinem Zelt zu spendieren, und ich war von Melissa hingerissen. Jetzt zuckte sie mit den Schultern. »Ich kann die Begierde nicht begreifen. Vielleicht schafft es der Bischof.« Sie deutete mit der Zigarette auf den Bischof, der im klerikalen Purpur mit einem Mädchen tanzte, das außer einem münzengeschmückten Fischernetz nichts anzuhaben schien. »Weißt du, daß er mich betatscht hat?«

»Der Bischof?«

»Es war ein eindeutiges und kirchliches Fummeln. Möchtest du wieder tanzen?«

»Ich glaube nicht, daß ich es kann. Mein Rücken schmerzt.«

»Solange es nicht dein Stolz ist ... Du hättest sie in ihr albernes Gesicht schlagen sollen.«

»Ich schlage keine Frauen.«

»Bist ein guter alter Chauvi, Nick.« Sie küßte mich. »Nimmst du es mir übel, wenn ich mich davonmache?«

Melissa hatte nach Angelas Angriff meinen Stolz wiederhergestellt. Dafür war ich ihr dankbar, fühlte mich aber dennoch scheußlich unbehaglich. Jill-Beth, in einem schlichten Hemd und weißen Hosen, ignorierte mich, zog Mulders Gesellschaft vor, während mich die anderen Gäste behandelten, als hätte ich Pocken oder die Pest. Ganz eindeutig war es nicht mein Abend. Ich sah, daß Matthews Kameramann seine Gerätschaften für die Ankündigung zusammensuchte, und da ich keineswegs die Absicht hatte, mir die anzuhören, stand ich schnell auf und ging zur Gartentreppe. Ich hielt mein Bein steif, damit das Knie nicht nachgeben konnte.

Als ich die letzten Stufen hinunterhinkte, kamen Mulder und Jill-Beth Arm in Arm zur Balustrade der Terrasse. Dort standen sie eng aneinandergelehnt, steckten die Köpfe zusammen, und das Lachen des amerikanischen Mädchens traf mich wie ein Pfeil der Eifersucht. Ich humpelte über den weiten Rasen dahin, wo sich die Lichter im dunklen Wasser spiegelten. Als ich das Deck der *Sycorax* betrat, zuckte ich vor Schmerz zusammen, dann noch einmal, als ich mich im Cockpit zwischen die angehäuften Schätze kauerte, die bald in den Spinden der Kabine verschwinden würden. Ich konnte das Leinöl der Spieren riechen, die auf Böcken am Flußufer ruhten, und den Teerlack, den ich in die Bilgen geschmiert hatte.

Lange Zeit saß ich so da, während der Schmerz langsam verebbte. Das Mondlicht leuchtete fast hell über den schwarzen Bäumen, die das Ufer säumten. Die Römer hatten diesen Fluß gesehen, und sie müssen in die dunklen, tiefen Wälder gestarrt und sich gefragt haben, welch seltsame, ungeschlachte Wesen sich da wie Gespenster durch das Unterholz bewegten. Die Gegend muß ihnen unheimlich und abweisend erschienen sein, und ich fragte mich, ob hier ein römischer Offizier verwundet worden war und dann nach Rom zurückging, wo er sich in ein dunkelhaariges Mädchen verliebte, das einem behaarten phönizischen Kapitän den Vorzug gab. Verdammt sollte Jill-Beth sein, verdammt Mulder, und verdammt auch die Tatsache, daß ich bei dieser hohen Flut nicht die Leinen losmachen und mit der *Sycorax* auf See hinausfahren konnte. Ich streckte mein rechtes Bein und drückte meinen Fuß gegen das Brückendeck – hart genug, um einen stechenden Schmerz in meine Hüfte hinaufschießen zu lassen. Ich drückte weiter, begrüßte den Schmerz als Beweis dafür, daß das Bein wieder in Ordnung kommen würde. Ich drückte so lange, bis ich kalte Tränen auf meinen Wangen spürte.

Beifall klang von Bannisters Haus auf, und ich wußte, daß er jetzt seine Teilnahme am diesjährigen Rennen um die St. Pierre bekanntgab. Ich öffnete ein Bier und trank langsam. Bannister konnte ohne mich segeln. Ich wollte, daß das Segeln eine Laune war, nur von Wind und Wasser diktiert. Ich wollte durch eine mit sich selbst vollauf beschäftigte Welt treiben – befreit von Steuern und Rechnungen, den lauten Stimmen der Politiker und Wichtigtuer. Vielleicht hatte Medusa recht, vielleicht war ich ein Tagedieb und vielleicht auch zu dumm, mir einen ordentlichen Lebensunterhalt zu verdienen, aber – gottverdammt noch mal! –, ich war kein Bestandteil des Fernsehsumpfes.

Ich trank noch ein Bier. Silbergeränderte Wolken ballten sich über Dartmouth zu luftigen und phantastischen Zinnen zusammen, die höher und höher kletterten, als die Seewinde von den Hängen über dem Tamar angehoben wurden. Ich entschied, das Boot mit meinen letzten Ersparnissen aufzutakeln und ohne einen Pfennig nach Süden zu segeln – nur um Bannister und Angela zu entkommen. Ich würde mein rechtes Bein festschnallen, jede Menge Schmerztabletten bunkern und verschwinden.

Jill-Beth Kirovs Stimme störte mich aus meinen trüben Gedanken auf. Ich hob den Kopf über das Süll des Cockpits und sah sie an Fanny Mulders Arm über den Rasen laufen. »Ich werde überhaupt nichts erkennen können«, hörte ich sie sagen.

»Sie werden ganz phantastisch sehen können, Mädchen.«

Sie blieb an der Flußmauer stehen und sah auf die *Wildtrack*. »Sie ist so schön!«

Mulder zog ein Schlauchboot an die Gartenstufen. Jill-Beth lachte, während sie in das kleine Boot kletterte, und ich spürte einen Stich der Eifersucht. Sie hatte Mulder mir vorgezogen, jedem anderen Mann auf der Party, was das anbetraf, und mein Stolz war verletzt. Eine dämliche Sache, der Stolz. Er hat mich einmal auf einer Insel im Atlantik einen Hügel hinaufgetrieben, um mit einer Kugel belohnt zu werden.

Erneut hörte ich Jill-Beths leises Lachen, als Mulder das Schlauchboot die wenigen Schläge zur *Wildtrack* ruderte. Er half Jill-Beth auf das lange, schnittige Deck und bot ihr dann eine komplette Sightseeingtour über das Boot. Er schaltete die Deckbeleuchtung ein, die unter den unteren Spreizen installiert war, und ihr helles Licht zeigte mir Jill-

Beths dunkles Haar, ihr energisches Kinn und die leuchtenden, erregten Augen. Ich verhielt mich still, ein Schatten im Schatten, und beobachtete.

Sie standen im hinteren Cockpit, und ich konnte jedes ihrer Worte verstehen, weil Wasser Töne so klar trägt wie Glas das Licht. Und plötzlich, ganz plötzlich, vergaß ich mein Elend, weil Jill-Beth Mulder aufforderte, die Geschichte von Nadeschna Bannisters Tod zu erzählen. »Ich war nach vorn gegangen, sehen Sie«, Mulder deutete zum Mast. »Der Stropp hatte sich gelockert.«

»Und Mrs. Bannister ist hiergeblieben?« erkundigte sich Jill-Beth.

»Bei schwerer See war sie gern hinten, und das Meer war einfach scheußlich. Aber wiederum auch nichts, was wir nicht schon mal erlebt hätten. Dann kam eine Sturzflut von hinten. Sie ist einfach verschwunden.«

Jill-Beth drehte sich um und betrachtete die Ansammlung von Rettungsringen und Bojen, die das Heck der *Wildtrack* zierten. »Trug sie keinen Sicherungsgurt?«

»Vielleicht hatte sie ihn für einen Moment gelöst. Woher sollte ich das wissen? Vielleicht wollte sie nach vorn? Oder vielleicht hat er sich auch verbogen. Ich habe schon erlebt, daß sich Karabinerhaken in einer Bö absolut geradegebogen haben. Und es war eine wahnsinnige Nacht«, sagte Mulder. »Anfangs habe ich gar nicht mitbekommen, daß sie nicht mehr da war, wissen Sie. Ich war mit dem Stropp beschäftigt, und dann war da überall Wasser und das Boot bockte wie ein durchgedrehter Preßlufthammer. Es muß mich an die fünf Minuten gekostet haben, bis ich wieder am Steuer war.«

Jill-Beth starrte zum Masttop empor, wo die Lichterketten hell über den Flutlichtern standen. »Armes Mädchen.«

»Ja.« Mulder zog die Luke der hinteren Kabine auf. »Einen Drink?«

Spürte ich ein Zögern bei Jill-Beth? Ich flehte förmlich darum, daß sie ablehnte. Ich wollte nicht mitansehen, wie sie in die hintere Kabine mit ihrer breiten Doppelkoje ging. Sie sagte nein. »Ich muß morgen früh raus, Fanny. Aber vielen Dank.«

»Ich dachte, Sie wären interessiert.« Er klang verletzt. »Ich meine, ich habe noch immer das Logbuch dieser Nacht hier unten, wenn Sie es sehen möchten.«

Sie zögerte, aber dann überwog ihr Interesse an Nadeschna Bannisters Tod. »Sicher.«

Es war wie jener Moment, in dem während einer absoluten Stille der erste Hauch eines verhängnisvollen Sturmes das Wasser kräuselt. In den letzten Wochen, in denen ich mich mit der Wiederherstellung der *Sycorax* beschäftigt hatte, waren die Geschichten um Nadeschna Bannisters Tod von mir völlig verdrängt worden. Aber andere Menschen hatten sie keineswegs vergessen. Harry Abbott hatte versucht, mich von diesen Gerüchten abzubringen, aber hier war ein amerikanisches Mädchen, das die gefährlichen Vermutungen wieder hochbrachte. Und der Vater Nadeschnas war ebenfalls Amerikaner. Es war ein kühler Wind, der meine Stille störte. Ich erschauerte.

Die Decklichter der *Wildtrack* waren gelöscht, nur die Kabinenbeleuchtung schimmerte durch die engen Luken, bis Gardinen vor die Scheiben gezogen wurden.

Ich dachte über das nach, was ich gehört hatte. Es

paßte zu den Zeugenaussagen im Untersuchungsbericht und ergab einen Sinn. Ein Sicherungsgurt hätte Nadeschna Bannisters Leben gerettet, aber Sicherungsgurte sind keineswegs unfehlbar. Ein solcher Gurt umschließt den Oberkörper und endet in einer langen Leine. Am Ende dieser Leine befindet sich ein stählerner Karabinerhaken, der an einem Jochstock oder D-Ring befestigt werden kann. Ich hatte erlebt, daß sich Karabinerhaken öffneten, weil sie ganz einfach verzerrt worden waren. Ich hatte auch schon gesehen, daß sie aufgebogen worden waren. Karabinerhaken werden zwar aus solidem Stahl geschmiedet, aber Wasser ist stärker als Stahl, besonders wenn es in Form einer Sturzflut daherkommt. Ich stellte mir vor, wie eine heftige Dünung die *Wildtrack* von hinten angehoben und vorwärts geschoben hatte, um sie dann wie einen defekten Fahrstuhl in das nächste Wellental stürzen zu lassen. Die folgende Woge hatte dann den Wind aus den Segeln genommen, es war ein Moment unnatürlicher Ruhe eingetreten und dann hatte Nadeschna Bannister das furchtbare Brüllen gehört, mit dem die riesige Zunge des hereinbrechenden Todes über das Heck stürzte. Vielleicht hatte sie aufgeblickt und ihren kommenden Tod erschreckend hoch und weiß im Dunkel der Nacht über sich gesehen. Vielleicht hatte sie den Sicherungsgurt tatsächlich für einen Augenblick gelöst. Dann hätte sie geschrien. Aber das wäre zu spät gewesen, weil die Tonnen eiskalten Wassers bereits über dem Boot zusammengeschlagen sein müssen, um das Cockpit in einem Mahlstrom von Gischt und berserkerhafter Wucht zu verwandeln.

Die *Wildtrack* hatte sicher schwankend den Bug gehoben, während das Heck nach unten gepreßt worden war. Aber ein gutes Boot übersteht eine Sturzflut. Die *Wildtrack* war wieder nach oben gezittert und hatte das Wasser ablaufen lassen. Doch zu dem Zeitpunkt war Nadeschna Bannister bereits gut hundert Meter hinter dem Schiff gewesen, hatte hilflos in der wahnwitzigen, aufgewühlten Dunkelheit getrieben. Der Wind hatte in der Takelage geheult, die Decks hatten gebrodelt, und ihre Schreie waren im Toben von Gischt, Wind und dem Knattern der Segel verlorengegangen.

Oder sie war von Deck gestoßen worden. Aber dann wären ihre Schreie in der dunklen Nacht ebenfalls verloren gewesen.

Und in diesem Moment schrie Jill-Beth in der hinteren Kabine der *Wildtrack* auf.

Das Schreien war mehr ein Winseln, und es brach schnell ab. Ganz so, als hätte sich eine Hand über ihren Mund gelegt. Ich glaubte, Panik in dem Schrei zu hören, aber die Musik auf der Terrasse war viel zu laut, als daß jemand anderes außer mir den erstickten Laut hätte mitbekommen können.

Ich nahm eine volle Bierflasche und schleuderte sie durch die Luft. Die *Wildtrack* lag in Wurfentfernung, und die Flasche schlug mit befriedigendem Krach auf das Dach ihrer Hauptkabine. Die zweite prallte an einem Geländer ab und zerschlug ein Kabinenfenster, die dritte ging fehl, aber die vierte Flasche landete am metallenen Großmast und ließ einen Schauer von Glasscherben und Schaum auf das Deck niedergehen.

Die Tür der hinteren Kabine öffnete sich und Jill-Beth kam heraus wie ein Hund, der einer Falle entspringt. Sie zögerte keine Sekunde, sondern kletterte über die Reling und sprang in den Fluß. Mulder kam mit einem Wutschrei aus der Kabine gestürzt, als ich gerade die fünfte Bierflasche schleuderte. Sie traf ihn direkt an der Stirn und warf ihn nach hinten. Ich sah ihn nicht mehr, aber er schrie vor Schmerz oder Wut laut auf. Ich hatte die Flasche kräftig genug geworfen, um ihm damit den Schädel zu zertrümmern, aber er wirkte nahezu unversehrt, als er Sekunden später mit einem Gewehr in den Händen wieder auftauchte. Er zielte auf das Cockpit der *Sycorax.*

Ich ließ mich fallen.

Er schoß. Aus beiden Läufen.

Die Schüsse dröhnten über das Wasser, und ich sah das grelle Leuchten des Mündungsfeuers den Himmel über mir erhellen. Die Kugeln landeten im Gesträuch oberhalb meines Liegeplatzes. Ich lauschte auf die Schwimmstöße von Jill-Beth, konnte aber nur das scharfe Klicken hören, mit dem Mulder die Waffe nachlud.

Ich kroch durch das Durcheinander an Gerätschaften, die das Cockpit überfüllten. Jimmy Nicholls' und meine Beute von den Bootsauktionen lagen in unseemännischer Unordnung herum. Ich fluchte, fand dann aber doch das, was ich gesucht hatte. Ich hörte, wie die Patronen in Mulders Waffe geschoben wurden und dann das scharfe Geräusch, mit dem der Verschluß bedient wurde.

Im Zweifelsfall, pflegte ein alter Ausbilder von mir stets zu sagen, räuchert die Hunde aus. Ich hatte ein paar alte Rauchbomben gekauft und hoffte nun, daß sie auch noch funktionsfähig waren, während ich am Ring der ersten zog. Ich zählte, als wäre sie eine Granate, und sprang dann aus meinem Schlupfwinkel.

Es dauerte eine Weile, bis sich die treibende Rauchbombe mit Wasser gefüllt hatte, dann nahm ich den beißenden Geruch wahr und hob den Kopf, um das Wirbeln des orangefarbenen Rauchs über der Wasseroberfläche hochkommen zu sehen. Der geisterhafte Qualm breitete sich aus und verbarg den Schiffskörper der *Wildtrack.* Die Ebbe hatte gerade eingesetzt, und die Dose trieb flußabwärts, aber der Wind vom Meer trug die Rauchschwaden angenehmerweise wieder zu Mulder zurück. Ich verstärkte sie mit einer zweiten Rauchbombe und beugte mich über die Reling der *Sycorax*, um nach Jill-Beth Ausschau zu halten. Ich hörte Leute von der Terrasse her rufen. Ich warf noch ein Geschoß, um Mulder weiterhin die Sicht zu nehmen, und die Rauchbombe landete nur knapp einen Meter neben dem glänzenden schwarzen Kopf, der plötzlich im Fluß aufgetaucht war. »Miss Kirov?« rief ich höflich.

»Nick?«

Ich streckte die Hand nach ihr aus, und während ich es tat, ließ Mulder seinen nächsten Schuß los. Vielleicht hatte er eingesehen, daß eine Salve Gewehrfeuer ausreichte, und daß ihn mehr davon mit dem Gesetz in Konflikt bringen konnte, jedenfalls feuerte er jetzt ein Leuchtsignal in Richtung der *Sycorax* ab. Das Leuchtsignal hatte einen Raketenantrieb und war dazu bestimmt, hoch in die Luft zu steigen, um dort ein grellrotes Licht freizugeben, das an einem Fallschirm herabhing. Ich hörte das Geschoß dicht über mich hinwegzischen. Es schlug in die Mauerkappe des Liegeplatzes und sprang wieder hoch in die Nacht, Rauch und Funken hinter sich herziehend. Eine zweite Rakete folgte aus der Masse orangefarbenen Rauchs. Jede von ihnen hätte tödlich sein können, wenn sie meinen Kopf getroffen hätte, aber sie flogen beide zu hoch.

Jill-Beths Finger hatten meine Hand ergriffen, und ich zog sie tropfnaß aus dem Wasser. Das wurde durch den Abschuß einer dritten Leuchtrakete beschleunigt, die in weitem Bogen über uns hinwegsauste. Die erste war in den Bäumen über dem Bootshaus explodiert, und das schimmernde Leuchten des roten Lichtes ließ den Wald so wirken, als habe er Feuer gefangen. Ich schleuderte meine letzte Rauchbombe gegen die *Wildtrack* und suchte im Chaos des Cockpits nach meinen eigenen Leuchtraketen. Jill-Beth keuchte. Ihr teures Seidenhemd und die weißen Hosen waren klatschnaß und schmutzig. »Klettern Sie auf die Mauer«, sagte ich, »und laufen Sie so schnell Sie können zum Haus.« Inzwischen kamen Leute über den Rasen gelaufen. Sie riefen irgend etwas. Ich hoffte, daß ihre Ankunft Mulder zur Vernunft bringen würde. Ich fand eine Leuchtkugel und zielte mit ihr auf das größere Boot.

»Nein!« schrie Jill-Beth heftig. »Hier kann ich nicht bleiben! Bringen Sie mich um Himmelswillen hier weg! Haben Sie ein Dingi?«

»Ja.«

»Kommen Sie, Nick! Machen wir, daß wir fortkommen!«

Ich ließ von der Leuchtrakete ab, und wir kletterten über das Heck in mein Beiboot. Ich hatte noch soviel Geistesgegenwart, einen Campingsack mit Ersatzkleidung hineinzuwerfen. Dann riß ich die Fangleine los. Jill-Beth schob uns von der *Sycorax* ab, und wir trieben mit der Flut auf die Bäume hinter dem Einschnitt zum Bootshaus zu. Jill-Beth stakte uns mit einem Ruder, und wir erreichten den Schutz der herabhängenden Äste in dem Moment, als die ersten Gäste am Ufer ankamen und ängstlich auf den wabernden, orangefarbenen Rauch starrten, der eigentlich dazu bestimmt ist, einem Suchhubschrauber einen Notfall auf See kenntlich zu machen. Die Wolke hüllte die *Wildtrack* bis zu ihren grellen Lichterketten hinauf ein, und dieser Anblick wurde vom hellen Licht der brennenden Leuchtraketen noch spektakulärer gemacht.

»Der Rauch war höchst gescheit von Ihnen«, sagte Jill-Beth. »Tut mir leid, Nick.«

»Ich glaube, ich verstehe nicht . . .«

»Ist schon gut. Pst!« Sie legte warnend einen Finger an die Lippen und deutete dann hinter mich, als wolle sie sagen, wir könnten von den Leuten gehört werden, die inzwischen das Flußufer bevölkerten. Ich machte den Außenborder des Dingis klar, einen alten, kleinen British Seagull, den ich zu einem lächerlichen Preis auf einer der Bootsauktionen erstanden hatte.

»Fanny!« Das war Bannisters wütende Stimme. »Was zum Teufel machst du da eigentlich?«

»Ein bißchen Feuerwerk, Sir!« Fanny mußte eingesehen haben, daß er überreagiert hatte, und erwies sich nun als schlau genug, eine Erklärung zu finden, die zur Stimmung des Abends paßte. »Ich brauche alte Leuchtraketen auf, Sir.«

»Ich habe einen Schuß gehört.« Die Stimme des Ehrenwerten John.

»Ein Notsignal«, erklärte Mulders Stimme aus dem dichten Rauch.

»Wie ungeheuer aufregend.« Melissas Stimme.

»Kein Grund zur Aufregung.« Das war wieder Bannisters Stimme, der offenbar schon an mögliche Schlagzeilen dachte. Er wußte, daß es nicht gestattet war, Leuchtkugeln ohne Grund abzufeuern. »Bist du betrunken, Fanny?«

»Vielleicht ein wenig, Sir.«

»Ich werde rudern«, flüsterte mir Jill-Beth zu. Sie bewegte das Boot am Ufer entlang, hielt es sorgsam im Schutz der Bäume. »Dieser Hund wollte mich umbringen«, flüsterte sie weiter.

»Ich hatte angenommen, er wollte Sie vergewaltigen.«

»Das war nur der Auftakt. Funktioniert der Motor?«

»Wenn nicht, hat man mich um zehn Pfund betrogen.« Seagulls mögen vielleicht nicht auf Anhieb kommen, aber sie funktionieren, bei Gott! Ich zog, und der alte Motor hustete und spuckte. Das Geräusch brachte uns den Strahl einer Taschenlampe bedenklich nahe, aber wir waren von den herabhängenden Ästen gut verdeckt. Zweige schlugen uns ins Gesicht, während ich Gas gab, und ich hörte Jill-Beth kichern. Offenbar war das eine Reaktion auf die letzten Ereignisse. »Im Sack sind trockene Sachen«, sagte ich.

»Sie sind ein Genie, Nick.«

Ich wartete ab, bis Sansom's Point hinter uns lag, bevor ich den Schutz der Bäume verließ. Inzwischen waren wir von Bannisters Haus aus nicht mehr zu sehen, und ich steuerte das Boot auf die Hauptfahrrinne zu und gab Vollgas. Seagulls mögen funktionieren, aber sie sind nicht sehr schnell, und wir bewegten uns nicht schneller als ein Leichenwagen, als wir die schwarzen Schatten unter den Bäumen verließen und auf den mondbeschienenen Fluß hinausfuhren. Dort stellte ich fest, daß ich das Boot mit einem sehr nassen, sehr braunen und total nackten Mädchen teilte, das sich mit einem meiner Ersatzpullover warm- und trockenrieb. Sie schien nicht die Spur verlegen, und ich hatte Zeit zu der Feststellung, daß sie überall gebräunt war und wie attraktiv dieses Überall war, bevor ich höflich zur Seite blickte. »Haben Sie den Anblick genossen?« fragte sie.

»Außerordentlich.«

Sie zog den Pullover und ein Paar schmutzige Jeans von mir an, die sie bis zu den Waden aufrollte. Sie ordnete ihre nassen Haare und sah dann flußaufwärts. »Wohin fahren wir?«

»Zu Jimmy Nicholls' Cottage. Kennen Sie Jimmy?«

»Ich habe ihn kennengelernt.« Die Lichter des Dorfes schimmerten hell steuerbords, während drei Kilometer weiter die Lichter der Stadt auf dem Wasser zitterten. Dahinter lag das Meer. Jimmys Cottage befand sich kurz vor der Stadt.

Jill-Beth wühlte im Campingsack. »Haben Sie irgendwas für die Füße dabei?«

»Tut mir leid, keine Schuhe.«

Sie sah zu mir auf und lächelte. »Vielen Dank für die Rettung.«

»Dafür sind wir weißen Ritter da«, erwiderte ich.

Das war der Zeitpunkt, an dem der Drachen grollend Feuer spie – besser gesagt, an dem ich das heisere Dröhnen großer Motoren hörte und wußte, daß es zu spät war, Jimmys Haus erreichen zu wollen. Ich zog den Hebel des Außenborders heftig zu mir heran und hoffte inständig, daß der spuckende kleine Zweitakter in der Lage war, die glänzenden Monster-Motoren der *Wildtrack II* hinter sich zu lassen. Ich hatte die Bedrohung durch das große Motorboot vergessen.

Jill-Beth drehte sich um, als das Motorengeräusch

die stille Nacht durchschnitt. Sie wußte sofort, was das zu bedeuten hatte. »Dieser Hund gibt wohl nie auf, was?«

»Ein Charakterzug der Buren.« Ich steuerte auf das dunklere Westufer zu, wo uns überhängende Bäume unter Umständen Sichtschutz gewähren konnten. Ich blickte zurück. Dorthin, wo die ersterbenden Leuchtraketen Sansom's Point noch immer zum Scherenschnitt machten. Sie beleuchteten auch die sich auflösenden Reste meines Rauchschirms, aber ich konnte noch kein Anzeichen des großen Motorbootes erblicken.

Jill-Beth schien plötzlich verängstigt. »Er weiß, warum ich hier bin«, sagte sie erstaunt.

Ich nahm an, daß ich ebenfalls wußte, weshalb sie hier war, aber es war nicht gerade der beste Zeitpunkt für Erklärungen, weil unerwartet ein Strahl blendendweißen Lichtes den Fluß absuchte. Mulder – falls er auf der *Wildtrack II* war – hatte die Suchscheinwerfer des Bootes eingeschaltet. Er lag noch immer hinter Sansom's Point, und das Licht hatte uns nicht erreicht, aber ich wußte, es konnte nur noch Sekunden dauern, bis das Rennboot in unseren Bereich des Flusses kam.

»Nun komm schon, du Hund!« redete ich dem Außenbordmotor gut zu.

»Guter Gott!« Jill-Beth duckte sich, als der scharfgeschnittene Bug der *Wildtrack II* raketenschnell in Sicht kam. Auf dem Fluß gab es eine Geschwindigkeitsbeschränkung von sechs Knoten, aber er mußte bereits zwanzig draufhaben und beschleunigte weiter. Das war sein Fehler, denn die Beschleunigung hob seinen Bug, daher konnte er geradeaus kaum etwas erkennen. Sein Kielwasser breitete sich wie

Zwillingssträhnen mondbeschienener Seide hinter ihm aus.

»Kopf runter!« schrie ich. Jill-Beth duckte sich, und das Dingi kroch unter die Zweige. Ich schaltete den Motor aus, als der Bug des Dingis gegen ein Hindernis stieß. Die Suchscheinwerfer glitten hinter uns über das Wasser, während das Rennboot in die Hauptfahrrinne hineinkurvte. Inzwischen fuhr die *Wildtrack II* an die dreißig Knoten, und ihre Motoren hätten die Toten auf dem anderthalb Kilometer entfernten Dorffriedhof aufwecken können. Ich kletterte an Jill-Beth vorbei und machte das Fangseil des Bootes an einem niedrigen Ast fest. »Geben Sie mir Ihre nassen Hosen«, sagte ich.

Sie runzelte erstaunt die Brauen, tat es aber. Ich hängte die weißen Hosen über die Seite des Dingi, indem ich ein Hosenbein um das Dollbord schlang und das andere direkt ins Wasser hängen ließ. »Das verdeckt unsere Umrisse«, erklärte ich. »Er sucht nach einem Holzboot, und nicht nach etwas Weißbraunem.« Die hängenden Äste würden das ihre dazu tun, über unsere Bootsform hinwegzutäuschen, aber ich wußte auch, daß Mulders Suchscheinwerfer stark genug waren, um das Blattwerk durchdringen zu können. Ich hoffte inständig, daß der weiße Stoff ihn zu falschen Schlüssen bringen würde.

»Er stoppt.« Jill-Beth hatte sich zusammengekauert, und ihre Stimme war kaum mehr als ein Flüstern.

Das mächtige Motorboot verlangsamte die Fahrt, und ich hörte, wie das Motorengeräusch schwächer wurde, während sich der Bug senkte und der schimmernde Aluminiumrumpf in der Strömung zur Ruhe kam. Mulder hatte bis zu dem Punkt des Flusses beschleunigt, an dem er uns vermutete. Jetzt würde er mit der Suche beginnen. »Kopf runter!« Ich krümmte mich neben Jill-Beth auf dem Boden des Dingi zusammen.

Der Scheinwerfer glitt über uns hinweg, verschwand, kam wieder, verschwand erneut. Ich seufzte erleichtert auf. Die *Wildtrack II* tuckerte jetzt suchend über den Fluß. Im ersten Anlauf hatte uns Mulder nicht entdeckt. Aber er würde zurückkommen.

Jill-Beth zupfte an den Hosen, die ich über das Dollbord gehängt hatte. »Ein Soldatentrick?«

»Glauben Sie?«

»Sie sind doch nicht bei einem Autounfall verletzt worden, oder?«

»Sie sollten nicht soviel auf Party-Klatsch hören.«

»Klatsch?« Sie lachte leise, und ihr Gesicht war meinem so nahe, daß ich ihren Atem auf meiner Wange spüren konnte. »Sie sind Captain Nicholas Thomas Sandman, Träger des Victoria Cross. Ihre letzte Beurteilung vor dem Einsatz auf den Falklandinseln war ziemlich nichtssagend. Captain Sandman ist ein guter Offizier, hieß es da. Er hat sich in Nordirland gut geführt, scheint aber von den eher normalen Pflichten des Armeelebens frustriert zu sein. In kurzen Worten: Er ist nicht besonders ehrgeizig. Er verbringt zu viel Zeit auf seinem Boot. Ihre Untergebenen haben Sie gemocht, aber das war keine hinlängliche Motivation, Sie auf die Stabsakademie zu schicken. Im Grunde hätte man es sehr gern gehabt, wenn Sie das Regiment verlassen hätten, um einem jüngeren Draufgänger Platz zu machen, stimmt's? Man vertrat die Auffassung, Ihnen fehle jeder Antrieb, sich auszuzeichnen. Aber dann gab Ihnen irgend jemand einen wirklichen Feind, und Sie haben bewiesen, wie sehr sich alle irrten.«

Einen Moment lang sagte ich gar nichts. Das Wasser gurgelte um unseren zerbrechlichen Rumpf. Ich hatte mich ein wenig von Jill-Beth entfernt, um ihr Gesicht besser sehen zu können. »Wer sind Sie?«

»Jill-Beth Kirov, genau wie das Ballett.« Sie grinste, und ihre Zähne waren sehr weiß vor ihrer dunklen Haut. Ich hob vorsichtig den Kopf und sah, daß die *Wildtrack II* suchend am anderen Ufer entlangzog, konnte sogar Mulders Umrisse genau vor dem Blattwerk erkennen, auf das er seinen Scheinwerfer gerichtet hatte. »Wer sind Sie?« fragte ich noch einmal.

»Ich arbeite für einen Burschen namens Yassir Kassouli. Schon mal von ihm gehört?«

»Bannisters Schwiegervater.«

»Ex-Schwiegervater«, korrigierte sie mich und wurde plötzlich ganz steif, als der Scheinwerfer herumschwang und sein Licht direkt auf uns beide zu richten schien. Ich sah, daß sich die Weidenblätter über unseren Köpfen in eine Mischung aus Silbergrün und Pechschwarz verwandelte, als der Lichtstrahl auf die Zweige traf. »Guter Gott!« zischte Jill-Beth.

»Es ist alles in Ordnung.« Ich legte einen Arm um ihre Schulter, um ihren Kopf niedrig zu halten. Das Licht glitt weiter, erforschte einen anderen Schattenbereich, aber ich ließ meinen Arm dort, wo er war. Sie rührte sich nicht.

»Was machen Sie für Kassouli?« Ich flüsterte die Frage, als würde ich befürchten, daß Mulder uns über das Grollen seiner Motoren hören konnte.

»Nachforschungen.«

»Eine Privatdetektivin?« erkundigte ich mich verblüfft. Ich hatte angenommen, daß es Privatdetektive nur im Fernsehen gab, aber wie sonst hätte sie an die Einzelheiten meiner vertraulichen Armeeakte herankommen können?

»Versicherungsermittlerin«, verbesserte sie mich. »Ich arbeite für die Abteilung einer Versicherungsgesellschaft, die sich mit Zwischenfällen auf See befaßt. Die Versicherung gehört zum Kassouli-Imperium.«

»Was ermitteln Sie?«

»Himmel . . .« Sie zuckte mit den Schultern. »Was? Ich meine, wenn uns irgend so ein Typ erzählt, seine serienmäßig hergestellte Motorjacht im Wert von einer Million Dollar habe sich vor den Keys von Florida in ein U-Boot verwandelt, und nun wolle er von uns Ersatz, kann uns das schon stutzig machen, oder?«

Ich versuchte mir vorzustellen, wie sie mit Betrügern verhandelte, aber es gelang mir nicht. »Sie sehen gar nicht aus wie eine Ermittlerin.«

»Haben Sie mit dem Rosaroten Panther gerechnet? Scheiße, Nick! Natürlich sehe ich nicht aus wie ein Bulle! Himmel, wenn sie irgendeine Mieze im Bikini sehen, schreien sie nicht gleich nach ihrem Anwalt, stimmt's? Sie bieten mir einen Drink an, und dann erzählen sie mir Dinge, die sie einem Burschen mit einem Tonbandgerät nie erzählen würden.« Sie spähte flußaufwärts, aber Mulder war jetzt weitab vom Schuß.

»Und was genau untersuchen Sie hier?« fragte ich.

»Nadeschna Bannisters Leben war bei der Gesellschaft ihres Vaters mit einer Million Dollar versichert. Raten Sie mal, wer der Begünstigte ist.«

»Anthony Bannister?«

»Volltreffer, Soldat!« Sie lächelte. »Aber wenn Nadeschna Bannister ermordet wurde, brauchen wir nicht zu zahlen.«

Es war etwas Beängstigendes an der Ruhe und fast heiteren Gelassenheit, mit der sie von Mord gesprochen hatte; mich fröstelte, und ich nahm meinen Arm von ihrer Schulter. »Ist sie denn ermordet worden?«

»Genau das will ich beweisen.« Ihre Stimme klang erbittert, und mir wurde klar, daß sie bislang nicht viel Erfolg gehabt hatte.

»Und was machen Sie sonst?« wollte ich wissen.

Sie muß das Mißtrauen in meiner Stimme gehört haben, denn ihre Antwort war äußerst vorsichtig. »Sonst nichts.«

»Sie haben den Mast der *Wildtrack* nicht zerstört?« mutmaßte ich. »Und ihre Warpleinen nicht durchschnitten?«

»Großer Gott!« Sie klang, als wäre sie von mir angewidert. »Halten Sie mich denn für so blöd?«

Wenn nicht sie, wer dann? Aber ich glaubte ihrem energischen Widerspruch. Ich wollte einfach, daß dieses Mädchen aufrichtig und ehrlich war. »Entschuldigen Sie, daß ich Ihnen das unterstellt habe«, sagte ich.

»Himmel, Nick, ich würde liebend gern wissen, wer Bannister so nervt. Ich war es mit Sicherheit nicht. Pst!« Sie legte einen Finger an meine Lippen, da die *Wildtrack II* gedreht hatte, schneller wurde und das Scheinwerferlicht wieder in unsere Richtung schickte. Dann nahm Mulder erneut das Gas weg, und ich hob vorsichtig den Kopf. Ich sah, daß das mächtige Rennboot langsam das Westufer entlang kam. Die unkontrollierten Bewegungen des Lichtstrahls sagten viel über Mulders Verwirrung aus, aber es bestand noch immer die Möglichkeit, daß er uns entdeckte.

Jill-Beth drehte und wand sich, um es wenigstens

ein bißchen bequemer zu haben. »Wie lange will der Hund denn noch suchen?«

»Das weiß der Himmel.«

»Ich muß zur *Mystique* zurück. Ich habe alle meine Unterlagen in der Kabine gelassen.«

»Wir werden eben abwarten müssen.« Ich schwieg einen Moment lang. »Waren Sie heute abend aus diesem Grund mit Mulder zusammen? In der Hoffnung, er könnte unter Umständen etwas Belastendes sagen?«

»In etwa.« Sie grinste mich an. »Sie müssen mich für eine echte Schlampe gehalten haben, aber die Chance, mit ihm sprechen zu können, war einfach zu groß. Der Hund hat mich dann aber auflaufen lassen. Er wußte eben, warum ich da war.«

»Woher wußte er es?«

»Da bin ich überfragt.« Sie hob den Kopf, beobachtete kurz den Lichtstrahl und senkte ihn wieder. »Warum hat dieses Mädchen Sie eigentlich fertiggemacht?«

»Bannister wollte mich für das St. Pierre-Rennen als Navigator. Ich habe abgelehnt. Darüber hat sie sich erregt.«

Sie sah mich schweigend an. Vielleicht war sie erstaunt darüber, daß ich ein solches Angebot abgelehnt hatte. Dann zuckte sie mit den Schultern. »Es tut mir leid, daß ich Sie in das alles hineinziehe, Nick.«

»Das braucht Ihnen nicht leid zu tun. Ich möchte hineingezogen werden.«

In ihren großen Augen spiegelte sich das Dunkel der Nacht. Sie schwieg, und es gab nichts, was ich hätte sagen wollen; also beugte ich mich statt dessen vor und küßte sie auf den Mund.

Sie erwiderte den Kuß und lehnte ihren Kopf an meine Schulter. Wir blieben still. Ich hatte keine Ahnung, in welche Verwicklungen sie mich hineinzog. Ich wußte nur, daß ich ein Teil davon sein wollte. Ich spürte, wie eine Anspannung in mir nachließ.

Und dann unterhielten wir uns doch. Mulder suchte uns, aber wir kauerten im Dingi und sprachen miteinander. Sie erzählte, sie käme aus Rhode Island, lebe aber jetzt auf Cape Cod. Ihr Vater sei bei der US Navy. Ich sagte ihr, mein Vater wäre im Gefängnis, und in Bannisters Haus hätte ich meine Kindheit verbracht.

Sie erzählte mir, daß die *Mystique* schwer zu handhaben war, daß sie ihr eigenes Boot nicht aus Massachusetts herüberbringen wollte, um mit der Überfahrt keine kostbare Zeit zu verlieren. Ich fragte sie, ob sie ein großes Boot hätte, und sie sagte ja. Dann rümpfte sie höchst attraktiv die Nase und meinte, sie sei wohl ziemlich wohlhabend. Ich sagte ihr, ich sei ziemlich arm.

Sie meinte, die *Sycorax* sähe großartig aus. Ich stimmte zu. Und ich kam zu dem Schluß, daß mir das Schicksal dieses Mädchen auf meinen Fluß geschickt hatte. Es lachte schnell und bereitwillig, und ich hörte gern zu. Wir sprachen vom Segeln, und sie berichtete von einer schlimmen Nacht, die sie allein auf ihrem Boot westlich der Bermudas verbracht hatte. Ich kannte diese Riffe und bemitleidete sie. Sie war Watch-Captain auf einem der Boote gewesen, die 1979 bei der Fastnet Race vom Sturm überrascht worden waren, und ich lauschte begierig ihren Beschreibungen.

Wir unterhielten uns, waren fast blind gegenüber Mulders aufgeregter Suche, aber dann ging sein

Scheinwerfer plötzlich aus und das Geräusch seiner Motoren erstarb. Es hinterließ eine drohende Stille. Wir beide rappelten uns hoch, um über den Fluß zu starren, aber auf dem Wasser regte sich nichts bis auf die langsam ersterbende Bewegung durch das Kielwasser des Rennboots.

»Er hat aufgegeben«, hauchte Jill-Beth.

»Nein«, sagte ich.

»Er ist weg!« beharrte sie.

»Er möchte, daß wir denken, er sei weg.« Ich kletterte über die Ruderbank des Dingi, hangelte mich zur Startkordel des Außenborders und zog dann daran. Keuchend erwachte der Motor zum Leben und sein charakteristisches Geräusch hallte über den Fluß. Ich ließ den Außenborder fünf Sekunden lang laufen und drehte ihm den Benzinhahn dann wieder zu – genau in dem Moment, in dem der Scheinwerfer aus dem Hinterhalt heraus die Dunkelheit durchschnitt. Mulder hatte sich im Schatten verborgen gehalten, aber seine Schätzung, woher das Geräusch gekommen war, war hoffnungslos falsch gewesen. Ich lachte glucksend, daß ich ihn ausgetrickst hatte.

Jill-Beth war weniger erfreut. »Er ist ein sturer Hund.«

»Er wird notfalls die ganze Nacht lang warten.«

»Großer Gott! Verdammter Mist!« Ihre Verärgerung ließ sie heftig werden. »Ich brauche diese verdammten Unterlagen! Himmel!« Sie sah über den Fluß dorthin, wo die *Wildtrack II* das gegenüberliegende Ufer absuchte. Der Scheinwerfer huschte schnell und erfolglos durch das Gesträuch. »Was wäre, wenn ich zurückschwimmen würde?« fragte Jill-Beth plötzlich.

»Und wenn er Sie dabei entdeckt?« fragte ich zurück.

»Ich kann doch nicht einfach gar nichts tun!«

Schließlich half sie mir, das Boot zu verstecken. Wir füllten es mit Steinen und versenkten es in der Nähe des Ufers. Den Seagull verbargen wir unter Gras und Blättern. Dann machten wir uns in nördlicher Richtung auf den Weg. Es wäre zu gefährlich gewesen, sich nahe am Ufer zu halten, während Mulder immer noch krampfhaft nach uns suchte, daher schlängelten wir uns über die Wiesenhänge zur Ferry Lane hinauf. Ich überredete Jill-Beth dazu, meine Schuhe anzuziehen, um ihre nackten Füße vor Brennesseln und Dornen zu schützen. Es war eine beschwerliche Wanderung durch Hecken und über offene Felder, aber ich stellte fest, daß mein Knie nicht einmal nachgab und daß der Schmerz im Rükken angesichts unserer Dringlichkeit nachließ.

Diese Dringlichkeit bestand darin, Jill-Beths Unterlagen zu retten, die, wie sie sagte, Bannister nicht in die Hände fallen durften. Wir hatten vor, bis zur Fähren-Helling zu laufen, um von dort aus zur *Mystique* hinüberzuschwimmen. Falls Mulder bis dahin seine Suche aufgegeben und die *Wildtrack II* wieder ins Bootshaus gebracht hatte, würde Jill-Beth ihre Taue einholen und auf See hinaussegeln. Falls aber immer noch Gefahr bestand, würden wir lediglich die Unterlagen holen und dann wieder an Land schwimmen.

Aber alle unsere Pläne waren sinnlos, denn als wir oben an der Helling angekommen waren, sahen wir, daß Mulder uns zuvorgekommen war. Ein Dingi war neben der *Mystique* festgemacht, und zwei Männer, vermutlich von Mulders Crew, durchsuchten die Jacht. Ihre Taschenlampen flackerten über das Deck. Es lag noch immer ein Hauch orangefarbenen

Rauchs über den Anlegestellen. Das Leuchten in den Wäldern war jedoch fast verglommen.

Jill-Beth fluchte erneut.

»Wie wichtig waren die Unterlagen?« fragte ich.

»Es steht nichts darin, was er nicht bereits wüßte«, erwiderte sie. »Aber sie werden ihm sagen, wieviel ich weiß.«

»Sollen wir die Polizei rufen?« fragte ich. »Ich meine, sie haben schließlich kein Recht, das Boot zu durchsuchen.«

»Nun mach mal 'nen Punkt, Nick«, rügte sie mich. »Wie lange würden wir wohl brauchen, um an ein Telefon zu kommen? Und wie lange, bis die verdammte Polizei dann endlich da ist? Bis dahin weiß Bannister längst, was er wissen will.« Sie starrte auf die sich bewegenden Schatten auf der *Mystique* und zuckte dann resignierend mit den Schultern. »Man kriegt die Zahnpasta nun mal nicht zurück in die Tube, also lohnt sich nicht einmal der Versuch.«

Sie fröstelte, und ich legte den Arm um sie. Sie machte sich eine Sekunde lang steif, lehnte sich dann aber an mich. »Himmel«, stellte sie fest, »du bist schon ein sehr unpraktischer Mann, Nick Sandman.«

»Und ich dachte, ich wäre heute abend für dich sehr praktisch gewesen.«

»Das meine ich nicht.« Sie schwieg, weil die *Wildtrack II* vor Sansom's Point aufgetaucht war. Ich nahm an, Mulder würde das große Motorboot hinauf in die Bucht bringen, aber statt dessen beschleunigte er das Fahrzeug, beschrieb inmitten von mondlichtübergossenen Gischtstrudeln einen Halbkreis und fuhr wieder flußabwärts.

»Ich habe gemeint«, sagte Jill-Beth leise, »daß es

höchst unpraktisch ist, sich während der Arbeit an einem Fall emotional zu verstricken.«

»Bist du denn emotional verstrickt?«

Sie beantwortete die Frage nicht, und ich drängte sie nicht dazu. Statt dessen kauerten wir uns in den tiefen Schatten am Kopf der Helling und sahen hinüber zu den strahlenden Lichtern auf Bannisters Terrasse, von der Musik und Gelächter herübergeweht kamen. Für die Partygäste waren die Aufregungen des Abends vorüber, aber auf dem dunklen Fluß lief noch immer ein böses Katz-und-Maus-Spiel ab. Solange Mulder den Fluß blokkierte, konnte Jill-Beth nicht aufs Meer entkommen. Und der Südafrikaner ließ nicht erkennen, daß er bereit war, die Jagd aufzugeben.

»Ich bin hier am Ende«, stellte Jill-Beth schließlich fest. »Ich nehme an, ich habe die Sache gründlich verpatzt, stimmt's?«

»Ich kann nicht sehen, wie du deine Beweise zurückbekommen solltest«, sagte ich in dem Versuch, sie zu trösten. »Ich meine, wenn Bannister seine Frau über Bord gestoßen hat, wie wirst du das je beweisen können?«

»Das ist mein Job«, sagte sie bitter und entzog sich dann sanft meiner Umarmung. »Aber nun ist es erst einmal wichtig, dich sicher zurückzubekommen. Ich kann mich hier nicht mehr sehen lassen, aber du bist noch immer unverdächtig. Sag ihnen einfach, du hättest mich vor einem gottverdammten Sittenstrolch retten wollen. Okay? Wir haben kein Wort über Kassouli gesprochen, und du gehst davon aus, daß ich ein Mädchen bin, das ein Buch schreiben will.«

»Mir ist egal, was mit mir geschieht«, sagte ich. »Aber eines ist mir nicht egal: Ich will dich nicht verlassen.«

Sie lächelte über meine Beteuerung und küßte mich dann. »Wenn du jetzt verschwindest, Nick, wird Bannister annehmen, daß wir zusammengearbeitet haben. Und was glaubst du, wie lange dein Boot dann noch sicher ist? Himmel! Du hast doch gesehen, wie schnell der Südafrikaner den Finger am Abzug hat. Er wird vor nichts haltmachen, Nick.«

Der Gedanke an eine Gefährdung der *Sycorax* machte mich stumm.

»Bleib hier«, drängte mich Jill-Beth. »Ich werde mich bei dir melden. Ich werde bei Jimmy Nicholls eine Nachricht hinterlassen. Und das schon bald, Nick.«

»Ich möchte, daß das sehr bald geschieht.«

»Wirklich bald.« Sie sagte die Worte leise, wie ein Versprechen, und ich spürte einen Schauer der Erregung. Jill-Beth entzog sich mir langsam und stand auf. »Kann ich die Schuhe für heute behalten?«

»Wohin willst du?«

»Ich muß telefonieren. Ich werde einen von Kassoulis britischen Repräsentanten anrufen und ihn bitten, mir ein Auto zu schicken. Ich muß wohl nach London, denke ich, falls Kassouli mich nach Hause beordert.« Sie zuckte mit den Schultern. »Er ist nicht gerade begeistert von Leuten, die ihren Job verpatzen.«

»Du hast dein Bestes getan«, sagte ich loyal.

»Yassir Kassouli ist nicht an meinem Besten interessiert, nur an Erfolgen.«

Mich fröstelte. Der Abschied war heikel, und er wurde durch ungefragte Fragen und ungesagte Worte noch schwieriger. Ich lächelte. »Verlaß England nicht, ohne dich vorher mit mir getroffen zu haben.«

»Ich muß dir doch deine Schuhe zurückgeben,

nicht?« Sie lachte und schnürte sich die Schuhe so fest zu wie es ging. »Paß gut auf dich auf, Nick.«

»Du auch.«

Sie beugte sich vor und küßte mich fast zärtlich. »Danke für alles«, sagte sie leise, nahm die nassen Sachen auf, die sie aus dem Dingi mitgenommen hatte.

»Und was wird mit der *Mystique?*« wollte ich wissen.

»Die Charterfirma wird sie holen. Ich werde sie von London aus anrufen.« Wir küßten uns noch einmal, und dann begann sie den Hügel hinaufzulaufen. Ich beobachtete, wie sich ihr Schatten über die Straße entfernte und lauschte auf das Geräusch der schweren Schuhe.

Das Geräusch verlor sich, und ich war allein. Die Männer, die die *Mystique* durchsucht hatten, ruderten auf das gegenüberliegende Ufer zu. Mulder war noch immer weiter unten am Fluß, und ich kam mir plötzlich verloren vor. Ich bemühte mich, Jill-Beths Haut und ihre Stimme zu beschwören. Bis zu diesem Moment hatte ich mich nicht für einsam gehalten, aber plötzlich war mir so, als könnte sich das amerikanische Mädchen sehr gut in das Leben der *Sycorax* einfügen.

Lange Zeit saß ich da und grübelte. Ich hätte über Mord, Beweise und Gerechtigkeit nachdenken sollen, aber ich hatte mich von einem Mädchenlächeln, einer Mädchenstimme und meinem Hunger verlokken lassen. Ich tröstete mich damit, daß Jill-Beth versprochen hatte, sich bald mit mir in Verbindung zu setzen, und irgendwie schien dieses Versprechen eine ganz neue Hoffnung für ein ganz neues Leben zu enthalten.

Ich wartete länger als eine Stunde, aber Mulder war genau so hartnäckig, wie ich befürchtet hatte. Schließlich zog ich mich aus, nahm meine Kleidung auf den Rücken, ging schnell die Helling hinab und sprang in den Fluß. Mit kräftigen Schwimmstößen teilte ich den Quecksilberglanz des Mondlichtes und kam an meinem Liegeplatz an, wo ich mich an Deck der *Sycorax* hangelte. Ich ließ mich ein wenig abtrocknen, ging dann unter Deck und versuchte, mir die Kabine als Heim für zwei Menschen vorzustellen. Dann träumte ich die närrischen Hoffnungsträume der Liebe, verschloß Setzbord und Luke und wartete auf den Anbruch der Dämmerung.

Niemand rührte sich in der Dämmerung. Der Abfall der nächtlichen Party war im gesamten Garten verstreut, wo ein schwacher, durchlässiger Nebel vom Fluß aufstieg. Die *Wildtrack II* lag wieder in ihrem Dock. Ich hatte gehört, wie das Rennboot zurückgekommen war und mit einem Hammer für den Fall gewartet, daß Mulder versuchen würde, in die Kabine der *Sycorax* zu dringen. Aber er war nicht gekommen.

Nachdem ich schon früh aufgewacht war, nahm ich eins von Bannisters Schlauchbooten und fuhr flußabwärts zu der Stelle, wo ich mein Boot zurückgelassen hatte. Ich leerte das Dingi von Steinen und Wasser. Dann zog ich Beiboot und Außenborder über den Schlamm und schleppte beides ab. Falls Mulder mich von der *Wildtrack* aus beobachtete, so unternahm er jedenfalls nichts.

Ich wusch meine Hände im Fluß, nahm etwas Geld aus dem Versteck im Flach der *Sycorax* und ging dann zum Haus hinauf. Einige der Gäste schliefen in dem großen Wohnraum, andere müssen im oberen Stockwerk untergekommen sein, aber es rührte sich niemand. In Bannisters Küche brühte ich mir Kaffee auf und holte dann den Schlüssel für eines seiner Ersatzautos. Da gab es einen Land-Rover, den Bannister absichtlich nicht waschen ließ, damit die Touristen annahmen, er hätte eine Landwirtschaft, und einen Peugeot. Ich benutzte den Peugeot für meine längst überfällige Besorgung.

Seit mehr als zwei Jahren hatte ich nicht mehr hinter dem Steuer gesessen, und anfangs hatte ich Schwierigkeiten mit dem Bedienen der Pedale. Einmal verfehlte ich die Fußbremse und hätte den schweren Wagen fast in den Straßengraben gesetzt, aber irgendwie bekam ich den Dreh dann doch raus. Drei Stunden lang fuhr ich erst nach Norden und dann nach Osten und kam zur Frühstückszeit in der Wohnsiedlung an. Betonstraßen schlängelten sich zwischen eintönigen Backsteinhäusern. Ich parkte in der Nähe einer Bushaltestelle und wartete eine Stunde, weil ich die Familie nicht aus dem Sonntagsschlaf reißen wollte.

Sally Farebrother trug noch immer ihren angerauhten Nylonmorgenrock, als sie mir die Tür öffnete. Ein kleines Kind klammerte sich an ihr rechtes Bein, während sie ein Baby auf dem Arm trug. Sie wirkte eher überrascht als erfreut bei meinem Anblick. Sie muß sich wohl gefragt haben, ob ich vielleicht in Schwierigkeiten steckte, denn in meinem verschmutzten Pullover, den zerrissenen Jeans und alten Gummistiefeln sah ich ziemlich heruntergekommen aus. Aber Sally sah nicht viel besser aus. Sie war ein freudloses und formloses Mädchen, beladen mit kleinen Kindern und großen Ressentiments. Ihr gebleichtes Haar war auf Plastiklockenwickler gedreht, und ihr Gesicht wirkte teigig. »Captain?«

»Guten Tag, Sally. Ist Terry da?«

Sie schüttelte den Kopf. »Sie sind auf einer Übung.«

»Das wußte ich nicht. Entschuldigen Sie.«

Es war mir unangenehm, sie so offensichtlich deprimiert anzutreffen. Ich war Gast auf Sergeant Farebrothers Hochzeit gewesen und erinnerte mich noch genau an meine bedenkliche Beobachtung, daß die hübsche Braut, auf die Terry so stolz war, den schmollenden Blick eines Mädchens hatte, das dem Mann grollte, der sie den Discos und Flanierstraßen entzog. Terry hatte sich bei der Wahl seiner Frau nicht klüger erwiesen als ich. »Es ist nur so, daß ich hier noch ein paar Sachen habe«, erläuterte ich lahm. »Terry sagte, er würde sie für mich aufbewahren.«

»Sie sind in Tracys Zimmer.« Tracy war eines der Kinder, aber ich konnte mich nicht erinnern welches. Sally öffnete die Haustür weit und bat mich herein.

»Darf ich?« Ich wußte, wie schnell bösartige Gerüchte in Wohnsiedlungen der Armee die Runde machen konnten.

Sally war das gleichgültig. »Oben«, sagte sie, »oben links.« Sie schlug mir eine Schneise, indem sie zerbrochenes Plastikspielzeug mit dem Fuß zur Seite schob. »Ich bin froh, wenn ich im Schrank wieder ein bißchen Platz habe.«

»Es tut mir leid, wenn ich Ihnen Unannehmlichkeiten bereitet habe.«

»Keine Unannehmlichkeiten.« Sie beobachtete, wie ich die Treppe hinaufhinkte. »Sind Sie gesundheitlich wieder in Ordnung?«

»Nur wenn ich lache.« Das Haus hatte den Ammoniakgeruch von Babywindeln. »Wie geht es Terry?«

»Sie wollen aus ihm einen Waffenausbilder machen.« Das hörte sich recht unglücklich an, denn Sally lag Terry ständig in den Ohren, den Dienst zu quittieren und heim nach Leeds zu gehen.

»Darin würde er sich mit Sicherheit gut machen«, bemühte ich mich um Ermutigung, als ich oben auf der Treppe angekommen war. »In diesem Zimmer?«

»Im Schrank.« Unten begann ein Kind zu weinen. Sally schrie es an, ruhig zu sein und sein verdammtes Frühstück zu essen. Das Haus war dünnwandig und billig. Familienbehausungen.

Ich fand meine Ausrüstung unter einem zerbrochenen Dreirad im Schrank des Kindes. Ich zerrte den schweren Rucksack hervor und schleppte ihn die Treppe hinunter. »Meine besten Grüße an Terry.«

»Es wird ihm leid tun, Sie verpaßt zu haben.«

»Ich werde mich bei ihm melden. Vielen Dank, daß Sie das aufbewahrt haben.«

»Das war doch selbstverständlich.« Sie schloß die Tür hinter mir. Ich sah, daß sich in den Nebenhäusern Gardinen bewegten.

Ich fuhr nach Devon zurück und erreichte Bannisters Haus zur Mittagszeit. Als Ausgleich für das Ausleihen hatte ich den Tank des Peugeot aufgefüllt, aber niemand schien das alte Auto vermißt zu haben, das Bannister ohnehin nur für örtliche Besorgungen nutzte. Im Haus waren Stimmen zu hören, daher ging ich durch den Wald zum Liegeplatz hinunter, wo die *Sycorax* lag.

Ich entleerte den Rucksack auf den Boden der Kabine. Da waren Pullover, noch immer verschmutzt von der dunklen, torfhaltigen Falkland-Erde. Da waren ein Rasierapparat, eine Feldflasche, ein Fernglas, zwei Hemden und eine Kamera mit einem noch immer nicht entwickelten Film. Da waren ein Lageplan, ein Feuerzeug, ein Brief von meiner Bank, den ich nie geöffnet hatte, und ein Deckplan der *Canberra*. Da war die Ausrüstung, die wir zurückgelassen hatten, bevor wir zum letzten Angriff aufmarschiert waren. Da war auch ein Brief von Melissas Anwalt, in dem ich aufgefordert wurde, meine Pensionsansprüche, meine Bankkonten und gemeinsamen Sparguthaben, einfach alles zu übertragen. Und wie ein Trottel hatte ich alle Forderungen erfüllt. Zu diesem Zeitpunkt war es in meinen Augen ein höchst irrelevanter Brief gewesen, und ich hatte die Angelegenheit aus der Welt schaffen wollen, bevor unser Ansturm auf die Hügel über Port Stanley begann. Da waren ein Brief von meinem Vater, den ich nie beantwortet hatte, und zwei Fotos meiner Kinder. Da waren drei Unterhosen, die gewaschen werden mußten, ein Handtuch, ein Paar Handschuhe und eine Dose mit Tarnfarbe. Da war auch, der Himmel mochte wissen warum, eine Streckenkarte der Londoner Untergrundbahn. Da war mein Barett, das mir ein altes und immer noch strahlendes Gefühl des Stolzes vermittelte. Schlechte Träume waren nicht da.

Und unter allem war da der Grund meiner langen Autofahrt. Es war ein Souvenir, eingewickelt in ein schmutziges Handtuch. Ich hatte es einem toten argentinischen Offizier abgenommen, der auf Dawn Hill im verbrannten Ginster gelegen hatte. Ich schlug das Handtuch auseinander und fand einen Ledergürtel, an dem eine Patronentasche und ein Holster hing. In dem Holster steckte eine automatische Pistole vom Kaliber 45, hergestellt in den USA: ein Colt.

Sie war häßlich, schwarz und schwer. Ich drehte sie in den Händen und nahm dann das volle Magazin heraus. Ich entleerte es und stellte fest, daß die Feder noch immer in gutem Zustand war, obwohl sie so viele Monate lang nicht bewegt worden war. Ich entsicherte die ungeladene Waffe und zog den Abzug. Das Geräusch hallte dröhnend im Rumpf der *Sycorax* wieder. An einer Seite des Laufs waren die Worte *Ejercito Argentina* eingraviert.

Ich öffnete die Patronentasche und nahm die Reservemagazine und Patronen heraus. Ich hatte diese Pistole nicht benutzen wollen, hatte gehofft, nie wieder eine Waffe wie diese abfeuern zu müssen, aber Jill-Beths Warnung und die Erinnerung daran, wie schnell Fanny Mulder zu seinem Gewehr gegriffen hatte, hatten mich bewogen, diese Trophäe eines längst vergessenen Krieges zu holen. Als ich nun auf die obszöne und funktionale Linienführung der Waffe blickte, schämte ich mich plötzlich über mich selbst. Ich war kein Gefangener, es bestand keine Notwendigkeit für mich, weiterhin hierzubleiben. Während ich die schwere Waffe in den Händen hielt, war ich plötzlich von der Tatsache angewidert, daß meine Beziehungen zu Bannister so weit gediehen waren. Ich würde aussteigen, mich zurückziehen. Ich würde Bannister verlassen. Es machte keinen Sinn, an einem Ort zu bleiben, an dem ich dazu gebracht wurde, mich zu bewaffnen.

Mein Ekel brachte mich fast dazu, die Waffe weit hinaus in den Fluß zu schleudern, aber es gab immer noch Wasserwege und Meeresrouten, auf denen ein solches Ding durchaus nützlich sein konnte. Also ölte und fettete ich die Pistole, lud sie und verstaute sie in zwei wasserdichten Beuteln. Ich versteckte die

Waffe tief unten im Bauch der *Sycorax*, ganz unten, wohin kein Sonnenstrahl kam, tief unter der Wasserlinie an einem dunklen Ort, wo so ein Ding am besten aufgehoben war.

Es klopfte von außen an den Schiffskörper, und ich sprang auf wie ein ertappter Sünder.

»Mister Sandman?« Es war einer von Mulders Crew. »Mister Bannister möchte Sie sprechen. Sofort.«

Es war keine Bitte, es war ein Befehl. Aber da ich mit Bannister ohnehin sprechen wollte, gehorchte ich.

Bannister erwartete mich in seinem Arbeitszimmer. Er hatte sich offensichtlich um Flankenschutz bemüht. Fanny Mulder stand neben einem Tisch, der mit See- und Wetterkarten bedeckt war, während Angela in einem tiefen Sessel in der Zimmerecke saß. Alle drei sahen müde aus.

»Ah, Nick!« Bannister schien fast überrascht, daß ich gekommen war. Ich spürte, daß es vor meinem Eintritt eine Auseinandersetzung gegeben hatte. Angela war mürrisch, Mulder schweigsam und Bannister nervös. Er ging zu seinem Schreibtisch und nahm sich eine Zigarette aus einer Packung. »Danke, daß Sie gekommen sind«, sagte er.

»Ich wollte sowieso mit Ihnen sprechen.«

Er zündete die Zigarette mit einem Feuerzeug an, paffte Rauch. »Angela sagte mir, Sie hätten sich heute früh ein Auto geliehen?«

»Ich habe den Tank aufgefüllt«, sagte ich. »Ich hätte Sie vorher fragen sollen. Entschuldigen Sie.«

»Das ist schon in Ordnung.« Seine Versicherung kam zu hastig. Ganz eindeutig hatte Bannister nicht die Nerven für eine Konfrontation. Ebenso eindeutig rechneten dagegen Angela und Mulder mit einer Auseinandersetzung, und ich nahm an, daß sie sich darüber gestritten hatten. Sie wollten mich angreifen, während Bannister dafür war, die Dinge auf sanftere Art zu regeln. Trotz seines Images vom harten Burschen, zuckte er bei der ersten Berührung zurück.

»Ist das alles, was Sie wollten?« fragte ich. »Weil ich Ihnen auch noch etwas zu sagen habe.«

»Wohin sind Sie mit dem Auto gefahren?« fragte Mulder mit seiner ausdruckslosen Stimme.

Ich ignorierte ihn. »Ich bin gekommen, um Ihnen zu sagen, daß Sie mit mir nicht mehr rechnen können«, sagte ich zu Bannister. »Nicht beim Rennen um die St. Pierre Trophy und auch nicht bei anderen Dingen. Ich möchte mit Ihrem Film ebenso aufhören wie die Beziehungen zu Ihrer Gesellschaft lösen. Mit diesen Dingen bin ich fertig.«

»Wohin sind Sie gefahren?« beharrte Mulder.

»Antworten Sie ihm«, sagte Angela.

»Ihnen habe ich gar nichts zu sagen! Überhaupt nichts!« Wütend hatte ich mich zu ihm umgedreht, hatte den ganzen Raum mit meinem Ausbruch verblüfft. »Entschuldigen Sie«, sagte ich dann zu Bannister. »Ich wollte nicht laut werden. Ich möchte nur aus allem heraus. Nach gestern abend ...« – Ich sah Angela an, dann wieder Bannister – »... sehe ich keine Möglichkeit, einigermaßen mit Anstand hier bleiben zu können. Und wenn ich die Dinge richtig sehe, so haben Sie versprochen, mein Boot zu restaurieren. Also geben Sie mir einen Scheck über tausend Pfund, ich werde die Reparaturen an der *Sycorax* selbst beenden und Sie dann in Ruhe lassen.«

Bannister verabscheute die Konfrontation. »Ich

denke, wir sollten über die Dinge sprechen. Was meinen Sie?«

»Geben Sie mir einfach einen Scheck.«

Mulder schien Bannisters Kleinmut verächtlich zu finden. Er trat näher und schaute mich von oben herab an. »Wohin sind Sie mit diesem Auto gefahren, Mann?«

»Gehen Sie mir aus dem Weg.«

»Wohin sind . . .«

»Gehen Sie mir verdammt noch mal aus dem Weg, oder ich breche Ihnen Ihren verfluchten Hals!« Ich war über meinen Wagemut verdutzt. Mulder, obwohl er mit Sicherheit nicht eingeschüchtert war, trat zurück. Angela rang nach Luft. Bannister rührte sich nicht.

Ich bemühte mich um eine ruhige Stimme. »Einen Scheck, bitte.«

Bannister nahm für einen Moment seinen ganzen Mut zusammen. »Haben Sie sich mit Miss Kirov getroffen?«

»Nein. Einen Scheck, bitte.«

»Aber Sie haben Sie doch zur Party eingeladen?« blieb Bannister beharrlich.

»Ja, aber da wußte ich nicht, daß Fanny versuchen würde, sie zu vergewaltigen. Werden Sie mir einen Scheck geben?«

»Ich habe nicht . . .«, begann Fanny.

»Halten Sie den Mund!« schrie ich. Es war mir gelungen, sie alle kleinzukriegen. Sie hatten mich in dieses Zimmer zitiert, um mich wie einen kleinen Schuljungen abzukanzeln, aber nun waren sie mucksmäuschenstill. Mulder trat noch ein paar Schritte von mir fort, während Angela in ihrer Tasche nach einer Zigarette suchte. Von der Terrasse her konnte ich die Stimmen der Gäste hören, die sich zum Brunch versammelten. »Ich möchte einen Scheck«, sagte ich zu Bannister.

Ich dachte, ich hätte gewonnen, weil Bannister zu seinem Schreibtisch ging und eine Schublade aufzog. Ich nahm an, er würde sein Scheckbuch herausholen, aber statt dessen förderte er einen Stapel Aktendeckel zutage. »Bitte, sehen Sie sich das an, Nick.«

Als ich mich nicht rührte, nahm er den obersten, öffnete ihn und reichte ihn mir.

Mein Foto befand sich in der Akte und Neugier brachte mich dazu, Bannister den Aktendeckel aus der Hand zu nehmen. »Lesen Sie es«, sagte er ruhig.

Es waren nur zwei Bögen in dem Aktendeckel, beide trugen einen gedruckten Briefkopf: »Kassouli Insurance Fund Inc. (Marine)«. Auf dem einen war mein Foto aufgeklebt und darunter mein bisheriger Werdegang sorgfältig mit der Maschine getippt. Die Begründung für die Verleihung des Victoria Cross war in voller Länge wiedergegeben. Das andere Blatt war handbeschrieben, von Jill-Beth nahm ich an. »Captain Sandmans Anwesenheit in A. B.s Haus ist überraschend, könnte sich aber als Glücksfall für uns erweisen. Captain Sandman ist ein Romantiker, wie viele Soldaten. In mancherlei Hinsicht lebt er im Wolkenkuckucksheim. Damit meine ich, daß er ein Aussteiger aus betuchtem Haus ist, der Joshua Locum spielt. Ganz unzweifelhaft prädestiniert ihn sein Gefühl für Ehre und Pflicht jedoch für unsere Seite.« Ich fragte mich, wo Wolkenkuckucksheim lag, und ob Jill-Beth dort gern mit mir wohnen würde.

»Das«, sagte Bannister ruhig, »ist das Handbuch für Segler Ihrer Miss Kirov. Wir haben diese Unterlagen auf ihrem Boot gefunden.« Er reichte mir eine weitere geöffnete Akte mit einem Foto, das Fanny Mulder beim Frühsport auf der *Wildtrack* zeigte. Die spärlichen Lebensdaten besagten, daß Francis Mulder am 3. August 1949 in Witsand, Cape Province, geboren worden war. Seine Schulbildung konnte als eher dürftig bezeichnet werden. Er hatte bei den South African Defence Forces gedient. Bei der Polizei in Südafrika war er aktenkundig, weil er eines bewaffneten Raubüberfalls beschuldigt worden war, der ihm aber nie nachgewiesen werden konnte. Dann kaufte er sich einen Kutter auf den Seychellen und führte ein Charterunternehmen, bis Nadeschna Bannister sein unzweifelhaftes Talent entdeckte.

Auch hierzu gab es einen handschriftlichen Kommentar: »Trotz der Tatsache, daß er ein Protegé Ihrer Tochter war, kann an Mulders Loyalität gegenüber A. B. nicht gezweifelt werden. A. B. hat ihn gefördert, bezahlt ihn gut und demonstriert ständig sein Vertrauen in Mulder.« Der Rest der Seite war abgerissen. Ich fragte mich, ob Bannister Bemerkungen vernichtet hatte, die Mulders mögliche Beteiligung am Mord an Nadeschna Bannister zum Thema hatten.

Ich wollte schon fragen, mit welchem Recht Bannister die *Mystique* durchsucht hatte; aber angesichts des Akteninhalts wäre es irgendwie lächerlich gewesen. Bannister nahm mir die beiden Aktenordner wieder ab. »Verstehen Sie jetzt, warum wir uns sorgen, Sie könnten ein enger Freund von Miss Kirov sein?« Er drehte sich um und betrachtete das große Porträt seiner toten Frau, das gerahmt auf einem Fach des Bücherregals stand. »Wissen Sie, wem der Kassouli Insurance Fund gehört?«

»Ihrem früheren Schwiegervater, nehme ich an.«

»Ja.« Er sagte es düster, fast hoffnungslos, und

setzte sich in den großen Ledersessel hinter seinem Schreibtisch. Mit beiden Händen rieb er sich das Gesicht. »Erzähl es ihm, Angela.«

Angelas Stimme war fast tonlos. »Yassir Kassouli ist davon überzeugt, daß Tony Nadeschnas Tod hätte verhindern können. Er meint, Tony hätte versagt, und das hat er ihm nie vergeben. Völlig irrational und fälschlicherweise hält er Tonys Beteiligung an dem diesjährigen St. Pierre-Rennen für eine Gefühllosigkeit angesichts Nadeschnas Tod. Yassir Kassouli wird alles unternehmen, um Tonys Sieg zu verhindern. Gestern abend hat Miss Kirov versucht, Fanny dazu zu überreden, Tonys St. Pierre-Bemühungen zu sabotieren. Das hat Fanny abgelehnt. Im Gegenzug beschuldigte er Miss Kirov, den Mast der *Wildtrack* zerstört zu haben. Sie gerieten in Streit. Und da hat sie so getan, als wäre sie überfallen worden und gab Ihnen Gelegenheit, den galanten Retter spielen zu können.« Angela konnte es sich nicht verkneifen, einen zusätzlichen Seitenhieb anzubringen. »Das ist die Wahrheit, Mister Sandman, deren unerschütterlicher Wächter Sie ja sind.«

Ich schwieg. In ihren Worten hatte ein Hauch von Wahrheit gelegen, wie sehr sie auch im Gegensatz zu dem standen, was ich gesehen und von Jill-Beth gehört hatte. Ich spürte die Verwirrung eines Menschen, der von widersprüchlichen Wahrheiten überfallen wird. Jill-Beth hatte von Mord geredet und vom Anspruch auf eine Versicherungssumme in Höhe von einer Million Dollar, während Angela nun überzeugt von der Besessenheit eines Mannes sprach, der das Andenken seiner Tochter wahren will. Ich nahm an, daß die echte Wahrheit darin bestand, daß es keine echte Wahrheit gab. Außerdem, sagte ich mir, ging mich das Ganze nichts an. Ich war gekommen, um meinen Rückzug mitzuteilen, mehr nicht.

Bannister drehte seinen Sessel, damit er wieder das Porträt betrachten konnte. Wenn er sie ermordet hatte, dachte ich, dann zeigte er zumindest eine bühnenreife Leistung. »Ich kann das alles nicht verstehen, Nick«, sagte er. »Yassir Kassouli hat mir Nadeschnas Tod nie verziehen. Der Himmel mag wissen, was ich seiner Meinung nach hätte tun sollen. Sie unter Zwang an Land halten? Ich weiß nur, daß mich Kassouli für den Tod seiner Tochter hassen wird, solange er lebt. In dieser Sache ist er nicht rational, er ist besessen, und ich muß mich vor dieser Besessenheit schützen.« Er zuckte mit den Schultern, als wolle er andeuten, daß seine Erläuterungen zwar inadäquat waren, aber die aufrichtigsten, die er geben konnte. Er deutete auf die Aktendeckel. »Sie können hieran sehen, daß Miss Kirov auf Ihre Mithilfe hoffte, meine Teilnahme am St. Pierre-Rennen in diesem Jahr zu verhindern.«

»Ich bin gar nicht in der Lage, dabei zu helfen«, sagte ich zu Bannister, »weil ich mich zurückgezogen habe. Kein Film, keine St. Pierre. Ich möchte nur einen Scheck von Ihnen. Tausend Pfund werden genügen, und ich versichere Ihnen, über jeden einzelnen Penny Rechenschaft abzulegen.«

»Und wie wollen Sie Rechenschaft über die Summen ablegen, die bereits ausgegeben sind?« Angela griff mich in bester Medusa-Laune an. Ihre Stimme war ein Echo ihrer Schmähungen vom Abend zuvor. »Wissen Sie eigentlich, wieviel Geld wir in diesen Film investiert haben? In einen Film, zu dessen Produktion Sie sich verpflichtet haben. Oder haben Sie vergessen, daß von Ihnen Verträge unterschrieben worden sind?«

Ich weigerte mich immer noch, sie anzusehen oder mit ihr zu reden. Ich sah Bannister an. »Ich möchte einen Scheck.«

»Sie wollen nur das tun, was am bequemsten ist!« Angela hatte sich erneut in eine nette Wut gesteigert. »Aber ich will einen Film, der Menschen Mut macht. Und wenn Sie sich davon zurückziehen, Nick Sandman, dann brechen Sie einen Vertrag. Einen Vertrag, auf den wir uns verlassen haben, auf dessen Basis wir Tausende von Pfund für die Verwirklichung des Films ausgegeben haben. Wenn Sie diesen Vertrag jetzt brechen, verspreche ich Ihnen, dafür zu sorgen, daß Sie dieses Geld ersetzen müssen. Ihr einziger Besitz, den das Gericht für pfändungswürdig ansehen wird, ist die *Sycorax*. Aber damit gebe ich mich schon zufrieden!« Ihre Stimme klang unerschütterlich sicher und legte die Vermutung nahe, daß sie bereits juristischen Rat eingeholt hatte. »Wenn Sie Ihre vertraglichen Verpflichtungen nicht erfüllen, Nick Sandman, werden Sie Ihr Boot verlieren.«

Ich ignorierte sie noch immer. »Nur eintausend Pfund«, sagte ich zu Bannister.

»So werden Sie mir nicht davonkommen!« schrie Angela.

»Eintausend Pfund«, wiederholte ich an Bannisters Adresse.

Bannister saß zwischen zwei Stühlen. Vermutlich hätte er mir in diesem Augenblick fast freudig nachgegeben, aber Angela wollte ihren Anteil an Nick Sandmans Haut, und Bannister, nahm ich an, hatte Angst, Angelas Haut zu verlieren. Er wich aus. »Ich glaube, wir sind alle zu überreizt, um jetzt eine Entscheidung treffen zu können.«

»Ich nicht«, protestierte ich.

»Aber ich!« brach es plötzlich aus Bannister heraus. »Wir werden in der nächsten Woche in Ruhe darüber sprechen. Ich muß mir den Etat und das Filmmaterial ansehen, das wir bereits aufgenommen haben.« Er machte Ausflüchte, versuchte, die Entscheidung zu umgehen. »Ich werde Sie von London aus anrufen, Nick.«

»Ich werde nicht mehr hier sein«, erwiderte ich.

»Wenn Sie Ihr Boot nicht verlieren wollen, sollten Sie aber hier sein«, giftete sich Angela.

Bisher war es mir gelungen, sie zu ignorieren. Aber jetzt sagte ich, sie solle sich zum Teufel scheren. Dann drehte ich mich um und verließ den Raum. Die Gäste auf der Terrasse verstummten, als ich an ihnen vorbeihinkte. Ich wußte nicht mehr recht, ob ich mich zurückgezogen hatte, aus dem Filmvertrag entlassen worden war oder davor stand, von einem Anwalt auf ganz kleiner Flamme gebraten zu werden. Es war mir aber auch ziemlich gleichgültig.

Ich humpelte über den Rasen, umrundete das Bootshaus und sah, daß Jimmy Nicholls den Fluß heraufgekommen war und sein schmuddeliges Boot längs der *Sycorax* festgemacht hatte. »Nußeisen und Bolzen«, sagte er zu mir. »Alles für die Morgenarbeit.«

»Zum Teufel mit der Morgenarbeit. Kannst du die *Sycorax* heute abschleppen?«

»Verdammte Hölle.« Er rappelte sich von den Säkken hoch. »Wohin?«

»An irgendeinen verdammten Ort. Weg von den

verdammten Fernsehleuten, diesen verdammten, hochnäsigen, arroganten, gepuderten Affen.« Ich betrat das Deck der *Sycorax*.

Jimmy lachte glucksend. »Krach mit deinen feinen Freunden gehabt, Junge?«

Ich blickte zum Haus hinauf und sah, daß mich Angela vom Fenster des Arbeitszimmers aus beobachtete. »Du mich auch!« Aber ich sagte es nicht so laut, daß sie es hätte hören können. »Die Hunde drohen damit, den Gerichtsvollzieher auf die *Sycorax* zu hetzen. Wo kann ich sie verstecken?«

Er runzelte die Stirn. »Auf dem Fluß nirgends, Nick. Wie wäre es mit Hamoaze?«

»Georgie Cullens Werft?«

»Er hat deinen Vater gern gehabt.«

»Jeder Dieb hat meinen Vater gern gehabt.« Ich nahm eine gedrehte Warpleine und hängte sie über eine Klampe. Ich wollte, daß Angela und Bannister meine Abfahrt sahen, wollte ihnen zeigen, daß ich keinen Pfifferling auf ihren Film oder ihre Drohungen gab. »Hast du genügend Diesel, um mich dorthin zu bringen?«

»Du wirst gleich nirgendwohin wollen«, sagte Jimmy finster. »Ich habe da einen Brief für dich. Ein Junge hat ihn mit dem Motorrad aus London gebracht! Hat gesagt, ich soll ihn dir geben, aber niemandem etwas davon sagen. Deshalb habe ich ihn zwischen den Bolzen versteckt, siehst du?« Er deutete auf einen der Säcke. »Aus London, Nick!« Jimmy war genauso verdutzt wie ich, daß jemand einen Boten engagierte, damit er den ganzen Weg von London nach Devon mit dem Motorrad bewältigte. »Der Junge sagte, ein amerikanisches Mädel habe ihn ihm gegeben. Willst du ihn lesen, bevor du dich verdrückst?«

Ich wollte ihn lesen. Noch einen Moment zuvor hatte ich ganz sicher gewußt, was ich zu tun hatte, aber die plötzliche und überwältigende Erinnerung an ein nacktes Mädchen in meinem Boot, an sein Lächeln, an seine Fähigkeiten, ließ mich den schweren Sack hinunter in die Kabine der *Sycorax* tragen. Der cremeweiße Umschlag trug den Vermerk: »Dringend.«

Ich riß ihn auf. Zwei Dinge fielen heraus.

Eines war ein Erster-Klasse-Ticket mit British Airways von London nach Boston und zurück. Es war auf meinen Namen ausgestellt, und der Hinflug ging morgen früh von Heathrow ab. Der Rückflug war offengelassen worden.

Und zweitens war da ein Brief in der Handschrift, die ich gerade in Bannisters Arbeitszimmer gelesen hatte. »Wenn Du noch kein Visum hast, hole Dir eins von der Botschaft und komme am Dienstag. Ich hole Dich vom Logan Airport ab.« Darunter waren die Kinderzeichnung eines lachenden Gesichts, ein gemaltes Herz und die Initialen J.-B.

Ich bedachte die Konsequenzen nicht, dachte keine einzige Sekunde nach. Es kam mir überhaupt nicht in den Sinn, daß ich zur Parteinahme aufgefordert wurde, noch fand ich es eigenartig, von einem Mädchen ein teures Flugticket geschenkt zu bekommen. In diesem Moment, nach Jahren, in denen ich nichts anderes als Kampf, Schmerzen und das Krankenhaus erlebt hatte, war es ein großes Geschenk für mich. Und dieses Geschenk schien all die Dinge zu symbolisieren, von denen ein Soldat träumt, wenn er bis zum Hals im Dreck steckt, Auge in Auge mit irgendwelchen Halunken, die alles daransetzen, ihn dort für immer zu begraben.

Kurzgesagt, da ich bereits Paß und Visum hatte, würde ich fliegen.

Aber es würde keine Zeit bleiben, die *Sycorax* zu verstecken. Sie würde eine Kriegslist beschützen müssen, bis ich wieder da war. Außerdem bat ich Jimmy, sie im Auge zu behalten. »Falls sie sie abschleppen, Jimmy, fahr ihnen nach.«

»Ich tue, was ich kann, Junge.« Er beäugte das Tikket. »Gehst du weit weg?«

»Raus aus der Bratpfanne, Jimmy, und rein ins Bett.« Ich lachte. Es war eine verrückte Sache, eine unverantwortliche Sache, aber auch eine herrlich spontane und aufregende Sache, und es hatte schrecklich wenig spontane und erregende Dinge gegeben, seit ich von der Kugel getroffen worden war. Also verschloß ich die Kabinenluke, fuhr auf Jimmys Boot den Fluß hinunter zur Stadt und nahm einen Bus. Nach Boston.

Die Kriegslist, die die *Sycorax* beschützen sollte, verlangte ein Telefongespräch mit meiner Mutter in Dallas.

»Weißt du eigentlich, wie spät es ist, Nick?« Sie klang entsetzt. »Bist du in Lebensgefahr?«

»Ich nicht, aber du.« Ich steckte ein weiteres 50-Pence-Stück in den Schlitz.

»Es ist halb fünf Uhr morgens! Was meinst du damit, daß ich in Lebensgefahr bin?«

»Entschuldige, Mutter, aber wenn irgend jemand aus England anruft und nach mir fragt, dann sage, es ginge dir nicht gut. Sage, du hättest mich gebeten, an dein Totenbett zu kommen. Es ist nur für ein paar Tage.«

Es entstand eine Pause. »Stimmt, es ist gerade halb fünf.«

»Tut mir leid, Mutter.«

»Wo bist du, um Himmels willen?«

»In Heathrow.«

»Du kommst mich nicht wirklich besuchen, oder?« Die Vorstellung schien sie zu entsetzen.

»Nein, Mutter.«

»Deine Schwester war vor einem Monat hier, und ich bin noch immer völlig fertig. Warum sterbe ich?«

»Weil ich ein paar Leuten gesagt habe, daß ich dich besuche. In Wahrheit fahre ich woanders hin, aber ich will nicht, daß sie das wissen.«

Eine weitere Pause. »Ich verstehe wirklich kein einziges Wort von dem, was du da sagst, Nick.«

»Doch, du verstehst schon, Mutter. Wenn dich jemand anruft und wissen will, wo ich bin, dann sagst du, ich wäre bei dir, könne aber im Moment nicht ans Telefon kommen, und daß du im Sterben liegst. Wirst du das auch deinem Mädchen sagen?«

Wieder entstand eine lange Pause. »Das ist außerordentlich kompliziert, sogar für dich. Bist du betrunken?«

»Nein, Mutter. Wirst du mir helfen?«

»Selbstverständlich werde ich es tun. Ich finde es furchtbar, morgens um halb fünf angerufen zu werden. Ich war überzeugt, die Russen wären hier. Muß ich die Kosten übernehmen?«

»Nein, Mutter.«

»Na, wenigstens etwas.« Sie gähnte ins Telefon. »Geht es dir gut?«

»Ja. Ich kann wieder laufen.«

»Wie geht es deinem Vater?«

»Ich habe ihn nicht besucht.«

»Das solltest du aber tun. Du warst immer sein Liebling. Wie geht es Piers und Amanda?«

»Sehr gut.«

»Sehr unvernünftig von dir, diese Scheidung. Hast du etwas dagegen, daß ich jetzt wieder schlafen gehe?«

»Vielen Dank, Mutter.«

»Keine Ursache.«

Ich legte den Hörer auf, warf weitere Münzen ein und rief in Devon an. In Bannisters Haus ging niemand ans Telefon, beziehungsweise der unverdrossen aufgeräumt klingende Anrufbeantworter meldete sich. »Hier Sandman«, sagte ich. »Ich rufe an, um Ihnen zu sagen, daß meine Mutter in Dallas erkrankt ist und mir die Ärzte geraten haben, sie zu besuchen. Wir werden nach meiner Rückkehr über unsere Probleme sprechen.«

Ich ergriff Vorsichtsmaßnahmen, da ich befürchtete, daß Angela mein Verschwinden als Desertieren von ihrem verfluchten Film interpretieren und ihre juristischen Drohungen wahrmachen könnte. Ich hatte keine Vorstellung, wie lange ein Gericht brauchte, um zu einem Beschluß zu kommen und ob das Gericht tatsächlich die Beschlagnahme der *Sycorax* verfügen konnte, nahm jedoch an, daß das Märchen von einer sterbenden Mutter die Anwälte lange genug irritieren konnte. Sofort nach meiner Rückkehr nach England wollte ich das Boot fortbringen. Ich hatte genug von Bannister, mehr als genug von Medusa. Ich wollte die *Sycorax* auf einen anderen Fluß bringen, um sie dort aufzutakeln und auszustatten. Aber erst einmal Amerika.

Beim Einchecken sahen sie mich merkwürdig an. Ich trug meine ältesten Segelschuhe, mit Lack und Leinöl befleckte Segeltuchhosen und einen schmuddeligen blauen Pullover über einem der ungewaschenen Armeehemden, die ich in meinem Rucksack gefunden hatte. Es war mein sauberstes Hemd. »Wieviel Gepäck?« fragte mich das Mädchen.

»Keins.«

Aber mein Ticket war gültig und mein Visum nicht abgelaufen, also ließen sie mich an Bord. Ich vergaß Bannister, vergaß seine Drohungen, weil mich ein Mädchen mit strahlenden Augen und schwarzen Augen nach Boston gerufen hatte.

Auf dem Logan Airport in Boston regnete es. Jill-Beth war nicht da. Dafür wartete ein Chauffeur mit einer Limousine von der Größe eines Scorpion-Panzers auf mich. Der Chauffeur bedauerte, daß Miss Kirov nicht persönlich anwesend sein könne. Er zeigte sich zivilisiert genug, mein fehlendes Gepäck und den Zustand meiner Kleidung zu übersehen. So höflich waren die Beamten der US-Einwanderungsbehörde nicht gewesen, wenn sie auch ein Anruf beim Militärattaché bei der Britischen Botschaft in Washington schließlich davon überzeugte, daß ich nicht gekommen war, um die Moral der Staaten zu untergraben. Ich hoffte, daß das doch der Fall war.

Mit diesen Hoffnungen wurde ich durch ein Gewitter nach Süden gefahren.

Wir fuhren nach Cape Cod. Als wir den Kanal überquerten, erinnerte ich mich daran, wie ich sechs Jahre zuvor die *Sycorax* über diesen Wasserweg zum East Boat Basin gelenkt hatte. Eine Crew meines Regimentes war mit an Bord gewesen, und wir waren alle tief beeindruckt von den prächtigen Schiffen, neben denen sich die *Sycorax* arm und schäbig ausnahm.

Jetzt wurde ich tief nach Cape Cod hinein und zu

einem unvorstellbar luxuriösen Hotel gebracht, in dem ich erwartet und trotz meines äußeren Erscheinungsbildes wie ein hochwillkommener Ehrengast aufgenommen wurde. Man führte mich zu einer Zimmerflucht, deren Tür ein Messingschild mit der Aufschrift »Admiral's Quarter« trug, obwohl nur wenige Admirale je in so genußsüchtigem Prunk gewohnt haben können. Es war eine Suite mit Blick auf den Hafen. Ich hatte ein Jacuzzi, ein Bad, ein Schlafzimmer, einen Wohnraum und einen eigenen Balkon.

Ich trat ans Fenster. Mein Vater hat Amerika immer geliebt – seine Freiheit, seine Exzesse und seinen schamlosen Reichtum. Ich fand die Republik eher beängstigend, aber das lag vielleicht daran, daß ich nicht das Talent meines Vaters geerbt hatte, Bares zu manipulieren. Ich sah auf den geschäftigen Hafen, in dem Boote an ihren Tauen zerrten, die mehr kosteten, als ein Armee-Offizier in seinem ganzen Leben verdienen konnte. Der Regen ließ nach, und es versprach ein klarer und warmer Abend zu werden. Eine Motorjacht mit Laufbrücke, hohen Antennen, Hochsitz und Harpunierlaufgang beschleunigte in Richtung offene See, während hinter mir im Admiral's Quarter die Klimaanlage rauschte. Das alles war mit einem Mal sehr, sehr unwirklich; wie ein herrlicher Traum, der jeden Moment zu Ende gehen kann, um den Schläfer in die Alltagsrealität zurückzuwerfen. Ich schaltete den Fernseher ein und stellte fest, daß die Red Sox am Ende des achten Inning vier Runs vorauslagen und drei Mann unterwegs an den Malen hatten. Eine gedruckte Karte auf dem TV-Gerät versicherte, daß mir der Zimmerservice die reiche Ernte des Meeres und des Landes zu jeder Tages- und Nachtzeit in die Suite bringen würde. Es kam mir so vor, als würde ich im beiläufigen Reichtum ertrinken. Im Bad lag ein Rasierapparat für mich bereit, auf dem Bett wartete ein Bademantel und in einem der Wandschränke entdeckte ich meine alten Schnürschuhe, die neue Absätze erhalten hatten und auf Hochglanz poliert worden waren. Ihr Anblick und die Erinnerung daran, wann ich sie das letzte Mal getragen hatte, ließen mich lächeln. Da standen auch vier Paar neue Schuhe neben den alten.

Über den Schuhen und in schützenden Papierhüllen hingen Kleidungsstücke. Da waren zwei Dinner-Jacketts, ein weißes und ein schwarzes. Da gab es Hosen, Hemden, überflüssige Pullover, sogar einen Regenmantel. Etliche Krawatten hingen an der Türinnenseite, darunter zu meinem Erstaunen auch der gestreifte Schlips meines Regimentes. An der Regimentskrawatte war eine kleine Karte befestigt: »Mit herzlichen Grüßen von Miss Kirov.« Unten auf dem Kärtchen waren die Worte gedruckt: »Kassouli Hotels, Inc., a Division of Kassouli Leisure Interests, Inc.«

Wahrscheinlich hatte ich es bereits in dem Augenblick gewußt, als ich den dicken, cremeweißen Umschlag in der Kabine der *Sycorax* geöffnet hatte. Ich hatte gewußt, wer für das Ticket bezahlt hatte und mich in den Staaten haben wollte; aber ich hatte mich dazu überredet, es für Liebe zu halten – so glänzend, schimmernd und neu wie eine frischgeprägte Münze. Natürlich war es das nicht. Es war Kassouli. Die Karte bestätigte es nur, aber ich glaubte noch immer, meine frischgeprägte Münze aus der Schweinerei heraushalten zu können.

Das Telefon ließ mich zusammenzucken.

»Captain Sandman? Hier ist der Front Desk, Sir.

Miss Kirov hat gebeten, Sie davon zu unterrichten, daß sie Sie gegen sieben Uhr abholen wird. Sie empfiehlt formelle Kleidung, Sir.«

»Gut. Vielen Dank.«

Er schärfte mir ein, einen angenehmen Tag zu verbringen. Im Fernsehen schaffte der Schlagmann einen phantastischen Home Run, und der Ball stieg so hoch, daß das Bild vom Funkeln der Stadionbeleuchtung gestört wurde. Ich schaltete den Apparat aus und ließ mir Wasser in die Badewanne. Es war Wahnsinn, aber ich war freiwillig wegen eines Mädchens hergekommen. Ich spürte, daß mein rechtes Bein zitterte und befürchtete, daß das Knie nachgab. Daher senkte ich mich ganz langsam in die Wanne und redete mir ein, daß absolut kein Grund zur Beunruhigung bestand, daß es ein Abenteuer war und ich froh sein konnte, hier zu sein.

Mein Gefühl der Unwirklichkeit, das Empfinden, ein schlafwandelnder Teilnehmer an einem Hochglanztraum zu sein, nahm bei Jill-Beths Ankunft nur noch weiter zu. Sie kam in einem weißen BMW-Cabrio und trug ein Abendkleid aus schwarzweiß getupfter Seide. Unter einem Spitzenschal trug sie eine dreireihige Perlenkette. Ihr Haar wirkte glänzender und ihre Haut leuchtender als ich mich erinnerte. »Hi, Nick.«

»Hello.« Ich war verlegen.

Sie lachte. »Ich wußte, daß du den schwarzen Smoking anziehen würdest.«

»Entschuldige, daß ich so konventionell bin.«

»Himmel, nein. Ich mag Männer in schwarzen Smokings. Du willst doch nicht wie ein Kellner aussehen, oder?« Sie beugte sich vor und gab mir einen schnellen Kuß. »Was macht der Jetlag?«

»Genau das gleiche wie bei dir, könnte ich mir vorstellen.«

»Mir geht's großartig. Und dir besser auch, denn wir gehen auf eine Party.« Sie startete den BMW und schoß unter dem Schutzdach des Hotelportals hervor. Es war ein heißer, schwüler Abend, aber sie hatte die Klimaanlage auf vollen Touren laufen, obwohl das Verdeck des BMW offen war. Es dauerte nicht lange, bis meine Beine vor Kälte fast erstarrt, aber mein Oberkörper schweißüberströmt war.

»Ich habe nicht viel Geld dabei«, sagte ich warnend.

»Mit tausend Bucks solltest du durch den Abend kommen.« Sie bemerkte meinen Gesichtsausdruck und lachte. »Himmel, Nick! Du bist Kassoulis Gast, okay?«

»Okay«, sagte ich, als hätte ich die ganze Zeit gewußt, daß mich Kassouli und nicht die Liebe über den großen Teich gelockt hatte.

Jill-Beth bog in die Einfahrt zu einer Marina, an der sie ein bewaffneter Wachposten erkannte und das Tor öffnete. Wir fuhren an einer Reihe von Motorkreuzern vorbei, von denen jeder die Größe eines Minenräumers hatte und einen Antennenwald aufwies, der einer Fregatte zur Ehre gereicht hätte.

»Wolkenkuckucksheim«, zitierte ich aus dem Kommentar, den Jill-Beth in ihrer Akte über mich geschrieben hatte.

Jill-Beth verstand die Anspielung sofort. Sie lachte. »Hast du die Akten gesehen?«

»Nur die, die mir Bannister gezeigt hat.«

»Kann ich mir vorstellen. Hat dich meine Beurteilung beleidigt?«

»Hätte ich es sein sollen?«

»Himmel, nein.« Sie winkte einem Mann an Bord eines Motorkreuzers zu und schenkte mir dann ein entschuldigendes Lächeln. »Vermutlich bin ich zur Zeit nicht gerade Tony Bannisters Schwarm?«

»Nicht unbedingt. Ich auch nicht.«

»Hart.« Sie lenkte den BMW auf einen Parkplatz gegenüber einem Ankerplatz, an dem ein weißer Kutter festgemacht war. Sie stellte den Fahrhebel auf N und ließ den Motor laufen, während sie zur Jacht hinübernickte. »Gefällt sie dir?«

Ich kannte die Machart des Bootes, und sie gefiel mir sehr. Sie hieß *Ballet Dancer* und war an der amerikanischen Westküste gebaut worden: Ein 42-Fuß-Kutter mit einem Kanuheck, Bugspriet und den soliden, zweckmäßigen Linien eines stämmigen Hochseebootes. Der Kutter war aus Fiberglas, hatte jedoch kostspielige Teakholzdecks und geschliffene Planken. »Deins?« vermutete ich.

»Meins. Ich habe immer eine Ballettänzerin werden wollen, weißt du, aber der Wunsch genügt nicht, wenn man den Körperbau eines Ochsen hat.«

»Du hättest dich als Kind bewerben sollen.«

Sie lächelte über das Kompliment. »Ich bin zu groß geworden. Außerdem ziehe ich inzwischen das Segeln vor.«

»Ein herrliches Boot«, sagte ich aufrichtig. Die *Ballet Dancer* hatte das angenehme Aussehen eines vielbenutzten Bootes. Man kann immer sehen, wenn ein Schiff viel unterwegs ist. Es verliert seinen Ausstellungsglanz und nimmt um die kleinen Extras zu, die die Erfahrung gefordert hat. Die Klampen waren abgescheuert, zusätzliche Warpleinen waren in Speigatts zusammengerollt und eine Reihe von Riemen, Staken und Bootshaken waren neben dem festgezurrten Rettungsfloß gestapelt. Die Teakholzdecks und die Trim waren zu einem Eierschalenweiß ausgeblichen. In einem oder zwei Monaten würde die *Sycorax* ein ähnlich effizientes und wettergegerbtes Aussehen haben. »Sie sieht wundervoll aus.«

»Und rundherum meins«, stellte Jill-Beth fröhlich fest. »Vorigen Monat habe ich die letzte Rate bezahlt.« Sie schaltete den Motor des BMW aus und öffnete die Tür. »Kommst du?«

Ich folgte ihr auf den Ponton und sah zu, wie sie den Strom auf der Schorenseite ausschaltete und die Springtaue löste. »Wir laufen aus?« fragte ich überrascht.

»Sicher. Warum nicht?«

Es kam mir eigenartig vor, in Abendkleidung ein Boot zu steuern, aber das war offenbar Jill-Beths Plan. Sie ließ den Motor an. »Willst du ans Steuer, Nick?«

Der lange Kiel des Bootes machte es kompliziert, im begrenzten Wasserbereich der Marina zu wenden, aber schließlich hatte ich die *Ballet Dancer* so weit, daß ihr Bug zum Kanal zeigte. Als das geschafft war, rollte Jill-Beth den Köper vom Fockstag und setzte das Großsegel. Nie zuvor hatte ich gesehen, daß ein Mädchen im Abendkleid auf einer Jacht die Segel setzte. »Der Trick daran ist ein verdammt gutes Deodorant«, sagte sie heiter. Sie kam und setzte sich zu mir ins Cockpit, um dann ein Spind zu öffnen. »Champagner?«

»Und ich dachte, du würdest nie fragen.«

Der Abend funkelte von einer Spontanität, die zur Unverantwortlichkeit des Fluges über den Atlantik paßte. Ich fühlte mich unbeschwert, fast berauscht. Hier draußen auf dem Wasser war es kühler, und ein leichter Wind aus der Krümmung des Großsegels überlief uns. »Wie ist sie im Vergleich zur *Sycorax*?« fragte Jill-Beth.

»Die *Sycorax* hat mehr Windfang in der Takelung. Die Gaffel, die Block- und Ziehwellen, die Topsegelrahe. Daher muß sie unter Wasser eine Menge Metall haben. Das macht sie störrisch.«

»So störrisch wie du?«

»Wie ich. Und wie ich ist sie nicht allzu schnell gegen den Wind, aber ich habe ja auch nicht vor, mir meinen Weg um die Welt zu erkämpfen.« Ein Motorkreuzer zog an uns vorbei. Auf dem überdachten Achterdeck saßen Leute in Abendkleidung und hoben freundlich grüßend ihre Gläser. Ich sah, daß die ersten Sterne die bleiche Tünche des Himmels prickten, wo ein Flugzeug gerade eine weiße Spur zeichnete. »Vielen Dank für das Flugticket«, sagte ich.

»Nada.« Jill-Beth lächelte jungenhaft. »Retten weiße Ritter die Jungfrauen nicht deshalb aus der Not? Um der Belohnung willen?«

»Ist das meine Belohnung?«

»Was sonst?« Sie stieß mit ihrem Glas leicht gegen meins. Das Kielwasser des Motorkreuzers schlug gegen den Rumpf der *Ballet Dancer* und Jill-Beths Champagner spritzte auf meine schwarzen Hosen. Sie wischte die Spritzer fort. »Du gefällst mir im Smoking. Er läßt dich so elegant häßlich aussehen.«

Ich lachte. »Ich glaube, es ist das erste Mal seit der Ordensverleihung, daß ich eine Fliege trage.« Wir passierten ein vor Anker liegendes Boot, auf dem ein rauchender Grill an den eisernen Kränen seines Dingi befestigt war. Der Skipper winkte uns mit einer Grillzange zu, und wir reagierten mit einem Grüßen unserer Champagnerflöten. Ich mußte daran denken, wie sehr sich die unbeschwerte Heiterkeit dieses Abends doch von der bitteren Paranoia in Bannisters Leben unterschied, den Eifersüchteleien und Ambitionen, der Schäbigkeit seines Mißtrauens. Kein Wunder, dachte ich, daß seine amerikanische Frau dessen müde geworden war. Hatte sie sich gewünscht, an diese elegante Küste mit ihrer Zurschaustellung von Luxus zurückzukehren?

Ich verschob den Großschotring, als der Wind um ein oder zwei Punkte abnahm. Wir liefen in leicht östlicher Richtung, vorbei an Untiefen, hielten uns aber innerhalb der Bojen, die die küstennahe Fahrrinne markierten. Zwei weitere Motorkreuzer überholten uns, beide mit festlich gekleideten Menschen an Bord. »Wo ist die Party?« fragte ich.

»Dort.« Jill-Beth deutete auf ein großes weißes Haus auf einer großzügigen, strandbegrenzten Klippe, das direkt vor uns lag. Das Gebäude war zum Land hin durch hohe Bäume abgeschirmt, während Rasenterrassen zum Meer und zu kleinen abgeschirmten Stränden abfielen. Die Bootsstege waren mit Lichterketten geschmückt und die Boote lagen dicht an dicht. Scheinwerfer beleuchteten den Weg, den die anderen Schiffe nahmen, um an den Stränden vorbei sicher an die Anlegestellen zu gelangen. »Das Haus gehört Kassoulis Frau«, sagte Jill-Beth. »Sie ist heute nicht da, aber Kassouli ist es. Er möchte dir danken.«

»Für was?«

»Für meine Rettung.«

Plötzlich war ich nervös. Die ganz Reichen haben etwas an sich, das mich immer unruhig macht. Prinzipien, so erinnerte ich mich, können sich in Bargeld auflösen. Und ich hatte meine Privatsphäre bereits

Bannisters Bargeld ausgeliefert; nun fürchtete ich, daß heute abend noch etwas anderes von mir verlangt werden könnte. Ich schob das Ruder fort von mir. »Warum segeln wir nicht einfach weiter nach Nantucket? Ich bin schon seit Jahren nicht mehr dort gewesen.«

Jill-Beth lachte und zog das Ruder wieder zurück. »Yassir möchte dich kennenlernen, Nick. Er wird dir gefallen.«

Das bezweifelte ich, lenkte die *Ballet Dancer* aber gehorsam an den Bootssteg, wo Angestellte darauf warteten, unsere Jacht ordentlich zu vertäuen. Ich hörte die Musik aus den großzügigen, lampiongeschmückten Gärten. Ich entschied mich für einen luvgerichteten Liegeplatz, der Wind fiel aus den Segeln, und zwei Männer sprangen an Bord, um unsere Warpleinen zu übernehmen.

Auf uns wartete die Prachtentfaltung à la Kassouli. In den Sand des Strandes war ein Loch gegraben worden, und ein großes Lagerfeuer aus Treibholz und Tang schickte Rauch in den Abend und folterte uns mit den appetitlichen Düften von Hummer, Muscheln und Mais. Weiter oben, auf einer der Terrassen brieten Steaks auf Barbecues. Es gab Champagner, Musik und offenbar Hunderte von Gästen. Es war eindeutig ein bedeutendes gesellschaftliches Ereignis, denn zwischen all den wundervollen Menschen waren Fotografen auf Jagd. Einer machte ein Foto von Jill-Beth und mir, aber als er nach meinem Namen fragte, erwiderte ich, der sei bedeutungslos. »Ein Brite?« Er klang enttäuscht, faßte dann aber wieder Mut: »Sind Sie ein Lord?«

Ich sagte ihm, mein Name sei John Brown. Er

schrieb ihn sich auf, aber es war klar, daß ich nicht dazu bestimmt war, der Salonlöwe des heutigen Abends zu sein.

»Warum hast du denn nicht gesagt, wer du bist?« protestierte Jill-Beth.

»Ich bin absolut unwichtig.«

»Unsinn. Möchtest du tanzen?«

Ich erklärte, daß ich Rückenschmerzen hätte, und so setzten wir uns an einen Tisch, wo uns bald eine lautstarke Gruppe Gesellschaft leistete. Nachdem wir uns einander vorgestellt hatten, erklärte mir einer der Männer, wie ich mein Boot nach einem Amortisierungsplan mit einer Laufzeit von zwölf Jahren refinanzieren könnte. Ich sonderte Höflichkeiten ab und vermutete, daß nicht wenige der Gäste für Kassouli arbeiteten – entweder in seinen Finanzierungsholdings, seiner Schiffahrtslinie oder bei einer Ölgesellschaft. Ich hielt nach Kassouli Ausschau, aber der Mann, der mir einen Kredit verschaffen wollte, meinte, der Boss würde vermutlich gar nicht auftauchen. »Yassir ist kein großer Partytiger, aber er veranstaltet gern welche.« Der Mann sah sich im Garten um. »Da ist sein Sohn, Charlie.«

Ich erkannte den Sohn aufgrund der Fotos, die ich in Bannisters Haus gesehen hatte, aber auf etwas war ich nicht vorbereitet: Charles Kassouli saß in einem Rollstuhl. Er war noch keine dreißig Jahre alt, aber seine Beine hingen kraft- und nutzlos vom Sitz.

»Wie ist das geschehen?« fragte ich meinen neuen Bekannten.

»Mit dem Motorrad«, kam die lakonische Antwort. »Zuviel Geld und zuwenig Grips. Was erwarten Sie denn von Kindern reicher Leute?« Wenige Augenblikke später stellte mich Jill-Beth dem Sohn vor.

Charles Kassoulis Gesicht sah verblüffend gut aus, aber sein Verhalten war distanziert und mürrisch. Ich vermutete, daß ihn Schmerztabletten in Lethargie versetzt hatten, obwohl er sich bissig genug zeigte, als Jill-Beth ihm erzählte, ich sei Segler.

»Segler sind alle Schwanzlutscher.« Das ablehnende Gesicht wandte sich mir zu, um zu sehen, ob ich beleidigt war. Ich war es nicht. Wenn ich irgend etwas empfand, so war es Mitleid mit einem jungen Mann, der in eine der reichsten Familien hineingeboren war und sich dann selbst mit einer Drehung am Griff eines Motorrades alles verpatzt hatte. Zur gleichen Zeit empfand ich aber auch eine Art Zorn. Ich hatte im Krankenhaus eine ganze Reihe von Menschen kennengelernt, die angesichts der Tatsache, nie wieder gehen zu können, ihrer Realität mit einem Mut begegnet waren, der mir Hochachtung abgenötigt hatte. Charles Kassouli war eindeutig nicht aus diesem Holz geschnitzt.

»Sie sind nie gesegelt?« fragte ich ihn.

»Ich habe es Ihnen doch gesagt, Segler sind Schwanzlutscher.«

»Charles hat einen Motorkreuzer«, erklärte Jill-Beth in dem Versuch, ihn ein bißchen aufzuheitern.

»Willst du tanzen, J.-B.?« Er warf seine Zigarette fort und drehte seinen Rollstuhl von mir weg.

»Gern, Charlie.« Sie ging neben seinem Rollstuhl auf das Tanzparkett und ich beobachtete, wie sie halb unbewußt vor ihm herumwirbelte. Sie lächelte mich an, aber ich drehte mich um, da ich gerade angesprochen wurde. »Captain Sandman?«

Der Sprecher war ein hochgewachsener und blonder Mann mit breiten Schultern unter seiner weißen und mit Litzen besetzten Livree. Er verneigte sich knapp vor mir. »Captain Sandman?« fragte er erneut. Er hatte einen skandinavischen Akzent.

»Ja.«

»Sind Sie bereit, Sir?« Er deutete auf das große Haus.

Ich sah mich nach Jill-Beth um, aber sie war mit Kassoulis Sohn verschwunden, also folgte ich dem uniformierten Diener in das Haus, das eher ein Palast war. Wir betraten es durch ein Gartenzimmer, an dessen Wänden Landschaften in kühlen Aquarellfarben hingen. Eine Tür führte in einen großzügigen, klimatisierten Korridor, in dem die hervorragendsten Schiffsmodelle des 18. Jahrhunderts aufgereiht waren. Schiffs- und Marinemuseen hätten sich schon für eines dieser Modelle die Beine ausgerissen, und Kassouli besaß Dutzende davon... Die Wände waren mit Darstellungen antiker Seeschlachten geschmückt. Eine offenstehende Tür gab den Blick frei in einen Wintergarten mit einem großen Swimmingpool unter Palmen.

Am Ende des Korridors öffnete der Skandinavier die beiden Flügel einer goldbeschlagenen Tür. Mit einer kleinen Verbeugung ließ er mich in die Bibliothek treten und entfernte sich.

Es war ein herrlicher Raum – fensterlos, aber mit perfekten Proportionen. In den hohen Regalen an den Wänden befanden sich kostbare ledergebundene Ausgaben in englischer, französischer, griechischer und arabischer Sprache. Auf Rosenholztischen vor den Regalen standen weitere Schiffsmodelle, aber diesmal zeigten sie Kassoulis moderne Flotte – Supertanker und Riesenfrachter. Alle waren mit dem Emblem der Kassouli Line bemalt – einem Falken im Sturzflug. Jeder Schiffsname begann und endete mit einem K: *Kalik, Kerak, Kanik, Komek.* In der Branche wurde die Flotte »Kajak-Linie« genannt, ein abschätziger Spitzname für die größte Reederei der Welt.

Und eine Flotte, die von einem modernen Handelsprinzen geleitet wurde, ging es mir durch den Kopf, einem Levantiner, der mich um den halben Globus geholt hatte. Plötzlich war ich sehr nervös. Ich sah zu den Bildern empor, die über den Regalen hingen. Es waren keineswegs Ansichten, die einem nervösen Briten Zuversicht einflößen konnten: Sie zeigten die Schlachten von Bunker Hill, Saratoga, Yorktown und – aus einem späteren Krieg – New Orleans. Ihre Leinwand war gedunkelt; die Patina alten Reichtums gab Amerikas neuer Wohlhabenheit Glanz.

Auf einem Tisch in der Mitte des Raumes stand ein reizvoll arrangiertes Familienfoto: Yassir Kassouli, Stolz auf seinem fülligen Gesicht, saß neben seiner Frau. Sie war eine blonde, gutaussehende Frau mit Augen, die sich zu amüsieren schienen. Hinter ihnen standen Nadeschna und Charles – stolze Kinder, gesunde Kinder, die feinsten Erzeugnisse des reichsten Schmelztiegels der Welt. Ich bemerkte, daß das mediterrane Blut des Vaters beider Gesichtszüge dominierte, aber an Nadeschna konnte ich auch einen Hauch der humorvollen Augen ihrer Mutter entdecken.

»Eine Fotografie, die vor den Tragödien aufgenommen wurde.« Die Stimme ließ mich zusammenfahren.

Ich drehte mich um und sah einen hochgewachsenen, stämmigen Mann mit beginnender Glatze in einem Türrahmen stehen. Es war Yassir Kassouli. Seine Haut war sehr bleich; ganz so, als hätte er in den vergangenen Monaten nur wenig von der Sonne gesehen. Auf dem Photo hatte er wie ein Mann in den besten Jahren gewirkt, aber jetzt zeigten sich die ersten Anzeichen des Alters. Das Haar, das ihm geblieben war, schimmerte weiß. Nur seine Augen, dunkel und mißtrauisch, zeigten die ungeheure Energie und Kraft dieses Einwanderers, der eines der größten Vermögen Amerikas gemacht hatte. Er war im Smoking und verbeugte sich höflich. »Ich habe Ihnen zu danken, Captain Sandman, daß Sie die weite Reise gemacht haben.«

Ich murmelte, es sei mir ein Vergnügen.

Er ging zum Tisch und hob die Fotografie hoch. »Vor den Tragödien«, wiederholte er. »Haben Sie meinen Sohn kennengelernt?«

»Ja, Sir.« Das »Sir« kam ganz selbstverständlich.

»Ich habe meine Kinder entsprechend den westlichen Grundsätzen erzogen, Captain Sandman. Meiner Tochter gab ich ihre Freiheit, meinem Sohn sein Vergnügen. Ich glaube, daß ich – im großen und ganzen – nicht gut daran getan habe.« Die letzten Worte kamen trocken über seine Lippen. Er trat vor einen Barschrank. »Ich nehme an, Sie trinken irischen Whisky?«

»Ja, Sir.«

»Jameson oder Bushmills?« Er hatte den Akzent eines Mannes aus New England. Wären da nicht sein Name und seine sehr dunklen Augen gewesen, hätte ich ihn für einen WASP-Bankier oder -Börsenmakler halten können.

»Eins von beidem.«

Er goß mir Whisky ein und bediente sich dann mit Scotch. Als er die Gläser gefüllt hatte, öffnete sich die Tür, und sein Sohn in Begleitung Jill-Beths kam in den Raum gefahren. Kassouli bedeutete ihnen mit einer Geste, sie mögen sich ebenfalls ein Glas einschenken. »Sie haben nichts dagegen, Captain, daß mein Sohn uns Gesellschaft leistet?«

»Selbstverständlich nicht, Sir.«

Er brachte mir meinen Whiskey in einem schweren Kristallglas und ohne Eis. »Gestatten Sie mir, daß ich Ihnen zum Victoria Cross gratuliere, Captain. Ich nehme an, es ist heutzutage eine sehr seltene Auszeichnung.«

»Vielen Dank.« Angesichts seiner verbindlichen Höflichkeit kam ich mir unbeholfen vor.

»Rauchen Sie, Captain Sandman?«

»Nein, Sir.«

»Das freut mich. Es ist eine scheußliche Angewohnheit. Wollen wir uns nicht setzen?« Er deutete auf die Sofas vor dem Kamin.

Wir nahmen Platz. Jill-Beth und Charles Kassouli hielten sich im Hintergrund der Bibliothek, als wüßten sie, daß sie lediglich zum Beobachten da waren. Die vorherige leicht flegelhafte Haltung des Sohnes war einem respektvollen Schweigen gewichen, und ich nahm an, daß Charles Kassouli eine gewisse ängstliche Hochachtung vor seinem überwältigenden Vater empfand. Jedenfalls zündete er sich in seiner Gegenwart keine Zigarette an.

Yassir Kassouli dankte mir dafür, daß ich Jill-Beth zur Hilfe gekommen war. Und er dankte mir auch noch einmal dafür, nach Amerika gekommen zu sein. Ein paar Minuten lang sprach er dann von seiner Vergangenheit und davon, daß er gegen Ende des Zweiten Weltkrieges zwei Panzertransporter gekauft und mit ihnen sein Imperium gegründet hatte. »Der größte Teil dieses Vermögens«, stellte er selbstmißbilligend fest, »stammt aus dem Schmuggel. Ein Mann konnte mit dem Transport von Zigaretten von

Tanger nach Spanien Ende der vierziger Jahre sehr reich werden. Als ich dann amerikanischer Staatsbürger wurde, gab ich dieses Piratenleben selbstverständlich auf.«

Er fragte nach meinem Vater und drückte sein Bedauern über das Geschehene aus. »Ich kenne Tommy«, sagte er. »Nicht besonders gut, aber ich mochte ihn. Würden Sie ihm bitte meine besten Grüße übermitteln?« Ich versprach, das zu tun. Kassouli erkundigte sich nach meiner Zukunft und lächelte, als ich erwiderte, die hinge von Meeresströmungen und Winden ab. »Ich habe mir oft gewünscht, auch so ein Vagabund der Meere zu sein«, meinte er. »Aber leider . . .«

»Leider . . .«, echote ich.

Wieder schaute er auf sein Familienfoto. Ich betrachtete sein Profil, sah die hageren, fast wilden Züge des Gesichts, das jetzt korpulent geworden war. »Die Wetterkarten und Satellitenfotos des Nordatlantik in der Woche, in der meine Tochter getötet worden ist, befinden sich in meinem Besitz.«

»Ah.« Die Abruptheit, mit der er zum Thema des Todes seiner Tochter überging, erwischte mich kalt.

»Vielleicht wollen Sie sie sehen?« Er schnippte mit den Fingern. Jill-Beth öffnete eilfertig die Schublade eines Sekretärs und brachte mir einen dicken Aktendeckel.

Ich schlug den Deckel auf und deponierte die Fotografien und grauen Weatherfax-Karten auf meinem Schoß. Jede einzelne war mit roter Tinte an der Stelle markiert, an der Nadeschna Bannister gestorben war. Ich überflog sie, während mich Kassouli beobachtete. »Sie sind viel gesegelt, Captain Sandman?« fragte er mich.

»Ja, Sir.«

»Würden Sie aufgrund Ihrer Erfahrung sagen, daß die Bedingungen, die auf diesen Fotos ersichtlich sind, dazu angetan waren, eine Sturzflut über die *Wildtrack* hereinbrechen zu lassen?« Kassouli sprach so gemessen und sachlich, als würde er nicht über den Tod seiner Tochter, sondern über Politik oder Kurssprünge am Aktienmarkt reden.

Ich sah mir erst alle Unterlagen sorgfältig an, bevor ich antwortete. Die Abfolge der Karten und Fotografien zeigte, daß die *Wildtrack* von einem kleinen Tiefdruckgebiet verfolgt und dann überrascht wurde, das von New England herangezogen war, die Grand Banks überquert hatte, um dann auf die offene See hinauszuziehen. Diese Zelle niedrigen Luftdrucks hatte sicher Regen gebracht; Regen und stürmisches Wetter. Die *Wildtrack* war schnell geworden. Aber die Isobaren lagen nicht so eng beieinander, daß tatsächliche Sturmbedingungen bestanden haben können. Ich äußerte mich in diesem Sinne, fügte jedoch hinzu, daß eine schwere See nicht immer allein durch den Luftdruck bewirkt wird.

»In der Tat nicht«, räumte Kassouli ein. »Aber im Umkreis von hundert Meilen waren zu diesem Zeitpunkt auch zwei andere Schiffe unterwegs, und keines von ihnen hat ungewöhnliche Bedingungen gemeldet.«

Ich schob die Fotografien mit ihren verräterischen Wolkenwirbeln hin und her. »Manchmal«, meinte ich zögernd, »wird eine verhängnisvolle Einzelwelle auch vom Kielwasser eines Schiffes verursacht. Vielleicht von einem Supertanker . . .«

»Miss Kirovs Nachforschungen haben ergeben, daß sich in dieser Nacht keine großen Schiffe in der Gegend befunden haben.« Kassouli hatte die beunruhigende Eigenschaft, meinen Blick intensiv festzuhalten.

»Trotzdem kommen Einzelgängerwellen immer wieder vor.«

Kassouli seufzte, als wäre ich absichtlich verstockt. »Die geschätzte Wellenhöhe zu diesem Zeitpunkt und in der Gegend ist nicht höher als drei Meter. Möchten Sie den Bericht sehen, den ich in Auftrag gegeben habe?« Wieder schnippte er mit den Fingern, und Jill-Beth reichte mir Unterlagen, die mit dem Stempel eines der renommiertesten ozeanographischen Institute der Vereinigten Staaten versehen waren. Ich überflog die maschinegeschriebenen Seiten mit ihren Wellenbeobachtungen, Statistiken und Analysen von Zufallsstichproben. Was ich suchte, fand ich am Ende des Berichtes: einen Anhang, in dem festgestellt wurde, daß zwei- bis dreimal so hohe Einzelgängerwellen wie der Durchschnitt der sie umgebenden See keineswegs ungewöhnlich sind.

»Sie bestehen also darauf, daß solche Ausnahmen häufig sind?« wollte Kassouli wissen.

»Zum Glück sind sie sehr ungewöhnlich.« Ich klappte den Bericht zu und legte ihn auf das Sofa.

»Ich glaube nicht«, begann er und sprach so, als fasse er unsere Diskussion zusammen, »daß die *Wildtrack* achtern von einer Welle überrollt worden ist.«

Es entstand eine Pause. Von mir wurde ein Kommentar erwartet, aber ich hatte nur die trübe Wahrheit zu bieten. Die Zustimmung, die er wollte, konnte ich ihm nicht geben. »Aber Sie können nicht beweisen, daß sie nicht überlaufen wurde?«

In seinem Gesicht zuckte es, als hätte ich ihn geschlagen, aber sein höflicher Ton geriet nicht eine

Sekunde ins Wanken. »Der Schaden, der am Heckwerk der *Wildtrack* entstand, trägt nicht dazu bei, Bannisters Story von einer Sturzflut zu untermauern.«

Ich versuchte, mich an die Aussagen im Untersuchungsbericht zu erinnern. Die *Wildtrack* hatte am Heck die Reling verloren, den Flaggenstock, Bojen und Rettungsringe. Das lief auf einen eher oberflächlichen Schaden hinaus, aber es hätte dennoch großer Kraft bedurft, die Stützen aus den Verankerungen zu reißen. Ich zuckte mit den Schultern. »Wollen Sie sagen, der Schaden sei vorgetäuscht?«

Er antwortete nicht, lehnte sich auf seinem Sofa zurück und legte die Fingerspitzen gegeneinander. »Gestatten Sie mir, Ihnen ein paar weitere Überlegungen darzulegen, Captain. Meine Tochter war eine hervorragende und höchst erfahrene Seglerin. Meinen Sie, sie hätte selbst in einer mittelschweren See keinen Sicherungsgurt getragen?«

Ich bemerkte, daß sich Kassoulis Sohn in seinem Rollstuhl vorbeugte, um kein Wort zu verpassen. »Nein. Es sei denn, sie war gerade dabei, den Gurt wieder zu schließen«, erwiderte ich.

Es klang lahm, aber Unfälle auf See klingen immer unwahrscheinlich, wenn sie in einem behaglichen Raum rekonstruiert werden. Ich zuckte mit den Schultern.

Kassouli ließ mich nicht aus den Augen, verfolgte jede meiner Reaktionen. »Haben Sie den Untersuchungsbericht gelesen?« wollte er wissen.

»Ja, Sir.«

»Darin heißt es, daß der Südafrikaner – wie heißt er doch gleich?« Er schnippte irritiert mit den Fingern, und Jill-Beth machte zum ersten Mal seit ihrem

Eintritt den Mund auf. »Mulder«, half sie aus. Kassouli wiederholte den Namen. »Im Bericht steht, daß Mulder an Deck war, als meine Tochter starb. Glauben Sie das?«

»Ich weiß es nicht.« Ich zögerte, und Kassouli zog das Schweigen in eine unbehagliche Länge. »Es läuft da ein Gerücht um«, bequemte ich mich, »nach dem Mulder bei der Untersuchung gelogen hat. Aber das ist lediglich Tratsch aus dem Pub.«

»Es besagt aber auch, daß Bannister der Mann an Deck war.« Kassouli, der die Gerüchte eindeutig von Anfang an gekannt hatte, nahm mich in die Zange, als wolle er endlich die Wahrheit erfahren. »Warum sollten sie in dieser Beziehung lügen, um Himmels willen?«

Ich begann zu bedauern, daß ich nach Amerika gekommen war. Als mir Jimmy das Ticket auf die *Sycorax* gebracht hatte, war mir der Flug wie ein unbeschwertes Abenteuer erschienen, aber nun hatte sich die Reise in eine höchst unbehagliche Befragung verwandelt. »Wir wissen nicht, ob es eine Lüge war«, stellte ich fest.

»Sie haben Angst davor, schlafende Hunde zu wekken«, meinte Kassouli, »weil Sie Angst vor ihrem Biß haben.«

Ich hatte mehr Angst vor Kassoulis Biß. Er war kein schlafender Hund, sondern ein hellwacher Wolf. »Da ist noch etwas . . .« Kassouli schloß kurz die Augen, als wäre das Folgende für ihn schmerzlich. »Ich glaube, meine Tochter hatte sich in einen anderen Mann verliebt.«

»Ah.« Das war eine unpassende Reaktion, aber meine Armee-Ausbildung ließ eine andere Entgegnung nicht zu. Über das Meer konnte ich einigermaßen gleichmütig diskutieren, aber diese neue, peinliche und sehr persönliche Wendung des Gespräches beunruhigte mich.

Kassouli beachtete meine Verlegenheit nicht. Er wandte sich an seinen Sohn: »Erzähl es ihm, Charles.«

Charles Kassouli zuckte mit den Schultern. »Sie hat es mir gesagt.«

»Was hat sie Ihnen gesagt?« wollte ich wissen.

»Es hat da einen anderen Burschen gegeben.« Er war lakonisch, seine Stimme klang leicht verwaschen.

»Aber sie hat nicht gesagt, um wen es sich handelt?« fragte sein Vater.

»Nein. Aber sie war ganz schön aus dem Häuschen, wissen Sie.«

Ich wußte, verkniff es mir aber, Jill-Beth anzusehen. »Ist es nicht eigenartig«, sagte ich statt dessen, »daß sie mit ihrem Mann segeln geht, wenn sie in einen anderen verliebt ist?«

»Nadeschna war kein Mädchen, das leichtfertig eine Ehe aufgibt«, stellte Kassouli fest. »Eine Scheidung hätte sie mit Sicherheit als sehr schmerzlich empfunden. Außerdem teilte sie die Ambitionen ihres Mannes, die St. Pierre Trophy gewinnen zu wollen. Es war ein Fehler, Captain. Sie ist ihrem Mord entgegengesegelt.«

Erneut wartete er darauf, daß ich ihm beipflichtete, daß ihr Tod Mord gewesen ist. Ich war sogar quer über den Atlantik geholt worden, um diese Zustimmung zu liefern, aber ich gehorchte nicht.

Kassouli zeigte die Andeutung eines Schulterzukkens. »Darf ich Ihnen von Nadeschna erzählen, Captain?«

»Bitte.« Ich war schrecklich verlegen.

Er stand auf und lief auf dem Teppich hin und her. »Sie war ein ungewöhnlich schönes Mädchen, Captain. Ich weiß, man geht davon aus, daß ein Vater so über seine Tochter spricht, und doch kann ich meine Hand aufs Herz legen und Ihnen in aller Aufrichtigkeit versichern, daß sie eine höchst ungewöhnliche junge Dame war. Sie war klug, bescheiden, liebenswürdig und kultiviert. Sie hatte großes Vertrauen in die angeborene Anständigkeit der Menschen. Das könnte man für Naivität halten, aber für sie war es eine heilige Überzeugung. Nadeschna glaubte einfach nicht, daß das Böse existiert.« Er blieb stehen und starrte mich an. »Sie trug den Namen meiner Mutter und ...«, fügte er offensichtlich belanglos hinzu, »... Sie hätten sie gerngehabt.«

»Davon bin ich überzeugt«, sagte ich schwach.

»Nadeschna war ein guter Mensch«, erklärte Kassouli so entschieden, als müsse er dieses Lob in meinem Kopf festklopfen, bevor er weitersprach. »Ich glaube, daß ich sie als Kind verwöhnt habe, und doch verfügte sie über eine angeborene Balance, Captain. Sie wußte ganz einfach, was richtig und gut war. Sie hat nur einen Fehler begangen.«

»Bannister.« Ich beschleunigte das Gespräch.

»Genau. Anthony Bannister.« Der Name kam Kassouli mit fast bösartiger Intensität über die Lippen. Erstaunlich für einen Menschen, dessen Tonlage bis zu diesem Moment ausgewogen gewesen war. »Sie hat ihn kurz nach einer enttäuschten Liebe kennengelernt und heiratete ihn aus dem heraus, was man wohl Trotzreaktion nennt. Sie war von ihm hingerissen. Er ist Europäer, berühmt in seinem Land, und er war charmant.«

»In der Tat.«

»Ich habe sie vor einer überstürzten Heirat gewarnt, aber die jungen Leute können sehr dickköpfig sein.« Kassouli schwieg, und ich bemerkte einen ersten Riß in dem perfekten Bild, das er von seiner Tochter gemalt hatte. Er sah mich fest an. »Was halten Sie von Bannister?«

»Ich kenne ihn wirklich nicht besonders gut.«

»Er ist ein schwacher Mensch, ein verachtenswerter Mensch, Captain. Es ist mir nicht angenehm, so über einen Landsmann von Ihnen zu sprechen, aber es ist zutreffend. Er war meiner Tochter untreu, machte sie unglücklich, und doch beharrte sie darauf, ihm die Liebe und Loyalität zu geben, die man von einem Mädchen ihrer charakterlichen Disposition erwarten würde.«

Hier war ein gewisser Widerspruch. Ein hingebungsvolles Mädchen? Aber auch energisch und willensstark?

Aber es war keine Zeit, diese Gegensätzlichkeiten zu verfolgen, denn Kassouli wandte sich sehr direkt an mich. »Glauben Sie, daß meine Tochter ermordet worden ist, Captain Sandman?«

Ich spürte, daß Jill-Beth und der gelähmte Sohn gespannt auf meine Antwort warteten. Ich wußte, was sie hören wollten, aber ich hatte mich der Wahrheit verschrieben; sie war alles, was ich bieten konnte. »Ich weiß nicht, wie Nadeschna gestorben ist.«

Die Wahrheit war nicht genug. Ich sah, daß sich Yassir Kassoulis Hand verkrampfte, und fragte mich, ob ich ihn verärgert hatte. Der Sohn ließ ein zischendes Geräusch hören, und Jill-Beths Haltung wurde steif. Ich war unter Gläubigen und hatte gewagt, Unglauben zu äußern.

Falls Kassouli verärgert war, so verriet er es nicht.

»Ich habe nur zwei Kinder, Captain Sandman. Meinen Sohn haben Sie kennengelernt, meine Tochter werden Sie nie kennenlernen können.«

Die Trauer war plötzlich greifbar. Ich litt mit diesem Mann, konnte ihm aber dennoch nicht geben, wonach ihn verlangte – die Zustimmung, daß seine Tochter ermordet worden war. Vielleicht traf das zu, aber es gab keinen Beweis. Ich hätte zugeben können, daß ich es für unwahrscheinlich hielt, daß Nadeschna Bannister keinen Sicherungsgurt getragen hatte. Ich hätte sogar noch hinzufügen können, daß durchaus die Möglichkeit bestand, daß sie von Bord gestoßen worden war, aber derart laue Äußerungen wären für Yassir Kassouli nicht von Nutzen gewesen. Ich spürte einen ungeheuren Schmerz – den Schmerz eines Mannes, der die halbe Welt kaufen konnte, dem es aber unmöglich gewesen war, den Tod eines Kindes zu verhindern, das er geliebt hatte.

»Es war Mord«, sagte Kassouli jetzt zu mir. »Aber es war ein perfekter Mord. Das heißt, er kann nicht bewiesen werden.«

Ich öffnete die Lippen, um etwas zu sagen, fand aber keine Worte, und so schloß ich sie wieder.

»Aber nur weil es ein perfekter Mord war«, fuhr Kassouli fort, »bedeutet das noch längst nicht, daß er ungeahndet bleiben muß.«

Ich hatte das Bedürfnis, mich zu bewegen. Die Behaglichkeit des Sofas und der intensive Blick des Mannes waren für mich fast erdrückend geworden. Ich stand auf und hinkte ans andere Ende des Zimmers, wo ich so tat, als würde ich mir das Modell eines Supertankers betrachten. Er trug den Namen *Kerak*. Während ich den angreifenden Falken auf dem Schornstein betrachtete, schoß es mir durch den

Kopf, daß Kassouli trotz seiner mediterranen Herkunft einen sehr amerikanischen Wesenszug hatte, den Hang zur Perfektion. Die Mayflower hatte diese Überzeugung in ihrem Frachtgepäck gehabt, und der Traum war nie verlorengegangen. Amerikas Utopia war noch immer möglich. Es brauchte lediglich ein bißchen mehr Anstrengung und ein bißchen mehr guten Willen. Aber der größere Teil von Yassir Kassouli war im Nordatlantik gestorben, in eiskaltem Wasser von fast zweitausend Faden Tiefe. Ich drehte mich um. »Sie brauchen Beweise«, sagte ich entschieden.

Er schüttelte den Kopf. »Ich brauche Ihre Hilfe, Captain. Weshalb hätte ich Sie sonst wohl hierher geholt?«

»Ich . . .«

Er schnitt mir das Wort ab. »Bannister hat Sie gebeten, für ihn Navigator zu sein?«

»Ich habe es abgelehnt.«

Kassouli ignorierte meine Worte. »Ich werde Ihnen zweihundertfünfzigtausend Dollar zahlen, Captain Sandman, wenn Sie auf dem Rückweg nach Cherbourg die *Wildtrack* auf einem Kurs navigieren, den ich Ihnen sagen werde.«

Zweihundertfünfzigtausend Dollar. Die Summe hing wie eine riesige Versuchung in der Luft. Sie bedeutete Freisein von allem, Freiheit und Ungebundenheit. Sie würde der *Sycorax* und mir die Chance zum Segeln geben, bis alle Meere trockengelegt wären.

Kassouli deutete mein Zögern falsch. »Ich versichere Ihnen, Captain, daß Ihr Leben und die Leben der *Wildtrack*-Crew absolut sicher sein werden.«

Daran hegte ich keinerlei Zweifel, aber mir war

nicht entgangen, daß ein Name ausgespart geblieben war: Bannister. Ich hatte gewußt, daß Kassouli Bannisters Feind war, aber nun stellte ich fest, daß der Amerikaner nicht ruhen würde, bis sein Feind absolut zerstört worden war. Hier war etwas Primitives, Atavistisches am Werk: Auge um Auge, Zahn um Zahn, und nun Leben um Leben.

Ich hatte noch nicht geantwortet. Kassouli nahm die gerahmte Fotografie und hielt sie so, daß ich dem toten Mädchen in die Augen blicken konnte. »Können Sie sich die Schrecken ihrer letzten Augenblicke vorstellen, Captain?« Er machte eine Pause, obwohl keine Antwort nötig war, dann seufzte er. »Jetzt ist Nadeschna unter den *caballi.*«

Er hatte das Wort sehr weich ausgesprochen. Ich wartete auf eine Erklärung, aber die kam nicht. »Unter den *caballi*?« fragte ich nach.

»Das sind die Seelen der jungen Toten, derjenigen, die vor der Zeit gestorben sind.« Kassoulis Stimme klang sehr sachlich, fast beiläufig. »Sie streifen durch die Welt, Captain, und suchen den Trost der Gerechtigkeit. Wer sonst als ihre Familien könnte ihnen den geben?«

Ich schwieg. Mein Vater hatte mir häufig erzählt, daß die ganz Reichen, nach der Eroberung dieser Welt, darauf aus sind, die nächste zu erringen. Deshalb fänden geistige Spinner so häufig offene Ohren bei Männern und Frauen, deren praktischer Sinn ungeheure Vermögen zusammengerafft hatte. Nachdem es Kassouli nicht gelungen war, mich mit der Wissenschaft der Meteorologie und Ozeanographie zu überzeugen, nahm er Zuflucht zur Geisterwelt.

Aber weder Geister noch Wetterkarten oder zweihundertfünfzigtausend Dollar konnten mich zum Akzeptieren bringen. Ich konnte das Geld gebrauchen. Der Himmel wußte, wie sehr die *Sycorax* und ich das Geld brauchten, aber da war noch ein altmodischer Traum, ebenso alt wie der Traum, den die *Mayflower* herübergebracht hatte, und der nannte sich Ehre. Es gab keinen Beweis dafür, daß Bannister gemordet hatte. Und solange dieser Beweis nicht gefunden war, konnte es auch keine Bestrafung geben. Ich schüttelte den Kopf. »Ich kann Ihr Angebot nicht annehmen, Sir. Ich habe Bannister bereits gesagt, daß ich nicht mit ihm segeln werde.«

»Aber diese Entscheidung könnte doch zurückgenommen werden?«

Ich zuckte mit den Schultern. »Das glaube ich nicht.«

Er lächelte leicht, als hätte er mit der Ablehnung gerechnet, und stellte dann das Familienfoto wieder sorgsam auf den Tisch zurück. »Sind Sie ein Patriot, Captain?«

Die Frage verblüffte mich. »Ja, Sir.«

»Dann sollten Sie wissen, daß ich mir selbst den Zeitraum von einem Jahr gesetzt habe, um den Tod meiner Tochter zu rächen. Bisher, Captain, habe ich mich darum bemüht, diese Genugtuung mit konventionellen Mitteln zu erreichen. Ich habe Ihre Regierung angefleht, den Fall noch einmal aufzurollen, den Untersuchungsbericht zu revidieren. Ich bin vor ihnen förmlich auf Knien herumgerutscht! Sie haben abgelehnt. Nun gut. Was Ihre Regierung nicht tun will, werde ich tun. Aber ich benötige die Hilfe eines Briten, und das sind Sie. Miss Kirov hat mir versichert, daß Sie ein mutiger und fähiger Mann sind.«

Ich sah zu Jill-Beth hinüber, aber ihr Gesicht blieb

ausdruckslos. »Sie haben keinen Beweis«, hielt ich dem Vater entgegen.

Doch dieses Argument verfing bei Kassouli nicht mehr. »Wenn ich keinen Briten finde, der mir hilft, Captain, dann werde ich mich aus Großbritannien zurückziehen. Ich schmeichele mir nicht, Großbritannien in die Knie zwingen zu können, wie ich vor Großbritannien in die Knie gegangen bin, aber ich werde alle meine Investitionen aus Ihrem Land abziehen. Und ich werde meinen Einfluß geltend machen – und der ist keineswegs unbeträchtlich –, um andere von Investitionen in die Wirtschaft Ihres Landes abzuhalten. Verstehen Sie mich?«

Ich verstand ihn. Es war Erpressung in ungeheurem Ausmaß; so ungeheuer, daß sie das Begriffsvermögen nahezu überstieg. Mein Gesichtsausdruck muß diese Ungläubigkeit widergespiegelt haben, denn Kassouli hob die Stimme. »Ich werde jeden einzelnen Cent jeder einzelnen Investition in Großbritannien zurückziehen. Ich werde zum Feind Ihres Landes werden, Captain Sandman. Wann immer es in meiner Macht steht, Ihrem Land zu schaden, werde ich es tun. Und nach meinem Tod wird mein Sohn diese Feindschaft fortsetzen.«

Im Bann der bezwingenden Stimme seines Vaters nickte Charles Kassouli.

Kassouli lächelte. »Aber das wäre Unsinn, Captain Sandman! Sie sind mir vom Schicksal gesandt worden. Das Schicksal hat Sie Anthony Bannisters Vertrauen gewinnen lassen. Und ich glaube nicht an die Zufälligkeit des Schicksals.« Er hob die Hand, um meine Einwände abzuwehren. »Ich weiß, Captain, daß ich von Ihnen das Vertrauen in die Tatsache verlange, daß meine Tochter ermordet wurde. Sie dürfen nicht vergessen, daß nicht alle Ereignisse auf dieser Welt der Gesetzmäßigkeit von Tat und Beweis, von Billigkeit und Vernunft, oder auch nur von der natürlichen Gerechtigkeit des gesunden Menschenverstands und des Gefühls für das Gute unterworfen sind. Mitunter, Captain, müssen wir unseren gottgegebenen Instinkten vertrauen und entsprechend handeln!« Die letzten Worte wurden durch einen Schlag seiner rechten Faust in die linke Handfläche unterstrichen. »Haben Sie«, fuhr er fort, »den Sinn und die Berechtigung Ihres Handelns bedacht, als Sie die argentinischen Stellungen in der Nacht angegriffen haben, die Ihnen Ihren Orden gebracht hat?«

»Nein«, sagte ich.

»Dann werden Sie jetzt nicht zu einem schwachen Mann, Captain.«

»Es ist keine Schwäche . . .«

»Meine Tochter ist tot!«

Ich schloß die Augen. »Und Sie können nicht beweisen, daß es kein Unfall gewesen ist.« Ich öffnete die Augen und sah zu meiner Überraschung, daß Kassouli lächelte.

»Sie haben mich nicht enttäuscht, Captain. Ich wäre schockiert gewesen, wenn Sie sich sofort einverstanden erklärt hätten. Mir gefallen starke Menschen. Es sind die einzigen, auf die ich mich wirklich verlassen kann. Daher möchte ich, daß Sie eine einzige Sache für mich tun.« Mit einer Geste deutete er an, ich solle ihm zur Tür folgen. Während wir beide zur Tür gingen, unternahm er einen letzten Versuch, mich umzustimmen. »Ich möchte, daß Sie alles überdenken, was ich Ihnen gesagt habe. Ich möchte, daß Sie die meteorologischen Bedingungen bedenken, die Meeressituation und die einschlägige Erfahrung meiner Tochter. Ich möchte, daß Sie den Wert ihrer unsterblichen Seele gegen den Anthony Bannisters abwägen. Ich möchte, daß Sie auch über den Schaden nachdenken, den ich Ihrem Land zufügen könnte. Und wenn Sie das alles getan haben, bitte ich Sie, mich darüber zu informieren, ob Sie mir helfen wollen. Werden Sie das tun, Captain?«

Ich blickte zu Jill-Beth, aber sie lächelte nur und hob eine Hand zum Abschiedsgruß.

»Werden Sie das tun, Captain?« wiederholte Kassouli.

»Ja, Sir«, erwiderte ich lahm.

Er drückte auf einen Knopf neben dem Türrahmen, und unverzüglich erschien der hochgewachsene Skandinavier. Kassouli ergriff meine Hand. »Auf Wiedersehen, Captain. Zur gegebenen Zeit werde ich mich nach Ihrer Antwort erkundigen.«

Die Tür schloß sich hinter mir. Der Skandinavier fragte, ob ich mich wieder zur Party gesellen wolle, aber ich schüttelte den Kopf. Und so wurde ich zu einer Limousine geführt, die mich in mein luxuriöses Hotel zurückbrachte. Ich wartete auf ein Klopfen an der Tür oder einen Telefonanruf. Es geschah nichts.

Daher schlief ich unruhig. Und allein.

Am nächsten Morgen lief ich am Hafen umher und versuchte mich davon zu überzeugen, daß Kassoulis Drohungen unsinnig waren. Aber es gelang mir nicht. Ich ging zum Hotel zurück, wo ich davon informiert wurde, daß mich am Nachmittag ein Auto zum Flughafen bringen würde, wo Miss Kirov im Lobsterman's Saloon auf mich warten würde.

Der Saloon war mit altmodischen Hummerkörben

dekoriert, mit Netzen und Krustentieren aus Plastik. Jill-Beth saß allein an der Bar. Sie lächelte fröhlich. »Hi, Nick! Irischen Whiskey?« Ihre Überschwenglichkeit war wie ein Hohn auf den vergangenen Abend. »Wie hast du geschlafen?« fragte sie.

»Allein.«

»Ich auch.« Sie zuckte mit den Schultern, und ich wußte, daß ich nur für die Begegnung mit Kassouli hergeholt worden war. Jill-Beth war nichts weiter als ein Köder gewesen, und ich hatte wie eine gierige Makrele bereitwillig angebissen. »Und was hältst du von Yassir?« wollte sie wissen.

»Er ist verrückt.«

Sie schüttelte den Kopf. »Er ist ein trauernder Vater, Nick. Er hat eine Tochter verloren und möchte endlich wieder ruhig schlafen. Das ist nicht verrückt. Möchtest du Hummer?«

Ich nahm ihr die Speisekarte aus der Hand und legte sie auf die Bar. »Er spricht keineswegs davon, Bannister am Sieg der St. Pierre Trophy zu hindern, Jill-Beth. Er spricht davon, Bannister zu töten!«

Sie riß in gespieltem Schreck die Augen auf. »Davon habe ich nichts aus seinem Mund gehört!«

»Nicht mit diesen Worten.«

Sie schüttelte mißbilligend den Kopf. »Da kannst du dir nicht so sicher sein, Nick. Vielleicht will Yassir nur mit Bannister reden? Vielleicht möchte er ein unterschriebenes Geständnis, das er den Gerichten übergeben könnte? Himmel, vielleicht möchte er seine Versicherung davor bewahren, die Versicherungssumme in Höhe von einer Million Dollar auszahlen zu müssen? Vielleicht will er Bannister auch nur über das Knie legen? Ich habe keine Ahnung, was er will, Nick.«

»Er ist verrückt! Er kann der Wirtschaft eines Landes doch nicht den Krieg erklären!«

»Selbstverständlich kann er das! Hotels, Chemiefabriken, Datenverarbeitung, Investments, Öl, Schifffahrtsunternehmen. Ich glaube, in Großbritannien sind dreißigtausend Menschen bei seinen Gesellschaften angestellt. Ich weiß, das ist nicht sehr viel, aber es gibt da auch noch die Zuliefererbetriebe und Vertragspartner. Aber warum solltest du dir Gedanken über Arbeitslosigkeit machen?«

»Um Himmels willen!« Ihre Sorglosigkeit machte mich wütend.

»Nick.« Sie berührte meine Hand. »Er ist ein sehr, sehr zorniger Mann.«

»Aber er hat nicht den Hauch eines Beweises!«

»Für perfekten Mord gibt es keine Beweise.«

Ich nippte an dem Whiskey, der in gestoßenem Eis ertränkt worden war. »In wen war Nadeschna Bannister verliebt?«

»Das weiß der Himmel.« Jill-Beth hob die Schultern. »Charlie weiß es nicht oder will es nicht sagen.«

»Aber das gehört doch entscheidend zu Kassoulis Beweisführung«, protestierte ich. »Eine Liebesaffaire, von der niemand weiß, ob sie überhaupt existierte, eine Wetterkarte, die die Bedingungen auf See nicht wiedergibt und die Möglichkeit, daß sie einen Sicherungsgurt getragen haben könnte. Das ist es, Jill-Beth! Auf dieser schwachen Grundlage plädiert er für Mord!«

»Du hast es erfaßt, Nick.«

»Das kannst du doch unmöglich glauben«, forderte ich sie heraus.

Sie rührte mit einem hummerförmigen Cocktailquirl in ihrem Drink. »Ich arbeite für Kassouli, daher bin ich vermutlich irgendwie prädestiniert, das zu glauben, was ich glauben soll. Aber wenn ich die Beweise abwäge?« Sie starrte zur netzbehangenen Dekke hinauf. »Ich nehme an, daß es Mord war. Ich meine, wer soll das wissen? Bannister wollte keine Scheidung, er hat bereits mit dieser Blondine herumgemacht, er wußte, daß Nadeschna ihn bei der Steuer anschwärzen konnte – also stößt er sie auf der Rückfahrt über Bord. Das würde ich den perfekten Mord nennen.«

»Jedenfalls bin ich es nicht, der in Wolkenkuckucksheim lebt«, entgegnete ich bitter. »Kassouli ergeht sich über Seelen, die keine Ruhe finden. Über Geister!«

Jill-Beth lächelte. »Wolkenkuckucksheim, mein lieber Nick, ist das Land, in dem alles ganz einfach ist, wo die Tugend immer triumphiert und Ehre regiert. Hier ist nicht Wolkenkuckucksheim. Du hast es mit einem Mann zu tun, der sehr zornig ist, sehr frustriert, einem Mann, der Gerechtigkeit will. Er hatte nur zwei Kinder; eines ist gelähmt, das andere tot. Aber weitere kann er nicht mehr bekommen.«

»Warum kann er keine weiteren Kinder mehr bekommen?« fragte ich.

Jill-Beth bestellte sich noch einen Drink. »Dorothy hat Krebs. Sie wird sterben.«

»Großer Gott!« zuckte ich zusammen.

»Yassir liebt sie sehr. Er hat sechzehn Millionen für die Krebsforschung gestiftet. Ist das verrückt?«

»Nein.«

»Er hat in Utah praktisch ein ganzes Forschungszentrum in ihrer Nähe gebaut. Er hat irgendwo gelesen, daß Utah die niedrigste Krebsrate in den Vereinigten Staaten hat.« Sie hob die Schultern, als wollte sie damit andeuten, daß Dorothy Kassouli nicht zu helfen war, ganz gleich, was ihr Mann auch tat. »Yassir ist nicht verrückt, Nick. Aber er ist sehr, sehr entschlossen. Himmel, ihm bleibt nur sein Sohn; und den hast du kennengelernt.«

»Sicher«, stimmte ich zu. »High, meinst du wohl.«

Ich brauchte ein oder zwei Sekunden, um zu verstehen. »Drogen?« fragte ich verblüfft.

»Ja, Drogen. Obwohl er sie vor seinem Vater versteckt.« Sie rührte in ihrem Glas. »Kassouli wird von allen beneidet. Er ist reich. Aber im Hinblick auf seine Familie ist ihm übel mitgespielt worden, und er möchte zurückschlagen.«

Ich sah sie an und dachte, wie amerikanisch Jill-Beth doch war: mit strahlenden Augen, einem energischen Gesicht und glänzendem Haar. Es ging mir durch den Kopf, wie ähnlich ihr Nadeschna gewesen sein mußte. Und doch nahm dieses wunderbare Mädchen Mord billigend in Kauf. Sie würde es bestreiten, aber ich war sicher, daß Kassouli Mord im Kopf hatte. »Nimm an, ich ginge zur Polizei«, sagte ich. »Stell dir vor, ich sage ihnen, daß ihr mich zum Komplizen einer Piraterie auf hoher See machen wollt? Oder sogar zum Komplizen eines Mordes?«

»Versuch es«, sagte sie heiter.

»Sie werden mir glauben müssen«, sagte ich wenig überzeugt. »Wie viele arme Schlucker wie ich werden schon in Kassoulis Haus eingeladen?«

»Jede Menge.«

»Er hat meine Flugkosten übernommen.«

»Dein Ticket ist bar bezahlt worden. Falls nötig, werden wir sagen, daß du mich in Devon kennengelernt hast und – von meiner Schönheit hingerissen – mir nach Amerika gefolgt bist. Du wärst in dieser Hinsicht nicht der erste.« Sie lächelte. »Ich bin befugt, das Angebot auf die Summe von vierhunderttausend Dollar zu erhöhen. Hunderttausend Dollar, nachdem du dich einverstanden erklärt hast, und der Rest nach Erledigung. Zahlbar in jeder Währung, die dir genehm ist.«

»Ich werde euch nicht helfen. Wenn ich wieder in England bin, werde ich die *Sycorax* an einen geheimen Ort bringen – weit weg von Bannister und dir.«

Sie ignorierte mich. »Ich werde auch bald wieder in England sein, Nick. Ich setze mich mit dir in Verbindung, okay?«

»Du wirst mich nicht finden.«

Sie berührte meinen Arm. »Geh mir nicht auf die Nerven, Nick. Die Ehrbarkeit ist mit Nadeschna gestorben. Bleib bei Bannister, sag, daß du sein Boot navigieren wirst und kauf dir einen Taschenrechner, der bei vierhundert Riesen noch nicht den Geist aufgibt.« Sie nahm sich die Speisekarte. »Möchtest du etwas essen?«

Ich schüttelte den Kopf.

»Okay.« Sie glitt vom Hocker. Ihr neuer Drink war unberührt. »Wir sehen uns bald wieder, Nick. Und dann werde ich die Hunderttausend in bar bei mir haben. Wenn ich dich nicht treffe, dann kannst du dich von einer Menge britischer Arbeitsplätze verabschieden. Guten Flug.«

Als sie fast die Tür erreicht hatte, drehte ich mich zu ihr um. »Warum ich, Jill-Beth?«

Sie schwieg einen Moment lang. »Weil du da warst, Nick. Weil du da bist.« Sie lächelte, warf mir eine Kußhand zu und ging.

Ich fühlte mich wie ein Frosch, den die Prinzessin erwählt und geküßt hatte, der aber dennoch ein Frosch blieb. Mit anderen Worten: ziemlich dämlich. Und bis an den Hals in Schwierigkeiten!

Der Honorable John Makyns, MP, tat so, als würde es ihm nichts ausmachen, mit dem abgelegten Ehemann seiner Frau zu essen, aber es entging mir keineswegs, daß er einen der weniger anspruchsvollen Clubs im West End für unsere Begegnung ausgewählt hatte. »Ich hatte angenommen, Sie wären Mitglied im Whites?« zog ich ihn auf.

»Das Essen kann hier besser sein«, log er glatt und wedelte dann mit seinem Fischmesser in Richtung auf die übertrieben realistisch ausgemalte Raumdecke. »Und es ist doch ein recht amüsanter Ort, finden Sie nicht?«

»Zwerchfellerschütternd. Geht es Melissa gut?«

»Sehr gut, vielen Dank für die Nachfrage.« Er machte eine Pause. »Vielleicht werde ich ihr gar nicht sagen, daß wir uns zum Mittagessen getroffen haben.«

»Keine Sorge. Ich werde es auch nicht tun.«

Er zeigte mir ein flüchtiges, dankbares Lächeln. »Nicht, daß sie Sie nicht gern hätte, Nick. Das dürfen Sie nicht glauben.«

»Aber Sie könnten annehmen, wir hätten ein kleines, schmutziges Geheimnis?«

»Irgend etwas in der Art, nehme ich an.« Er wirkte ziemlich melancholisch, aber vielleicht war das verständlich. Es kommt schließlich nicht jeden Tag vor, daß man von Heathrow aus angerufen und darüber informiert wird, daß ein bedeutender ausländischer Industrieller den Wirtschaftskrieg gegen das eigene

Land erklärt. Der Ehrenwerte John brach ein Stück von einem zu hart gebackenen Brötchen und bestrich es dick mit Butter. »Wie war es in Amerika?«

»Heiß, glänzend und lebhaft.«

»Tatsächlich. Aber so ist es nun mal, nicht?« Er beschäftigte sich des längeren und breiteren mit der Weinwahl und empfahl mir das Lamm. Ich bestellte es und hörte mir dann einen ausführlichen und unzusammenhängenden Bericht über den Küchengarten seiner Mutter und die Schwierigkeiten an, geeignete Handwerker für die Reparatur von Ziegelwerk aus der Tudorzeit zu bekommen. Er vermied das Thema, das Yassir Kassouli hieß. Er hatte bereits versucht, dieses Thema am Telefon zu überhören, aber als ich dann damit drohte, die Zeitungen in der Fleet Street anzurufen, hatte er hastig dieses Mittagessen vorgeschlagen. Aber immer noch machte er Ausflüchte, fragte nach Devon, dem Wetter in Amerika, meiner Gesundheit und meiner Meinung über den Geschmack des Lammes.

»Ich habe aus Katzenfutterdosen schon Besseres gegessen.«

»Hier sind sie ziemlich stolz auf ihr Lamm.« Er war ziemlich beleidigt.

»Erzählen Sie mir von Kassouli.« Ich hatte beschlossen, energisch zum Anlaß für dieses Zusammensein vorzudringen.

»Ah.« Der Ehrenwerte John spießte ein Stück Fleisch mit der Gabel auf und rückte den Knorpeln energisch mit dem Messer zu Leibe. »Kassouli hat sich an die Regierung Ihrer Majestät gewandt. Natürlich nicht offiziell. Als Privatbürger eines fremden Staates hat Kassouli keinen diplomatischen Status, Sie verstehen?«

»Aber er ist reich, also hat die Regierung Ihrer Majestät zugehört?«

Er runzelte über meine Respektlosigkeit die Brauen, nickte dann aber. »Wir zeigen uns einflußreichen Ausländern gegenüber gern zugänglich. Warum sollten wir das nicht tun?«

»Ja, warum nicht?«

Seine Stirn lag noch immer in Falten. »Aber wir konnten ihm wirklich nicht behilflich sein.«

»Was hat er gewollt?«

Der Ehrenwerte John hob die Schultern. »Ich glaube, er wollte Bannister vor Gericht bringen, aber dazu bestand keinerlei Anlaß, kein Grund, keine Berechtigung.«

»Eine tote junge Frau?« schlug ich vor.

Er schüttelte den Kopf. »Ein Unfall, der sich auf hoher See ereignet hat, außerhalb unserer Hoheitsgewässer oder der irgendeines anderen Staates. Zugegeben, es hat sich um ein in Großbritannien zugelassenes Boot gehandelt, deshalb wurde ja auch eine Untersuchung angeordnet. Aber die Ergebnisse waren ganz eindeutig. Es war ein Unfall.«

»Hätte denn nicht eine zweite Untersuchung stattfinden können? Nur, um Kassouli zufriedenzustellen?«

»Dafür bestand keine rechtliche Handhabe. Es hätten neue Beweise auftauchen müssen, aber das war nicht der Fall.«

»Es hat Gerüchte gegeben«, sagte ich, »daß in der Untersuchungsverhandlung gelogen worden ist. Ich habe gehört, daß Bannister zum Zeitpunkt von Nadeschnas Tod an Deck gewesen sein soll und nicht Mulder.«

»Wie Sie schon sagten«, stellte John feinsinnig fest,

»es ist ein Gerücht. Für eine erneute Untersuchung also völlig unzureichend.«

»Aber den Gerüchten ist nachgegangen worden?« ließ ich nicht locker.

»Das entzieht sich meiner Kenntnis.«

Und das hieß, daß die Regierung mit der Idee gespielt hatte, den Fall noch einmal aufzurollen, dann aber wegen des Mangels an echten Beweisen zurückgeschreckt war. »Also hat Kassouli Sie bedroht?« fragte ich John.

Er schenkte mir ein winziges und kaltes Lächeln. »Man bedroht die Regierung Ihrer Majestät nicht.«

»Er erzählte mir, daß er seine Betriebe in Großbritannien schließen und seine Investitionen zurückziehen will. Schließlich will er seine Kumpel überreden, das gleiche zu tun. Das würde sich in den Arbeitslosenstatistiken gar nicht gut machen.«

Der Ehrenwerte John konzentrierte sich aufs Kauen, schien dann aber zu der Überzeugung zu gelangen, von seiner Seite des Tisches müsse auch etwas zum Gespräch beigetragen werden. »Sie sind nicht der erste, der mir mit dieser Botschaft kommt, Nick. Ein Kassouli-Embargo gegen Großbritannien?« Mit hochgezogenen Brauen zog er ein Stück Bindfaden aus seinem Bratenstück und legte es pedantisch an den Tellerrand. »Ich verlasse mich darauf, daß Sie darüber nichts zu den Zeitungen sagen. So etwas würde der Regierung Ihrer Majestät gar nicht gefallen.«

Ich überhörte das. »Könnte uns Kassouli schaden?«

Der Ehrenwerte John lehnte sich zurück und starrte ein paar Sekunden lang an die bemalte Decke, dann zuckte sein Kopf nach vorn. »Nicht so sehr, wie er vielleicht annimmt. Aber er könnte uns in Verlegenheit bringen. Und er könnte Vertrauen zu einem Zeitpunkt erschüttern, zu dem wir uns sehr bemühen, ausländische Investitionen ins Land zu bekommen.«

»Wie groß würde der Schaden sein?«

»Wir würden es überleben.« Er sagte es ohne viel Nachdruck. »Langfristig wirkt sich der Schaden am ehesten auf die Arbeitsplätze aus. Wenn wir Kassoulis Arbeitsplätze an Deutschland, Irland oder Spanien verlieren, sehen wir sie nie wieder. Und die meisten von ihnen betreffen ausgerechnet die Branchen, die wir unterstützen wollen und müssen.«

»Er könnte uns also schaden?« blieb ich beharrlich.

»In Verlegenheit bringen«, blieb er beharrlich.

»Also, was soll ich tun?«

Der Ehrenwerte John setzte das mißbilligende Gesicht eines Politikers auf, der auf eine direkte Frage eine unumwundene Antwort geben sollte. »Ich kann es wirklich nicht sagen«, sagte er steif. »Ich bin nur ein bescheidener Hinterbänkler, oder?«

»Um Himmels willen, John. Sie sind über die Sache informiert worden. Nachdem ich Sie angerufen hatte, sind Sie doch sofort zum Department of Industry gelaufen, oder welcher Fleischtopf diese Probleme auch immer verwaltet, und haben ihnen meine Informationen weitergegeben.«

»Ich könnte es dem Staatssekretär gegenüber erwähnt haben«, wagte er sich vorsichtig vor. In Wirklichkeit hatte sich jedoch die Regierung Ihrer Majestät mit der Geschwindigkeit einer verbrühten Katze bewegt – teils aus Angst vor Kassouli, teils aber aus der noch größeren Furcht, ich könnte die ganze verdammte heiße Kiste in der Fleet Street ausposaunen.

»Also, was soll ich tun?« wollte ich wissen.

Er brachte den Weißwein in seinem Glas in schwingende Bewegung und bemühte sich darum, umsichtig zu wirken. »Was halten Sie denn für das Beste, Nick?«

»Ich hätte Sie doch wohl kaum um Hilfe gebeten, wenn ich wüßte, was zu tun ist, oder? Mir hat ein Irrer damit gedroht, den Wirtschaftskrieg gegen Großbritannien auszurufen, wenn ich mich weigere, Anthony Bannister in Fischfutter zu verwandeln! Würden Sie nicht auch sagen, daß das eher eine Sache für die Regierung ist als für mich?«

»Fischfutter?« Der Ehrenwerte John konnte herrlich begriffsstutzig sein, wenn er wollte.

»Sie wollen, daß ich ihm das Licht auspuste, John. Ihn ausschalte. Ihn kaltmache. Den Gangster erledige.«

Er sah ungeheuer gequält aus. »Hat Kassouli das so gesagt?«

»Nicht exakt, aber ich kann mir zum Teufel noch mal nicht vorstellen, was er sonst vorhat. Ich soll das schöne Boot direkt zum Punkt X auf der Karte steuern. Was meinen Sie, was da wohl auf uns wartet? Meerjungfrauen?«

»Ich lege bewußt Wert auf die Feststellung, daß ich keine Andeutungen von Mord gehört habe. Soweit ich weiß, will Kassouli lediglich verhindern, daß Bannister die St. Pierre Trophy gewinnt.«

»Seien Sie nicht so erhaben, John. Der Hund führt nichts Gutes im Schilde. Wollen Sie, daß ich die Story in Fleet Street herumerzähle? Irgend jemand wird mir schon zuhören. Ich habe ein Stück Bronze, das das sicherstellt.«

»Sie werden nur zu begeistert zuhören, fürchte ich. Nichts begeistert die Presse mehr, als eine Chance unsere Beziehungen zu den Vereinigten Staaten zu gefährden.« Er sah mich hilflos an.

»Dann beruhigen Sie mich doch, um Himmels willen! Sagen Sie mir, daß die Regierung das Problem im Griff hat! Haben Sie denn keine Freunde in Washington, die dafür sorgen, daß Kassoulis Hirn wieder normal funktioniert?«

»Bei den Summen, die er Mitgliedern des Kongresses zur Verfügung stellt? Nein.« Er hob die Schultern. »Und Sie vergessen, daß Kassouli diese Drohungen nie in der Öffentlichkeit geäußert hat. Sie wurden – wie soll man das ausdrücken – angedeutet. Üblicherweise durch Mittelsmänner wie Sie. Kassouli würde selbstverständlich bestreiten, derartige Äußerungen gemacht zu haben. Dennoch muß die Regierung Ihrer Majestät sie ernstnehmen.«

»Dann räumen Sie ihm doch eine gottverdammte neue Untersuchung ein. Warum denn nicht?«

»Weil entgegen dem Geheul der Linkspresse, Nick, die Regierung Ihrer Majestät die Gerichtsbarkeit keineswegs kontrolliert. Eine neue Untersuchung kann nur dann eingeleitet werden, wenn neue Beweise vorliegen. Und die gibt es nicht. Daher müssen wir sehen, wie Sie . . .«

»Moment mal!« unterbrach ich ihn. »Jetzt kommt eine Tatsachenfeststellung. Ich werde Kassouli nicht helfen, weil ich keine Lust habe, meinem Vater im Gefängnis Gesellschaft zu leisten. Ich werde nach Devon fahren, und wenn Bannisters verfluchte Geliebte mein Boot nicht gestohlen hat, werde ich es an irgendeinen hübschen versteckten Ort schleppen lassen und auftakeln. Unterdessen werden Sie eine

Menge Arbeitsplätze verlieren, aber schieben Sie bloß nicht mir die Schuld in die Schuhe. Ich habe genug für mein Land getan. Mein zerfetzter Rücken ist Beweis genug. Und Melissa können Sie sagen, daß sie mich vor meinem Aufbruch nach Neuseeland nicht aufzustöbern braucht, weil ich schon verschwunden bin. Das Schulgeld der Kinder liegt auf der Bank, und mehr habe ich nicht. Es lohnt sich für sie also nicht, weiterzusuchen. Werden Sie ihr das ausrichten, John? Sagen Sie ihr, ich sei ein verdammter Hund und pleite dazu.«

»Nick, Nick, Nick!« Der Ehrenwerte John hob gequält die Hand. »Natürlich erwarten wir keineswegs, daß Sie für diese Situation die Verantwortung übernehmen.«

»Nein?« Er winkte einem Kellner. »Ich wiederhole, daß ich kein Mitglied der Regierung Ihrer Majestät . . .«

»Noch nicht . . .«

»Aber dennoch kann ich mir ganz gut vorstellen, wie die Regierung die Sache sieht. Offen gesagt, Nick, wir würden es vorziehen, wenn Mister Kassouli seine Drohungen gegen uns nicht wahrmacht. Ich denke, das ist eine faire Haltung und eine vernünftige dazu. Aber wie ich schon sagte, sind diese Drohungen nicht öffentlich geäußert worden, und wir benötigen mehr Informationen über sie. Ihre Mitteilungen waren wertvoll, aber wir brauchen noch mehr. Zum Beispiel, ob es sich um eine tatsächliche Bedrohung handelt. Drücke ich mich verständlich aus?«

»Um Ihre erste Frage zu beantworten: ja. Und zur zweiten: nein.«

Er sah mich nicht an. »Ich meine, ich hätte gesagt,

daß die Regierung Ihrer Majestät sehr dankbar wäre, sogar überaus dankbar, wenn Sie uns über Mister Kassoulis Absichten informiert halten könnten. Weiter nichts, Nick. Nur informiert.«

»Wie dankbar wäre die Regierung Ihrer Majestät?« parodierte ich seine Betonung.

Er gab ein kleines Lächeln von sich. »Ich glaube nicht, daß wir über finanzielle Entschädigungen sprechen, Nick. Wollen wir einfach darin übereinstimmen, daß wir Ihren Patriotismus stillschweigend anerkennen und würdigen?«

»Heiliger Nepomuk!« Ich wartete, bis er mich ansah. »Sie wollen tatsächlich, daß ich mit Kassouli gemeinsame Sache mache, was?«

»Wir möchten, daß Sie uns auf dem laufenden halten. Durch mich, obwohl ich natürlich bestreiten werde, diese Bitte jemals an Sie gerichtet zu haben. Das ist eine strikt inoffizielle Angelegenheit.«

»Aber ich kann doch nur dann ein Auge auf Kassouli haben, wenn ich auf seine Pläne eingehe, stimmt's? Also helfe ich ihm, und die Regierung Ihrer Majestät ist auf höchst zweifelhafte und nebulöse Weise dankbar. Ist es so?«

Der Ehrenwerte John dachte eine Weile über seine Antwort nach und dann nickte er. »Ja, ich denke, daß es so ist. Und Sie wollen doch Ihr Boot zurückhaben, nicht? Das sollte durch das Erwünschte doch zu bewerkstelligen sein.«

Es war alles so überaus heikel. Kassouli rechtfertigte Rache als gerechten Zorn. Der Ehrenwerte John machte es zu einem Fall von Zweckdienlichkeit. Und ich sollte das Werkzeug sein. »Warum gehe ich nicht einfach zur Polizei?« fragte ich.

Er beglückte mich mit einem sehr kleinen, sehr

verkniffenen Lächeln. »Weil Sie sehr schnell herausfinden würden, daß die Angelegenheit deren Kompetenz überschreitet.«

»Das heißt, daß die Regierung Ihrer Majestät eingreifen würde?«

»In der Tat.«

Ich dachte an Harry Abbott, der mir immer so nahe gewesen war und versucht hatte, mich von allen Problemen fernzuhalten wie ein Geleitschiff, das ein Handelsschiff durch ein Minenfeld lotst. Allerdings, und das erkannte ich plötzlich, war es Abbotts Aufgabe gewesen, Bannister auf die Minen auflaufen zu lassen. »Herrgott, Ihr seid eine dreckige Bande.« Ich starrte ihn an. »Glauben Sie, daß Bannister seine Frau ermordet hat?«

»Ich denke, es wäre unverantwortlich, irgendwelche Mutmaßungen anzustellen.«

»Wenn Sie wollen, daß er stirbt«, erklärte ich brutal offen, »warum beauftragen Sie dann nicht Ihre Schlägertruppe? Oder wollen Sie mir einreden, daß die Burschen, die aus meinem Regiment verschwanden, alle ins Kloster gegangen sind?«

»Unsere Schläger«, erwiderte er mit gepeinigter Stimme, »haben weder Boote auf Bannisters Rasen noch die Ehre seiner Bekanntschaft.«

»Sie könnten sie vorstellen«, schlug ich zuvorkommend vor. »Ich dachte, Bannister wäre ein Freund von Ihnen.«

»Eher Melissas Freund, nicht meiner.« Er sah mich nicht an, als er das sagte.

Armer Hund, dachte ich. »Wirklich? Diesen Eindruck hatte ich eigentlich nie.«

Er versuchte, seine Erleichterung zu verbergen, aber es gelang ihm nicht ganz. »Nicht, daß sie einander besonders nahestünden, aber sie hat eben mehr Zeit für das gesellschaftliche Leben als ich.«

Mehr Zeit in ein Bett zu schlüpfen und wieder heraus, meinte er. Sowohl der Ehrenwerte John als auch ich trugen gewaltige Hörner, die uns Melissa aufgesetzt hatte. »Die Regierung Ihrer Majestät wäre also erfreut und dankbar«, stellte ich fest, »wenn ich dazu beitragen würde, Melissas Freund Tony auszuschalten. Und Sie bedeuten mir auf die glatteste und umwundenste Art und Weise, daß die Polizei ein Auge zudrücken wird.«

»Sie können meine Worte deuten, wie Sie wollen, Nick. Ich stelle noch einmal nachdrücklich fest, daß ich jede Andeutung von einer Verschwörung zum Mord von mir weise. Ich sage nur, und das inoffiziell, daß wir es gern sähen, wenn Sie einem wichtigen Industriellen helfen könnten, der in unserem Land weitere bedeutendere Investitionen machen und Arbeitsplätze schaffen könnte.«

»Hat Kassouli das versprochen, falls Sie ein Auge zudrücken? Arbeitsplätze?«

Er drehte und wand sich. »Reden Sie doch keinen Unsinn, Nick.«

»Dieser Mann ist doch total übergeschnappt, John. Er spricht von Seelen, die keine Ruhe finden. Vermutlich unterhält er sich über eine Alphabettafel mit seiner Tochter oder mit Hilfe eines irren Mediums.«

Der Ehrenwerte John sah auf seine Armbanduhr. »Großer Gott! So spät? Und – Nick?«

»John?«

»Kein Wort an die Presse. Versprochen?«

Er zahlte und ging. Ich hatte mich mit der Bitte um Hilfe an die Regierung gewandt und war zurückgewiesen worden. Also tat ich das, wovon sie mir dringend abgeraten hatten. Ich rief in der Fleet Street an.

Das Pub roch schlecht, war schäbig und, im Vergleich zu den Kneipen in Devon, teuer. Aber es lag in der Nähe der Zeitungsredaktionen, deshalb hatte es Micky Harding als Treffpunkt vorgeschlagen. Harding war einer der Reporter gewesen, die meinem Bataillon auf den Falklandinseln auf Schritt und Tritt gefolgt waren. Unvermeidlicherweise hatte er den Spitznamen Maus erhalten.

Maus brachte vier Pints Ale an unseren Tisch. Zwei für jeden von uns. »Sie sehen einfach schauerlich aus, Nick.«

»Vielen Dank.«

»Nie gedacht, daß ich Sie noch mal zu Gesicht bekomme.«

»Sie hätten mich im Krankenhaus besuchen können.«

»Seien Sie doch nicht so bekloppt. Ich habe verdammt viele Stunden vor Ihrer Tür verbracht, aber Sie haben sich nur angestellt. Was ist denn los? Haben wir für Sie das falsche Rasierwasser? *Cheers.*« Er goß sich den größeren Teil seines ersten Pints hinter die Binde. »Habe Ihr häßliches Gesicht in der Zeitung gesehen. Wer hat Sie zusammengeschlagen?«

»Ein Freund von Anthony Bannister. Ein Südafrikaner.«

»Na, na, na.« Er sah mich interessiert an, witterte eine Story.

»Aber das können Sie nicht bringen«, setzte ich schnell hinzu. »Denn wenn Sie es tun, verliere ich mein Boot.«

Er schloß die Augen, schnippte irritiert mit den

Fingern und sah mich dann triumphierend an. »*Sycorax*, stimmt's?«

»Stimmt.«

»Drei verdammte Jahre, aber ich habe es nicht vergessen.« Ich erinnerte mich, wie stolz Micky auf sein Gedächtnis war. »Gütiger Gott«, fuhr er fort, »aber Sie konnten einem ganz schön auf die Nerven gehen mit diesem verdammten Schiff. Immer noch flott, ja?«

»Gerade erst wieder.«

»Weshalb werden Sie es verlieren, wenn ich schreibe, Sie wären von einem Freund von Bannister zusammengeschlagen worden?«

»Weil ich Bannisters Geld brauche, um die *Sycorax* wiederherstellen zu können.«

Micky sah mich lange und ungläubig an. »Wenn ich mich recht erinnere, und mein Gedächtnis ist gut, wie Sie wissen, haben wir Steuerzahler jedem hunderttausend Pfund zukommen lassen, der auf den Falklandinseln schwer verwundet worden ist. Traf das auf Sie nicht zu?«

»Ich bin später von einem Scheidungsanwalt ausgeplündert worden.«

»Teufel auch! Hundert Riesen?«

»Fast aufs Pfund genau.«

»Gütiger Gott. Sie brauchen eine nette Kinderschwester, keinen Reporter. Also, fangen Sie an.«

Ich erzählte ihm von der *Sycorax*. Ich berichtete ihm auch von Bannister, Jill-Beth, Kassouli und dem Ehrenwerten John. Ich erzählte ihm alles. Ich berichtete, wie ich mich in Kassoulis Haus hatte lotsen lassen und nun, als Folge davon, vor einem Problem stand. Ich sagte ihm, daß ich Kassouli ablenken wolle – nicht, weil ich auf Bannisters Seite stand, sondern weil es mir unmöglich war, untätig zu bleiben, wenn so viele Arbeitsplätze auf dem Spiel standen. Es war zu einer Angelegenheit des Patriotismus' geworden. Micky verzog das Gesicht, als mir das Wort über die Lippen kam. »Warum machen Sie nicht einfach mit?« wollte er wissen. »Die Regierung wäre doch nur allzu froh, wenn Bannister über den Jordan geht, die Jobs werden gerettet und Sie behalten Ihr Boot. Wozu brauchen Sie mich?«

»Weil es keinerlei Beweis dafür gibt, daß Bannister seine Frau getötet hat.«

»Oh! Sie wollen also auch noch ehrenhaft bleiben, was?« Er sagte es auf freundlich-spöttische Weise, zündete sich dann eine Zigarette an und starrte an die rauchverfärbte Decke. Er war ein hochgewachsener Mann mit einer offenen Sprache, einem zerklüfteten Gesicht und einem wieselflinken Geist. Er strahlte einen überwältigenden Eindruck von Weltverdrossenheit aus: er hatte alles gesehen, alles gehört, aber nur sehr wenig davon geglaubt. Jetzt wirkte er unsicher. »Es geht um die Angelegenheit des Sohnes eines Knastbruders gegen die britische Regierung und gegen einen der reichsten Männer der Welt?«

»Darum geht es.«

»Das VC wäre natürlich eine Hilfe ...«, dachte er noch ein bißchen weiter nach, »... aber Kassouli wird höchstwahrscheinlich bestreiten, je mit Ihnen gesprochen zu haben?«

»Ganz bestimmt.«

»Und die Regierung wird sagen, sie hätte noch nie von Ihnen gehört?«

»Davon bin ich überzeugt.«

»Gerissen.« Für ein paar Züge aus seiner Zigarette

versank er wieder in Schweigen. »Glauben Sie, es sei möglich, daß es Bannister getan hat?«

»Ich habe nicht die leiseste Ahnung, Maus. Das ist doch gerade der Witz an einem perfekten Mord. Er ist so perfekt, daß man nicht einmal wissen kann, ob es tatsächlich Mord war.«

»Aber wenn wir schreiben, es war Mord, Nick, selbst wenn wir das auch nur andeuten, wird uns Bannister mit einer verdammten Klage überziehen, oder etwa nicht?«

»Würde er?«

»Natürlich würde er. So eine Schadensersatzklage ist Hunderttausende wert. Und dazu auch noch steuerfrei.« Er schüttelte den Kopf. »Es kann also einfach nicht bewiesen werden, daß er seine Frau umgebracht hat, was?«

»Nein.«

»Das wäre der perfekte Mord.« Er sagte es voller Bewunderung. »Und verdammt billiger als eine Scheidung.« Er zündete sich eine neue Zigarette an. »Ich möchte die Sache machen. Es ist eine ganz herrliche kleine Story. Ein stinkend reicher Yankee mit einem exotischen Namen, ein mordender britischer Bastard, eine feige Regierung, ein kupferbehängter Kriegsheld und eine Leiche mit Riesentitten. Gerade das Richtige für einen fiesen Typ der Unterklasse, wie ich einer bin. *Cheers*, Nick!«

»Sie können mir also helfen?« Mir war, als wäre eine Last von mir genommen worden; es war die Erleichterung darüber, nicht mehr zwischen Baum und Borke zu stecken. Wenn die britische Regierung mit Kassoulis Besessenheit nicht fertig wurde, dann die Presse mit Sicherheit. Angesichts der Veröffentlichung mußten Kassoulis Drohungen sich in nichts auflösen, da er es kaum wagen würde, Erpressungsversuche gegenüber einer Regierung oder einen Plan für eine Rache auf offener See zuzugeben. Ich würde die Zeitungen im Schlamm wühlen und die Sache zum Himmel stinken lassen. Unter Umständen konnte Kassouli durch diesen Gestank sogar das erreichen, was er anstrebte: eine Wiederaufnahme der Untersuchung der Umstände, die zu Nadeschnas Tod geführt hatten. Und mich würde der Gestank von dem ganzen Mist befreien. Ich hatte um Hilfe gebeten und bekam sie nun ausgerechnet von den Menschen, denen ich mehr als zwei Jahre lang aus dem Wege gegangen war.

»Ich werde helfen«, erklärte Micky grimmig. »Aber dafür brauche ich handfestes Material, Beweise.« Er zog das Gesicht in nachdenkliche Falten. »Diese Jill-Beth Kirov kommt also zurück, um mit Ihnen zu sprechen?«

»Das hat sie gesagt. Aber ich habe vor, morgen mein Boot zu verlagern. Ich werde also für Gespräche kaum zur Verfügung stehen.«

»Sie müssen das Boot unbedingt wegbringen?«

»Ja, verdammt noch mal. Bannister hat gedroht, es mir wegzunehmen. Und ich habe bereits mehr als genug durchgemacht.«

»Nein.« Micky schüttelte den Kopf. »Nein, nein, nein. Das wird nicht gehen, Nick. Sie müssen da bleiben.« Er sah meinen unwilligen Gesichtsausdruck und seufzte. »Sehen Sie das doch ein, Mann. Wenn Sie nicht vor Ort sind, kann das amerikanische Mädchen nicht mit Ihnen reden. Und wenn die nicht mit Ihnen redet, bekommen wir keine Beweise. Und wenn wir keine Beweise haben, gibt es auch keine Story. Keine verdammte Zeile.«

»Wie soll denn ihr Gespräch mit mir Beweise liefern?«

»Weil wir Sie verkabeln, Sie einfältiger Held. Ein Mikrophon unter Ihrem Hemd, eine Antenne in Ihren Unterhosen, und Onkel Micky hört das Ganze mit einem Bandgerät ab.«

»Dürfen Sie denn so etwas machen?«

»Sicher darf ich das. Ich muß mir zwar die Erlaubnis vom Chef holen, aber wir tun so was dauernd. Was denken Sie, wie wir sonst all die korrupten Bullen und Priester auf Abwegen aufspüren? Aber Sie muß ich vor allem um eines bitten, Nick. Sie müssen sich mit allem einverstanden erklären. Klar? Sagen Sie Bannister, daß Sie sich darum reißen, sein verdammtes Boot zu navigieren. Erzählen Sie Kassouli, daß Sie darauf brennen, Bannister in die Falle zu locken. Halten Sie sie alle hin!«

»Aber eigentlich möchte ich nicht in Bannisters Haus bleiben«, meinte ich grämlich. »Ich habe ihnen doch schon gesagt, daß ich aus ihrem verdammten Film aussteige.«

»Dann werden Sie diese Aussage eben zurücknehmen. Kriechen Sie zu Kreuze. Sagen Sie einfach, Sie hätten sich alles noch einmal durch den Kopf gehen lassen.« Micky war hartnäckig, und er überzeugte mich. Seine ganze Weltverdrossenheit hatte sich in seiner Gier nach dieser Story aufgelöst. »Sie tun das für Königin und Land, Nick. Sie retten Arbeitsplätze. Sie sorgen ein bißchen dafür, daß die Yankees nicht mit jeder Schweinerei durchkommen. Und es wird ja ohnehin nicht lange dauern. Wann wollte das amerikanische Weib denn hier auftauchen?«

»Keine Ahnung.«

»Innerhalb eines Monats, schätze ich. Also – sind Sie dabei?«

Bannister hatte es nicht geschafft, mich zu überreden, Kassouli nicht, selbst der Ehrenwerte John nicht, aber Micky erreichte es nahezu problemlos. Aber nur, bis die Story gelaufen war. Danach würde ich mich von all den reichen Männern befreien, in deren Händel ich unfreiwillig hineingezogen worden war. »Selbstverständlich erhalten Sie für die Story ein Honorar«, sagte Micky.

»Ich will dafür kein Geld.«

Er schüttelte den Kopf. »Sie sind ein Narr, Nick. Sie sind ein echter Narr!«

Aber ich war nicht mehr allein.

Am nächsten Morgen fuhr ich mit dem Zug nach Devon. Es regnete. Die *Wildtrack* war nicht mehr auf dem Fluß. Vielleicht war sie wieder in der Marina, vielleicht aber auch auf einer ihrer Trainingsrunden. Die *Mystique* war gleichfalls verschwunden. Vermutlich hatte sie eine verärgerte französische Charterfirma abholen lassen.

Aber die *Sycorax* lag immer noch an meinem Ankerplatz. Ich hatte eigentlich damit gerechnet, daß sie fort war, aber sie war da und ich ungeheuer erleichtert.

Ich humpelte zu ihr hinunter und kletterte in ihr Cockpit. Ich stellte fest, daß Jimmy die Nußeisen an der Backbordseite für die Wanten des Groß- und Besanmastes festgebolzt hatte. Ich öffnete das Vorhängeschloß der Kabine und schwang mich über die Setzborde. Ich hob die Kajütstreppe hoch und sah, daß die Waffe noch immer in ihrem Versteck unter dem Motor lag. Wenn Mulder die *Mystique* durchsucht hatte, so fragte ich mich, warum dann nicht auch die *Sycorax?*

Ich ging an Deck, konnte aber keine Spur von Jimmy entdecken. Auf dem Fluß waren lediglich die kleinen Grübchen der Regentropfen zu sehen. Ich war müde, spürte das Durcheilen der Zeitzonen per Jet in allen Knochen. Fast zärtlich schlug ich auf das Kabinendach der *Sycorax* und versicherte ihr, daß wir bald unterwegs sein würden. Wir würden bestimmt nicht mehr lange auf diesem Fluß bleiben, gerade so lange wie nötig, um einer Clique der reichsten Männer dieser Welt eine Falle zu stellen.

Es war kein Bier auf der *Sycorax*, auch nichts zu essen. Und so trottete ich zum Haus hinauf, stellte dort aber fest, daß die Haushälterin ausgegangen war. Da ich wußte, wo sie einen Reserveschlüssel verwahrte, verschaffte ich mir selbst Einlaß. Ich holte mir ein Bier, Brot und Käse aus der Küche. Meinen Imbiß nahm ich in dem großen Wohnraum zu mir, von wo aus ich in den Regen über dem Fluß hinausstarrte. Ein Dampfer mit Grockles tuckerte flußaufwärts, und ich sah, wie die Touristen ihre Nasen an den Fenstern plattdrückten. Sicher würde ihnen ihr Führer gerade sagen, daß sie soeben das Anwesen des berühmten Tony Bannister passierten. Aber in wenigen Wochen, ging es mir durch den Kopf, würden die skandalösen Berichte in den Zeitungen noch weit mehr Leute hierherbringen, um das luxuriöse Haus zu belagern. Ich nahm an, daß die Eigner der Grockles-Dampfer während des Prozesses gegen meinen Vater gute Geschäfte gemacht hatten.

Das Geräusch einer zuschlagenden Tür hallte durch das Haus. Ich drehte mich um und rechnete damit, die Haushälterin in die Küche gehen zu hören, aber statt dessen kam Angela Westmacott ins Wohnzimmer. Sie blieb stehen, war offensichtlich verblüfft über meinen Anblick.

»Guten Tag«, sagte ich höflich.

»Ich dachte, Sie wären ausgestiegen?« erkundigte sie sich spitz.

»Ich dachte, wir könnten in Ruhe darüber reden«, erwiderte ich.

»Heißt das, daß Sie das Geld brauchen?« Sie hatte die Arme voller Einkaufstüten, die sie nun auf ein Sofa fallen ließ, bevor sie ihren nassen Regenmantel auszog. »Machen Sie den Film oder machen Sie ihn nicht?« wollte sie wissen.

»Ich habe mir gedacht, wir könnten ihn ebensogut beenden«, meinte ich lahm. Eigentlich hatte ich vorgehabt, an diesem Nachmittag zu verschwinden, aber ich hatte Micky versprochen zu bleiben.

»Und wie geht es Ihrer Mutter?« fragte Angela pointiert.

»Sie ist ein zäher alter Vogel«, erwiderte ich vage und war ein bißchen beschämt, mit der Lüge konfrontiert zu werden, die ich dem Anrufbeantworter erzählt hatte.

»Ihre Mutter hörte sich recht gesund an, als ich mit ihr gesprochen habe. Anfangs war sie ziemlich überrascht, sagte dann aber, Sie seien in Dallas, im Moment nur leider nicht im Haus.« Angelas Stimme klang ätzend. »Ich sagte, ich würde mich wieder melden, aber sie meinte, ich solle mir keine Mühe machen.«

»So etwas macht Mutter gern, besonders auf dem Sterbebett.«

»Sie sind ein Bastard, Nick Sandman. Ein ausgesprochener Bastard.«

Ich war immun gegen ihre Beleidigungen, weil ich nicht mehr von ihr abhängig war. Hinter mir stand Mickys Zeitung. Ich drehte mich um und beobachtete, wie das Regenwasser die Scheiben herunterlief. Die Wolken hingen bis auf die Spitzen der Hügel am gegenüberliegenden Ufer hinunter, also würde dichter Nebel über dem Moor liegen. Ich betete, daß Jill-Beth bald nach England kam, damit ich die Scharade des Fallenstellens hinter mich bringen und von diesen verwöhnten, allzu ehrgeizigen und selbstsüchtigen Menschen verabschieden konnte.

Ein Schluchzen schreckte mich hoch. Als ich mich umdrehte, sah ich zu meiner Verblüffung, daß Angela weinte. Sie stand am anderen Ende der langgestreckten Fensterfront, die Tränen liefen über ihre Wangen und ihre schmalen Schultern zuckten. Erschreckt und peinlich berührt sah ich sie an. Sie merkte, daß ich sie beobachtete und wandte sich gereizt ab. »Alles was ich will«, sagte sie zwischen zwei Schluchzern, »ist ein anständiger Film. Ein guter Film.«

»Zur Erreichung dieses Zieles wenden Sie aber sehr merkwürdige Methoden an«, stellte ich bitter fest.

Sie ignorierte meine Worte. »Es ist, als müsse man in Sirup schwimmen! Sie verabscheuen einfach alles, was ich mache. Sie sind von vornherein gegen alles, was ich versuche! Matthew haßt mich, das Filmteam haßt mich, Sie hassen mich!«

»Das stimmt nicht.«

Sie zuckte herum wie eine angreifende Schlange. »Und was ist mit Medusa?« Sie wartete auf eine Erwiderung, aber ich wußte nicht, was ich darauf sagen sollte. Sie schniefte und wischte sich mit ihrem Jakkenärmel über die Augen. »Können Sie denn nicht sehen, was für ein guter Film es werden könnte, Nick? Können Sie denn nicht, wenigstens einen Moment lang, nur einmal daran denken?«

»Gut genug, um mich zu erpressen? Keine Lieferungen, bis ich genau das mache, was Sie wollen? Und wenn ich mich weigere, dann drohen Sie damit, mir mein Boot zu stehlen!«

»Um Himmels willen! Wenn ich Sie nicht zwinge, tun Sie doch absolut gar nichts!« Sie schrie mir die Worte entgegen. Sie weinte noch immer. Ihre Schluchzer beeinträchtigten die Schönheit ihres Gesichtes. »Sie sind wie ein Muli! Und das verdammte Filmteam verbringt mehr Zeit mit dem Studium der Gewerkschaftsbestimmungen als mit den Dreharbeiten. Matthew hat Angst vor Ihnen. Sie sind so verdammt unbeteiligt, Nick, aber ich bin gebunden. Ich habe das Geld der Gesellschaft genommen, ihre Zeit, ihre Mitarbeiter, weiß aber noch nicht einmal, ob ich in der Lage sein werde, den Film fertigzustellen! Ich habe kaum einmal eine Ahnung, wo Sie sich überhaupt aufhalten. Und wenn ich Sie zufällig mal gefunden habe und mit Ihnen sprechen möchte, dann sehen Sie mich an, als wäre ich ein Dreck!« Es war, als wäre in ihr eine Kette gesprungen. Sie verabscheute es, so gesehen zu werden. Sie bemühte sich, die entwürdigende Szene zu beenden, aber sie konnte nicht aufhören zu schluchzen. Sie wollte ein Päckchen Zigaretten aus ihrer Handtasche nehmen, verstreute den Inhalt jedoch in ihrer Nervosität auf dem Teppich. Sie fluchte, hob eine auf und zündete sie sich an. »Ich habe geschworen, die verdammten Zigaretten aufzugeben«, sagte sie. »Aber wie soll ich das schaffen, wenn ich von Mistkerlen wie Ihnen umgeben bin? Und Tony.«

»Was ist mit Tony?«

»Er hat Angst vor Ihnen. Das ist mit Tony. Nie würde er Ihnen sagen, was von Ihnen verlangt wird. Das muß ich tun. Immer ich! Er ist so gottverdammt faul, Sie sind so gottverdammt aufsässig, und ich bin das Ganze so verdammt leid!« Heftige Schluchzer schüttelten ihren Körper. »Ich bin es verdammt noch mal leid!«

Ich hinkte zu ihr. »Ist es denn wirklich ein so guter Film?«

»Ja«, jammerte sie laut. »Verdammt noch mal, Sie Scheißkerl! Es ist sogar ein sehr aufrichtiger Film, obwohl Sie ja so voreingenommen sind, daß Sie das überhaupt nicht merken würden.«

»Verdammt.« Ich war auf ihre verstreuten Zigaretten getreten. »Das wußte ich nicht.« Ich legte meine Hände auf ihre Schultern und drehte sie zu mir herum. Sie wehrte sich nicht. Ich nahm ihr die brennende Zigarette aus den Fingern und warf sie in den Swimmingpool. »Es tut mir leid«, sagte ich.

»Mir tut es auch leid.« Sie schluchzte die Worte in meinen schmutzigen Pullover. »Himmel«, sagte sie, »ich wollte nicht, daß das passiert.« Aber sie entzog sich mir auch nicht.

»Aber ich«, sagte ich. Von Anfang an hatte ich es gewollt, und nun, an einem verregneten Nachmittag, und um alles nur noch mehr zu komplizieren, war es geschehen.

Es regnete den ganzen Nachmittag und den ganzen Abend. Und soviel ich wußte oder mitbekam, auch die Nacht hindurch.

Wir unterhielten uns.

Angela erzählte von ihrer Kindheit in den Midlands, von ihrem Vater, dem Baptistenpfarrer, ihrer ach-so-respektablen Mutter und der Backstein-Universität, wo sie an Demonstrationen gegen die atomare Bewaffnung, für die Rettung der Wale und für die Legalisierung von Marihuana teilgenommen hatte. »Es war alles ganz stinknormal«, stellte sie wehmütig fest.

»Hat dein Vater das auch so gesehen?«

»Für die Rettung der Wale war er unbedingt.« Sie lächelte. »Armer Daddy.«

»Arm?«

»Er hätte es gern gesehen, wenn ich Sonntagsschullehrerin geworden wäre. Inzwischen natürlich verheiratet und mit zwei Kindern.«

Aber sie hatte einen wortgewandten älteren Mann kennengelernt, der behauptet hatte, am Mittelmeer einen Rundfunksender für britische Touristen zu leiten. In ihrem letzten Jahr hatte sie das College verlassen und war in den Süden geflogen, um dort festzustellen, daß der Sender pleite gegangen war. »Aber deswegen wollte er mich ja auch gar nicht haben.«

»Weshalb denn sonst?«

Sie drehte den Kopf, um mich ansehen zu können. »Was meinst du denn?«

»Wegen deines ruhigen und ausgeglichenen Wesens.«

Sie blies Rauch gegen die Decke. »Er hat immer gesagt, es wären meine Beine.«

»Es sind hervorragende Beine.«

Sie schob eins vom Bett und betrachtete es kritisch. »Sie sind nicht schlecht.«

»Sie gehen gerade so«, sagte ich.

Sie hatte das Briefpapier des bankrotten Senders dazu benutzt, sich einen neuen Job bei einer richtigen Rundfunkstation in Australien zu angeln. »Das war ganz schön keß«, sagte sie, »weil ich absolut keine Ahnung vom Funk hatte. Aber ich kam damit durch.«

»Waren es wieder die Beine?«

Sie nickte. »Wieder die Beine. Der Himmel mag wissen, was geschehen wäre, wenn ich häßlich gewesen wäre. Irgendwie habe ich mein Aussehen immer abgelehnt. Ich meine, da weiß man doch nie, wollen die einen nun wegen des Aussehens oder wegen deiner Fähigkeiten. Weißt du, was ich damit sagen will?«

»Mit diesem Problem muß ich mich ständig herumschlagen«, sagte ich, und sie lachte. Aber ich dachte, daß ihr leidenschaftlicher Wille, einen guten Film abliefern zu wollen, eine Art Antwort auf ihre Frage gewesen sein muß. Sie war geradezu verzweifelt darum bemüht, daß ihre Fähigkeiten denen kluger und häßlicher Menschen nicht nachstanden.

Andererseits ist Angela aber auch nie zimperlich gewesen, wenn es darum ging, ihr gutes Aussehen in die Waagschale zu werfen. Sie wechselte von dem Rundfunksender zu dessen Fernsehstation. Dort lernte sie dann Anthony Bannister kennen, der gerade zu Filmaufnahmen in Australien war. Er versprach ihr einen Job in seinem Programm, wenn sie nach England zurückkam. »Und so kam ich zurück.«

»Nur seinetwegen.«

Sie zuckte mit den Schultern. »Ich wollte beim britischen Fernsehen arbeiten. Ich wollte nach Hause.«

»Und Bannister war der Preis?«

Sie sah mich an. »Ich habe ihn gern, Nick. Wirklich.«

»Warum?«

»Ich weiß nicht.« Sie drückte die Zigarette aus und schmiegte sich dann an meinen linken Arm. Ich zog sie an mich, und sie legte ihr linkes Bein über meins. »In gewisser Hinsicht ist er wie ich.«

»Er hat auch schöne Beine?« fragte ich erstaunt.

»Er ist so verletzlich. Er ist in seinem Job sehr gut, aber darüber hinaus hat er so gut wie gar kein Selbstvertrauen. Ist dir das schon aufgefallen? Also trägt er seinen Erfolg wie eine Maske.«

»Er ist schwach«, stellte ich fest.

»Du hast gut reden. Du bist stark.«

»Du solltest mich mal in Telefonzellen erleben. Nichts als ein Schatten, und dahinter tauche ich mit den Unterhosen über den Hosen auf.«

Sie lachte leise. »Tony kann einfach nicht glauben, daß ihn jemand gern hat. Deshalb bemüht er sich, zu allen nett zu sein. Die Menschen halten ihn für so erfolgreich und selbstsicher, aber er ist ängstlich und stimmt jedem zu, der eine andere Meinung hat, weil er glaubt, man würde ihn dann mögen. Manchmal glaube ich, daß er deshalb so gut im Fernsehen ist. Er lockt die Leute aus der Reserve, weißt du. Und er sieht sehr gut aus«, fügte sie mit fast trotziger Stimme hinzu.

»Um die Taille wird er langsam dick«, sagte ich.

»Weil er es ablehnt, sich fit zu halten. Dauernd kauft er sich Sportgeräte, rührt sie dann aber nicht an.«

»War er verheiratet, als du ihn kennengelernt hast?«

Sie nickte, sagte aber nichts weiter.

Eine Weile lagen wir schweigend da und lauschten auf den Regen. Ich zog eine Strähne ihres langen Haars über meine Brust. »Wirst du ihn heiraten?« fragte ich.

»Wenn er mich will, ja.«

»Will er?«

»Ich denke schon.« Sie berührte die Narbe an meiner Schulter. Sie hatte sehr lange, schmale Finger. »Er würde jemanden wie Melissa bevorzugen. Jemanden mit gesellschaftlichen Beziehungen, aber er könnte sich durchaus für mich entscheiden. Ich bin tüchtig, weißt du, und das ist gut für seine Karriere. Ich glaube auch, daß er befürchtet, mich an ein Konkurrenzprogramm zu verlieren.«

»Liebst du ihn?«

Sie schien darüber nachzudenken, schüttelte dann aber den Kopf.

»Warum willst du ihn dann heiraten?«

»Weil . . .« Sie brach ab und schwieg.

»Warum?« hakte ich nach.

»Weil ich gern mit ihm zusammen bin.« Sie sprach sehr langsam, wie ein Kind, das eine schwierige Lektion auswendig gelernt hat. »Weil er sehr erfolgreich ist. Weil ich ihm Selbstvertrauen geben kann, wenn er mit Leuten zusammenkommt, von denen er glaubt, sie würden ihn verachten. Er glaubt zum Beispiel, daß du ihn verachtest.«

»Vielleicht liegt das daran, daß er verachtenswert ist?«

Sie zupfte ein Haar von meinem Oberkörper, um mich zu bestrafen. »Er ist nicht verachtenswert. Er ist unsicher und nur sicher, wenn die Fernsehkameras auf ihn gerichtet sind.«

»Ihr werdet eine wundervolle Ehe führen«, stellte ich säuerlich fest, »mit den Kameras, die euch auf Schritt und Tritt verfolgen.«

»Und vielleicht kann ich ihn ändern«, meinte sie. »Er wäre gern ein bißchen mehr wie du.«

»Arm?«

»Er beneidet dich. Er wünscht, er wäre auch Soldat gewesen.«

»Großer Gott.« Ich lag sehr behaglich da, meine linke Hand strich zärtlich über ihren nackten Rücken.

»Deswegen mag er auch Fanny, glaube ich«, sagte Angela. »Fanny ist stark und zäh.«

»Das stimmt.«

»Und wenn ihn starke Menschen bewundern, dann hält sich Tony auch für stark.« Sie hob die Schultern. »Vielleicht wird er mit der Zeit, wenn ihn die Leute akzeptieren, selbst stark?«

In meinen Ohren klang das wie ein Cocktail-Rezept. »Du bist stark«, sagte ich.

»Ich heule nicht oft«, stellte sie fest. »Und wenn, dann kann ich es nicht leiden.« Ein paar Minuten lang lag sie schweigend da. Über dem Fluß riefen ein paar Möwen. »Da ist noch etwas im Zusammenhang mit Tony«, fuhr sie dann fort. »Er hat keine engen Freunde. Und er hätte sehr gern einen wirklich guten, engen Freund. Nicht mich, keine Frau, sondern einen Mann, demgegenüber er absolut offen und ehrlich sein kann.«

»Freunde sind schwerer zu finden als Liebhaber«, sagte ich.

»Hast du Freunde, Nick?«

»Ja.« Ich dachte eine Sekunde darüber nach. »Unmengen.«

»Er nicht. Ich übrigens auch nicht. Also, ja, ich glaube, ich heirate ihn auch, weil ich mich dann sicherer fühlen könnte.«

»Sicher?« Angela reckte das Gesicht und küßte mich auf die Wange. »Sicher.«

»Das verstehe ich nicht.«

»Ich habe es satt, von Männern gejagt zu werden. Aber jetzt, weil die Menschen wissen, daß ich zu Tony gehöre, versuchen sie es erst gar nicht.«

»Gehörst du ihm?«

»Er ist sehr besitzergreifend.« Sie sagte das leicht entschuldigend und starrte dann einen Augenblick lang an die Decke. »Er möchte, daß ich meinen Job nach der Heirat aufgebe.«

»Wirst du es tun?«

»Wenn ich es nicht täte, wäre es doch wohl nicht fair den anderen gegenüber, oder? Sie würden sagen, daß ich die besten Aufträge nur deshalb bekomme, weil ich Tonys Frau bin.« Mir ging durch den Kopf, daß das mit Sicherheit jetzt schon gesagt wurde, Ehering hin oder her. Sie hob die Schultern. »Und ich hätte nie wieder finanzielle Probleme, oder? Und ich würde dieses Haus bekommen. Dann könnte ich dich immer sehen, wenn du mit der *Sycorax* zum Liegeplatz zurückkommst. Das wäre doch gar nicht so schlecht, was meinst du?«

Es war ein langer Weg, dachte ich, von der Reihenhaushälfte eines Baptistenpfarrers in den Midlands zu einem Prachthaus über einem Fluß in Devon. »Es wäre nicht schlecht«, antwortete ich. »Aber wäre es auch gut?«

»Das ist eine romantische Frage.«

»Ich bin ein Romantiker. Ich bin in die Liebe verliebt.«

»Du Narr.« Sie machte es sich behaglich an meiner Schulter, während der Regen gegen die Fenster schlug. Es herrschte Nordwind, und ich stellte mir vor, wie die kleineren Jachten hart gegen ihre Liegeplätze geschlagen wurden. Angela dachte noch immer über ihre Liebe und ihre eher unehrenhaften Züge nach. »Tony ist mir nicht treu, aber ich bin es ihm ja auch nicht mehr, oder?«

»Würde es ihm etwas ausmachen? Wäre er wütend?«

Sie nickte. »Er wäre entsetzlich wütend. Und verletzt. Er ist mir ständig untreu, aber nie kommt es ihm in den Sinn, daß mich das verletzen könnte.« Sie hob die Schultern. »Er hat einen schrecklichen Stolz. Einfach schrecklich. Deswegen nehme ich ja auch an, daß er mich fragen wird, ob ich ihn heiraten will.«

»Weil er annimmt, du bleibst ihm treu?«

»Und weil ich dekorativ bin.« Sie drehte den Kopf, um an meinem Gesichtsausdruck zu sehen, ob ich sie für unbescheiden hielt.

Ich küßte sie auf die Stirn. »Du bist sehr dekorativ. Als ich dich das erste Mal gesehen habe, dachte ich schon darüber nach, wie dekorativ du doch bist. Es war Begierde auf den ersten Blick.«

»Wirklich?« Ihre Überraschung überraschte mich.

»Ja«, sagte ich ruhig. »Das war es.«

Sie lächelte. »Du warst sehr spröde, fast angsteinflößend. Ich weiß noch, daß ich ziemlich ruppig war. Ich war sicher, dich nicht leiden zu können, und überzeugt davon, daß du mich hassen würdest.«

»Du hast mich interessiert«, sagte ich. »Aber du hast mich nervös gemacht. Ich hatte geglaubt, die Leute vom Fernsehen wären viel zu klug und glänzend für mich.«

»Das sind wir auch«, erwiderte sie lächelnd und kam dann auf Bannister zurück. »Es ist für Tony sehr wichtig, eine schöne Frau zu haben. Das ist das gleiche wie mit seinem Auto, seinem Haus, weißt du; etwas, um die anderen Menschen zu beeindrucken. Und auch im Beruf ist es sehr hilfreich.«

»Und was passiert, wenn er die Ehefrau in ein neueres Modell umtauscht?«

»Alimente«, sagte sie zu schnell, »sind der beste Freund jeder Frau.«

Wir lagen eine ganze Weile schweigend da. Ich hörte, daß draußen auf dem Fluß ein Boot mit Außenbordmotor die schnelle Kurve zum Pub nahm. Angela schien einzuschlafen. Ihre Lippen waren leicht geöffnet, und ihr Atem brachte eine zarte Strähne ihres Haares ins Tanzen. Sie sah sehr jung und sehr unschuldig aus. Die ganze angespannte Verbitterung dieses Nachmittags hatte ihr Gesicht verlassen. Es war fast so, als hätten wir beim Zubettgehen aufgehört, gegen einen unangenehmen Wind anzukämpfen, sondern uns einfach von ihm treiben lassen. Ich küßte ihre warme Haut, und der Kuß weckte sie. Sie zwinkerte, erkannte mich und lächelte. Sie erwiderte meinen Kuß. »Erzähl mir von dir«, sagte sie.

»Ich dachte, wir machen einen Film über mich. Kennst du denn nicht schon alles über mich?«

»Ich weiß nicht, ob du in Jill-Beth Kirov verliebt bist.«

Die Plötzlichkeit der Frage überraschte mich. In meinem neuen Glück hatte ich glatt vergessen, daß ich gerade erst aus Amerika zurückgekommen war. »Ich bin nicht in sie verliebt.«

»Ehrlich?«

»Ehrlich.«

Angela stützte sich mit einem Ellbogen auf. »Hast du es dir in den letzten paar Tagen abgewöhnt?«

»Ich habe ...«, begann ich, brach dann aber ab. Fast hätte ich gesagt, daß ich Jill-Beth nicht getroffen hatte, aber ich wollte Angela nicht anlügen. Jedenfalls jetzt nicht. Lügen schaden der Aufrichtigkeit, und an diesem Nachmittag hatte ich etwas gefunden, demgegenüber ich sehr aufrichtig sein wollte.

Angela schien mit sich sehr zufrieden zu sein. »Du wirst es kaum glauben, wie kooperativ die Leute Fernsehgesellschaften gegenüber sind. Im allgemeinen dürfen Luftfahrtgesellschaften keine Auskünfte über ihre Passagierlisten geben, aber wenn du sagst, du wärst vom Fernsehen und auf der Suche nach Mister Sandman, der gerade ohne sein Drehbuch in die Vereinigten Staaten geflogen ist, helfen sie schon mal. Und Dallas, mein lieber Nick, ist ein ziemliches Stück von Boston entfernt. Jedenfalls war es so, als ich das letzte Mal in Amerika war. Hat sich da vielleicht was verändert?«

Ich lächelte. »Und ich habe mich für sehr schlau gehalten.«

»Dir auf die Schliche zu kommen ist so, als würde man einem sehr trotteligen Kleinkind den Lutscher wegnehmen, Nick.« Sie rollte von mir fort, zündete sich eine neue Zigarette an und kam dann zu mir zurück. Sie lag auf dem Bauch, hatte den Kopf auf die Ellbogen gestützt und blies mir Rauch ins Gesicht. »Also?«

Ich nickte. »Ich habe mir in den letzten Tagen das Verliebtsein in Jill-Beth Kirov abgewöhnt.«

»Hast du mit ihr geschlafen?«

»Nein.«

Sie wirkte nachdenklich. »Du würdest es sagen, nicht? Als Gentleman?«

»Ja, ich würde es sagen. Ich habe es nicht getan.«

»Das freut mich.« Sie senkte den Kopf und küßte mich. »Hast du dich jetzt in mich verliebt?«

»Vermutlich.«

»Nur vermutlich?«

Ich hob den Kopf und küßte sie. »Unbestreitbar.«

»Alberner Nick.« Sie legte ihren Kopf auf meine Brust, und ich spürte die Hitze der Zigarette, als sie an ihr zog. »Bist du nach Amerika geflogen, um mit ihr zu schlafen?«

»Nein. Ja. Sie wollte mich sehen, aber ich wollte mit ihr schlafen.«

»Hast du den Flug bezahlt?«

»Nein.«

Angela lachte. »Es wäre ein ziemlich teurer Nicht-Fick gewesen, wenn du es getan hättest. Wollte sie über das St. Pierre-Rennen mit dir sprechen?«

»Ja.« Plötzlich fragte ich mich, ob das ein besonders cleverer Bannister-Trick war, mich dazu zu bringen, Angela alles zu gestehen. Sie muß meine Befürchtung sofort gespürt haben, denn sie hob den Kopf und sah mir in die Augen.

»Ich habe niemandem gesagt, wo du warst, Nick.«

»Warum nicht?«

»Weil ich den Film fertigstellen will.« Sie zog an der Zigarette. »Werden sie etwas gegen die *Wildtrack* unternehmen?« Ich antwortete nicht, und sie zog sich von mir zurück. »Hast du Yassir Kassouli getroffen?«

»Ja.«

»Was hältst du von ihm?«

»Er ist sehr beeindruckend, sehr mächtig, schrecklich reich, sehr besessen und vielleicht eine Spur verrückt.«

Sie lächelte, rollte dann herum und setzte sich mit verschränkten Füßen mir gegenüber aufs Bett. Sie deponierte einen Aschenbecher auf dem Laken und streifte die Zigarette daran ab. Ihr nackter Körper sah dem Melissas geradezu unheimlich ähnlich – sehr schmal, blaß und geschmeidig. Wenn Liebe eine Sache der Begierde war, so war ich bereits verloren.

»Kassouli hat Tony schon immer gehaßt«, sagte sie. »Er haßte ihn, weil er glaubte, Tony hätte ihm die Tochter fortgenommen. Er war überzeugt, Nadeschna hätte unter ihrer Würde geheiratet. Sie hat ihn aus Trotz geheiratet, glaube ich. Jedenfalls sagt Tony das immer.«

»Waren sie glücklich miteinander?«

Angela schüttelte den Kopf. »Nicht besonders. Aber auch nicht besonders unglücklich. Aber Kassouli unternahm nichts, um die Situation zu verbessern. Dauernd war er bei ihnen zu Besuch. Nichts war ihm für seinen Liebling Nadeschna gut genug. Er brachte sie dazu, dieses Haus hier zu kaufen und bestand darauf, daß sie den Pool einbauen ließen – für ihn. Dauernd war er hier und lag ihr in den Ohren, wieder nach Hause zu kommen.«

»Warum hat sie das nicht getan?«

»Nadeschna tat immer nur das, was Nadeschna wollte.« Die Abneigung in Angelas Stimme entging mir nicht. »Und es gefiel ihr ganz gut, hier die Königin spielen zu können. Hier war sie die reiche Erbin, die mit einem Showstar verheiratet war. Drüben in Amerika wäre sie nichts anderes als ein weiteres reiches Mädchen gewesen.«

»Ich habe gehört, daß sie ein eher liebevolles, verständnisvolles Mädchen gewesen ist«, sagte ich so naiv wie ich konnte.

»Liebevoll?« Angela spuckte das Wort förmlich aus. »Sie war unvorstellbar egoistisch. Sie war ein Monstrum! Ich war immer überzeugt, daß Tony von ihr eingeschüchtert war, obwohl er das leugnet.«

Ich dachte darüber nach, daß Bannister offenbar

ein Faible für starke, energische Frauen hatte. »Sie konnte sehr gut segeln«, verteidigte ich die Tote.

»Das ist nicht notwendigerweise eine Empfehlung, oder?«

Ich lächelte, kletterte aus dem Bett und ging zum Fenster. Anfangs waren mir die Narben auf meinem Rücken peinlich gewesen, aber Angela hatte mich ausgelacht. Jetzt stand ich da und schaute zum Fluß hinunter. Die Flut kam, schlug sprudelnd über Schlammlöchern zusammen und hob die vertäuten Beiboote am anderen Ufer an. »Wollte Nadeschna ihn verlassen?« fragte ich.

»Ich weiß es nicht.« Angela runzelte die Stirn. »Tony hat nicht viel erzählt, aber das hätte er in keinem Fall getan. Ich meine, es wäre ein schwerer Schlag für seinen Stolz gewesen, wenn sie sich von ihm getrennt hätte. Schließlich war die Heirat mit ihr eine ganz große Sache. Aber er hat da ein paar Andeutungen gemacht. Er glaubt, daß sie eine Affäre hatte, aber ich weiß nicht, mit wem. Er wird wütend, wenn ich davon zu sprechen beginne.«

»Wird er oft wütend?«

»Nur Menschen gegenüber, von denen er glaubt, er könne sie herumschubsen. Er ist ein sehr unsicherer Mensch.«

Ich lehnte mich mit dem Rücken gegen das Fensterbrett und betrachtete ihren schmalen Körper auf dem zerknitterten Laken. Ihre offenen Haare hingen ihr tief über den Rücken herab. Das Bettzeug lag in einem Haufen auf dem Teppich. Ich hielt es für an der Zeit, an diesem nassen Nachmittag eine neue Schicht der Wahrheit freizulegen. »Weißt du, was man sich über Nadeschnas Tod erzählt?«

Sie blickte auf. »Ich weiß es, Nick.«

»Und?«

Sie hob die Schultern. »Nein.«

»Nein, unmöglich? Nein, er hat es nicht getan? Nein, du wirst dazu gar nichts sagen?«

Sie sah längere Zeit auf das Laken. »Ich glaube nicht, daß er die Nerven hat, jemanden umzubringen. Jemanden zu töten, muß furchtbar sein. Es sei denn, man ist so wütend, daß man nicht mehr weiß, was man tut. Oder vielleicht in Notwehr?« Sie zuckte mit den Schultern. »Das mußt du wissen, Nick. Bist du nicht der Experte?«

»Guter Gott, nein.«

»Ich meine die Falklands.«

»Das ist doch nicht zu vergleichen. Aber auch das war nicht gerade einfach.« Ich dachte darüber nach. »Danach ist es am schlimmsten. Dann, wenn's an das Aufräumen geht. Ich meine, auf den Auslöser zu drücken, ist eine Sache. Vor allem, wenn du weißt, daß der andere schießt, wenn du nicht schneller bist. Aber es ist eine ganz andere Geschichte, wenn du Stunden später seinen leblosen Körper siehst. Ich erinnere mich, daß da mal einer war, der genau wie der Bursche ausgesehen hat, mit dem ich immer Rugby gespielt habe.«

»War es tatsächlich so schlimm?« fragte sie, und ich spürte einen Hauch ihres Fernsehproduzentinnen-Interesses. Sie fragte sich, ob ich so auch in ihrem Film reden würde.

»Nur dreckig.«

Sie merkte das Ausweichen und schnitt eine Fratze. »Aber könntest du jemanden kaltblütig töten? Jemanden, den du geliebt hast? Könntest du Melissa ermorden?«

»Guter Gott, nein!«

»Weshalb meinst du dann, Tony wäre dazu in der Lage?«

»Ich weiß nicht, was ich denke.« Ich schwieg einen Moment lang. »Wäre Mulder dazu fähig?«

»Um Himmels willen, Nick!« Bisher hatte sie geduldig auf mein Interesse an dem Thema reagiert, aber jetzt – in einem Aufblitzen der alten Angela – wurde sie wütend. »Meinst du, Tony würde Mulder weiter um sich dulden, wenn er Nadeschna getötet hätte? Tony hat Mulder als Leibwächter eingestellt. Er weiß, daß Kassouli damit gedroht hat, seinen Sieg im St. Pierre-Rennen zu sabotieren. Weshalb wollen wir wohl sonst keine Fremden in der Crew haben?«

»Aber mich habt ihr gefragt.«

Sie drückte die Zigarette im Aschenbecher aus. »Wir wußten, aus welchem Stall du kommst, Nick. Du bist keiner von Kassoulis Leuten. Aber er versuchte, dich zu einem zu machen, nicht?« Die Frage war eine Herausforderung.

»Ja«, sagte ich aufrichtig. »Aber er hatte keinen Erfolg. Und ich entschuldige mich dafür, dir all diese Fragen über Bannister gestellt zu haben.«

»Tony ist kein Mörder«, sagte sie fast tonlos.

»Es tut mir leid«, wiederholte ich.

»Du solltest nicht einmal darüber spekulieren«, sagte sie energisch und mit einem weiteren Anflug von Ungeduld. »Das letzte, was ich mir wünschen könnte, wäre ein Herumstöbern der Regenbogenpresse in dieser Ehe. Kannst du dir den Schmutz auch nur ansatzweise vorstellen, den sie aufwirbeln werden, wenn sie die Vermutung äußern, Tony hätte Nadeschna womöglich umgebracht?«

Ich konnte es mir vorstellen und hatte diesen Prozeß bereits durch mein Gespräch mit Micky Harding eingeleitet. Nun, wie aufrichtig ich zu Angela auch sein wollte, ich hielt es für besser, ihr gegenüber Harding nicht zu erwähnen.

Sie zündete sich eine neue Zigarette an.

»Du rauchst zuviel«, sagte ich.

»Leck mich, Nick.« Die rüden Worte kamen freundlich über ihre Lippen, waren nichts anderes als ihre Irritation, kritisiert worden zu sein.

»Und darf ich dir noch einen Rat geben?« fragte ich.

»Und der wäre?«

»Laß Bannister nicht am St. Pierre-Rennen teilnehmen. Sieh zu, daß er an Land bleibt. Ich habe keine Ahnung, was Kassouli vorhat, aber es steckt auf jeden Fall mehr dahinter als der Versuch, seinen Sieg zu sabotieren.«

Sie sah mich lange Zeit schweigend an. »Er will sich also für den Tod seiner Tochter rächen?«

»Das glaube ich, ja.« Ich fragte mich, warum ich so besorgt um das Wohlergehen eines Mannes war, der inzwischen mein Rivale um dieses Mädchen war. Die gute, alte Ritterlichkeit.

»Männlicher Stolz. Alter Stier, junger Stier.« Angela schwang sich vom Bett und trat neben mich ans Fenster. Die dichten Wolken brachten eine frühe Dämmerung. »Tony ist sehr stolz, Nick. Er wird keinen Rückzieher machen. Er hat aller Welt erzählt, daß er in diesem Jahr die St. Pierre gewinnen will. Er möchte ein britischer Held werden, der Mann sein, der den Franzosen das Fell über die Ohren zieht. Verdammt noch mal, Nick, er will einen Adelstitel. Andere in der Fernsehbranche haben ihn bekommen, also will Tony ihn auch. Und er meint, daß ein Sieg im St. Pierre-Rennen ihm endlich dazu verhelfen könnte.«

»Also wirst du Lady Bannister sein?«

Sie lächelte, antwortete aber nicht, und ich dachte, wie sehr ihr der Titel doch gefallen mußte.

»Laß ihn nicht an den Start gehen«, sagte ich. »Weiß er, wie entschlossen Kassouli ist?«

»Würdest du auf die Erfüllung eines Traumes verzichten, weil du bedroht wirst?«

»Das hängt ganz davon ab, wer mich bedroht«, erwiderte ich heftig. »Eine sowjetische Division würde mich sehr wahrscheinlich schneller zu Kreuze kriechen lassen als die gesamte Heilsarmee.«

»Er wird sich nicht zurückziehen, Nick.« Sie umfaßte meinen Arm und lehnte sich an mich. »Deswegen hätte ich ja auch gern, wenn du ihn begleiten würdest. Du könntest dann ein zweiter Leibwächter für ihn sein.«

»Nicht wegen der Einschaltquoten?« fragte ich.

»Das auch, du Narr.« Sie lachte und warf ihre Zigarette aus dem Fenster.

Ich fiel ohne Vorwarnung um.

Es war tagelang nicht passiert, aber unerwartet hatte sich mein rechtes Bein ausgeklinkt, und ich schlingerte zur Seite, griff haltsuchend nach dem Fensterbrett und stürzte dann schwer auf den dicken Teppich. Panik durchzuckte mich. Ich kam mir dumm vor, verschreckt und plötzlich sehr hilflos. Wieder schmerzte mein Rücken, aber es war nicht der übliche Schmerz, mit dem ich zu leben gelernt hatte. Es war ein jäher Stich heftiger und angsteinflößender Pein.

»Nick? Nick!« In Angelas Stimme war echte Beunruhigung.

»Es ist schon gut.« Ich mußte meine Stimme dazu zwingen, ruhig zu klingen. Dann versuchte ich aufzustehen, konnte es aber nicht. Ich hörte mich selbst vor Schmerz zischen, aber dann konnte ich mich herumrollen und kroch über den Fußboden in Richtung Bett.

»Was ist das, Nick?« Angela versuchte mich hochzuheben.

»Dann und wann gibt mein Bein den Geist auf. Aber in einer Minute wird alles wieder in Ordnung sein.« Ich verheimlichte ihr meine Angst. Weil das Bein während der Amerikareise durchgehalten hatte, war ich zu der Überzeugung gekommen, die Schwäche hätte sich von selbst gegeben, aber plötzlich und dummerweise war ich wieder ein hilfloser Krüppel. Es gelang mir, mich auf das zerknitterte Bett zu hieven, wo ich dann mit geschlossenen Augen dalag und versuchte, den Schmerz zu unterdrücken.

»Du hast davon nie etwas erzählt«, beschwerte sich Angela.

»Ich habe dir doch gesagt, daß in einer Minute alles wieder in Ordnung sein wird.« Mit ungeheurer Mühe drehte ich mich um und begann, auf mein Knie zu klopfen, um den Schmerz zu vertreiben und neues Gefühl in das Gelenk zu bringen.

»Bist du bei einem Arzt gewesen?« fragte Angela.

»Ich habe Millionen von Ärzten gesehen.«

»Du gottverdammter Narr!« Sie eilte nackt durch den Raum und griff nach dem Telefonhörer.

»Was hast du vor?« fragte ich beunruhigt.

Sie wehrte meinen Griff nach dem Hörer ab. »Dafür sorgen, daß du einem Arzt vorgeführt wirst.«

»Das werde ich nicht zulassen, verdammt noch mal.« Ich streckte die Hand erneut nach dem Telefon aus.

Sie rettete den Apparat vor meinem Zugriff. »Willst du wieder mit mir schlafen, Nick Sandman?«

»Pausenlos.«

»Dann wirst du verdammt noch mal zu einem Arzt gehen.« Sie schwieg einen winzigen Moment lang. »Bist du einverstanden?«

»Ich habe dir doch gesagt«, murrte ich störrisch, »daß es sich von selbst geben wird.«

»Darüber diskutiere ich mit dir nicht, Nick Sandman. Gehst du zu einem Arzt oder nicht?«

Ich gab mich geschlagen. Jetzt hatte ich Angela gefunden und wollte sie nicht verlieren, selbst wenn ich mich dafür einem Quacksalber präsentieren mußte. Ich legte mich auf dem Bett zurück, wollte, daß mein Bein wieder einsatzfähig war und hörte ihrer flinken, kompetenten Stimme zu, die einen Termin für mich vereinbarte. Wie schön war es doch, wieder von einer Frau umsorgt zu werden. Ich war der verliebte Nick, Nick in Wolkenkuckucksheim, Nick im Glück.

Teil Drei

Der Arzt entpuppte sich als Frau in meinem Alter, die aber wegen ihrer brüsken und sicheren Art älter wirkte. Sie war eine Neurologin, die Angela bei den Dreharbeiten zu einer medizinischen Dokumentation kennengelernt hatte. Doktor Mary Clarke hatte eine Spur von Humor in ihren grünen Augen, aber absolut nichts davon in ihrer Stimme, als sie mich energisch ihren diversen Tests unterwarf. Am Ende der Schau führte sie mich zurück in ihr Büro mit Blick auf einen Rosengarten, in dem Angela auf uns gewartet hatte. Doktor Clarke forderte mich auf, die exakte Beschaffenheit meiner Verwundung zu erläutern. Sie verzog das Gesicht, während sie sich Notizen machte, während Angela, die die Story noch nicht vollständig gehört hatte, wegen der blutigen Einzelheiten zusammenfuhr.

»Ich wünschte«, sagte Mary Clarke, nachdem ich geendet hatte, »daß Sie mein Patient gewesen wären, Mister Sandman.«

»Das wünsche ich mir auch«, erwiderte ich galant.

»Weil . . .« – sie ignorierte mein linkisches Kompliment – ». . . ich Sie dann am Bett festgeschnallt hätte, um zu verhindern, daß Sie sich weiteren Schaden zufügen.«

Schweigen. Irgendwo in der Nähe surrte nervtötend ein Rasenmäher.

»Was meinen Sie damit?« fragte ich schließlich.

»Ich meine, Mister Sandman, daß Ihre Do-it-yourself-Physiotherapie zweifellos eine ziemlich alltägliche und leicht ödematöse Kondition verschlimmert hat. Es gibt keinen medizinischen Grund, weshalb Sie nicht wieder laufen sollten – bis auf die Tatsache, daß Sie das Tempo unvernünftig beschleunigt haben.«

»Dummes Zeug!« rief ich ärgerlich, alle Galanterie vergessend. »Die Mistkerle haben mir gesagt, ich würde nie wieder gehen können!«

»Das sagen Mistkerle im allgemeinen.« Mary Clarke lächelte sparsam. »Weil sich ein spinales Ödem gewöhnlich als Durchtrennung darstellt. Wäre ihr Rückenmark durchschnitten, wären Sie selbstverständlich lebenslang gelähmt. Erst wenn ein bestimmter Grad an Beweglichkeit zurückkehrt, kann ein Ödem diagnostiziert werden.«

»Ödem?« fragte Angela.

»Eine verdammte Blutschwellung«, erwiderte ich zu sarkastisch und bereute den Tonfall sofort. Ich mochte ja zu lange mit den Ärzten und ihrem Vokabular zusammengewesen sein, aber für Angela war beides neu.

»Ja, buchstäblich eine Blutschwellung«, sagte Mary zu Angela. »Sie drückt auf das Rückenmark und ruft so eine vorübergehende Lähmung hervor, von der aber im allgemeinen angenommen werden darf, daß sie innerhalb von ein paar Wochen verschwunden ist.«

»Meine nicht«, sagte ich störrisch, als könne ich so beweisen, daß sie sich irrte.

»Weil Sie ein ernsthaftes Trauma erlitten haben. Da waren die extensive Verbrennung und die Schädigung durch die Kugel. Im Grunde, Mister Sandman, haben Sie nun ein permanentes Ödem.« Sie schwieg und schenkte mir dann ein fast boshaftes Lächeln. »Tatsache ist, daß Sie ein überaus bemerkenswertes zerhacktes Chaos sind. Nach Ihrem Tod wird man Ihr Rückgrat vermutlich in Spiritus aufbewahren. Herzlichen Glückwunsch.«

»Aber was kann man denn dagegen machen?« erkundigte sich Angela. Die aufrichtige Besorgnis auf ihrem Gesicht rührte mich, bis ich mir klarmachte, daß sie vermutlich nur für die Zukunft ihres Filmes fürchtete.

»Nichts natürlich«, antwortete Mary Clarke heiter.

»Nichts?« Angela klang schockiert.

Mary nahm Zuflucht zu einer nautischen Metapher und erläuterte, daß mein Körper eine Art von nervöser Nottakelung zusammengezurrt hatte, die mir die Kontrolle über mein rechtes Bein gab. Das Problem bestand nur darin, daß die Nottakelung manchmal versagte. Operationen konnten da vielleicht helfen, waren jedoch viel zu riskant. »Sie wollen also um die Welt segeln?« fragte mich Mary am Schluß der trostlosen Situationsbeschreibung.

»Zumindest nach Neuseeland, ja.«

»Das sollten Sie selbstverständlich nicht machen. Wenn Sie noch einen Funken Verstand haben, Mister Sandmann, sollten Sie Behindertenbeihilfe beantragen, sich einen Bungalow mit einer hübschen Rampe für Ihren Rollstuhl suchen und Ihre Memoiren schreiben.« Sie lächelte. »Aber wenn Sie das tun, werden Sie natürlich absolut hilflos sein, also sollten Sie vielleicht doch besser nach Neuseeland segeln.«

»Aber ...«, begann Angela.

»Ich kann da absolut nichts tun«, erklärte Mary energisch. »Entweder das Bein funktioniert oder es funktioniert nicht. Ein Arzt könnte lediglich herumexperimentieren, und ich gehe davon aus, daß Mister Sandman dazu nie seine Zustimmung geben würde.«

»Selbstverständlich nicht«, sagte ich.

»Aber nehmen wir an, er ist ganz allein mitten auf dem Atlantik, wenn sein Bein streikt!« protestierte Angela.

»Ich nehme an, daß er damit fertig wird«, erwiderte Mary trocken. »Und bisher hat sich die Funktion ja auch immer wieder eingestellt. Der Muskeltonus ist gut.« Sie sah mich an. »Aber wenn Sie feststellen, daß der dumpfe Schmerz von Mal zu Mal länger anhält, oder wenn Sie feststellen, daß der Körperteil zu schrumpfen scheint, sollten Sie unbedingt den Rat eines Arztes einholen. Der wird natürlich auch nichts unternehmen können, aber manche Menschen finden die Aufmerksamkeit eines Arztes durchaus beruhigend.« Sie stand auf. »Mein Honorar ist eine Flasche Côte de Beaune, Jahrgang 1979, Schloßabzug.«

Das war ein gutes Jahr für Burgunder gewesen, und Mary Clarke war eine gute Ärztin, die wußte, daß es mitunter, vielleicht sogar meistens, besser war, gar nichts zu tun. Mit dieser Handhabung mußte sich Angela zufriedengeben, und ich hatte damit zu leben. Wir fuhren zurück nach Devon.

Dann begannen die guten Zeiten. Bannister pendelte zwischen seinem Londoner Haus und dem Mittelmeer hin und her, wo die *Wildtrack* an einer Reihe von küstennahen Regatten teilnahm. Fanny begleitete das Boot, also hatte ich Devon für mich. Und ich hatte auch die Nicht-Seglerin Angela für mich.

Matthew und dem Filmteam kann nicht entgangen sein, was zwischen Angela und mir vorgefallen war, aber sie sagten nichts, sondern freuten sich mit mir, daß die *Sycorax* solche Fortschritte machen konnte. Ihre Takelung war eingetroffen, und zum Preis von einem Dutzend Pint Bier mieteten wir einen Bojen-Prahm, dessen Bordladebaum die lackierten Masten an ihre Plätze senken konnte. Bevor ich den Großmast setzte, legte ich sorgsam einen antiken Penny in die Kielklampe, wo die Hieling des Mastes die Silbermünze verbarg und zusammenquetschte. Es war ein traditioneller Brauch, der dem Schiff Glück bringen sollte, aber noch mehr Glück brachte die Liebe, denn Angela bekam alle Materialien für die *Sycorax* frei. Plötzlich gab es keine Bedingungen mehr, nur noch Kooperationsbereitschaft. Ich lieferte vor der Kamera sogar eine unbeholfene Schilderung der Vorgänge in jener Nacht, die zum Orden geführt hatten. Von Jill-Beth hörte ich nichts und begann mir bereits vorzumachen, daß Kassoulis Drohung eine Chimäre gewesen war. Micky Harding rief mich ein paarmal an, aber ich hatte nichts zu berichten, und so hörten die Telefonate auf.

Tag für Tag nahm die Fertigstellung mehr Form an. Draht, Taue, Holz und Eimer voll Schwedenpech wurden hochgehievt und in jene Komposition verwandelt, die den ungeheuren Kräften der Meeresstürme widerstehen würde. Es war eine langwierige Arbeit, denn wenn an irgendeinem Teil der Takelage irgend etwas nicht klappen sollte, dann war mir das am Liegeplatz lieber als inmitten eines atlantischen Sturms von Stärke acht. Die Befestigungsstifte schnitt ich aus *Lignum vitae* zurecht und rammte sie in eichene Nagelbänke um den Mast. Das Filmteam gab seine Bemühungen um Verständnis dessen auf, was da eigentlich vor sich ging. Sie sagten, ich würde nautisch. Das hieß, das Vokabular war zu technisch geworden, als Jimmy und ich uns um Jungfernblökke, Jolltaue und Rahebänder sorgten. Der Kameramann rächte sich damit, daß er mir ein Lexikon überreichte, während Angela der *Sycorax* ein paar Messingluken schenkte. Sie nannte sie Bullaugen.

»Luken«, beharrte ich. Sie waren herrlich gearbeitet, mit dickem grünlichen Glas und schweren Messingrahmen. Sie besaßen mit Scharnieren befestigte Klappen, die bei schlechtem Wetter verriegelt werden konnten.

Ich schraubte die Luken an Ort und Stelle und dichtete sie ab. Unter ihnen baute ich die Kabine wieder auf. Ich fertigte zwei Kojen an, einen großen Kartentisch und eine Kombüse. Ich machte aus der Vorderpink eine Werkstatt und einen Stauraum für Segel. Ich suchte mir einen Platz für ein Chemie-Klo, und Angela wollte wissen, warum ich kein ordentliches WC wie auf der *Wildtrack* einbaute. Ich entgegnete, ich wolle keine unnötigen Löcher in den Schiffskörper der *Sycorax* schlagen. Darauf fragte sie spitz, weshalb ich mir dann überhaupt Sorgen um ein Klo mache, ein zusätzlicher Eimer täte es auch. Ich erwiderte, daß die Mädchen, mit denen ich zusammenleben wollte, doch ein bißchen mehr erwarteten als einen Zinkeimer. Da schlug sie zu.

Die Segel wurden auf einem Speicher in Dartmouth in Ordnung gebracht und trafen an einem Tag mit dem Boot ein, als das Filmteam gerade nicht anwesend war. Jimmy und ich konnten nicht widerstehen, Besan- und Großsegel an ihren neuen Spieren zu befestigen. Die Segel mußten gehißt werden, um ordentlich an den Bäumen gestaut zu sein, und ich spürte den reparierten Bootskörper unter mir vibrieren, als ein Wind in die Baumwolle fuhr. »Wir könnten doch ein bißchen mit ihr hinausfahren«, schlug Jimmy listig vor.

Ich wickelte den Gaffelfall von seinem Befestigungsstift und ließ das große Segel herab. »Wir werden noch warten, Jimmy.«

»Hiß doch die Stagsegel, Junge. Wollen doch mal sehen, wie sie so läuft, was?«

Das war die Versuchung. Es war ein herrlicher Tag mit einem Wind aus Südwest, der bis Stärke fünf auffrischte, und die *Sycorax* hätte auf See sicherlich geschwelgt, aber ich hatte Angela versprochen zu warten, damit die Filmcrew mein erstes Auslaufen mit dem wiederhergestellten Boot aufnehmen konnte. Ich hob den Baum und die Gaffel, damit Jimmy den Dirk lösen und das Segel anreihen konnte.

Er zögerte. »Bist du dir ganz sicher, Junge?«

»Ich bin mir sicher, Jimmy.«

Er schob die Hülle über das gestaute Segel. »Es ist dieses Mädel, nicht? Hat dich schon richtig unter dem Pantoffel, was?«

»Ich habe versprochen zu warten, Jimmy.«

»Du hast deinen Verstand in den Hosen, Nick. Als ich ein Junge war, hätte kein richtiger Mann ein Mädel an sein Boot gelassen. Es bringt Unglück, eine Frau über das Boot bestimmen zu lassen.«

Ich ließ den Befestigungsstift los und richtete mich auf. »Und was ist mit Josie Woodward? Wer hat ihr drei Meilen vor Start Point ein Kind gemacht?«

Er lachte durchtrieben und ließ das Thema fallen.

Ich versprach ihm, daß es nur noch zwei oder drei Tage dauern würde, nicht mehr, bis wir die Szene filmen konnten, von der ich so lange geträumt hatte – den Moment, an dem die *Sycorax* wieder unter Segel hinausfuhr. Es ging mir durch den Kopf, daß ich noch vor zwei Monaten Jimmys Vorschlag begierig aufgenommen hätte. Wir wären hinausgefahren und hätten darüber debattiert, ob wir überhaupt zurückkommen sollten. Aber inzwischen lag mir an dem Film ähnlich viel wie Angela selbst. Ich hatte sogar begonnen, ihn mit ihren Augen zu sehen, wenn ich es auch immer noch ablehnte, am St. Pierre-Rennen teilzunehmen. Und Angela hatte zugestimmt, einen anderen Schluß zu entwickeln; einen, bei dem die *Sycorax* hinausfährt.

An diesem Nachmittag rief ich Angela in ihrem Londoner Büro an. »Sie ist fertig«, sagte ich. »Die Segel sind gehißt, Ma'am, bereit zum Auslaufen.«

»Komplett fertig?«

»Kein Funk, keine Navigationslichter, keinen Ofen, kein Barometer, kein Chronometer, keinen Kompaß, keine Bilgenpumpen, keinen Radarschirm, kein . . .«, listete ich die Gegenstände auf, die Mulder gestohlen hatte.

»Sie sind bestellt, Nick«, sagte Angela ungeduldig.

»Aber sie kann segeln«, sagte ich glücklich. »Die *Sycorax* ist bereit für das Meer. Sie erwartet deine Flasche Champagner und dein Filmteam.«

»Das ist wundervoll.« Angela hörte sich nicht besonders erfreut an. Vielleicht, weil ich das Boot fertigstellte, das mich von ihr fortbringen würde. Das machte meine Begeisterung zur Taktlosigkeit. Es entstand eine kurze Pause. »Nick?«

»Heute nachmittag um fünf Uhr sechsundzwanzig

verläßt ein Zug Totnes«, meinte ich. »Er kommt in London um . . .«

»Fünfundzwanzig Minuten vor neun an«, fiel sie ein und klang befriedigt.

»Ich glaube, das könnte ich schaffen«, sagte ich und bemühte mich um einen skeptischen Tonfall.

»Du solltest es schaffen, verdammt noch mal«, entgegnete sie. »Oder es gibt kein Funkgerät, keine Navigationslichter und keinen Ofen.«

»Bilgenpumpen?«

Sie tat, als würde sie darüber nachdenken. »Mit Sicherheit keine Bilgenpumpen. Auf gar keinen Fall.«

Ich schaffte es.

Angelas Wohnung befand sich in einem düsteren Souterrain in Kensington. Sie benutzte sie nur in Bannisters Abwesenheit, aber daß sie die Wohnung behalten hatte, sprach für ihre Unabhängigkeit. Wenigstens kam es mir so vor. Die Wohnung machte einen irgendwie verlassenen Eindruck. Sie war spärlich möbliert, die Zimmerpflanzen waren längst verdurstet und dicker Staub lag auf Regalbrettern und Kaminsims. Überall lagen Stapel von Büchern und Zeitungen. Es war die Wohnung einer berufstätigen, jungen Frau, die den größten Teil des Tages anderswo verbrachte.

»Nächsten Dienstag«, sagte sie zu mir.

»Was ist da?«

»Dann filmen wir das Auslaufen der *Sycorax.*«

»Erst dann?«

Sie muß meine Enttäuschung gehört haben. »Erst dann.« Sie saß vor dem Frisiertisch und schminkte sich ab. »Vor Dienstag geht es nicht, weil der Montag Anreisetag für das Team ist.«

»Warum können sie sich nicht schon am Sonntag auf den Weg machen?«

»Willst du ihnen das Dreifache bezahlen? Du mußt dich bis Dienstag gedulden, okay?«

»Um zehn Uhr achtundvierzig hat die Flut ihren Höchststand«, verkündete ich aus dem Gedächtnis. »Und es ist eine hohe Flut.«

»Macht das etwas aus?«

»Es ist gut. Wir werden bei einer schnellen Ebbe auslaufen.«

Sie beugte sich dem Spiegel entgegen, um etwas besonders Verzwicktes mit einem Augenlid anzustellen. »Es gibt noch einen anderen Grund, warum es am Dienstag sein muß«, sagte sie, und ich hörte eine gewisse Anspannung aus ihrer Stimme heraus.

»Ja?«

»Tony möchte dabei sein.« Sie sah mich nicht an, während sie sprach. »Es ist wichtig, daß er dabei ist. Ich meine, der Film dreht sich zum Teil ja auch darum, daß er dir hilft, nicht? Und er möchte sehen, wie die *Sycorax* ausläuft.«

»Will er mit an Bord?«

»Vermutlich.«

Ich lag in ihrem Bett, empfand aber den Stich der Eifersucht wie eine gemeine Strömung, die einen ansonsten perfekten Tag zu verhunzen droht. Es war dumm, so zu empfinden, aber natürlich. Ich wußte, daß Angelas Loyalität zunächst Bannister gehörte, und doch lehnte ich diese Tatsache ab. In den vergangenen Wochen hatte ich in einem Nebel des Glücks gelebt, in den Freuden der Unschuld einer neuen Liebe geschwelgt, und nun schlug die Wirklichkeit zu. Dieses augenblickliche Glück war eine Illusion und Bannisters Rückkehr eine Mahnung daran, daß Angela und mich nichts anderes verband als ein Bett und eine Freundschaft.

Sie drehte sich auf ihrem Stuhl herum. Sie wußte, was ich dachte. »Es tut mir leid, Nick.«

»Es braucht dir nicht leid zu tun.«

»Es ist nur so, daß ...« Sie brach ab, hob die Schultern, wußte nicht weiter.

»Hat er vorrangige Ansprüche?«

»Ich glaube schon.«

»Und dir bleibt keine Wahl?« fragte ich und wünschte, ich hätte es nicht getan, weil es meine Eifersucht verriet.

»Ich habe durchaus eine Wahl.« Ihre Stimme klang trotzig.

»Warum segeln wir dann nicht mit der *Sycorax* am Sonntag los?« Am Sonntag wäre er noch in Frankreich, obwohl sich die *Wildtrack* bereits vor drei Wochen auf den Heimweg gemacht hatte. »Du kommst mit«, sagte ich. »In ein paar Tagen sind wir bei den Azoren. Danach können wir uns entscheiden. Möchtest du Australien wiedersehen? Oder lieber durch die Karibik kreuzen?«

Sie drehte ihre langen Haare zu einem Kegel, den sie um ihren Kopf schlang. »Ich werde seekrank.«

»In drei Tagen bist du darüber hinweg.«

»Ich werde nie darüber hinweg sein.« Sie sah in den Spiegel, während sie ihr Haar feststeckte. »Ich bin keine Seglerin, Nick.«

»Man kann darüber hinwegkommen«, sagte ich. »Es braucht seine Zeit, aber ich verspreche dir, daß es vergeht.«

»Nick!« Ich bedrängte sie zu sehr.

»Entschuldige.«

Sie betrachtete sich im Spiegel. »Meinst du nicht,

ich wäre nicht schon einmal versucht gewesen, dem allem zu entfliehen? Weg von Tonys Unsicherheiten, weg von der Mißgunst und den Eifersüchteleien bei der Arbeit, weg von den Sorgen um Termine und Filmmaterial und darum, woher der nächste gute Einfall für das Programm wohl kommen soll? Aber ich kann es nicht tun, Nick. Ich kann es nicht! Als ich zwanzig Jahre alt war, hätte ich es vielleicht gemacht. Ist das nicht das Alter, in dem die Menschen glauben, die Welt würde sie in Liebe einhüllen, sie brauchten lediglich ein bißchen Zuversicht zu haben? Aber jetzt bin ich zu alt.«

»Sechsundzwanzig ist nicht alt.«

»Zu alt, um ein Hippie zu werden.«

»Ich bin kein Hippie.«

»Was zum Teufel bist du denn sonst?« Sie nahm eine Zigarette aus der Schachtel und zündete sie an. »Du glaubst, du kannst wie ein Vagabund durch die Welt treiben. Woher willst du das Geld dafür nehmen? Was ist, wenn dein Bein Probleme macht? Was ist mit deinem Alter? Für dich ist das alles gut und richtig, Nick; dir ist das egal. Aber ich bin nicht wie du.«

»Du willst Sicherheit.«

»Ist das so schlecht?« fragte sie angriffslustig.

»Nein. Aber ich liebe dich nun einmal und möchte dich nicht verlieren.«

Sie starrte mich an. »Such dir einen Job. Lebe in Devon. Kannst du diesen Orden denn nicht in einen Job ummünzen?«

»Vielleicht.«

Sie verzog das Gesicht und drückte die Zigarette aus, die sie gerade erst angesteckt hatte. Sie stand auf, ging um das Bett herum und ließ ihren Bademantel auf den Boden fallen. Nackt stand sie da und sah auf mich herunter. »Wollen wir nicht erst den Film machen, Nick, und dann über das Leben nachdenken?«

Ich schlug das Bett für sie zurück. »Okay, Boss.«

Sie kletterte neben mich. »Bleibst du morgen hier?«

Morgen war Freitag. »Wie wäre es mit dem ganzen Wochenende?«

»Du weißt, daß das nicht geht.« Bannister wollte, daß sie das Wochenende in Frankreich verbrachte. Nach einer für die *Wildtrack* erfolgreich verlaufenen Reihe von Regatten war er an die Riviera gegangen, wo er bei einem Fernsehfestival in der Jury saß. Die Arbeit war inzwischen beendet, und er wollte, daß Angela ans Mittelmeer geflogen kam, um an den Schlußfeierlichkeiten teilzunehmen. Sie würde am Freitagabend nach Nizza fliegen, am Montagmorgen mit Bannister zurückkommen, um am Nachmittag nach Devon zu fahren. Daher spürten wir beide, daß dies unsere letzte Nacht gestohlener Freiheit sein könnte, weil mit Bannisters Rückkehr die alten Beschränkungen wieder da sein würden.

Angela verließ die Wohnung früh am nächsten Morgen, weil in den Studios der Rohschnitt des Filmmaterials vorgenommen wurde, das wir bisher gedreht hatten. Ich bereitete mir in ihrer winzigen Küche Kaffee zu, badete in ihrem winzigen Bad und setzte mich dann hin, um eine Liste der Seekarten zusammenzustellen, die ich kaufen wollte. Die Liste wurde sehr lang, aber das Geld war wie üblich knapp, also strich ich die Liste bis auf die Azoren und die Karibik zusammen. Jede Fahrt nach London beraubte die *Sycorax* um ein paar Karten, aber ich nahm nicht an, daß die *Sycorax* mir diese Fahrten verübelte. Ich sah auf die wenigen Besitztümer Angelas: die unordentlich zusammengelegten Zeitungen, die sie für längst gesendete Programme durchsucht hatte, ein hübsches Aquarell an der Wand, den alten und abgeliebten Teddybär, das einzige, das sie aus ihrem Elternhaus mitgebracht hatte.

Das Telefon klingelte. Ich rührte mich nicht. Das Telefon war mit einem Anrufbeantworter gekoppelt, und wenn ich in der Wohnung war, ließ ich den Lautsprecher angestellt. Wenn Angela anrief, hörte ich ihre Stimme, konnte den Hörer aufnehmen und den Beantworter abschalten. Ich verabscheute diese Prozedur, die ich als typisch pubertäre Ausflucht empfand, aber sie war notwendig. Manchmal rief Bannister an, ich hörte seiner herrischen Stimme zu, die eine knappe Nachricht hinterließ, und der Funke der Eifersucht sprang über.

Diesmal hörte ich das übliche Band, auf dem sich Angelas Stimme dafür entschuldigte, daß sie den Anruf nicht persönlich beantworten konnte. Bitte sprechen Sie nach dem Piepton, sagte sie, und der Ton piepte gehorsam. Es gab eine Pause, und ich dachte schon, der Anrufer hätte aufgelegt, als sich eine andere bekannte Stimme meldete. »Hi. Sie kennen mich nicht. Mein Name ist Jill-Beth Kirov. Wir haben uns in Anthony Bannisters Haus kennengelernt, erinnern Sie sich? Ich bin auf der Suche nach Nick Sandman und weiß, daß Sie einen Film über ihn drehen. Ich frage mich, ob Sie ihm vielleicht eine Nachricht übermitteln können? Meine Nummer ist . . .«

Sie brach ab, weil ich den Anrufbeantworter ausgeschaltet und den Hörer aufgenommen hatte. »Jill-Beth?«

»Nick! Hi!«

»Woher zum Teufel weißt du, daß ich hier bin?«

»Wo liegt das Problem, Nick?« Sie klang verletzt. »Ich habe lediglich versucht, dich zu erreichen. Ich hatte keine Ahnung, wo du bist. Ich habe einfach überall Nachrichten hinterlassen. Ich muß mit dir sprechen, okay?«

Eine Sekunde lang vergaß ich mein Arrangement mit Micky Harding. »Ich glaube nicht, daß wir uns noch irgend etwas zu sagen haben.«

Sie schwieg einen Moment lang und fragte dann: »Willst du mit harten Bandagen oder Samthandschuhen spielen, Nick?«

»Wie bitte?« fragte ich verständnislos.

Sie seufzte. »Ich mußte einmal Nachforschungen über einen Typ anstellen, der ein fast so schönes Boot hatte wie du, Nick. Es war ein Ewer, aber ein wirklich schöner. Er besaß sogar eine Galionsfigur mit dem Gesicht seiner Frau. Der Bursche war echt stolz auf das Schiff. Es brannte ab. Es war eine echte Tragödie. Ich meine, der Typ hatte sein Herz an diesen Ewer gehängt, und doch reichte eine Zigarettenkippe, um plötzlich ein Feuerwerk aufflammen zu lassen.«

»Drohst du mir?«

»Nick!« Jetzt klang sie sehr verletzt. »Ich möchte mich nur mit dir unterhalten, okay? Was sollte daran falsch sein?«

Ich erinnerte mich an Micky Harding und sein Versprechen, daß die Zeitung mich von Kassoulis Angelhaken befreien konnte. »In Ordnung«, sagte ich vorsichtig.

Sie schlug einen Termin am gleichen Tag vor und nannte ein Pub in Soho, wo wir uns zum Lunch treffen könnten, aber ich wußte nicht, ob ich mich so schnell mit Micky in Verbindung setzen konnte. Ich wußte noch nicht einmal, ob ich ihn während des Wochenendes erreichen konnte. »Ich kann mich nicht vor Montag mit dir treffen«, erwiderte ich. »Das ist der früheste Termin. Und dann werde ich wieder in Devon sein.«

Sie schwieg wieder und klang dann wachsam entgegenkommend. »Okay, Nick.« Sie nannte ein Pub, das ich kannte, und einen Zeitpunkt.

Ich legte den Hörer auf. Es sah so aus, als hätte Kassouli seine Jagd auf Bannister nicht aufgegeben. Die Hundemeute der Rache war losgelassen und rannte; es war an mir, sie ins Helle zu locken, um sie von den Scheinwerfern der Öffentlichkeit blenden zu lassen. Ich rief Mickys Zeitung an und spürte ihn in der Nachrichtenredaktion auf. Ich sagte ihm, wo und wann ich mich mit Jill-Beth treffen würde. »Können Sie das schaffen?« fragte ich.

»Ich werde es schaffen.« Ich hörte Vorfreude aus seiner Stimme. Er genoß bereits den Anblick imaginärer Schlagzeilen: »Tycoon plant Piraterie«, »US-Milliardär bedroht britische Arbeitsplätze« oder für Mickys Zeitung wahrscheinlicher: »Kassouli verschwinde!«

Angela kam irritiert nach Hause, weil der Cutter sich krankgemeldet hatte, den sie dringend brauchte, um eine bestimmte Sequenz zu schneiden, und weil der Ersatz-Cutter ein Holzhacker war. Sie hörte den Anrufbeantworter ab. Ich hatte zurückgespult und Jill-Beths Stimme mit einer Einladung zum Lunch, Informationen über Flüge nach Nizza und dem Anruf einer alten Bekannten von Angela überspielt, die sich nur mal hatte melden wollen.

»Was sie wirklich wollte, ist ein Job«, sagte Angela verächtlich. »Und wie ist dein Tag verlaufen?«

»Ich habe zwei Seekarten gekauft«, erwiderte ich, »und eine Million Dinge entdeckt, die ich mir nicht leisten kann.«

»Armer Nick.« Sie streckte eine lange, schmale Hand aus und berührte meine Wange. »Ein Freund hat gesagt, ich könnte sein Cottage in Norfolk für das Wochenende haben. Dort gibt es kein Telefon, aber ein kleines Boot im Fluß. Ein Heron Dingi. Sagt dir das was?«

»Ein Heron sagt mir sehr viel.« Meine Freude, Angela das ganze Wochenende über für mich zu haben, muß deutlich zu sehen gewesen sein, aber ich wollte sichergehen. »Und Nizza?«

»Pfeif auf Nizza. Ich werde Tony sagen, ich hätte zuviel zu tun.«

Also pfiffen wir auf Nizza, und ich sagte Angela nichts von Jill-Beths Anruf. Eigentlich wollte ich es tun, wußte aber nicht, wie ich das Treffen mit der Amerikanerin erklären sollte, noch war ich besonders erpicht darauf, Angela zu sagen, daß ich alles nur tat, weil Micky dabei sein würde. Angela wäre mit Sicherheit wegen der schlechten Presse aufgebraust, die Bannister haben würde. Außerdem sagte ich mir, daß ich mich mit Jill-Beth nur traf, um Kassoulis Machenschaften zu verhindern. Ich war sicher, mich um die Angelegenheit selbst kümmern zu können und Angelas Hilfe nicht zu brauchen. Also kam ich mir ziemlich nobel vor und nicht im mindesten schuldbewußt, weil am Montagabend mit großer Wahrscheinlichkeit auf Kassouli genauso gepfiffen sein würde wie auf Nizza.

Micky Harding und ich fuhren am Montagnachmittag nach Devon. Ich war nervös. »Wir sagen einem der reichsten Männer der Welt den Kampf an, Micky. Und sie haben mein verdammtes Schiff bedroht.«

»Ach.« Micky brachte es fertig, der beruhigenden Äußerung etwas ausgesprochen Ironisches zu geben. »Wir werden den Mistkerl erledigen, Nick.« Er bemerkte, daß ich mich unbeholfen umdrehte, um aus dem Rückfenster zu schauen. »Meinen Sie, wir werden verfolgt?«

»Nein.« Aber ich hatte natürlich doch nach Angelas Porsche Ausschau gehalten. Sie war nach Heathrow gefahren, um Bannister abzuholen. Wenn sie direkt nach Devon aufgebrochen waren, konnten sie uns sehr gut überholen, und ich wollte sie nicht zusammen sehen. Ich war eifersüchtig. Gerade hatte ich ein zärtliches Wochenende mit Angela und einem kleinen Segelboot verbracht. Sie war nicht einmal seekrank geworden. Aber jetzt brach die reale Welt mit dem schauerlichen Geräusch eines Bootes, das auf Grund geht, über mir herein.

Micky zündete sich eine Zigarette an. »Sie sind aber erschreckend nervös, Mann. Darüber könnte ich glatt eine Story schreiben. Victoria-Kreuz-Träger entpuppt sich als Memme.«

»Ich bin so etwas eben nicht gewöhnt.«

»Haben Sie sich deshalb um Verstärkung bemüht?«

»Ja.«

Die »Verstärkung« wartete in einer Autobahnraststätte auf uns, in der rund um die Uhr Nahrhaftes serviert wurde. Terry Farebrother nahm gerade die Reste von Spiegelei mit brauner Sauce mit einem Stück Weißbrot auf. Ich kannte keinen Menschen, der soviel essen konnte wie Sergeant Farebrother. Er war ebenso ein menschliches Wesen wie ein Cholesterinprozessor. Er aß morgens, mittags und abends und schien doch nie ein überflüssiges Gramm Fett an seinen kräftigen, sehnigen Körper zu bekommen. Das einzige, was ihm am Falkland-Krieg mißfiel, war die Ungewißheit der Essenszeiten gewesen, und ich hatte ihn einmal dabei beobachtet, wie er quer über ein argentinisches Minenfeld gelaufen war, um einen feindlichen Tornister in der vagen Hoffnung zu bergen, es könne sich eine Dose Corned beef darin befinden. Sein schnurrbärtiges Gesicht blieb ausdruckslos, als wir uns seinem Tisch näherten. »Ungesunde Hölle«, begrüßte er Micky Harding, »die Maus.«

Die Maus, die den Sergeant aus Yorkshire auf den Falklandinseln kennengelernt hatte, schüttelte Terrys Hand. »Der Lauf der Zeit trägt bei Ihnen auch nicht viel zur Besserung bei, was?«

»Ich warte nur ab, bis die Armee dieses Land übernimmt, dann gehe ich in die Fleet Street und schlage alle diese Märchenerzähler zusammen.«

»Null Chance«, erwiderte Micky. »Wir haben Püppchen als Sekretärinnen, die euch Schwule in Stücke reißen.«

Nachdem die gebotenen Beleidigungen ausgetauscht waren, nickte mir Terry grüßend zu und fragte sich laut, ob noch genügend Zeit war, um noch einen Teller Fettgebackenes zu verputzen, aber ich erwiderte, es wäre besser, sich gleich auf die Strümpfe zu machen. »Soll ich dir ein Käse-Sandwich kaufen?«

»Nach Käse bekomme ich immer so scheußliche Blähungen. Lieber ein paar mit Speck.« Er zerquetschte mir fast die Finger mit seinem Händedruck. »Sie sehen besser aus, Boss. Sally meinte, Sie sähen aus wie Braunbier mit Spucke.«

»Wie geht es Sally?«

»Wie immer, Boss, genau wie immer. Scheußlich dreckig.« Terry war in Zivil: in einem schäbigen, blauen Anzug, dessen Knöpfe über der Brust fast die Knopflöcher sprengten. Vermutlich hatte er diesen Anzug ein Jahr vor seinem Eintritt in die Armee gekauft und ihn nie durch einen neuen ersetzt. Eigentlich bestand dafür auch gar keine Notwendigkeit, denn Terry gehört zu den Männern, die sich nur im Tarn- oder Kampfanzug wirklich wohl fühlen. Er war ein Stier von einem Mann, eher klein, dickköpfig und ungemein verläßlich. Es war schön, ihn wiederzusehen. »Kein Problem«, sagte er, als ich ihn fragte, ob es Schwierigkeiten gemacht habe, vom Bataillon frei zu bekommen. »Nach dieser verfluchten Übung waren sie mir Urlaub schuldig.«

»Wie war die Übung?«

»Wie immer, Boss: ein verdammter Pfusch. Ich wurde in einem Rübenfeld klatschnaß und bin dann noch fast in einem Fluß ertrunken. Und natürlich wußte keiner der verfluchten Offiziere, wo wir waren und was wir verdammt noch mal eigentlich taten. Ich sage Ihnen, Mann« – das war an Micky gerichtet – »wenn die Rußkis tatsächlich mal kommen sollten, marschieren die durch uns hindurch wie ein weißglühender Spieß durch 'nen Hühnerpopo.«

»Kaum überraschend, nicht?« meinte Micky. »Wenn die meisten unserer Soldaten so vornehm und wählerisch sind wie Ihr geschätztes Ich.«

»Das war also das«, lachte Terry. »Und was machen wir jetzt?«

»Nick ist nervös«, stellte Micky nebenher fest, als

wir zum Auto gingen. Ich sagte Terry, daß ich in der Tat nervös sei, weil ich mich mit dieser Amerikanerin traf. Es sei durchaus möglich, wenn auch nicht sehr wahrscheinlich, daß sie etwas gegen mein Boot unternahm, wenn ich nicht so wollte, wie sie es sich vorstellte. Und daß ich es daher sehr schätzen würde, wenn Terry auf der *Sycorax* blieb, bis Micky und ich zum Fluß zurückkämen.

»Es wird nichts passieren.« Micky fuhr wieder auf die Autobahn zurück. »Sie werden ganz einfach auf einem verdammten Boot hocken, bis es dunkel ist.«

Terry aß das erste seiner Sandwiches mit kaltem Speck und ignorierte Micky. »Was könnten diese Ganoven tun, was meinen Sie?«

»Feuer«, erwiderte ich knapp. Jill-Beth hatte Brandstiftung angedeutet, und das hatte mir Angst eingejagt. Ein mit Petroleum getränkter Lumpenstrang, angezündet und aufs Cockpit geschleudert, würde die *Sycorax* innerhalb von Minuten in treibende Asche verwandeln. Wenn ich Jill-Beths Vorschläge ablehnte, war die *Sycorax* in Gefahr. Und die war vermutlich in der Stunde am größten, die Micky und ich brauchten, um von unserem Rendezvous zum Fluß zurückzukehren. Das setzte voraus, daß Jill-Beth bereits Männer in der Nähe des Liegeplatzes postiert hatte; Männer, die sie telefonisch alarmieren konnte. Das ganze Schema wirkte jetzt sehr kompliziert und wirklichkeitsfremd, aber meine Angst war sehr real gewesen, als ich am Wochenende darüber nachgedacht hatte. Yassir Kassouli war ein entschlossener Mann, dazu noch verbittert, und das Schicksal eines kleinen Bootes auf einem Fluß in Devon wäre für einen solchen Mann ein Nichts. Die Furcht hatte mich veranlaßt, die Unteroffiziersmesse von einer öffentlichen Telefonzelle in dem kleinen Dorf in Norfolk aus anzurufen. Ich hatte eine Nachricht hinterlassen, und Terry hatte eine Stunde später zurückgerufen. Angela hatte ich erzählt, daß ich mich mit Jimmy Nicholls über Ankerketten unterhalten hätte, obwohl es mir widerlich war, sie anzulügen. Aber Lügen waren der komplizierten Wahrheit in meinen Augen vorzuziehen. Mit Terrys tröstlicher Stabilität neben mir fragte ich mich jetzt, ob ich nicht überreagiert hatte. »Ich glaube nicht, daß etwas geschehen wird, Terry«, meinte ich, »aber ich bin nun einmal ein bißchen nervös.«

»Es gibt kein Problem mehr, Boss. Jetzt bin ich da.« Terry machte es sich auf dem Rücksitz bequem und packte das nächste Sandwich aus.

Zwei Stunden später erreichten wir den Fluß. Und während Micky auf der Straße oberhalb von Bannisters Haus zurückblieb, ging ich mit Terry durch den Wald hinunter und um das Bootshaus herum zur *Sycorax.* Ich bemerkte, daß zwei Männer von Mulders Crew im Bootshaus die *Wildtrack II* für ihren morgigen Ausflug vorbereiteten, bei dem sie die Kameraplattform für die Jungfernfahrt der *Sycorax* sein würde. Also mußte auch Mulder von seinem siegreichen Beutezug im Mittelmeer zurückgekehrt sein, aber ich fragte nicht danach. Ich blickte zum Haus empor, konnte aber hinter den Fenstern keine Bewegung wahrnehmen. Ich stellte mir vor, daß Bannister heute nacht mit Angela schlief und die Eifersucht folterte mich.

Es herrschte eine niedrige Ebbe. Terry und ich kletterten an Deck der *Sycorax* und schlossen die Kabine auf. Ich sagte ihm nichts von dem versteckten Colt, denn ich wollte nicht, daß ihm eine Anklage wegen illegalem Waffenbesitz die Laufbahn verhunzte.

»Ist hier irgendwo was zu essen, Boss?« erkundigte er sich hoffnungsvoll.

»In der Schublade neben dem Spülbecken sind ein paar verdauungsfördernde Kekse, oben im Spind Äpfel, und Bier steht unter der Backbordkoje.«

»Ungesunde Hölle.« Er war von der Speisenauswahl angewidert.

»Die könntest du unter Umständen brauchen.« Ich stellte zwei Feuerlöscher auf den neuen Kartentisch. Der *Sycorax* mochten zwar Funkgerät, Pumpen, Anker, Log, Chronometer, Kompaß, Klo und Barometer fehlen, aber auf den Kauf von Feuerlöschern hatte ich nicht verzichtet. Sie war aus Holz gebaut, und ihr größter Feind war nicht das Meer, sondern das Feuer. »Und wenn dich irgend jemand fragt, was du hier machst, Terry, dann sag ihnen, du wärst mein Maat.«

»Ich werde ihnen sagen, sie sollen sich zum Teufel scheren, Boss.«

»Gegen neun Uhr müßte ich eigentlich zurück sein«, sagte ich. »Dann gehen wir auf ein Pint ins Pub.«

»Gibt's da auch was zu futtern?« fragte er gierig.

»Sie machen da einen sehr guten Steak-and-Kidney-Pie«, beruhigte ich ihn. Wenn es an diesem Abend eine Gewißheit gab, dann die, daß die *Sycorax* sicher war. Kassouli würde schon eine Exocet-Rakete brauchen, um Terry Farebrother auszuschalten, und selbst dann war ich mir keineswegs sicher, ob die Exocet den Sieg davontragen würde.

Ich hinkte durch den Wald zurück und stieg in Mickys Auto. Wir fuhren nach Norden und durch das Labyrinth der tiefgelegenen Straßen, die nach Dartmoor führen. Ich schwieg, fragte mich, auf was wir uns da einließen, während Micky fast überschwenglich war. Er witterte eine Story, deren Schlagzeilen sich auf zwei Kontinenten wie ein Lauffeuer verbreiten würden.

Wir fuhren hinauf ins Moor. Im Westen drohten tiefhängende, dunkle Wolken, und ich wußte, daß der Regen peitschen würde, bevor der Abend zu Ende ging. Die heckengesäumten Straßen blieben hinter uns zurück, und wir kamen auf das leere, öde Hochland, über dem der Wind um die Felstürme aus Granit klagte. Wir erreichten das Dorf-Pub mitten im Moor, in dem sich Jill-Beth mit mir treffen wollte, eine Stunde vor dem vereinbarten Zeitpunkt. Micky ging mit mir auf die Toilette und rüstete mich dort mit dem Funkmikrophon aus. Es war eine ziemlich kleine Apparatur. Eine kunststoffbeschichtete Drahtantenne hing mir im Hosenbein hinunter, ein kleines Kästchen in der Größe eines Taschenrechners wurde an meinem Rücken befestigt und das winzige Mikrophon kam unter mein Hemd. »Ich gehe jetzt in den Schankraum«, sagte Micky, »und Sie werden mit mir sprechen.« Den Empfänger und ein Bandgerät hatte er in einer großen Tasche verstaut. Um auch hören zu können, was gesprochen würde, trug er ein dünnes Kabel mit einem Knopf im Ohr.

Die Anlage funktionierte. Nach dem Test setzten wir uns an einen Tisch, und Micky gab mir Anweisungen. Der Sender war schwach, und wenn ich mich mehr als fünfzig Meter von ihm entfernte, würde Micky höchstwahrscheinlich nichts mehr hören können. Er sagte, das Mikrophon sei nicht gerichtet und würde alle Nebengeräusche aufnehmen. Also sollte ich Jill-Beth so nahe wie möglich kommen.

»Das macht Ihnen doch nichts aus, oder?« wollte er wissen. »Sie sind schließlich in sie verknallt, nicht?«

»Ich war es.«

»Dann verknallen Sie sich einfach wieder in sie. Sie müssen sich an sie ranmachen, Nick. Und behalten Sie mich im Auge. Wenn ich nichts mehr höre, kratze ich mir die Nase.«

»Und so wollen wir einem der reichsten Männer der Welt eine Falle stellen?« fragte ich. »Mit Nasekratzen und einem Spielzeugfunkgerät?«

»Denken Sie an Watergate. Alles ist rausgekommen, weil irgendein von der CIA ausgebildeter Schwachkopf einen Türschnapper nicht arretieren konnte. Sie leiden unter der Wahnvorstellung, daß in der Welt fähige Männer das Sagen haben. Das ist nicht so, Nick. In ihr haben ausgemachte Hirnis das Sagen, die ihren eigenen Namen vergessen würden, stünde er nicht auf ihren Kreditkarten. Nun, was werden Sie zu ihr sagen?«

»Ich werde sie in die Wüste schicken.«

»Nick, Nick, Nick!« stöhnte er. »Wenn Sie dem Vögelchen sagen, es soll Leine ziehen, dann wird sie das auch tun. Sie wird das Weite suchen, und was haben wir dann? Nicht mal das Schwarze unterm Fingernagel! Sie müssen sie zum Plaudern bringen. Sie müssen auf sie eingehen, ja? Sie müssen all das sagen, was sie von Ihnen hören will, damit sie sagt, was wir hören wollen. Besonders, mein Junge, müssen Sie sie fragen, was Kassouli da draußen vorhat. Will er Bannister das Lebenslicht ausblasen? Oder versucht er dem Mistkerl nur Angst einzujagen? Klar?«

»Klar«, sagte ich. »Und was ist mit dem Geld?«

Micky verdrehte die Augen. »Gott, sind Sie aber

auch ein Trottel, Nick. Sie werden das verflixte Geld nehmen! Das ist der Beweis!« Er trank seinen Whisky aus. »Sind Sie bereit für die Schlacht, mein Junge?«

»Ich bin bereit.«

»Also, dann auf in den Kampf. Und keine Sorge. Es kann nichts schiefgehen.« Er schluckte auch meinen Whisky und schob sich dann quer durch den Raum. Ich wartete unruhig. Der Pub füllte sich langsam, hauptsächlich mit Wanderern, die Wasser von ihren bunten Umhängen schüttelten, wenn sie zur Tür hereinkamen. Es hatte zu regnen begonnen, wenn auch nicht heftig.

Ich wechselte von Whisky zu Bier über. Ich wollte mir nicht den Geist vernebeln. Nicht, wenn so viel auf dem Spiel stand. Wenn ich heute abend erfolgreich war, würde ich einen besessenen Millionär daran hindern, Tausende von Jobs aus Großbritannien abzuziehen. Ich würde einen Skandal in den Zeitungen entfesseln. Ich würde aber auch Angela vertreiben, weil sie mir nie verzeihen würde, daß ich Bannisters Namen in die Geschichte hineingezogen hatte. Ich hatte sie oft und nicht selten unberechtigt der Unaufrichtigkeit beschuldigt. Und nun würde sie sagen, daß ich unehrlich war. Sie würde sagen, daß ich ihr hätte alles erzählen müssen, und vielleicht hatte sie recht.

Aber ich würde ohnehin auf die See hinausfahren, und das bedeutete immer, Lieben hinter sich zurückzulassen. Ich würde Kassoulis Drohungen unwirksam machen, um dann Bannister seinem Versuch zu überlassen, die St. Pierre Trophy zu gewinnen, und Angela ihrem Ehrgeiz. Noch heute abend würde ich frei sein. Die *Sycorax* und ich würden dahin gehen, wohin der Wind uns trieb.

Ich wartete.

»Hi!« Nach Angelas geschmeidiger Blässe wirkte Jill-Beth braun und gesund; wie ein strahlender Tribut an Vitamintabletten, sportliche Ertüchtigung und eingeborenen Enthusiasmus. Ich fragte mich, warum Amerikaner häufig so enthusiastisch waren und wir so häufig trübsinnig. Sie trug ein blaues Hemd, enge Jeans und Cowboystiefel, als wollte sie zu einem Rodeo gehen. Einen Regenmantel und eine Handtasche trug sie über dem Arm. Sie beugte sich leicht herunter, um mir einen Kuß anzubieten, spürte dann aber an meiner Reaktion, daß eine solche Geste unangebracht war. Statt dessen setzte sie sich neben mich. »Wie geht es dir?« fragte sie. Ihr Rücken war Micky zugewandt, der mir mit einem verstohlen gereckten Daumen zu verstehen gab, daß er unsere Worte hören konnte.

»Möchtest du ein Bier?« fragte ich.

Sie schüttelte den Kopf. »Wie wäre es mit einem kleinen Spaziergang?«

»Da draußen?« Ich deutete hinaus, wo der Regen bereits die Fenster trübte.

»Ich dachte, du wärst ein Soldat. Hast du Angst vor Regen?«

Ich hatte Angst davor, mich aus dem Wirkungsbereich von Mickys Funkgerät zu entfernen, aber Jill-Beth hätte eine Weigerung nicht hingenommen, also folgte ich ihr auf die Straße hinaus, wo sie den Regenmantel anzog und sich ein Tuch um die Haare band. »Yassir läßt grüßen.«

»Großartig.«

Sie schien meine mangelnde Begeisterung nicht zu bemerken, sondern öffnete ihre Tasche und zeigte mir deren Inhalt. »Einhunderttausend Dollar, Nick. Steuerfrei.«

Ich starrte auf die eng gebündelten Banknoten, von denen jedes Bündel mit Zellophan umhüllt war. Nie in meinem Leben hatte ich soviel Geld gesehen, aber es wirkte einfach nicht echt. Ich versuchte, beeindruckt auszusehen, aber in Wahrheit fand ich die Situation lächerlich. Nahm Jill-Beth tatsächlich an, ich sei käuflich?

»Es ist alles deins.« Sie schloß die Handtasche. Der Regen wurde stärker, aber sie schien das nicht zu bemerken, als wir die Brücke überquerten und auf den Bellever Forest zugingen. Ich wagte es nicht, mich umzusehen, denn ich befürchtete, daß Jill-Beth es mir nachtun und mitbekommen würde, daß uns Micky Hardings plumpe Gestalt folgte. Mein Jackett wurde langsam klatschnaß, und ich konnte nur hoffen, daß das Mikrophon durch die Feuchtigkeit keinen Schaden nahm. »Müssen wir tatsächlich hier in dieser Nässe herumwandern?« fragte ich.

»Wir müssen.« Sie sagte es ganz nebenbei, runzelte dann aber echt besorgt die Stirn. »Hast du Schmerzen? Ist es das?«

»Ein bißchen.«

Sie zuckte mit den Schultern und nahm meinen Arm, als wolle sie mich beim Laufen stützen. »Es tut mir leid, aber ich kann den Zigarettenrauch im Pub nun einmal nicht ertragen.« Sie sah zum Himmel empor, der so aussah, als würde es bald noch viel heftiger regnen. »Vielleicht suchen wir uns doch einen Schutz?« Sie führte mich unter die Kiefern des Bellever Forest. Es hatte noch nicht lange genug geregnet, als daß die Nässe die dichten Nadeln hätte durchdringen können. Und so gingen wir in absoluter Trockenheit dahin. Einmal hörte ich Schritte hinter uns und wußte, daß Micky auf der Spur war. Er würde mich insgeheim dafür verfluchen, daß ich ihn aus dem Pub gelockt hatte, aber sein Opfer war klein im Vergleich zu den Belohnungen, die ihm dieser Abend noch bringen konnte.

Jill-Beth ließ meinen Arm los und lehnte sich gegen einen Baumstamm. Einen Augenblick lang sprach keiner von uns ein Wort. Ich fühlte mich unbeholfen, und ihre Selbstsicherheit wirkte aufgesetzt. Sie schenkte mir ein flüchtiges Lächeln. »Es ist schön, dich wiederzusehen, Nick.«

»Tatsächlich?«

»Du bist feindselig.«

Sie sprach das feindselig fast wie feinsinnig aus, und ich konnte mir ein Lächeln nicht verkneifen. »Ich bin keineswegs feindselig, mir tut nur mein Rücken weh.«

»Du solltest zu einem Arzt gehen.«

»Das habe ich getan. Sie konnte mir nicht helfen.«

»Dann gehe zu einem amerikanischen Arzt.«

»Das kann ich mir nicht leisten.«

»Das sind teure Hunde«, räumte sie ein.

Wir waren beide sehr vorsichtig, und ich nahm an, wenn ich wirklich feindselig war, würde ich die ganze harte Arbeit aufs Spiel setzen, die Micky bereits in die Angelegenheit investiert hatte. Ich war hier, um dieses Mädchen davon zu überzeugen, daß ich ihm helfen würde, wie zögernd auch immer, und so zwang ich mich zu einem weiteren Lächeln. »Bist du hergekommen, um mich naß zu machen? Oder reich?« Sie lächelte zurück. »Heißt das, daß du uns helfen wirst, Nick?«

Ich bin ein hoffnungsloser Fall, wenn es darum geht, Lügen überzeugend von mir zu geben. Außerdem nahm ich an, daß eine sofortige Einverständniserklärung kaum glaubhaft gewesen wäre. Ich hob die Schultern und begann unter den Bäumen auf und ab zu laufen, während ich sprach. »Ich weiß nicht, Jill-Beth. Ich kann deine Überzeugung einfach nicht teilen, daß Bannister schuldig ist. Das macht mir Sorgen. Ich mag ihn nicht besonders, aber das ist für mich kein hinlänglicher Grund, seine Chancen auf einen Sieg beim Rennen um die St. Pierre Trophy zu ruinieren.« Ich plapperte vor mich hin, um meine Nervosität zu überspielen, aber dann machte ich mir klar, daß ich durch mein Hin-und-her-Laufen das Mikrophon dauernd von Jill-Beth abwandte. Nicht, daß sie bisher viel gesagt hätte, aber ich blieb dennoch stehen und sah sie an.

Sie seufzte, als hätte sie mein Gestammel erschöpft. »Alles was du zu tun hast, Nick, ist, auf Bannisters Boot mitzusegeln. Wenn du dich damit einverstanden erklärst, bekommst du jetzt einhunderttausend Dollar und weitere dreihunderttausend, wenn es vorbei ist.«

»Ich habe ihm aber bereits gesagt, daß ich nicht mitsegeln werde«, sagte ich, als wäre das ein unüberwindliches Hindernis für ihren Plan.

Sie zuckte mit den Schultern. »Würde er dir glauben, wenn du sagtest, du hättest deine Meinung geändert?« Es war sehr still unter den Bäumen. Der Wind war gedämpft und der dichte Nadelteppich auf dem Boden wirkte isolierend. Dadurch wirkten unsere Stimmen unnatürlich laut.

»Er würde mir glauben«, sagte ich zögernd.

»Dann sag es ihm.«

»Und wenn ich das nicht tue ...« – ich bemühte mich um einen beiläufigen Klang meiner Stimme, obwohl ich nun die Kernfrage stellte – »... wird

Kassouli seine Arbeitsplätze aus Großbritannien abziehen?«

Sie lächelte. »So ist es. Aber nicht nur die Jobs, Nick. Er wird seine Investitionen abziehen und sein Aktionsfeld auf den Kontinent verlagern. Und eine ganze Reihe von britischen Firmen kann ihre Hoffnungen auf neue Verträge für amerikanische Projekte aufgeben. Es wird hart werden, Nick, aber du hast ihn ja kennengelernt. Er ist ein entschlossener Mann. Kassouli macht es nichts aus, wenn ihm ein paar Millionen entgehen; auf die kann er verzichten.«

Ich schwieg. Ich war sicher, daß Micky irgendwo hinter uns vor Wonne fast zersprang. In wenigen Sätzen hatte Jill-Beth Kassoulis Drohung beschrieben, und ihre Worte mußten nun auf Mickys Tonbandgerät sein. Jetzt brauchte ich nur noch die T-Striche und I-Pünktchen anzubringen. »Aber das würde Kassouli nicht tun, wenn ich auf der *Wildtrack* segele?«

»Richtig.« Sie sagte es so ermutigend, als wäre ich ein leicht begriffsstutziger Schüler, der durch ein Lob weiter angespornt werden mußte. »Wir brauchen deine Hilfe, Nick! Du bist unsere einzige Chance. Überrede Bannister, dich auf der *Wildtrack* als Navigator mitzunehmen und zähle dein Geld.«

Es kam mir eigentümlich vor, daß Yassir Kassouli mit seinen Millionen auf mich angewiesen sein sollte, aber vielleicht hatte Jill-Beth recht. Meine Ankunft in Bannisters Haus mußte wie ein Zufall erschienen sein, und vielleicht erklärte das ihr brennendes Interesse an mir. Ich konnte eine sehr bequeme Waffe für Bannisters Feinde sein, wenn ich mich dazu entschloß mitzumachen. »Und was genau habe ich zu tun?« Ich wollte, daß sie es mir direkt und deutlich ins Mikrophon sagte.

Sie zeigte keinerlei Ungeduld über die pedantische Frage. »Du navigierst den Kurs, den wir dir sagen werden.«

»Welchen Kurs?«

»Himmel! Woher sollen wir das jetzt schon wissen? Das hängt doch schließlich vom Wetter ab, nicht? Du brauchst lediglich zu Zeiten, die wir dir nennen werden, auf Funksprüche zu achten. Das werden wohl die leichtestverdienten Vierhunderttausend deines Lebens sein, oder?«

Ich lächelte. »Richtig.« Dieses Wort war schwer über die Lippen zu bringen. Schließlich beinhaltete es eine gewisse Bereitschaft zur Komplizenschaft. Aber ich schien Jill-Beth mit meiner Darstellung zu überzeugen. Und es war eine Darstellung, eine laienhafte schauspielerische Darstellung. Bei jedem Wort mußte ich darum kämpfen, es so natürlich wie möglich klingen zu lassen. Die Konsequenz davon war eine umständliche und schwerfällige Sprache. Allerdings kam es mir so vor, während ich gerade an meiner nächsten Textzeile bastelte, als wäre Jill-Beth ähnlich unbeholfen und übervorsichtig. Dieser Feststellung hätte ich mehr Aufmerksamkeit widmen sollen, aber statt dessen fragte ich, was geschehen würde, wenn ich die *Wildtrack* auf den von ihnen bestimmten Kurs steuerte.

»Dir wird nichts passieren. Auch der Crew wird nichts geschehen.«

»Aber was wird mit Bannister geschehen?«

»Das, was Yassir will.« Sie sagte es langsam, fast wie eine Herausforderung. Dann wartete sie auf meine Reaktion.

Ich schwieg ein paar Sekunden lang. Jill-Beths Worte konnten als Andeutung eines Mordes verstanden werden, allerdings eine sehr umwundene Andeutung. Aber ich bezweifelte, daß sie zu diesem Thema deutlicher werden würde. Wahrscheinlich rechnete sie damit, daß ich mich über ihre Worte empören würde, aber ich hob nur die Schultern, als gingen mich die Machenschaften von Kassoulis Rache nichts an. »Und das alles«, fragte ich im Tonfall zögernder Zustimmung, »beruht auf der Vermutung, daß Bannister seine Frau getötet haben könnte.«

»Du hast es begriffen, Nick. Willst du jetzt die hunderttausend?«

Ich hätte Ja sagen sollen. Ich hätte es nehmen sollen, aber alles in mir sträubte sich dagegen. Es war ganz sicher eine notwendige Täuschung, aber die ganze Angelegenheit war verabscheuungswürdig.

»Um Himmels willen, Nick! Wirst du uns helfen oder nicht?« Jill-Beth schob mir die Handtasche zu. »Willst du es, oder verschwende ich hier nur meine Zeit?«

Ich wollte es gerade nehmen, schließlich war es der letzte Beweis, den Micky noch brauchte, als mich ein ersticktes Geräusch herumfahren ließ. Es war der Schrei eines Mannes, ein Schmerzensschrei.

Ich machte einen Schritt und prompt versagte mir mein rechtes Bein den Gehorsam und knickte ein. Ich stürzte auf den Waldboden und Jill-Beth rannte an mir vorbei. Ich verfluchte mein Bein und zwang mich wieder hoch. Ich streckte mein Bein mit beiden Händen gerade und humpelte dann von Baum zu Baum und fragte mich, ob mein Bein wohl in Streßsituationen immer zusammenbrechen würde.

Zwanzig Meter weiter fand ich Jill-Beth. Sie kniete, und ich wußte sofort, was es war, über das sie sich beugte.

Es war Micky. Blut war an seinem Schädel, auf seinem nassen Hemd, an seinen Händen. Er lebte, war aber ohne Bewußtsein und atmete sehr flach. Er war schwer verletzt. Die Tasche lag neben ihm, und ich sah den Funkempfänger, aber keine Spur von dem kleinen Tonbandgerät. Wer auch immer Micky niedergeschlagen hatte, hatte auch die Beweise gestohlen.

»Hast du ihn mitgebracht?« wollte Jill-Beth anklagend wissen.

»Ruf einen Krankenwagen!« Ich rief es wie einen militärischen Befehl.

»Hast du ihn . . .«

»Beeil dich? Ruf 999 an. Schnell!« Sie wäre doppelt so schnell wie ich sein konnte. »Und bring aus dem Pub Decken mit!«

Sie rannte los. Ich kniete mich neben Micky und deckte ihn mit meinem Jackett zu. Ich riß einen Stoffstreifen von meinem Hemdsaum und drückte ihn auf die Wunde an seinem Kopf. Schädelwunden bluten immer sehr stark, aber ich befürchtete, daß es mehr war als nur eine Platzwunde. Dafür war er zu wuchtig niedergeschlagen worden. Ich nahm an, daß er einen Schädelbruch erlitten hatte. Blut war in den dichten Nadelteppich gesickert, der nun im Zwielicht schwarz aussah. Ich strich ihm über die Hand. Auch wenn er bewußtlos war, würde er doch irgendwie das Gefühl menschlicher Wärme und Anteilnahme haben.

Mir war übel. Da hatte ich die *Sycorax* vorsorglich gegen Kassouli geschützt, aber vergessen, Micky zu bewachen. Wer hatte das getan? Kassouli? Hatte Jill-Beth Begleiter gehabt? Hatte sie vermutet, daß ich versuchen könnte, Kassoulis Drohungen ins Licht der

Öffentlichkeit zu zerren? Diese Frage brachte mich auf eine andere: Würde sie tatsächlich im Pub des Dorfes einen Krankenwagen für Micky rufen? Ich verließ Micky für ein paar Sekunden und hangelte mich zum Waldrand, um von dort aus ins Dorf zu spähen. Mein rechtes Bein zitterte und ein heftiger Schmerz peinigte meinen Rücken. Ich wußte nicht, ob ich den Weg ins Dorf schaffen würde, aber falls Jill-Beth mich im Stich ließ, würde ich es versuchen.

Ich verfluchte mein Bein, massierte das Knie und dann, als ich mich wieder aufrichtete, sah ich Scheinwerfer von der Brücke her herankommen. Ich hinkte zu Micky zurück. Er atmete.

Schritte näherten sich. Tüchtige Frauen und Männer, darauf trainiert, verirrte Wanderer aus dem Moor zu retten, kamen Micky zu Hilfe. Wir brauchten nicht auf den Krankenwagen zu warten, denn sie hatten einen Rettungs-Land-Rover mitgebracht, der Micky ins Krankenhaus fahren konnte. Er wurde behutsam auf eine Trage gelegt, in eine Decke gewickelt und an den Tropf mit der Kochsalzlösung angeschlossen.

Ich humpelte neben ihm zum Land-Rover und sah zu, wie er mit Micky davonfuhr. Jemand hatte die Polizei angerufen und fragte mich jetzt, ob ich auf ihr Eintreffen warten wolle. Ich erwiderte, ich würde lieber ins Krankenhaus fahren, erinnerte mich dann aber daran, daß Micky die Autoschlüssel bei sich hatte.

»Ich werde dich hinfahren«, sagte Jill-Beth.

Ich zögerte.

»Um Himmels willen, Nick!« Sie war wütend darüber, daß ich ihr nicht traute. Sie hielt mir die Autoschlüssel hin. »Oder willst du allein mit meinem Wagen fahren?«

Ich ließ mich von ihr fahren. »Wer ist er?« fragte sie.

»Ein Reporter.«

»Du Narr«, sagte sie zornig.

»Ich nicht!« schrie ich. »Du bist eine verdammte Närrin! Nur weil Kassouli ein reicher Mann ist, heißt das noch längst nicht, daß er auch recht hat.«

»Seine Tochter ist ermordet worden!«

»Und wer hat Micky niedergeschlagen?« Ich deutete wütend auf den Land-Rover, der uns ein Stück voraus fuhr. »Du hast deine Schläger mitgebracht, stimmt's?«

»Nein!« protestierte sie.

»Wer war es dann, um Himmels willen?«

Sie dachte ein paar Minuten lang nach. »Bist du direkt von London aus hergekommen?«

»Nein. Ich bin . . .« Ich brach ab. Ich war an Bannisters Haus vorbeigekommen und hatte einen fast hundertprozentigen Hinweis darauf erhalten, daß Mulder zurück war. Keine Sekunde lang hatte ich daran gedacht sicherzustellen, daß Micky und mir niemand ins Moor folgte. »O Gott«, sagte ich entsetzt, »Mulder!«

Jill-Beth zuckte mit den Schultern, als wollte sie sagen, ich hätte das Unheil herausgefordert. Wir fuhren schweigend weiter und erreichten das Krankenhaus, wo der Land-Rover vor dem Eingang zur Notaufnahme geparkt war. Ein leeres Polizeiauto mit noch eingeschaltetem Blaulicht stand daneben.

Jill-Beth schaltete den Motor aus. »Vermutlich heißt das alles, daß du uns nicht helfen willst, Nick?«

»Ich möchte nicht der Henker eines Femegerichts sein.«

»Du willst das Geld nicht?«

»Nein.«

Jill-Beth zuckte mit den Schultern. »So hatten wir uns das eigentlich nicht vorgestellt, Nick.«

»Was? Wie?«

»Amerikaner gegen Briten. Das war nicht unsere Absicht. Kassouli ist davon überzeugt, daß seine Tochter ermordet worden ist. Wenn du diese Überzeugung teilen würdest, würdest du uns helfen.«

Ich öffnete die Autotür. »Es geht nicht um Amerikaner gegen Briten«, sagte ich. »Es ist lediglich ein Konflikt altmodischer Anständigkeit, das ist alles. Ihr habt keinen Beweis, Ihr habt nichts als einen Verdacht. Du spielst deine Spielchen, um einen reichen Mann glücklich zu machen, aber wenn er arm wäre, würdest du keine Hand rühren.«

Sie sah zu, wie ich das Auto verließ. »Lebwohl, Nick.«

Ich antwortete nicht. Sie startete den Motor, legte den Gang ein und fuhr davon.

Im Krankenhaus roch es nach Desinfektionsmitteln. Das brachte unwillkommene Erinnerungen. Ich wartete vor Plakaten, die mir sagten, daß ich mein Baby impfen lassen sollte, und daß Geschlechtskrankheiten eine ansteckende Seuche sind. Ich wartete auf Neuigkeiten, die mir schließlich von einem sehr jungen Kriminalbeamten überbracht wurden. Mr. Harding habe einen Schädelbruch erlitten und drei Rippen gebrochen. Er sei bewußtlos. Warum war ich ins Krankenhaus gekommen und hatte nach ihm gefragt? Weil er ein Freund von mir ist.

Hatte ich den Überfall miterlebt? Nein.

Wußte ich, daß Mr. Harding ein Reporter ist? Nein.

War ich ein Zeitungsreporter? Nein.

Waren wir gemeinsam ins Moor gefahren? Ja.

Warum hatte ich den Überfall nicht mitangesehen? Weil ich mich zum Pinkeln hinter ein paar Bäume verzogen hatte.

Wußte ich, wer Mr. Harding überfallen hatte? Nein. Innerlich war ich sicher, daß es Mulder gewesen war, aber ich konnte es nicht beweisen, also verneinte ich.

Wie war ich ins Krankenhaus gekommen? Im Auto einer Freundin.

Wer war die Freundin? Niemand, der von Wichtigkeit sein könnte.

Würde ich eventuell aufs Revier gehen, um dort eine Aussage zu machen? Nein, ich würde es nicht.

Ich weigerte mich, weil es eine entsetzlich aussichtslose Angelegenheit war. Sollte ich einen der reichsten Männer der Welt der wirtschaftlichen Erpressung Großbritanniens beschuldigen? Mit einem Mal war ich müde. Und ängstlich. Wenn Mulder im Besitz des Tonbandes war, wäre er jetzt schon auf dem Rückweg zu Bannister. Ich mußte unbedingt zum Fluß, um Terry Farebrother daran zu hindern, Mulder umzubringen, da Mulder sehr wahrscheinlich auf der *Sycorax* nach mir suchen würde. Das letzte, was ich jetzt brauchte, war ein Besuch auf einem Polizeirevier, wo ich ein Seemannsgarn spinnen würde, das mir mit Sicherheit die Einweisung in die nächste Klapsmühle einbringen mußte. »Mister Harding ist nur ein alter Freund«, sagte ich zu dem Polizisten. »Wir haben einen kleinen Spaziergang ins Moor gemacht, nichts weiter.«

»Im Regen?«

»Im Regen.«

Der Polizist, von Berufs wegen mißtrauisch, sah

mich verächtlich an. »Sie sind sehr enge Freunde, was?«

»Achten Sie auf Ihre Worte, Sonnyboy.«

Er klappte sein Notizbuch zu. »Ich glaube, Sie werden aufs Revier kommen müssen, ob es Ihnen nun recht ist oder nicht.«

»Nein«, sagte ich. »Ich gehe nach Hause. Und Sie werden Inspector Harry Abbott anrufen. Sie kennen ihn? Sagen Sie ihm, ich müßte verdammt schnell nach Hause gebracht werden, der Burenkrieg sei ausgebrochen. Also schlagen Sie Ihr Buch wieder auf und notieren Sie meinen Namen. Captain Nicholas Sandman. Und vergessen Sie die Sache mit dem Burenkrieg nicht. Jetzt machen Sie schon.«

Der Polizist hatte zu viele Krimis gelesen. »Ist das eine spezielle Sache, Sir?« Er betonte das Wort »spezielle«.

»Das geht Sie nichts an. Rufen Sie ihn an. Gleich!«

Ich wußte, daß Abbott mir die Hölle heiß machen würde, falls er die Gelegenheit dazu erhielte, aber er funktionierte wie ein Roboter. Ich bekam sofort meine Fahrbereitschaft nach Hause und sagte dem Bullen, er solle seinen Wagen oben auf dem Hügel stoppen. Den Rest des Weges würde ich zu Fuß gehen.

Ich hatte Angst. Mulder befand sich auf dem Kriegspfad und hatte keinerlei Vorstellung, was für ein bösartiger Bastard gerade die *Sycorax* hütete. Micky Harding war bewußtlos. Ich wußte zwar nicht wie, aber ich hatte die Sache verpatzt.

Auf halbem Wege hielt ich inne auf dem bewaldeten Hügel. Im Fluß stieg die Flut. Der Regen hatte ein bißchen nachgelassen, wurde aber immer noch von einem frischen Westwind getrieben, der die Äste über meinem Kopf schüttelte. Ich war bis auf die Haut naß. In Bannisters Haus brannte Licht, aber keines unten am Bootshaus oder in der Nähe meines Liegeplatzes.

Ich schlich wie ein Gespenst den Hang hinunter. Das war gar nicht so einfach, weil ich aus der Übung war und das Hinken mich unbeholfen machte, aber ich bewegte mich wie auf einer Nachtpatrouille, während der ein schießwütiger Hund mit vollem Magazin irgendwo auf mich wartete. Längere Zeit starrte ich in den Schatten hinter dem Bootshaus, aber da rührte sich nichts; und es rührte sich ebenfalls nichts, nachdem ich einen Erdklumpen in die Rhododendronbüsche geworfen hatte, um die Aufmerksamkeit eines eventuellen Beobachters zu erregen.

Ich kroch das letzte Stück des Hangs hinunter und verbarg mich im Schatten des Bootshauses. »Terry?«

»Ich höre Sie schon seit zehn Minuten, Boss. Sie sind nicht gerade leise, oder?«

Ich war erleichtert. »Irgendwelche Probleme?«

»Keine verdammte Spur. Wie sind Sie vorangekommen?«

»War eine verfluchte Katastrophe. Maus muß zusammengeflickt werden. Wir hätten dich dort gebraucht und nicht hier.« Ich kletterte auf das Dach der *Sycorax.* »Der arme Hund ist im Krankenhaus. Und das verdammte Band ist weg. Hat sich hier irgend etwas getan?«

»Zehn Minuten nachdem Sie fort waren, ist ein Auto gekommen. Und vor ungefähr einer Stunde noch eins.«

Das erste Auto waren sicher Bannister und Angela gewesen, das zweite Mulder. Ich nahm an, daß Mulder gerade mit Mickys Band im Haus war. Er würde Bannister und Angela erzählen, daß ich mich mit Jill-Beth Kirov im Moor getroffen hatte. Die naheliegende Folgerung war, daß ich von Anfang an gegen Bannister konspiriert hatte. Das Band würde diese Interpretation stützen, es konnte allerdings auch sein, daß es Bannister vor den eindeutigen Gefahren warnte, die ihn bei einer Beteiligung am St. Pierre erwarteten. Im Moment sorgte ich mich jedoch mehr darum, was Angela von mir denken würde. Ich sah über den Hang hinauf zum Haus, wo gerade eine dunkle Gestalt an einem der beleuchteten Fenster auftauchte und wieder verschwand. »Ich gehe da hinauf«, sagte ich.

»Soll ich mitkommen?«

»Ja, aber bleib in Deckung.«

Ich ging zum Haus, weil ich nicht zulassen konnte, daß Angela glaubte, ich hätte sie betrogen. Ich wollte, daß sie über die Geschehnisse Bescheid wußte und warum ich mich mit Jill-Beth getroffen hatte. Ich würde alles genau erklären – nicht nur ihr, sondern auch Bannister. Die Dinge waren durcheinander geraten, aber jetzt war es an der Zeit, sie zu entwirren. Das ist der Vorteil der Wahrheit: sie durchdringt Täuschung und Verwirrung. Ich mag die Wahrheit.

Terry und ich erklommen den steilen Rasen und betraten die große Terrasse. Terry pfiff leise, als er den Luxus hinter den großen Fenstern sah. »Ungesunde Hölle, Boss. Die ist aber appetitlich.«

Die Appetitliche war Angela, die wunderschön und teuer aussah in schwarzen Hosen und einer fliederfarbenen Bluse. Mit gesenktem Kopf und offensichtlich lauschend saß sie da, und ich konnte sehen, daß sich die Spulen eines großen Tonbandgerätes drehten. Der Apparat gehörte zu der elektronischen Ausstattung, die eine Wand des Raumes einnahm.

»Laß dich nicht sehen, Terry«, sagte ich.

Die Schiebetüren waren nicht verschlossen, und alle im Raum fuhren zusammen, als ich eine der großen Glasflächen zur Seite zog. Ich hörte meine eigene Stimme vom Bandgerät kommen, dann beugte sich Angela vor und schaltete es mit der Fernbedienung aus.

Sie starrten mich an, und ich hatte die unsinnige Vorstellung, daß dies eine Szene aus einem Kriminalstück war, in dem sich gegen Ende des letzten Aktes alle im Arbeitszimmer versammeln, um mitzuerleben, wie der Schurke entlarvt wird. Sie schienen durch mein Erscheinen erstarrt, wie auf einem Blitzlichtfoto eingefangen. Doch dann löste sich das Bild auf: Mulder kam auf mich zu.

»Laß ihn in Ruhe!« Bannisters plötzlicher Befehl ließ Mulder innehalten. Er gab sich vorerst mit einem drohenden und höhnischen Starren zufrieden. Bannister erschauerte, als fände er selbst das Sprechen mit mir fast unerträglich. »Was zum Teufel machen Sie hier?«

»Ich bin hier, um Ihnen alles zu erklären.« Regenwasser tropfte von meiner Kleidung auf den teuren Teppich.

»Sie brauchen nichts zu erklären.« Bannister schnippte mit den Fingern in Angelas Richtung. »Spul zurück und spiele das Ganze dann Captain Sandman vor.« Er machte eine kurze Pause und fügte dann vernichtend hinzu: »Dem Träger des Victoria-Kreuzes.«

»Ich weiß, was auf dem Tonband ist . . .«, begann ich.

»Halten Sie den Mund!« schrie Bannister. Der Mut, der ihm in der Vergangenheit gefehlt hatte, war jetzt deutlich – ans Licht gebracht durch das, was er auf dem Tonband gehört hatte.

Aber wenn Bannister eine neue Seite seines Charakters zeigte, war Angelas Verhalten wieder wie vor jenem verregneten Tag, an dem wir uns in diesem Raum nähergekommen waren. Ihr Gesicht war eine kalte, blasse Maske des Abscheus. Einmal fing ich ihren Blick ein, und da war nicht einmal eine Andeutung von Verständnis oder gar Zuneigung. Sie beugte sich vor und hörte auf das Surren eines Tonbandes, das rückwärts läuft. Da war ein Klicken und dann füllte Jill-Beths energische, fröhliche, amerikanische Stimme den Raum. »Wir brauchen deine Hilfe, Nick! Du bist unsere einzige Chance. Überrede Bannister, dich auf der *Wildtrack* als Navigator mitzunehmen und zähle dein Geld.«

»Und was genau habe ich zu tun?«

»Du navigierst den Kurs, den wir dir sagen werden.«

»Welchen Kurs?«

»Himmel! Woher sollen wir das jetzt schon wissen? Das hängt doch schließlich vom Wetter ab, nicht? Du brauchst lediglich zu Zeiten, die wir nennen werden, auf Funksprüche zu achten. Das werden wohl die leichtestverdienten Vierhunderttausend deines Lebens sein, oder?«

»Richtig.« Da war eine Pause, bis wieder meine Stimme zu hören war. »Und was geschieht, wenn wir da ankommen, wohin wir eurer Meinung nach sollen?«

»Dir wird nichts passieren. Und der Crew wird nichts geschehen.«

»Und was wird mit Bannister geschehen?«

»Das, was Yassir will.«

»Und das alles beruht auf der Vermutung, daß Bannister seine Frau getötet haben könnte.«

»Du hast es begriffen, Nick. Willst du jetzt die Hunderttausend?« Jill-Beths Stimme klang ungeduldig, und dann war nichts anderes zu hören als das magnetische Zischen eines leeren Tonbandes.

Angela beugte sich vor, stellte das Gerät ab und stand auf. »Du Mistkerl!« Sie wandte sich von mir ab und verließ den Raum.

»Es ist nicht . . .« Ich hatte sagen wollen, daß die Wahrheit nicht das war, was sie auf dem Tonband gehört hatten, aber Bannister, durch das erneute Anhören des Bandes in neue Wut geraten, schrie mich an, ich solle gefälligst meinen Mund halten. Mulder machte einen drohenden Schritt nach vorn und rieb sich in schadenfroher Erwartung die Hände. Die beiden Mitglieder seiner Crew wirkten nervös, aber einer Auseinandersetzung nicht abgeneigt. Bannister zuckte zusammen, als die Tür hinter Angela ins Schloß fiel, dann wiederholte er ihre Beschimpfung: »Sie Mistkerl!«

»Ich habe das Angebot abgelehnt«, stellte ich fest. »Ich wollte lediglich erfahren, was sie vorhatten.«

»Erwarten Sie, daß ich Ihnen das glaube?«

»Benehmen Sie sich doch nicht wie ein gottverdammter Idiot!« schrie ich zurück. »Fragen Sie die Polizei nach einem armen Hund namens Micky Harding, der im Augenblick bewußtlos im Krankenhaus liegt. Er ist Reporter.«

»Er lügt«, meldete sich Mulder lakonisch.

»Und wie zum Teufel wollen Sie an das Band gekommen sein?«

»Ich bin Ihnen nachgegangen«, erwiderte Mulder kühl.

»Warum?« fragte ich. Mulder schwieg, und ich hakte nach in der Annahme, die Initiative ein bißchen zurückgewonnen zu haben. »Und warum hätte ich mich dann wohl mit einer Funkausrüstung verkabeln lassen sollen? Warum hätte ich das riskieren sollen, wenn ich auf deren Seite war?«

»Um sicherzustellen, daß sie Sie nicht übers Ohr hauen natürlich.« Mulders Stakkatostimme war ausdruckslos.

»Micky Harding ist ein Zeitungsreporter«, sagte ich zu Bannister. »Und Ihr Leibwächter hat ihn halb totgeschlagen.« Bannisters Gesichtsausdruck zeigte deutlich, daß ich meine Worte vergeudete. Er war ein Medienmann, und für ihn konnte ein Tonband nicht lügen. Seine Welt befand sich auf Tonbändern und Filmen, und mein Verrat wurde durch das Band bewiesen. Er stand zwischen mir und dem Bandgerät, als befürchtete er, ich könnte versuchen, mir die verdammte Spule zu schnappen. »Ich bin mit Ihnen fertig, Sandman.«

»Sie kennen Harry Abbott«, sagte ich zu ihm. »Rufen Sie ihn an! Fragen Sie ihn!«

Mulder baute sich zwischen Bannister und mir auf. »Warum sind Sie nach Amerika geflogen?« wollte er wissen.

Die Frage überraschte mich, und ich zögerte. Ich hatte Angela die Wahrheit erzählt, aber niemandem sonst.

Mein Zögern wirkte wie ein Eingeständnis, und Mulder verhöhnte es mit einem Lächeln. »Sie haben behauptet, Ihre Mutter läge im Sterben. Und was ist hiermit, Lügner?« Er griff in seine Jackettasche und zog eine gefaltete Hochglanzzeitschrift hervor, die er mir vor die Füße warf. »Auf der Titelseite, Lügner.«

Es war eine Hauszeitung von Kassouli Enterprises Inc. in New York. Auf der ersten Seite und eingekreist mit roter Tinte war eine Fotografie von Jill-Beth und mir, das auf Kassoulis Gartenparty auf Cape Cod aufgenommen worden war. Seinerzeit hatte ich dem Fotografen gesagt, ich sei ein Niemand, nur John Brown, aber die Bildunterschrift besagte, daß Miss Jill-Beth Kirov, die Tochter von Konteradmiral Oscar Kirov von der US Navy, von Captain Nicholas Sandman, VC, zu einem Empfang auf Mr. Yassir Kassoulis Sommerresidenz begleitet worden war.

»Nun?« Mulders Stimme triumphierte höhnisch.

»Wer zum Teufel hat Ihnen das geschickt?«

»Was tut das zur Sache? Sie haben zwei geschickt.« Er holte eine weitere Ausgabe der Zeitschrift hervor und reichte sie Bannister.

Bannister las sie. Unerwartet war ich ins Schwimmen geraten, meine Argumente waren durch die plötzliche Wendung hinweggeschwemmt worden. Absolut beherrscht trat Mulder auf mich zu. »Sie haben bisher nichts anderes als Lügen erzählt. Sie haben an jenem Abend das amerikanische Mädchen gerettet und von Anfang an mit ihr zusammengearbeitet. Was haben Sie sonst noch getan, Sandman? Eine Schraube am Mast gelockert? Ein paar Warpleinen durchschnitten? Ich meine, Sie haben gerade ein Boot verloren, Sandman. Wie sonst sollte Mister Bannister den Schaden vergütet bekommen?«

Bannister blickte von der Zeitung hoch. »Was hatten Sie vor? Uns auf hoher See umzubringen?«

»Ich habe versucht, Ihr elendes Leben zu retten!« schrie ich an Mulders breiter Gestalt vorbei.

»Und wo sind die Hunderttausend?« fragte Mulder.

»Es ist kein Geld da. Ich habe ihr Angebot abgelehnt.«

»Sie pathetischer kleiner Hund.« Mulder triumphierte in Siegerpose. »Sie erbärmlicher Krüppel. Das Geld ist auf Ihrem Boot, nicht?«

»Lecken Sie mich doch!« Es war eine schwache Reaktion. Ich dachte über ein Argument nach, das Bannister vielleicht von meiner Aufrichtigkeit überzeugen könnte, aber die scheinbaren Beweise gegen mich waren überwältigend.

»Soll ich das Geld holen?« fragte Mulder Bannister.

»Es ist kein Geld da, Sie Dummkopf!« Ich zog mich zum Fenster zurück.

»Halt ihn fest, Fanny!« rief Bannister. »Und dann durchsuch sein verdammtes Schiff.«

Fanny sprang auf mich zu, und ich machte einen Ausfall zur Seite. »Jetzt!« Auf mein gezischtes Stichwort hin tauchte Terry Farebrother aus dem Nichts auf. Er hatte kein Geräusch verursacht, mußte direkt vor dem Fenster auf diesen Moment gewartet haben. Falls jemand im Raum über sein Erscheinen verblüfft war, so hatte er keine Zeit, das zum Ausdruck zu bringen, bevor Terry geduckt vor Mulder stand, der den wesentlich kleineren Mann zur Seite schieben wollte.

Mulder erstarrte, dann schrie er auf. Es war ein erschreckender, fast femininer Laut. Terry richtete sich auf, und ich konnte nicht sehen, welchen Griff er anwandte. Aber ich konnte sehen, daß Mulder in die Knie ging.

Die beiden Crewmitglieder traten vor, und ich schnappte mir eine Steinstatuette, die ich wie eine

Keule schwang. Die Drohung hielt sie in Schach. Ich bemerkte, daß Bannister sich nicht rührte. Er schnappte angesichts der Gewalttätigkeit nur wortlos nach Luft. Dann reckte Terry seinen Körper hoch, hob das rechte Bein und stieß mit dem Fuß zu. Ich hörte ein Knirschen, als Mulders Nasenbein brach. Der Südafrikaner war erledigt, aber unser Regiment hatte noch nie halbe Sachen gemacht. Terry fällte den riesigen Mann mit einem furchtbaren Schlag gegen das Brustbein. In atemlosem Schmerz brach Mulder zusammen, und Terry wandte sich an die Mitglieder der Crew. »Na, kommt schon, ihr Jammerlappen!« Er machte eine einladende Geste, winkte sie zu sich heran, aber sie zogen sich angesichts von Mulders Qualen zurück. Bannisters Gesicht war schneeweiß, er rührte sich nicht.

»Komm!« rief ich Terry zu. Ich wollte weder seinen Namen noch seinen Rang nennen, denn eine Identifizierung konnte ihn in disziplinarische Schwierigkeiten bringen. Er war hier aufgetaucht wie eine kleine, höchst wirkungsvolle Kampfmaschine und hatte den Raum mit seiner ökonomisch eingesetzten und flinken Brutalität eingeschüchtert. Jetzt war es Zeit, ihn hier wegzubringen, bevor sie sich sein Gesicht einprägen konnten. »Komm!« Ich trennte mich von meiner unbenutzten Schlagwaffe. Mulders Gesicht blutete, er ächzte und stöhnte, während Terry und ich uns an die klassische Regel hielten: zuhauen, dann abhauen. Den Hunden eins aufs Dach geben und dann blitzschnell das Weite suchen, bevor sie Verstärkung holen können.

»Ruft die Polizei!« schrie Bannister.

Terry und ich waren bereits in der regengepeitschten Dunkelheit. Ich humpelte so schnell ich konnte, und Terry blieb bei mir, um meinen Rückzug zu dekken. »Habe ich richtig gehandelt, Boss?«

»Ja, gut.« Warum hatte mir Bannister nicht geglaubt? Gottverdammt, er war ein Narr. Und Angela! Ihr Blick vor dem Verlassen des Zimmers war ein einziger Vorwurf gewesen. Mehr als das: Es war ein Blick verächtlichen Hasses geworden, weil sie überzeugt war, ich hätte sowohl Bannister als auch sie verraten.

Ich kam ins Rutschen und nahm einen Augenblick lang an, mein verfluchtes Bein wolle mich schon wieder im Stich lassen. Aber ich hatte lediglich auf einem schlüpfrigen Rasenstück den Halt verloren. Meine Bemühungen um die Erhaltung des Gleichgewichtes verstärkten den Schmerz in meinem Rücken, aber das Bein hielt durch. Ich drehte mich um. Niemand folgte uns, Terry hatte sie wohl gründlich verschreckt. Nach dem siegreichen Gefecht schien Terrys Adrenalinspiegel einen Höchststand erreicht zu haben, denn er lachte glucksend: »Und was jetzt, Boss?«

»Wir werden uns so schnell wie möglich absetzen. Mit der *Sycorax*. Du löst die Springtaue und die Warpleinen am Bug. Laß dir das Heck bis zum Schluß.«

Terry war schon mit mir gesegelt und wußte, was er zu tun hatte. Aber würde es auch die *Sycorax* wissen? Sie war länger als sechs Monate nicht bewegt worden, war ungetestet, und ich mußte sie gegen die Flut durch einen das Wasser aufwühlenden Wind auf See bringen. Ich zog die Hülle vom Großsegel und machte mich am Dirk zu schaffen. Ich bemerkte, daß Angela auf den Balkon vor Bannisters Schlafzimmer getreten war. Sie sah zu mir herunter. »Micky Harding«, rief ich ihr zu. »Ruf Inspector Abbott an!«

Sie wandte sich ab. »Springtaue und Warpleinen los!« schrie mir Terry zu. »In Bereitschaft!«

Die Flut trieb den Bug der *Sycorax* von der Mauer fort. Endlich bewegte sie sich wieder in ihrem angestammten Element.

»Losmachen!« Die Heck-Warpleine löste sich vom Liegeplatz, und die *Sycorax* war frei. »Auftoppen, Terry!«

Ich traute dem Motor nicht zu, daß er sofort ansprang, wenn überhaupt. Wir trieben auf der Flut, und ich brauchte ein Segel, um Fahrt aufzunehmen.

Ich hörte das Rasseln des Falls und das Knattern des großen Segels. Steif stieg es nach oben, breitete sich im Abendwind aus. Plötzlich war da ein Knacken, als die Steuerbordwanten das Gewicht des Mastes übernahmen, und ich spürte eine Woge der Freude. Es war nicht so, wie ich es mir vorgestellt, schon gar nicht, wie ich es mir erträumt hatte, aber die *Sycorax* und ich waren auf dem Weg zum Meer.

»Hast du diesen großen Burschen etwa umgebracht?« fragte ich Terry.

»Hölle, nein!« Er war beleidigt. »Habe ihn nur ein bißchen zum Weinen gebracht. Gibt es hier unten irgendeine Beleuchtung?«

»Nur eine Öllampe.«

Er fluchte. Er hatte die Kajüttreppe entfernt und versuchte nun, den Motor zum Leben zu erwecken. »Warum können Sie sich auch keinen anständigen Motor anschaffen?«

»Kann ich mir nicht leisten.« Ich sicherte die Ruderpinne. »Wirf den gelben Segelsack hoch, Terry.«

Er entzündete ein Streichholz, fand den Segelsack

und hievte ihn in das Cockpit. Ich kämpfte mich mit der schweren Last vorwärts. Ich hängte den Klüver ein und hißte dann auf. Ich hörte, daß Terry erneut über den Motor fluchte und sagte ihm, er solle ihn erst mal in Ruhe lassen und statt dessen den Besan hissen. Auf Bannisters Terrasse entdeckte ich mehrere Gestalten. Würde die Polizei an der Mündung des Flusses bereits auf uns warten? Ich holte das Stagsegel aus seinem Sack und hantierte mit dem Schäkel. Terry mußte das Ruder lösen und unseren Kurs korrigieren, als ich das Segel hochzog. Mein Rücken schmerzte.

Dann hißte ich das Focksegel, zog das Tuch backbords straff und übernahm das Ruder. Wir hatten weder Positionslampen noch Kompaß. Wir hatten nichts als das Boot, die Segel und ein Miststück von einem Motor, der nicht anspringen wollte. Terry war wieder unter Deck gegangen, hatte die Öllampe auf dem Kartentisch angezündet und bemühte sich erneut um den Motor.

Die Hügel im Westen machten den Wind tückisch. Mal schien er völlig zu ersterben, aber dann war er plötzlich wieder da und frischte böig zu einem Sturm auf. Die *Sycorax* war für das Meer noch nicht fertig gewesen, aber nun war sie auf See. Ich hörte das herrliche Geräusch des Wassers, wie es an ihrem Rumpf entlangglitt. Wir passierten Sansom's Point, der die Lichter von Bannisters Haus schließlich unseren Blicken verbarg. »Topsegel, Terry. Weißt du noch, wie das gemacht wird?«

»Ja, Boss.«

Wir fuhren nun unter Klüver, Stagsegel, Großsegel, Topsegel und Besan. Die *Sycorax* legte sich in den Wind, durchschnitt das Wasser und trug uns schnell die markierte Fahrrinne des Flusses hinunter. Aber schnell war ein relativer Begriff. Wir bewegten uns durch die Wellen, aber die Flut stand gegen uns. Wir empfanden unser Vorwärtskommen als schnell genug, aber vom Ufer aus konnte es durchaus so wirken, als würden wir langsamer als im Schrittempo dahinkriechen. Außerdem war mir unangenehm bewußt, daß jeden Moment der schnittige Bug der *Wildtrack II* hinter uns auftauchen konnte.

Nachdem er das Topsegel gehißt hatte, kam Terry ins Cockpit zurück. »Was spielt sich eigentlich ab, Boss?«

»Zwei reiche Männer liegen im Streit. Beide haben versucht, mich auf ihre Seite zu ziehen. Und Bannister denkt, ich wäre bei der anderen Partei. Jetzt will er sich die *Sycorax* unter den Nagel reißen.«

Terry nahm das Ganze in sich auf und hockte sich dann unter die Lukenkimming, um sich eine Zigarette anzuzünden. »Ich dachte, Bannister wäre ein anständiger Kerl. Im Fernsehen wirkt er sehr sympathisch. Sally versäumt keine seiner Sendungen.«

»Er ist ein gottverdammter Schwächling«, sagte ich erregt. »Und er will mir die *Sycorax* nehmen.«

»Zum Teufel mit ihm.« Terry akzeptierte mein Urteil ohne Murren.

»Genau.« Aber ich dachte an diesen Blick aus Verachtung und Haß, den mir Angela zugeworfen hatte. Sie hielt mich für ihren Feind, nahm an, ich hätte sie verraten. Verdammt noch mal, dachte ich, aber meine Gefühle waren unentwirrbar mit ihrer Person verbunden. »Verdammte Frauen«, stellte ich fest.

»Verdammter Motor.« Terry hatte den Kampf wieder aufgenommen, schwang erneut die Kurbel und durch irgendein Wunder erwachte der alte Motor widerwillig und hustend zum Leben. »Geben Sie ein bißchen Gas, Boss!«

Ich gab ein bißchen Gas, der Motor drohte zu ersterben, aber dann regulierten sich die Zylinder zu einem ordentlichen, gleichmäßigen Rhythmus, ich drehte auf, und die *Sycorax* schoß vorwärts gegen die Flut.

»Wohin fahren wir eigentlich?« wollte Terry wissen.

»Ich habe keine Ahnung.« Diese Frage hatte ich mir selbst schon vergeblich zu beantworten versucht. Ich mußte die *Sycorax* vor Bannisters Gerichtsvollziehern verbergen. Das einzige Refugium, das mir einfiel, war George Cullens Werft. »Plymouth«, schlug ich vor. »Wann mußt du wieder in der Kaserne sein?«

»Morgen nachmittag um zwei.«

»Das wird knapp. Soll ich dich in der Stadt absetzen? Am Kai?«

Er sah zurück. »Werden diese Hunde Sie verfolgen?«

»Könnte sein.«

»Ich bleibe.«

Und sie folgten uns. Das erste, was ich von ihnen sah, war ein Schimmer reflektierten Lampenlichts am glänzenden Bug der *Wildtrack II.* Den Kai der Stadt hatten wir bereits erreicht, und das Rennboot lag eine Meile hinter uns. Diesen Abstand hätte es in Sekundenschnelle überwinden können, aber offenbar wollte Bannister oder wer sonst am Ruder der *Wildtrack II* stand, keine Konfrontation in Sichtweite des Kais. Das Rennboot hielt sich zurück.

Unser Motor begann zu puckern. Der Dieselkraftstoff war alt, und ich vermutete, daß er sich mit Wasser vermischt hatte. Ich haßte die verdammten Motoren. Schon oft war ich versucht gewesen, das verflixte Ding herauszureißen und über Bord zu werfen, aber Terry redete ihm gut zu, und wir tuckerten weiter.

Mittlerweile umgab uns die Landspitze der Flußmündung. Ich spürte die Unbeständigkeit des Windes, der von der Landmasse beeinflußt wurde. Regen klatschte gegen die Segel. Gischt schäumte hinter der Barre auf, und es würde mit Sicherheit eine rauhe Fahrt werden. Der Motor hatte einen Aussetzer und klapperte angsterregend in seinem Lager. »Schalte ihn ab!« schrie ich. Ich wollte nicht, daß die Welle den Dichtungsstutzen losschlug und Wasser eindrang.

Der Motor erstarb genau in dem Moment, als der Bug vibrierend auf die ersten Wellen des Meeres traf. Die *Sycorax* war endlich frei, lief in die See ein, für die sie gebaut war. Ihre Segel waren voll, hinter ihr gischtete das Wasser und hinterließ eine breite Spur. Sie nahm die steilen, überschlagenden Wogen wie ein Vollblut, und ich schrie vor Freude laut auf.

Terry lächelte. »Glücklich, Boss?«

»Das hätte ich schon vor Wochen machen sollen, verdammt!«

»Und was ist mit diesen Misthunden?« Terry nickte in Richtung auf die Flußmündung, in der die *Wildtrack II* aufgetaucht war.

»Die sollen zur Hölle fahren!« Ich übergab Terry das Ruder und machte mich daran, die Segel zu trimmen. Die Topsegelrah und die Schotrah waren lokker, der Dirk mußte gefiert und das Focksegelziehtau gestrafft werden. Wir liefen die Küste entlang nach Westen und waren hart am Wind. Wir kamen der Calfstone Shoal gefährlich nahe, von der eine brechende Welle Gischt über unseren Bug fetzte. Der Regen ließ weiter nach, und es zeigten sich Lücken in den Wolken im Süden, die von silbrigem Mondlicht gesäumt waren. Die *Sycorax* durchschnitt den Wind und lief in eine Gegensee. Die Wellen waren hoch genug, um ihren Klüver tropfnaß hochkommen zu lassen. Es hatte eine Zeit gegeben, in der ich geglaubt hatte, ich würde das alles nie mehr erleben können. Ich war glücklich.

Bis auf die Tatsache, daß uns die *Wildtrack II* noch immer bedrohte. »Die Hunde holen auf!« schrie Terry.

Voller Absicht richtete ich die *Sycorax* in den Wind und nahe an die Calfstone in der Hoffnung, daß die schnell aus der Mündung kommende *Wildtrack II* auf der Sandbank auf Grund laufen würde. Es war eine winzige Hoffnung und eine, die nicht in Erfüllung ging. Ich drehte mich im Cockpit um und beobachtete das uns folgende Rennboot. Ich nahm nicht an, daß sie uns rammen wollten. Wahrscheinlicher war, daß die *Wildtrack II* uns folgen sollte, um unser Ziel festzustellen, damit die Gerichtsvollzieher uns finden konnten. Bannister würde gnadenlos in seinem Rachedurst gegen mich sein, vermutete ich; genauso erbarmungslos wie Kassouli in seinem Vergeltungsdrang gegenüber Bannister.

Die Nacht war nicht auf meiner Seite. Der Himmel klarte auf. Schon bald würden wir im vollen Mondschein nach Westen knüppeln, im Blickfeld der *Wildtrack II* und ohne jede Hoffnung, sie abschütteln zu können. Ich brauchte Zeit zum Nachdenken. Außerdem mußte ich es mir ein bißchen behaglicher machen. Ich war durch und durch naß und zitterte vor Kälte. Terry ging es ähnlich, und ich sagte ihm, er solle unter Deck gehen und warme Sachen holen.

»Ein bißchen was zu essen wäre auch ganz schön, Boss.«

Ich fiel leicht vom Wind, um die Flut auf der Backbordseite zu haben. Mir entging nicht, wie anmutig die wiederhergestellte *Sycorax* die Wellen nahm. Es war eine positive Vorankündigung dafür, was sie mit den größeren Wogen tun würde, die in der Zukunft auf uns warteten. Ich trimmte sie, splißte die Leinwand und justierte das Ruder. Sie konnte jetzt allein segeln, bis wir die Fahrrinne von Start Point hinter uns hatten und uns wieder nach Westen wenden konnten. Es würde ein langes schweres Knüppeln werden, bis die Strömung abebbte, aber wir hatten die ganze Nacht.

Ich griff nach meinem Fernglas und stellte es auf die *Wildtrack II* ein. Es war schwer, sie im Blick zu behalten und noch schwerer war zu erkennen, wer da an Bord war. Ich glaubte, einen Mann mit verbundenem Gesicht zu erkennen, der Mulder sein mußte. »Könnte es sein, daß der Bursche, den du dir vorgenommen hast, schon wieder auf den Beinen ist?« fragte ich Terry.

»Ungesunde Hölle, ja!« Terry warf mir einen Pullover und eine Öljacke zu. »Ich habe dem Hund schließlich nur einen leichten Klaps gegeben.«

Ich fragte mich, ob Mulder sein Gewehr mitgebracht hatte, aber sie hatten bestimmt keinen Mord vor. Aber dann schoß es mir durch den Kopf, daß sie schon einmal einen Mord auf See verübt hatten, wenn Kassouli recht hatte. Ich starrte auf das Rennboot. Es nahm die Wellen schlecht, bäumte seinen schimmernden Rumpf hoch auf die Wellenkronen und stürzte dann abrupt hinab. Würden sie diese unbehagliche Fahrt damit beenden, indem sie die *Sycorax* versenkten? Ich wurde den Gedanken an das Gewehr nicht los. »Terry?«

»Boss?«

»Wenn du unter den Motor greifst, findest du an der Backbordseite eine Holzkiste, die an einen Rahmen geschraubt ist. Darin ist ein Paket. Kannst du es herausholen?«

Er hob die Kajüttreppe und ich hörte ihn grunzen, als er in der Dunkelheit des Flachs herumtastete. »Himmel«, sagte er, als er die Form des Pakets fühlte. »Ist das etwa der verdammte Colt, den ich für Sie aufgehoben habe?«

»Ich habe nicht die Absicht, ihn zu benutzen. Es sei denn, ich werde dazu gezwungen.«

»Wie Sie meinen, Boss.« Er klang enttäuscht.

»Aber pack ihn aus. Und dann versuch, ein bißchen zu schlafen.«

Die *Wildtrack II* hielt ihren Abstand noch immer. Es waren zwei Fischerboote zu sehen, und ich fragte mich, ob ihre Anwesenheit Mulder hemmte. Der Strahl des Leuchtfeuers von Start Point glitt über den Himmel. Ich segelte jetzt nach Süden in der Absicht, am Point an der Flutströmung vorbeizugehen. Die *Wildtrack II* beschattete uns. Das Rennboot hatte ein weißes Licht oben auf seinem Radarschirm, ein weiteres am Heck sowie die üblichen roten und grünen Positionslichter. Meine Verfolger ließen mich wissen, wer sie waren und auch, daß ich ihnen nicht entkommen konnte.

Sie blieben die drei Stunden, die es dauerte, um an Start Point vorbeizukommen, Bord an Bord mit uns. In Küstennähe war die Dünung tiefer, und die längeren und höheren Wellen schienen der *Sycorax* zu gefallen. Sie fühlte sich kräftig und gut an, optimal getakelt und zuversichtlich. Aber am Morgen, dachte ich, sobald wir in einen Hafen einführen, würden Bannisters Anwälte mit einer gerichtlichen Verfügung gegen sie vorgehen. Ich hatte keine Ahnung, wie eine solche juristische Prozedur in die Wege geleitet oder durchgeführt wurde. Ich wußte nur, daß es unerträglich wäre, wenn Bannister mir mein Boot wegnehmen würde. Ich hatte schon ein Talent, überlegte ich bitter, mir wohlhabende Feinde zu machen. Erst Kassouli, jetzt Bannister. Dabei hatte ich lediglich versucht, ehrlich zu sein.

Terry schlief eine Stunde und kam dann blinzelnd ins Mondlicht. »Immer noch da?« fragte er und deutete auf die *Wildtrack II.*

»Immer noch da.« Wir waren jetzt in Landnähe, während die *Wildtrack II* sich weiter draußen hielt. Vermutlich nutzte sie ihr Radar, um uns folgen zu können, aber die *Sycorax* war nicht leicht zu orten. Ich hatte keinen Reflektor gehißt und es waren Fischerboote draußen, die verwirrende Echos abgaben, daher hielt sich das Rennboot in Sichtweite. Hinter ihm dampfte ein Containerschiff mit hellen Decklichtern nach Osten. Ich war sicher, daß Bannister lediglich mein Ziel herausfinden wollte, war aber entschlossen, ihn abzuschütteln. »Ich glaube«, sagte ich langsam, »es wird Zeit, den Mistkerlen ein bißchen Angst einzujagen. Ich werde den Kurs ändern.«

Terry kümmerte sich um das Focksegel. Die *Sycorax*, nie besonders anmutig bei einer engen Wende, schlingerte schwerfällig herum. Ich ließ sie vom Wind fallen und fierte das Großsegel, so daß wir direkt auf unsere Verfolger zuliefen. »Er wird versuchen uns auszuweichen, Terry. Aber er wird nicht genau wissen, was wir vorhaben. Also mach dich auf ein paar verzwickte Manöver gefaßt. Und hol die Waffe. Du wirst ein paar Extra-Magazine brauchen.«

Er warf mir einen überraschten Blick zu, sagte aber kein Wort. Er holte den Colt, kam ins Cockpit zurück und schoß ein- oder zweimal über Bord.

»Wir werden die Typen da drüben das Fürchten lehren«, sagte ich. »Du zielst nicht auf die Crew, sondern auf das Boot. Nimm dir die Wasserlinie vor oder die Motoren. Wenn du auch nur das geringste Risiko für eins der Crewmitglieder siehst, dann schieß nicht. Hast du verstanden?«

»Ja, Sir.« Das »Sir« war unbewußt über seine Lippen gekommen. Er sicherte die Waffe und steckte sie in die Tasche seiner Öljacke.

Ich sah wieder durchs Fernglas, stellte es auf die *Wildtrack II* ein und konnte diesmal ganz deutlich Bannister und Mulder im Cockpit des Rennbootes stehen sehen. Sie starrten auf die *Sycorax* und fragten sich offensichtlich, was unsere Absichten waren. Dann muß ihnen aufgegangen sein, daß es keine guten sein konnten, denn ich sah, daß sich Bannister zum Gashebel bückte. Das Boot senkte das Heck ins Wasser und nahm schnell Fahrt auf – weg von uns.

»Lavieren!« schrie ich. Wir lavierten. Terry zog die Vordersegel herum, und wir krallten uns förmlich in den Wind. Die Brise schien stärker geworden, fuhr über das Kabinendach und trieb Gischt vom Bug heran. »Wirf für mich ein Auge auf den Hund, Terry!«

»Er scheint zu überlegen, Boss.«

Die *Wildtrack II,* die sich von uns entfernt hatte, verlangsamte ihre Fahrt wieder.

Ich spürte, wie das Wasser unter dem Schiffskörper der *Sycorax* vibrierte. Wir stampften einmal, und der Bug senkte sich heftig mit einem Donnern, das im Rumpf des Bootes widerhallte. Vor uns bauten sich Wellen auf. Der Wind fuhr laut durch die Takelage und riß an den Segeln. Ich hielt die *Sycorax* so gerade wie möglich, ihr Bugspriet war wie ein Pfeil auf die Flanke der *Wildtrack II* gerichtet. »Was macht er?«

»Er gibt Gas.«

Das Rennboot, immer noch verwirrt über unser Verhalten, beschleunigte erneut. Es bewegte sich jetzt auf die Küste zu, wollte vielleicht kreisen, um dann eine Position hinter unserem Heck einzunehmen. Ich paßte mich der Bewegung des Rennbootes an, braßte luvwärts, so daß wir vor dem Wind nach Norden liefen und auf die krause See prallten. Die *Wildtrack II* war vor unserem Bug und ich sah, daß drei Gesichter vom Cockpit aus herüberstarrten.

»Wir machen gleich eine Wende«, warnte ich Terry. »Mach dich bereit zum Feuern!«

Er holte die Waffe hervor und wiegte sie in zwei großen und sachkundigen Händen.

Ich drehte wieder in den Wind. Jetzt sah es so aus, als hätten wir damit aufgehört, Spielchen zu spielen. Wir behielten unseren Westkurs bei. Wie ich gehofft und vermutet hatte, wurde die *Wildtrack II* ebenfalls langsamer. Ihr Bug begann sich uns zuzuwenden. Sie kreiste, um uns zu folgen. Ihre Wende würde sie im günstigsten Fall auf dreißig Schritt Entfernung an die *Sycorax* heranbringen. Ziemlich weit für einen Colt, aber ich war nicht auf haarscharfe Genauigkeit aus.

Ich behielt das Motorboot im Auge. Ich fiel eine

Spur vom Wind ab, wurde langsamer und erweiterte unsere eigene Wende, um den Abstand zu verringern. Die *Wildtrack II* wurde gleichfalls langsamer. Die See zauste die *Sycorax*, schlug gegen ihren Rumpf, riß an den Segeln. »Du wirst nicht mehr als zehn Sekunden Zeit haben«, schrie ich Terry zu. »Paß auf, daß du um Himmels willen niemanden triffst. Ziele soweit nach vorn wie möglich und so dicht über dem Wasser, wie du kannst.«

»Kapiert, Boss.« Er grinste, und ich hörte, wie er entsicherte und die Waffe spannte. Er kauerte sich steuerbords auf die Ruderbank, die vom Lukensüll und dem Kabinenschott gesichert wurde. Die Bewegung unseres Bootes sowie das Auf und Ab des Zieles machten ein genaues Zielen nahezu unmöglich und ich betete darum, daß Terry nicht etwa einen der drei Männer an Bord des Rennbootes traf. Fast hätte ich ihm schon gesagt, er solle das Unternehmen abbrechen. Aber dann, als wir etwa dreißig Meter von der *Wildtrack II* entfernt waren, wurde sie von einer Welle angehoben und ich sah eine große Fläche ihrer Unterwasserbeschichtung im Mondlicht glänzen. »Feuer!«

Terry hielt die Waffe mit beiden Händen, konzentrierte sich und eröffnete das Feuer auf den Bootsrumpf.

Es war ein Geräusch, als würden Segel von einer Sturmbö gepeitscht. Die alten Segler pflegten zu sagen, daß der Wind große Kanonen blase, wenn ihre Leinwand hoch oben knatterte und Geräusche wie schwere Geschütze verursachte. Und jetzt erfüllte der Colt die Luft über der See mit dem gleichen mörderischen Lärm. Das Licht des Mündungsfeuers endete einen halben Meter vor dem Bootskörper, und ich sah, daß sich ein Gischtstreifen rot färbte. Dann blickte ich zur *Wildtrack II* und bemerkte, wie die drei Gesichter hinter der Lukenkimming verschwanden. Es war nicht festzustellen, wo die Kugeln eingeschlagen waren, aber das Wasser um das Heck der *Wildtrack II* begann plötzlich zu kochen, und sie schoß von uns fort.

»Feuer einstellen! Wir ändern den Kurs!«

Terry wechselte das Magazin aus, ich zog das Ruder sacht zu mir heran, zog die Großschot ein und wartete, bis der Bug der *Sycorax* herum war, um die Leinen des Vordersegels freizugeben. Die Anstrengung machte meinem Rücken zu schaffen, und ich fragte mich, ob ich je in der Lage sein würde, dieses schwere Boot allein zu segeln.

Wir liefen jetzt mit dem Heck zum Wind. Die *Wildtrack II* kreiste wie ein verschrecktes Wild mit voller Geschwindigkeit. Ihr Bug peitschte die Wellen, und sie hinterließ eine hohe Kielspur von mehr als fünfzig Metern Länge. Einmal sah ich sie sogar von einer Wellenkrone abheben, bevor sie in das Wellental niederklatschte. Dann kam sie direkt auf uns zu, und ich nahm an, daß Mulder im Besitz seines Gewehrs war und vorhatte, an der *Sycorax* Rache zu nehmen. »Halt dich bereit!«

Das Rennboot beschleunigte. Ich vermutete, daß sie uns mit ihrem Kielwasser überschütten und eine Breitseite auf unsere Segel abgeben wollten. Davon mußten sie abgebracht werden. Ich beschloß, nicht auf den Moment zu warten, an dem wir unsere eigene Breitseite abfeuern konnten. »Gegen den Bug, Terry. Feuer!«

Der Bug des Motorbootes ragte hoch auf und seine Unterwasserbeschichtung hob sich bleich vor dem Nachthimmel ab. Terry stand mit gespreizten Beinen und schoß. Er leerte das Magazin auf das herankommende Boot, und ich hätte schwören können, daß ich einen schwarzen Fleck am Rumpf entdeckte, wo eine Kugel den Bootskörper aus Fiberglas zerfetzt hatte.

Terry wechselte das Magazin aus. Die Fahrt der *Wildtrack II* wurde langsamer, ihr Bug fiel ab. Terry konzentrierte sich wieder und feuerte erneut. Diesmal zersprang der Windschutz in der Dunkelheit. Die Splitter wurden wie Nebelfetzen fortgerissen, und ich sah, daß sich drei Köpfe in panischer Angst wegdrehten. »Feuer einstellen! Feuer einstellen!« Ich hatte bodenlose Angst, daß der letzte Schuß einen der drei Männer getroffen haben könnte.

Das Rennboot drehte ab. Ich sah intensiv hinüber und meinte sehen zu können, daß sich drei Gestalten im Cockpit bewegten. Das war eine Erleichterung für mich, aber nicht für sie, denn sie hatten mit Sicherheit Probleme. Das Rennboot lief voll Wasser, mußte ausgepumpt werden, und ihre einzige Hoffnung bestand jetzt darin, so schnell wie möglich einen Hafen anzulaufen. Sie waren gezwungen, uns zu vergessen, und Terry bejubelte ihre Flucht. Ich setzte mich. »Waffe sichern, Terry.«

»Schon geschehen, Boss.«

Wir wendeten wieder, holten die Segel an und krallten uns in den Südwestwind. Die Flut hatte sich längst geändert und endlich kam uns die brandende Strömung des Kanals zu Hilfe. Ich dankte Terry für seinen Beistand.

»Dafür ist die Arbeiterklasse da, Boss. Um euch nutzlose Reiche aus dem tiefsten Dreck zu holen.«

»Jetzt könnte sich die Arbeiterklasse dadurch verdient machen, daß sie ein paar verdammte Biere holt«, sagte ich.

Ich justierte das Ruder. Es gab nichts zu tun, bis wir die Wellenbrecher von Plymouth erreichten. Wir waren ein dunkles Schiff auf einem schwarzen Meer. Der Wind war frisch, aber noch immer kühl vom abendlichen Regen. Es war etwas Faszinierendes an der Bewegung der *Sycorax*, ihrem ein- und auftauchenden Bug, ihrem schaukelnden Schwung. Terry fragte mich nach dem Film, und ich erzählte ihm, daß mich die Fernsehleute nach der Nacht gefragt hatten, für die ich den Orden bekommen hatte. »Ich kann mich nicht allzu gut erinnern«, gestand ich ihm.

»Sie waren ein verdammter Schwächling, Boss«, sagte Terry liebenswürdig.

»Ich weiß noch, daß ich links um diese Felsen gegangen bin. Die Hunde waren etwa zehn Meter hinter mir, stimmt's?«

»Zehn? Verdammte fünfzig!«

»Ehrlich?«

»Ich konnte Sie schreien hören«, sagte er. »Sie haben sich benommen wie ein Kalb im Schlachthof. Weiß der Himmel, warum diese Mistkerle Sie beim ersten Mal nicht getroffen haben. Der Major war gekommen und hatte uns gesagt, wir sollten die Köpfe ducken. Ihnen schrie er nach, Sie sollten gefälligst zurückkommen.«

»Ich habe ihn nicht gehört.«

»Er hat es irgendwann aufgegeben. Nahm an, Sie wären bereits ein mausetoter Mann. Er meinte, es sei Ihr eigener verdammter Fehler, weil Sie uns ohnehin an den falschen Ort geführt hätten. Wir hätten eine verdammte halbe Meile entfernt sein sollen, aber statt dessen spielten Sie den einsamen Rächer gegen Ihre Stabskompanie.« Er gluckste. »Dann, als Sie die Lichter ausgeschaltet hatten, befahl uns der Major, Ihnen so schnell wie möglich zu folgen.«

»Es hat funktioniert«, sagte ich knapp.

»Ja, wir haben sie fertiggemacht«, stimmte Terry zu. Irgendwie hatte das Gespräch uns beide verdrießlich gemacht. Ich beobachtete das schemenhafte Licht des Start-Leuchtfeuers, und lenkte die *Sycorax* dann auf die Einfahrt nach Salcombe Harbour. Wir waren recht schnell gewesen. Ich fragte mich, wieviel Wasser wohl in ihren Bilgen war. Es mußte etwas vorhanden sein, bis der geflickte Rumpf die Flüssigkeit aufsaugte.

»Immerhin«, fuhr Terry fort, »habe ich keine Ahnung, welch ein verdammter Gott uns das eingebrockt hat. Das Leben ist immer noch ziemlich belämmert.«

»Ist es so, Terry?«

»Die verdammten Frauen«, stellte er fest.

Ich wünschte, ich hätte den Ton trauriger Hoffnungslosigkeit in seiner Stimme nicht gehört. »Ist es so schlimm?« fragte ich.

»Es ist so schlimm, Boss.« Er schmiegte sich in eine Ecke des Cockpits, suchte Schutz vor dem Wind. »Sie sind ausgestiegen, nicht?«

»Melissa hat mich verlassen. Ich bin nicht ausgestiegen.«

»Hätten Sie sich von allein abgesetzt?«

Ich schüttelte den Kopf. »Wahrscheinlich nicht. Manchmal glaube ich, daß Frauen rücksichtsloser sind als wir.«

»Ich wünschte, meine wäre so rücksichtslos. Ich wünschte, sie würde zu ihrer verdammten Mutter zurückkehren. Dann könnte ich wieder in die Kaserne.« Er hob eine Bierflasche an die Lippen. »Ich habe ein paar sehr gute Kumpel in der Kaserne.«

»Bearbeitet Sally dich noch immer, daß du die Armee verläßt?«

Er nickte. »Von morgens bis abends. Sie meint, es würde Jobs in den Gruben geben, wenn der verfluchte Streik vorüber ist. Aber was für Jobs sind das denn? Die verdammte Regierung hat doch nichts anderes im Sinn, als die Bergarbeiter fertigzumachen.«

»Würdest du denn in den Minen arbeiten wollen?«

»Ich habe zwei Onkel unten in den Gruben, also liegt es irgendwie in der Familie.« Er schwieg kurz. »Und es würde mich von Sallys Tiraden befreien, außerdem wäre es wohl auch für die Gören besser, nehme ich an. Aber ich weiß nicht recht, Boss. Ich bin immerhin gern in der Armee, wirklich.« Seine Stimme verlor sich, und wir schwiegen, hingen unserem gemeinsamen Elend nach. Er dachte an seine Sally, ich an Angela. Ich hatte sie natürlich verloren, aber im Gegensatz zu Terry war ich frei.

»Falls du jemals abhauen willst«, sagte ich zu ihm, »auf der *Sycorax* ist immer eine Koje für dich frei. Wir sind ein gutes Team, du und ich.«

Er prostete mir mit seiner Flasche zu. »Stimmt, Boss.«

Wir schwiegen. Die Klippen im Norden lagen im Mondlicht, und das Meer brach sich an ihnen in Büscheln von zerfetztem Weiß. Es war alles schiefgegangen, aber wenigstens war die *Sycorax* wieder da, wohin sie gehörte. Ich brauchte jetzt nur noch Bannisters Anwälten zu entkommen, die Reparaturarbeiten am Boot zu beenden und dann endlich dahin gehen, wohin die Anwälte mir nicht folgen konnten: auf See.

George Cullen hantierte mit seiner Pfeife. Er hatte sie leergeräumt, neu gefüllt und jetzt stopfte er den Tabak fest. »Die Zeiten sind hart, Nick.«

»Das glaube ich.«

»Niemand will mehr ein anständiges Boot haben. Sie wollen nur noch Plastikschüsseln mit japanischen Motoren.« Er zündete die Pfeife an und paffte eine Rauchwolke gegen die abblätternde Decke. »Fiberglas«, sagte er verächtlich. »Wo liegt die verdammte Handwerkerkunst bei Fiberglas?«

»Tückisches Zeug, wenn man es ordentlich schichten will, George.«

»Jeder verdammte hirnkranke Affe kann es ordentlich schichten. Nur die verdammten Tagediebe nicht, die ich kriege.« Er stand auf und ging zu dem schmutzigen Fenster seines Büros. Es regnete wieder. Das Büro war ein Chaos. Georges großer Schreibtisch war mit alten Papieren überhäuft. Manche sahen aus, als wären sie unbezahlte Rechnungen von vor zwanzig Jahren. Die Wände waren dicht gepflastert mit vollbusigen, nackten Pin-ups, die verwirrenderweise für Ventilfedern, Kurbelgehäuse und Dichtungsmanschetten Reklame machten. Zwischen dem Angebot von wohlfeilem und ausbleichendem Fleisch hingen fliegenbeschmutzte Bilder von Cullen's Fishing Boats: stämmigen, kleinen Tagesbooten für das Angeln mit Leinen und Schleppnetz. Es war Jahre her, seit auf der Werft das letzte von ihnen gebaut worden war. Das reichte sogar in die Zeit von Georges Vater zurück. Jetzt überlebte die Werft durch eine abnehmende Nachfrage nach Reparaturarbeiten und die Herstellung der von ihm verachteten Bootskörper für Hobbybastler, die ihre Boote im Eigenbau fertigstellen wollten. Die Werft überlebte aber auch durch dunkle Geschäfte. George war für jeden Bootsräuber zwischen Fal und Exe ein bekannter Hehler. »Hast du deinen alten Herrn besucht?« fragte er mich.

»Nein.«

»Ich bin hinaufgefahren. Wann war das doch gleich? Vor sechs Monaten? Jedenfalls vor Weihnachten. Er sagte, daß du ihm fehlst.«

»Ich war im Krankenhaus.«

»Natürlich warst du das, Nick; natürlich.« Er begann wieder an seiner Pfeife zu fummeln, die ausgegangen war. Er war ein Mann mit einem mächtigen Bauch, Hängebacken, rotem Gesicht, grauen Haaren und kleinen Augen. Ich hatte ihn nie besonders gemocht, konnte aber Georges Anziehungskraft auf meinen Vater verstehen. Es gab an der Küste keine Schurkerei, von der George nicht wußte und vermutlich die Finger drin hatte. Er konnte Stunden damit verbringen, meinen Vater mit den Schnurren von Schurken und Dummköpfen zu ergötzen, die mein Vater sehr genossen hatte. Meine Erinnerung, daß George unseren Whisky getrunken und mit seiner rauhen alten Stimme erzählt hatte, reichte bis in meine früheste Kindheit zurück. Damals war er mir alt erschienen, aber nun sah ich, daß er gerade erst in seinen mittleren Jahren war. »Dein alter Herr ist ungeheuer stolz auf dich«, sagte er jetzt. »Das Vicky-Kreuz, was?«

»Die anderen beiden haben es verdient«, entgegnete ich. »Ich hatte bloß Glück.«

»Unsinn, Junge. Das Blech geben die doch nicht mit den Frühstücksbrötchen weg, oder? Also, was brauchst du?«

»Hochfrequenzradio, Kurzwellenfunk, Chronometer, Barometer, Anker, Positionslichter, Batterien, ein Meer-Klo, Kompaß, Bilgenpumpen . . .«

»Verschone mich!« Er setzte sich wieder und zuckte wegen irgendeines inneren Schmerzes zusammen. George hatte immer auf der Schwelle des Todes gestanden und sich immer wieder an allen neuen Arten von Patentmedikamenten versucht. Allerdings zog er ihnen den Whisky noch vor, und jetzt goß er uns beiden ein Glas ein. Es war erst Mittag, aber George war vermutlich schon seit sieben Uhr früh an der Tränke. Kein Wunder, dachte ich, daß Cullen's Fishing Boats nicht mehr von seinem kleinen Stapel liefen.

Die *Sycorax* lag sicher versteckt in einem schmalen Dock neben Georges Büro. Er hatte davor das Wrack eines Fischerbootes vertäut, um sie zu verbergen. Terry Farebrother war im nahen Plymouth in einen Zug gesetzt worden. Für den Augenblick hatte ich einen Unterschlupf gefunden. Georges Preis dafür war es gewesen, die Story erzählt zu bekommen – oder das, was ich ihm anvertraute. »Mulder«, meinte er jetzt. »Ich kenne Fanny.«

»Sie mögen ihn, nicht wahr?«

»Fanny ist schon in Ordnung«, sagte George vorsichtig. »Wir machen von Zeit zu Zeit ein kleines Geschäft miteinander. Du weißt ja, wie das ist, Nick.«

»Er klaut diese kleinen Geschäfte, George. Er hat jede Menge von meinem Boot geklaut. Vermutlich liegt es noch bei Ihnen, George.«

»Würde mich nicht sehr überraschen«, meinte George gleichmütig. »Später kannst du dich ja mal umsehen. Wenn irgendwas von dir dabei ist, kannst du es kostenlos haben.«

»Vielen Dank, George.«

»Fair ist fair, Nick«, sagte er, als würde er mir einen großen Gefallen tun. »Und du bist Tommy Sandmans Sohn. Für Tommy mache ich alles. Und für einen Helden natürlich auch.« Er kippte den Whisky und goß sich einen neuen ein. Das Glas war unsauber, aber das war der Whisky auch, der trotz seines Etiketts nicht einmal in der Nähe von Schottland gewesen war. »Welche Art von Anker willst du denn?«

»Zwei CQRs und einen Fisherman's.« Er schloß halb die Augen. »Im letzten Jahr hatten wir hier einen Niederländer, dem das Geld ausging. Hatte ein hübsches Boot. Willst du seine beiden Fünfundsiebzig-Pfund-CQRs?«

»Sie werden gehen. Haben Sie irgendeine Kette?« Ich wußte, es war sinnlos, nach dem Preis zu fragen, weil George mir keinen nennen würde, bevor er nicht bis auf den Penny genau herausgefunden hatte, was ich mir leisten konnte. Dann würde er noch etwas draufschlagen. Er würde mich hier auf der Werft willkommen heißen, solange ich einen Gewinn versprach. An dem Tag, an dem er zu der Überzeugung kam, er hätte mich ausgeblutet, würde er mich vor die Tür setzen.

»Jede Menge Ketten da. Du brauchst eine Halb-Incher, nicht?«

Plötzlich war Unruhe im Vorzimmer, wo Georges Sekretärin, ein wohlgeformtes Mädchen, dessen Schnelligkeit im Maschineschreiben angeblich einen Anschlag pro Minute betrug, ihre Tage damit verbrachte, sich die Fingernägel zu lackieren und in Zeitschriften von der wahren Liebe zu lesen. »Sie können da nicht hinein«, hörte ich Rita kreischen. »Mister Cullen ist in einer Besprechung.«

»Mister Cullen kann die Besprechung ja wohl unterbrechen, oder?« Die Milchglastür sprang auf und

Inspector Abbott kam herein. »Morgen, George.« Mich ignorierte er. Ich hockte auf einem altertümlichen Ledersessel mit gebrochenen Sprungfedern und blieb, wo ich war.

»Morgen, Harry.« George griff automatisch nach einem weiteren schmutzigen Glas und goß etwas von seinem Fusel hinein. »Wie stehen die Dinge?«

»Die Dinge stehen lausig. Sehr lausig.« Abbott ignorierte mich noch immer. »Hast du den jungen Nick Sandman irgendwo zu Gesicht bekommen, George?«

George schoß einen Blick in meine Richtung, merkte dann aber doch, daß Abbott irgendeine Art von Spiel spielte. »Ich habe ihn zuletzt gesehen, als er zu den Falklands aufgebrochen ist, Harry.«

Abbott nahm den Whisky und kostete ihn vorsichtig. Er schüttelte sich, trank aber weiter. »Wenn du ihn siehst, schlag ihm seinen verdammten Schädel ein.«

Wieder sah George zu mir herüber, riß seinen Blick dann aber zurück zu Abbott. »Werde ich machen, Harry. Mache ich auf jeden Fall.«

»Und wenn du ihn fertiggemacht hast, bestell ihm von mir, er soll seinen verdammten Kopf unten halten. Er soll sein häßliches Gesicht bloß nicht auf der Straße, im Pub oder sonstwo blicken lassen. Er soll sich ganz ruhig und still verhalten und hoffen, daß die Welt sich ohne ihn weiterdreht, während der gute Onkel Harry den Mist in Ordnung bringt, den er angerichtet hat.« Etwas davon wurde in meine Richtung gehustet, aber das meiste richtete sich nur an George. Ich äußerte und rührte mich nicht.

»Ich werde es ihm sagen«, versicherte George beflissen.

»Du kannst ihm auch sagen, wenn du ihn sehen solltest, falls er ein Schießeisen auf seinem Boot haben sollte, sollte er das so schnell wie möglich loswerden, bevor ich sein Schiff mit einem verdammten Metalldetektor durchsuche.«

»Ich werde es ihm sagen, Harry.«

»Und wenn ich es mit dem Detektor nicht finde, dann werde ich den Abfallhaufen Planke für Planke auseinanderreißen. Sag ihm das, George.«

»Ich werde es ihm sagen, Harry.«

Abbott trank den Whisky aus und goß sich neuen ein. »Du kannst Mister Sandman auch sagen, daß es nicht der Burenkrieg ist, der mir Sorgen macht, sondern der Krieg von achtzehnhundertzwölf.«

Davon hatte George nie etwas gehört. »Achtzehnhundertzwölf, Harry?«

»Zwischen uns und Amerika, George.«

»Ich werde es ihm sagen, Harry.«

Abbott ging zum Fenster und starrte durch den Schmutz und den Regen auf die *Sycorax.* »Ich werde den betreffenden Leuten sagen, daß nach gründlicher Durchsuchung dieses Hehlernestes hier keine Spur von Master Sandman und seinem schauerlichen Boot zu entdecken war.«

»Gut, Harry.« Die Erleichterung in Georges Stimme darüber, daß es keinen Ärger geben würde, war förmlich greifbar.

Abbott, der mich noch immer nicht direkt ansah, wirbelte zu George herum und piekte mit dem Zeigefinger gegen seinen Oberkörper. »Und wenn du ihn sehen solltest, halt ihn fest. Ich will nicht, daß er mir wie ein wildgewordener Affe den gesamten Südwesten unsicher macht.«

»Ich werde es ihm sagen, Harry.«

»Und sage ihm auch, daß ich ihn wissen lassen werde, wann er verschwinden kann.«

»Ich werde es ihm sagen, Harry.«

»Sie waren schon immer lausige Schützen in diesem Regiment«, meinte Abbott heiter. »Anders als die Rifles, denen ich angehört habe. Das brauchst du ihm nicht zu sagen, George.«

»Gut, Harry.«

»Und sag ihm, daß sein Zeitungsfreund außer Gefahr ist, aber noch eine ganze Weile verdammte Kopfschmerzen haben wird.«

»Ich werde es ihm sagen, Harry.«

Abbott schnüffelte an dem leeren Whiskyglas. »Wieviel hast du für diesen elenden Whisky bezahlt, George?«

»Es war ein Geschäftsgeschenk, Harry. Von einem Partner.«

»Du bist übers Ohr gehauen worden. Ich geh jetzt. Schönen Tag noch.«

Er ging. George schloß die Augen und atmete tief durch. »Hast du alles gehört, Nick?«

»Ich bin nicht taub, George.«

»Also brauche ich es dir nicht zu erzählen?«

»Nein, George.«

»Verfluchte Hölle.« Er lehnte sich in seinem Stuhl zurück, und seine kleinen, pfiffigen Augen sahen mich respektvoll an. »Ein Schießeisen? Wieviel willst du dafür haben, Nick?«

»Welches Schießeisen, George?«

»Ich könnte dir einen netten kleinen Profit für ein Schießeisen verschaffen. Vermutlich eine Automatic?«

»Keine Ahnung, wovon Sie sprechen, George.«

Er sah enttäuscht aus. »Und ich habe immer gedacht, du wärst aufrichtig, Nick.«

Ich auch.

Eine Hitzewelle suchte Großbritannien heim. Ein Azorenhoch hatte sich nach Norden verlagert und brachte uns lange, warme Tage. Es war nicht das richtige Wetter, um für die St. Pierre an den Start zu gehen. In den Segelsportzeitschriften wurde berichtet, daß in Cherbourg Schiffe auf schlechteres Wetter warteten, aber die *Wildtrack* war nicht unter ihnen. Rita hatte mir die Magazine und eine Auswahl an Tageszeitungen gebracht. Darin hatten Berichte über eine Schießerei an der Küste von Devon gestanden, aber da die Behörden sich zu dem Zwischenfall nicht äußerten, verschwand er bald wieder von den Zeitungsseiten. Weder Bannisters noch mein Name waren erwähnt worden. Der *Daily Telegraph* berichtete, daß ein Mann im Zusammenhang mit der Schießerei gesucht wurde. Doch obwohl die Polizei seine Identität kannte, wäre der Name nicht genannt worden. Die Polizei sei davon überzeugt, daß dieser Mann keine Gefahr für die Öffentlichkeit darstellte. England war im jährlichen Cricket-Fieber. Die Arbeitslosenrate stieg. In den Wirtschaftsteilen stand, daß die Halbjahresbilanzen der Kassouli-Unternehmen im Vereinigten Königreich Rekordgewinne auswiesen. Doch etwa eine Woche nachdem ich auf Georges Werft angekommen war, gab es einen Zeitungsbericht, daß Yassir Kassouli vorhatte, all seine Aktivitäten aus Großbritannien abzuziehen. Ich witterte Micky Harding hinter der Geschichte, aber einen oder zwei Tage später ließ Kassouli ein energisches Dementi veröffentlichen, und die Sache verlief wie die Geschichte von der Schießerei in Devon im, Sande.

Ich arbeitete für George Cullen. Ich reparierte Motoren, laschte Dollborde, besserte Lackschichten aus und schliff Planken. Ich wurde mit Bier, Sandwiches und Kredit bezahlt. Der Kredit brachte mir drei Plastima-Kompasse ein. Ich brachte einen über dem Kartentisch an, einen am vorderen Schott der Kabine und den dritten gleich hinter der Besanschwelle. Ich kaufte George die beiden großen Anker ab und verstaute sie an Bord. Ich nervte George, mir gute Chrono- und Barometer zu besorgen. Und jeden Tag versuchte ich, Angela anzurufen.

Ich hinterließ keine Nachrichten auf dem Anrufbeantworter in Bannisters Haus, weil ich verhindern wollte, daß er annahm, ich hätte Grund, Angela zu trauen. Ich hinterließ Nachrichten in ihrer Wohnung in Kensington und in ihrem Büro. In den Nachrichten hieß es, sie möge mich auf George Cullens Werft anrufen. Rita, deren Röcke immer kürzer wurden, je höher die Temperaturen stiegen, hörte meiner beständigen Nachrichtenübermittlung mitleidig zu. Sie hielt das für etwas aus ihren Liebesmagazinen.

Die Nachrichten führten zu nichts. Angela war nie in ihrer Wohnung, sie reagierte nie auf meine Bitten. Ich versuchte es mit Matthew Cooper.

»Himmel, Nick! Sie haben vielleicht für Wirbel gesorgt!«

»Ich habe nichts getan.«

»Nur einen guten Film verhindert.« Er klang bekümmert.

»Das war nicht meine Schuld, Matthew. Wie geht es Angela?«

Er schwieg einen Moment lang. »Sie steht hier nicht unbedingt auf der Hitliste.«

»Das kann ich mir vorstellen.«

»Sie sagt immer wieder, der Film sei zu retten. Aber Bannister will mit Ihnen nichts mehr zu tun haben. Er hat eine Übernahmeverfügung für die *Sycorax* beantragt.«

»Er soll sich einsargen lassen«, sagte ich. Rita, die so tat, als würde sie nicht zuhören, während sie ihre Fingernägel pflegte, kicherte unterdrückt. »Können Sie Angela eine Nachricht übermitteln?«

»Sie hat aufgehört zu arbeiten, Nick. Sie ist die ganze Zeit mit Bannister zusammen.«

»Um Himmels willen, Matthew? Strengen Sie Ihre Phantasie an. Bersten gute Regisseure denn nicht förmlich vor Phantasie und Vorstellungskraft? Schreiben Sie ihr eine Nachricht auf Ihrem Briefpapier. Das würde sie nicht ignorieren.«

»Okay.« Das klang nicht begeistert.

»Sagen Sie ihr, sie solle versuchen, einen Burschen namens Micky Harding aufzuspüren. Er ist inzwischen vermutlich aus dem Krankenhaus entlassen.« Ich nannte ihm Mickys Telefonnummern in der Redaktion und zu Hause. »Sie soll Micky sagen, daß er ihr vertrauen könne. Das kann sie beweisen, indem sie ihn mit seinem Spitznamen Maus anredet und sagt, sie wisse, daß an jenem Abend Terry mit mir zusammengewesen sei. Das wird er verstehen.«

Matthew schrieb sich alles auf.

»Und sagen Sie ihr«, fuhr ich fort, »daß Bannister auf keinen Fall an den Start des St. Pierre-Rennens gehen soll.«

»Sie machen wohl Witze?« rief Matthew. »Wir werden nach Neufundland geschickt, damit wir filmen, wie er in die Kurve geht.«

»Wann fahren Sie los?«

Er machte wieder eine Pause. »Das darf ich nicht sagen, Nick.«

»Du meine Güte! Okay. Übermitteln Sie Angela bitte, was ich Ihnen gesagt habe.«

»Ich werde es versuchen, Nick.«

»Und sagen Sie ihr noch etwas.«

Ich brauchte ihm nicht zu sagen, was er ihr mitteilen sollte. Er wußte es. »Ich werde es ihr sagen, Nick.« Er hörte sich an, als hätte er Mitleid mit mir.

Ich legte den Hörer auf und versuchte dann, Micky Harding zu erreichen. Aber er war nicht in der Redaktion, und auch zu Hause ging niemand an den Apparat. Ich verabschiedete mich vom Telefon. Rita schloß die hübsche Kasse auf und legte meinen Schuldschein hinein. George berechnete mir fünfzig Pence pro Anruf. Rita hielt die Kosten in gnädigen Grenzen, aber ich schuldete dem alten Gauner dennoch mehr als zehn Pfund. »Er will, daß Sie heute abend ausgehen, Nick«, sagte sie.

»Ausgehen?«

»Sein üblicher Mitarbeiter hat sich den Arm gebrochen. George möchte, daß Sie den Zweiundfünfzig-Footer nehmen. Er sagt, Sie sollen ihn mit Diesel auftanken. Er will mitkommen.«

Und so trat ich an jenem Abend der ehrwürdigen Gilde der Schmuggler von Devon bei. Ich lenkte den 52-Footer zwanzig Meilen auf See hinaus, wo wir uns mit einem französischen Trawler trafen. Er hatte Funkgeräte an Bord – gestohlen aus Häfen und Marinas an der bretonischen Küste. George bezahlte mit einem Bündel Barem, akzeptierte ein Glas Cognac und fügte der Bezahlung eine Flasche seines lausigen Whiskys hinzu. Dann brachte ich ihn wieder nach Hause. Das Auge des Gesetzes schlief tief und fest, während wir in einer wunderschönen Morgendämmerung nach Salcombe Harbour tuckerten.

George paffte seine Pfeife in der Kabine. »Ich habe da ein ganz wundervolles Mittelwellengerät, Nick. Mittelwelle wäre doch auch ganz schön für dich, oder?«

»Ich nehme ein Hochfrequenzgerät als Honorar für heute nacht.«

Er holte zischend Luft. »Du hast deine Liegegebühren noch nicht bezahlt, Nick.«

»Sie nennen diese verdammte Müllhalde von einem Dock einen Liegeplatz?«

Er lachte glucksend, aber bevor er nach Hause fuhr, legte er ein ziemlich ramponiertes Hochfrequenzgerät auf einen Seesack im Cockpit der *Sycorax*. Den nächsten Sonntag verbrachte ich damit, das Funkgerät zu reparieren, und zu meiner Überraschung funktionierte es dann auch.

Am folgenden Sonntag barg ich einen Kombüsenherd aus einer abgewrackten Westerley, die George zum Schrottwert gekauft hatte. Ich bugsierte den Herd über die verlassene Werft. Den Landungshaken hatte ich bereits als Ladebaum umfunktioniert und brauchte nur noch den Flaschenzug am Herd zu befestigen, aber als ich oberhalb des Bootes war, stellte ich fest, daß ich Gesellschaft hatte. Inspector Harry Abbott saß im Cockpit der *Sycorax*. Er trug seine Golferhosen, hatte ein Bier und ein Paket Sandwiches auf dem Schoß sowie meinen 45er Colt in seiner rechten Hand.

»Tag, Nick.« Er zielte mit dem Colt auf meinen Kopf und drückte ab, bevor ich mich rühren konnte.

Die Waffe war nicht geladen. Er lachte. »Unartig, Nick. Sehr sehr unartig. Wissen Sie, was auf unbefugten Waffenbesitz steht?«

»Ein Golfwochenende mit Ihnen, Harry?«

Er sah mich mißbilligend an. »Das finde ich nun

ausgesprochen undankbar von Ihnen, Nick. Ich halte Ihr schäbiges Versteck geheim, und Sie haben nichts anderes als Beleidigungen für mich übrig. Was hat George denn so in den letzten Tagen herangeschafft?«

»Nicht viel. Ein paar Funkgeräte, meist französische.« Ich befestigte den Flaschenzug und kletterte an Deck. Zusammen mit dem Piekfall hatte ich einen vorzüglichen Kran, und der Herd schwenkte gefährlich nahe an Abbotts Kopf. Er ließ sich dazu herab, ihn auf den Boden des Cockpits zu dirigieren.

»Ich dachte, Sie würden gern hören, daß der Haftbefehl gegen Sie aufgehoben worden ist«, sagte er.

»Ich wußte gar nicht, daß einer besteht.«

»Es hat ein Mordstamtam gegeben, Nick. Wir haben nach Ihnen gesucht wie nach der Stecknadel im Heuhaufen! Wissen Sie eigentlich, was Sie die Polizei Ihrer Majestät an Überstunden gekostet haben?«

»Ist das jetzt Ihr Aufgabengebiet, Harry? Überstunden?« Ich stellte fest, daß es mein Bier war, das er da trank. Zuvorkommend bot er mir eine Flasche an. Ich nahm sie und setzte mich ihm gegenüber. »Cheers, Harry.«

»Cheers, Nick.« Er trank die Flasche aus und öffnete eine neue. »Jetzt sind die Komiker mit von der Partie, Nick.«

»Komiker?«

»Sehr komische Komiker. Die sind nicht so lieb und zuvorkommend wie ich, Nick. Sie sind von sich sehr überzeugt und reden höchst eindrucksvoll von der Sicherheit des Gemeinwesens. Nichtsdestotrotz haben sie beschlossen, daß Ihr Leben geschont werden soll.«

»Warum?«

»Woher soll ich das wissen?« Er zündete sich eine Zigarette an und warf das abgebrannte Streichholz zu dem anderen schwimmenden Müll in Georges Dock. »Aber da gibt es eine Bedingung, Nick.«

Ich legte meine Briefe auf die gegenüberliegende Ruderbank. Ich trug alte Shorts, und die Narben an meinen Oberschenkeln sahen rosa und erschreckend aus. Abbott betrachtete sie und verzog das Gesicht. »Phosphor?«

»Ja.«

»Ich dachte, Sie seien angeschossen worden?«

»Die Kugel traf auf eine Phosphorgranate, die an meinem Gürtel hing. Der Phosphor fing Feuer und die Kugel wurde gespalten. Ein Stück drang hinunter in meinen rechten Oberschenkel und das größere Stück oben in meinen Rücken.«

»Scheußlich.« Er sagte es mit echter Anteilnahme.

»Ich habe schon bessere Tage erlebt«, stimmte ich ihm zu.

»Sehen Sie, und deshalb trauen sie Ihnen. Verwundeter Kriegsheld und das alles. Ich meine, es ist doch unvorstellbar, daß ein Träger des Victoria-Kreuzes Ihrer Majestät illegal ein Schießeisen trägt oder George Cullen dabei hilft, Piep-Radios von der französischen Küste anzulanden, oder?«

»Ganz und gar undenkbar«, stimmte ich zu.

»Also werden Sie jetzt Leine ziehen, Nick. Sie werden mit diesem Abfallhaufen um die Welt schippern und nicht etwa versuchen, Mister Bannister davon abzubringen, am St. Pierre-Rennen teilzunehmen.«

Ich trank mein Bier aus und öffnete ein neues. Der Tag war brütend heiß. »Ist das die Bedingung, Harry? Daß ich abziehe und Bannister in Ruhe lasse?«

»Hat mich eine Menge Zeit gekostet, das so hinzukriegen.« Er sprach warnend. »Wenn es nach dem Oberclown gegangen wäre, säßen Sie jetzt hinter Schloß und Riegel. Aber nicht in einer netten, offenen Haftanstalt wie der Ihres Vaters, sondern in einem richtigen viktorianischen Schreckensbau.«

»Danke, Harry.«

Inspector Abbott hatte sich der Hitze des Tages soweit gebeugt, daß er seinen Blazer abgelegt hatte, mehr aber nicht. Er wischte sich mit einem Tuch über das Gesicht. »Mister Bannister hat Klage gegen Sie eingereicht. Er sagt, Sie hätten den Mast seines Bootes zerstört, die Warpleinen durchgeschnitten, und das alles nur als Übung für den Tag, an dem Sie es auf hoher See versenken wollen. Wissen Sie, daß er eine Tonbandaufnahme besitzt?«

»Das Band ist ein . . .«

»Ich weiß, Nick.« Abbott hob müde die Hand. »Schließlich haben wir mit Mister Harding gesprochen, nicht? Und Mister Harding hat den Irrweg seines ruchlosen Handels eingesehen. Er hat jetzt keinen Beweis. Also wird es auch keine kleine Skandalgeschichte geben, die unsere amerikanischen Vettern nur verärgern würde. Wir haben nicht die Absicht, sie zu verärgern, weil sie es sind, die heutzutage das ganze Geld haben. Wir sind ein Vasallenstaat, Nick.«

»Ich verstehe.«

»Das glaube ich nicht, Nick. Wer war der kleine Bursche, mit dem Sie in jener Nacht zusammen waren, als Sie so häßliche Löcher in das Rennboot des netten Mister Bannister gebohrt haben?«

»Ich kann mich nicht erinnern, Harry.«

»Dann sorgen Sie dafür, daß er es auch vergißt. Man sollte keine schlafenden Hunde wecken, Nick. Und Sie waren in akuter Gefahr, sie aufzustöbern.«

Ich bot ihm ein neues Bier an. Er nahm es. »Vergessen Sie nicht«, fuhr Abbott fort, »daß Mister Bannister die Sache weit schärfer verfolgen wollte. Er hatte seine Anwälte auf sie losgelassen. Aber wir führten aus, daß, falls wir Sie fänden und er auf juristischen Schritten gegen Sie bestehen würde, wir natürlich darauf dringen würden, daß er und sein Bure in England blieben, um ihre Aussagen zu machen.«

»Und das wollte er nicht . . .« Ich begann, gewisse Dinge zu verstehen, » . . . weil das seinen Zeitplan für das Rennen gefährden könnte.«

»Genau.«

Ich legte den Kopf zurück und stützte ihn auf die Reling der *Sycorax*. Ich fragte mich, ob ich nicht zuviel verstand. »Sie wollen, daß Bannister stirbt, oder?«

Harry sah mich mißbilligend an. »Sie sollten nicht über den Tod reden, Nick.«

»Sie wollen Kassoulis Jobs nicht verlieren?«

»Ich könnte mir vorstellen, daß das die Überlegungen des Oberclowns sind, ja.«

Mein Kopf war noch immer zurückgelehnt. »Sind Sie ein Komiker, Harry?«

»Ich bin nur ein Kuli, Nick. Jemand, der die Drecksarbeit machen muß.«

Ich hob den Kopf. Dieser Polizist spielte gern den genialen Trottel, aber sein Blick war sehr scharfsinnig.

»Also bekommt Yassir Kassouli seinen Willen?« fragte ich.

»Den bekommen die Reichen gewöhnlich immer, Nick.« Er legte eine kurze Pause ein. »Aber ganz unter uns: Kassouli wollte, daß Sie festgenommen werden. Er wollte die verdammten Paragraphen gegen

Sie angewandt sehen. Aber wir konnten ihn davon überzeugen, daß wir uns allein um Sie kümmern können. Und genau das mache ich jetzt, Nick. Ich kümmere mich um Sie.«

»Das kommt von der verdammten Regierung, stimmt's?«

Meine Verärgerung entging ihm nicht. »Aber, aber, Nick!«

»Großer Gott!« Ich trank einen Schluck Bier. »Nehmen Sie doch mal an, Bannister ist unschuldig.«

Abbott schüttelte den Kopf. »Warum die Sache unnötig komplizieren?« Er lachte mich aus. »Verdammt noch mal, Nick. Seit wann sind Sie der weiße Ritter?« Ich schwieg, und er seufzte. »Sie sind ein verdammter Narr, Nick. Warum haben Sie nur die Presse informiert?«

»Ich wollte raus aus der Sache.«

»Sie hätten mit mir sprechen sollen.« Abbott sah mich ein paar Sekunden lang schweigend an und schüttelte dann bekümmert den Kopf. »Nick, das kommt von oben. Sie haben gar keine Möglichkeit, irgend etwas unternehmen zu können. Also vergessen Sie es.«

Ich murmelte vor mich hin.

Abbott trank Bier. »Letzte Woche habe ich Ihren Vater besucht.«

»Wie geht es ihm?«

»Er vermißt Sie. Wann werden Sie ihn besuchen?«

»Ich habe noch nichts geplant.«

»Ich denke, Sie sollten es. Ich denke, ich werde das zu einer weiteren Bedingung machen, Sie nicht in Haft zu nehmen.«

»Ich dachte, Sie hätten vorhin gesagt, es läge kein Haftbefehl mehr gegen mich vor?«

Abbott hob die Waffe. »Drei Jahre?«

»Wie haben Sie sie gefunden?«

Er lächelte. »Hat Ihnen George berichtet, daß ich einen Metalldetektor einsetzen wollte?«

Ich lächelte auch und erinnerte mich an die Scharade. »Ja.«

»Das hieß, daß Sie die Waffe neben einem Metallgegenstand verstecken würden, um Ihren Onkel Harry hinters Licht zu führen. Also brauchte ich nur in der Nähe Ihres Motors nachzusehen und – siehe da!«

»Es ist ein Souvenir, Harry.«

Er begutachtete den Lauf. »*Ejercito Argentina.* Haben die albernen Affen also auch mal was Gutes zustande gebracht, was? Was ist nun, werden Sie versuchen, Mister Bannister zu warnen?« Ich zögerte. Abbott schüttelte über meine Dummheit den Kopf. »Das ist nicht gut für Sie, Nick. Meinen Sie, er würde auf Sie hören?«

»Nein.«

»Also entnehme ich dem, daß Sie es nicht versuchen werden. Diese Antwort wird der Oberclown sehr gern hören. Sie werden sich von Bannisters Haus, seiner Fernsehgesellschaft, dem Haus seiner Geliebten und wessen Haus auch immer fernhalten?«

»Ja.«

»Werden Sie Ihren Vater besuchen?«

»Wahrscheinlich.«

»Das nehme ich als ein Ja.« Er angelte in seiner Jackentasche und holte zwei Monte Christo-Zigarren in ihren Schutzröhren heraus. »Nehmen Sie ihm die von mir mit, Nick?«

»Das werde ich tun.«

»Und nachdem Sie ihn gesehen haben, werden Sie mit Ihrem verdammten Schrottkahn abdampfen?«

»Ja.«

»Ich begrüße Ihre Rückkehr in die menschliche Gesellschaft, Nick Sandman.« Er ließ die Waffe an ihrem Abzugsbügel baumeln. »Ich nehme an, daß das hier ein mysteriöses Stück von Sicherheitsausstattung einer Jacht ist?«

Ich lächelte. »Ja, Harry, das ist es.«

»Dann verstecken Sie es verdammt gut, damit kein mittelalterlicher Bulle über sie stolpert.« Er warf mir die Waffe in den Schoß. »Wieviel hat Ihnen George dafür geboten?«

»Er hat keinen Preis genannt.«

Abbott lachte, dann stand er auf und streckte seine langen Arme. »Das wär's. Job ausgeführt. Im Frühling habe ich versucht, Sie zu warnen.«

»Was war das für ein Job, Harry?«

Er überhörte die Frage. »Ich habe Ihnen ein paar Sandwiches mitgebracht und werde Ihnen die Zeitungen dalassen. Sie strotzen vor Lügen, aber vielleicht gefallen Ihnen die Comics.«

»Vielen Dank, Harry.«

Er kletterte auf den Kai. »Sie sind ein ungeschickter Tölpel, Nick; und wahrscheinlich sind Sie auch ein fauler Hund, der sich einen Job suchen sollte, aber ich habe nichts gegen Sie. Und Ihren alten Herrn habe ich gern. Sagen Sie ihm, ich lasse ihn grüßen.«

»Das werde ich.«

»*Bon voyage*, Nick.«

Nachdem Harry gegangen war, beschäftigte ich mich weiter mit dem Herd. Ich hängte ihn kardanisch auf und schloß ihn an die Propangasflasche an.

Diese Leistung feierte ich damit, daß ich mir eine Tasse Tee aufbrühte. Das Dock stank in der Hitze. Ich saß im Heck der *Sycorax*, trank Tee und las Zeitung.

In Nordirland waren einem Mann die Kniescheiben zerschossen worden. Irakis und Iraner schlugen sich in der Wüste. Die Russen schlugen die Hirten und Bauern in Afghanistan. Die Bergleute schlugen alle. Eine Seuche namens Aids schien zu erreichen, was den Puritanern in einem Jahrtausend nicht gelungen war. Die Arbeitslosigkeit nahm immer noch zu. England war noch im Cricketrausch. Angelas Fotografie sah mich von einer Seite her an, die dem Klatsch gewidmet war.

Ich starrte das Foto an. Eine Sekunde lang wollte ich nicht glauben, daß es Angela war, aber sie war es. Bannister saß auf dem Foto neben ihr. Neben dem Foto stand ein Bericht. »Fast ein Jahr nach dem tragischen Tod seiner ersten Frau, der amerikanischen Erbin Nadeschna Kassouli, hat Mr. Tony Bannister, 46, seine Verlobung mit Miss Angela Westmacott bekanntgegeben. Miss Westmacott ist Produzentin für Mr. Bannisters TV-Sendung.« Da stand noch mehr. Die Hochzeit würde schon bald stattfinden, höchstwahrscheinlich in Paris, und ganz bestimmt, bevor Bannister für den Kampf um die St. Pierre Trophy an den Start ging. Die Braut würde ihre Arbeit beim Fernsehen aufgeben, aber vermutlich für Bannisters Produktionsgesellschaft tätig sein, die Videoclips und Werbung produzierte.

Sie sah so wunderschön aus. Sie saß auf einem Sofa in Bannisters Haus in Richmond. Im Vordergrund war ein nagelneuer Tisch mit Glasplatte zu sehen, der den alten ersetzt haben mußte, der von mir zerstört worden war. Bannister saß neben ihr und lächelte wie eine Katze, die den Sahnetopf ausgeschleckt hatte. Angela hatte die langen Beine übereinandergeschlagen. Sie zeigte das zögernde Lächeln, das ich so gut kennengelernt hatte, aber ihre Augen blickten kühl. Sie trug ein leichtes Kleid, das die biegsame Eleganz ihres Körpers andeutete. Ihre rechte Hand ruhte leicht auf Bannisters Schulter, während ihre linke auf der Sofalehne lag und mit einem funkelnden Diamanten geschmückt war. Sie wirkte wie ein Vollblut, langbeinig und schön, das passende Mädchen für eine gutaussehende Berühmtheit. Daß sich ein heruntergekommener Segler mit einem heruntergekommenen Boot ein solches Mädchen wünschte, war einfach lächerlich. Aber die Fotografie sagte mir auch, daß ich sie noch immer wollte, und plötzlich fühlte ich mich verloren, beraubt und elend. Verflucht noch mal, sie hatte die Sicherheit gewählt, und ich war allein.

Die Polizei der Grafschaft spielte gegen die Insassen der offenen Strafanstalt. Die Polizei hatte 134 Bälle abgefangen, während die Gefangenenmannschaft bisher 42 Läufe gemacht hatte. Ich war in den Midlands, und mein Vater schien, da ich ihn endlich besucht hatte, in einem persönlichen Himmel zu sein. Ich hatte seinen Garten gesehen, die Werkstatt, in der er seine Schiffsmodelle baute, sein Zimmer; und nun lief er mit mir um das Spielfeld. Es war wie eine Boarding School, nur daß die Schüler Männer in mittleren Jahren und keine Jungen waren. Das alles entsprach ganz und gar nicht meiner Vorstellung von einem Gefängnis, aber hierher wurden auch nur die vertrauenswürdigsten Verbrecher geschickt; jene, die nicht gewalttätig waren und keine Fluchtversuche unternehmen würden. Die Aufseher nannten meinen Vater »Mister Sandman«, und er erkundigte sich nach ihren Frauen, nahm an den Zeugnissen und Prüfungsergebnissen ihrer Kinder regen Anteil und versprach ihnen Kräuter aus seinem Garten. »Es sind gute Burschen«, stellte er befriedigt fest.

Er sah so verdammt gut aus. Er hatte abgenommen, was ihm bei seiner Größe von ein Meter neunzig gut stand. Sein schwarzes Haar zeigte erste graue Spuren an den Schläfen, er war sonnengebräunt und fit. »Die Gartenarbeit ist natürlich sehr positiv. Ich spiele ein bißchen Tennis und viel Badminton. Ich schwimme auch regelmäßig, aber die halten den Pool hier so verdammt kalt. Auch auf das andere brauche ich nicht zu verzichten.«

»Sei nicht albern, Vater. Du bist im Gefängnis.«

»In einem offenen Gefängnis, Nick. Ich kann so etwas nur empfehlen, falls du mal Ruhe brauchen solltest. Die Aufnahmeprozedur ist zugegebenermaßen ein bißchen ärgerlich, aber danach ist es ein recht anständiges Leben. Wir arbeiten auf Farmen in der Umgebung, weißt du, und die Mädchen wissen, wo wir zu finden sind. Natürlich sind es in der Hauptsache Professionelle, aber ein Bursche darf nun mal nicht aus der Übung kommen. Bist du in Übung?«

»Nicht wirklich.«

Er lachte. »Dachte ich mir schon, weil du reichlich mürrisch aussiehst. Stellt sich Melissa denn nicht zur Verfügung?«

»Ich habe nie gefragt.«

»Meine Exfrauen haben es immer getan«, erklärte er, als wäre das die selbstverständlichste Sache der Welt. »Wenn eine Frau mit einem Mann nicht zusammenleben kann, so heißt das doch noch längst nicht, daß sie nicht mit ihm ins Bett geht. Hast du eine andere gefunden?«

»Für eine gewisse Zeit.«

»Hast du wieder verloren, was? Mach dir keine Sorgen, Nick. Es gibt Gott sei Dank so viele Frauen auf der Welt. In dieser Hinsicht meint es Gott sehr gut mit uns. Oh, sehr gut gemacht!« Das galt einem Schlag, der einen Polizisten vergeblich an die Spielfeldgrenze rennen ließ. »Der Schlagmann« – mein Vater deutete mit seiner Zigarre auf ihn – »sitzt drei Jahre für Computerbetrug. Nicht gerade schlau, sich ertappen zu lassen, was?«

»War nicht klug von dir«, meinte ich.

»War sogar verdammt dumm von mir.« Er lächelte mich an. Er war glücklich, daß ich gekommen war und hatte all die unbeantworteten Briefe noch nicht einmal erwähnt. Ich kam mir tölpelhaft vor, beschämt und unzulänglich. Dieses Gefühl hatte er mir schon immer vermittelt, wenn auch nie absichtlich. »Mein Problem besteht darin«, fuhr er fort, »daß ich in zu großen Maßstäben denke.«

»Stimmt.«

Er lachte. Er war wegen Betruges inhaftiert worden, und Gott allein wußte, für was sonst noch. Er hatte eine Versicherungsgesellschaft gegründet, aber es war nicht genug Geld dagewesen, um die Ansprüche befriedigen zu können, und mehr als die Hälfte der Policen – die er anderen Gesellschaften verkauft hatte, als ein Buchmacher ihm seine Forderungen präsentierte – stellte sich als gefälscht heraus. »Noch ein Jahr«, meinte er versonnen, »und ich wäre wieder flüssig gewesen. Hatte da ein sehr reizvolles Geschäft in der Schweiz mit iranischem Geld vor. Hör mal, Nick, falls du an einer Reise nach Bern interessiert sein solltest . . .«

»Nein, Vater.«

»Sicher, nicht. Geld war noch nie dein Thema, was?« Er klang zerknirscht. Wir unterbrachen unseren Spaziergang, und er stellte mich stolz einem Aufseher und seiner Familie vor. Mein Vater legte großen Wert auf die Erwähnung des Victoria Cross. Die Familie des Vollzugsbeamten war direkt dankbar dafür, daß mein Vater sie zur Kenntnis genommen hatte. Geradeso, als gehöre er zum örtlichen Landadel und sie wären seine Pächter. Sie betonten, wie erfreut sie seien, mich kennengelernt zu haben.

»Anständige Menschen«, sagte mein Vater, als wir weiterschlenderten. Wir fanden zwei Liegestühle im Schatten einer prächtigen Eiche und setzten uns. »Und was hast du so gemacht, Nick?«

»Mich erholt, hauptsächlich.« Ich erzählte ihm von der *Sycorax*.

Er hielt es für einen herrlichen Spaß, daß ich bei George Cullen einen Unterschlupf gefunden hatte, und ich mußte ihm eine detaillierte Schilderung der Nacht geben, in der wir uns mit dem französischen Trawler getroffen hatten. »Ich hatte geglaubt, der alte Schurke würde schon vor Jahren sterben. Säuft wie ein Henker! Hat er dich für die Ausrüstung zur Kasse gebeten?«

»Er hat mir das Fell über die Ohren gezogen.«

»Nick, Nick!« Ich hatte meinen Vater enttäuscht, der feilschen konnte wie ein Basari. Nachdenklich runzelte er die Stirn. »Frag ihn doch mal nach Montagu Dawson.«

»Den Maler?« Ich war verdutzt, aber das war nichts Neues in der Gesellschaft meines Vaters. Ich erinnerte mich aber, daß zwei klassische Dawsons in seinem Londoner Büro gehangen hatten: beide zeigten Segelschiffe, die eine gischtgekrönte See durchschnitten.

»George hat ein paar Dawsons gekauft«, sagte mein Vater. »Sie waren natürlich so falsch wie das Friedensangebot einer Schlange, aber George fand in den Pubs von Barbican für gewöhnlich amerikanische Jachtsportler, denen er das Märchen auftischte, Dawson sei ein Freund seiner Familie gewesen.« Mein Vater lachte glucksend. »Die Bilder stammten alle von einem Burschen aus Okehampton. Von ihm ist auch der Matisse, auf den deine Mutter so stolz ist. Begabter Typ, aber ein Mistkünstler, fürchte ich. Wie auch immer, entscheidend ist, daß einer der gefälschten Dawsons in die falschen Hände geriet. Die Polizei wurde aufmerksam, und der Fall wurde nie ganz zu den Akten gelegt. Das ist für George selbstverständlich keine große Bedrohung, aber ich könnte mir denken, daß er nicht gern daran erinnert wird, besonders, wenn du andeutest, du könntest ein Briefchen an Scotland Yard schreiben. Ich nehme an, sie haben noch immer ihre Abteilung zur Bekämpfung von Kunstfälschung und Kunstraub? Ich weiß es zwar nicht sicher, glaube aber dennoch, daß George noch ein paar der gefälschten Dawsons zu Haus hängen hat. Bist du je bei ihm gewesen?«

»Nein.«

Mein Vater schüttelte sich. »Schauerliches Gemäuer. Plastikmöbel und Musicbox-Barschränke. Der alte Vogel ist reich wie Krösus, hat aber den Geschmack eines Kamels. Oh, guter Schlag!« Der Ball sprang über den Rasen auf uns zu. Ich stoppte ihn mit dem Fuß, und als ich mich bückte, um ihn aufzuheben, zuckte ich vor Schmerz zusammen. Ich warf ihn dem nächststehenden Feldspieler zu, und mein Vater betrachtete mich bekümmert. »Ist es schlimm, Nick?«

»Es ist schon in Ordnung. Ich kann mit einem Boot fertig werden.«

»Um die Welt?« fragte er zweifelnd.

»Um die Welt«, sagte ich trotzig.

Er schwieg eine gewisse Zeit. Sein Zigarrenrauch trieb hinauf in die Eichenzweige. Harry Abbotts Geschenk hatte ihn erfreut, und ich wünschte, ich hätte ihm auch etwas mitgebracht. Trotz der blauen Gefängniskleidung wirkte er sehr entspannt und zuversichtlich. Jetzt warf er mir einen seiner pfiffig-amüsierten Blicke zu. »Vor einer Woche oder so hat mich Harry Abbott besucht. Er hat mir ein paar Neuigkeiten über dich erzählt.«

Ich sah dem Cricketspiel zu und schwieg.

»Wieder in die Schlacht gezogen, Nick, was?«

»Harry sollte besser seinen Mund halten.«

»Du weißt, daß Kassouli dich mattsetzen wollte, oder?«

Einen Moment reagierte ich nicht, aber dann sah ich ihm in die Augen. »Was zum Teufel weißt du darüber, Dad?«

Er seufzte. »Nick! Tu mir doch einen winzigen Gefallen. Ich mag ja vielleicht nicht dazu fähig sein, ein kleines Boot durch einen Sturm zu segeln, aber ich weiß, worum es sich in dieser verderbten Welt dreht. Ich hatte einmal geschäftlich mit Kassouli zu tun. Er ist ein harter Brocken. Hat immer noch den Geruch der Souks an sich, trotz seiner Bostoner Frau und der Anzüge aus der Savile Row.«

»Mich mattsetzen?«

Er zog an seiner Zigarre. »Erzähl mir davon, Nick.«

»Ich dachte, du wärst bereits über alles informiert«, zeigte ich mich störrisch.

»Erzähl es mir, Nick«, bat er freundlich. »Bitte.«

Also erzählte ich es ihm. Ich hatte nicht vorgehabt, von Angela zu berichten, tat es schließlich aber doch, weil ich einfach mit jemandem darüber sprechen mußte. Sie fehlte mir schrecklich. Ich hielt mir vor, daß sie nichts für mich war, daß sie zu urban und ehrgeizig, zu elegant und kompliziert war, konnte mich aber nicht davon überzeugen, daß ich ohne sie besser dran war. Ich sehnte mich nach ihr, und so berichtete ich meinem Vater von den Besuchen in London, den Nächten in ihrem kleinen Schlafzimmer, dem Wochenende in Norfolk und dann von den neuesten Nachrichten über ihre Verlobung und baldige Heirat. Das Datum war von den Zeitungen veröffentlicht worden. Angela würde Bannister in der nächsten Woche in der Englischen Kirche in Paris heiraten.

Ich erzählte meinem Vater noch mehr. Ich erzählte ihm von Mulder und Jill-Beth, Bannister und Kassouli. Er hörte schweigend zu. Er war mit seiner Zigarre zu Ende, warf sie fort, und ihr Stummel qualmte im Gras wie das herabgefallene Fragment eines Schrapnells. Er rieb sich das Gesicht. »Diese Miss Kirov... Du sagtest, sie hätte dich in Angelas Wohnung angerufen?«

»Ja.«

»Warum sollte sie das tun?«

»Weil sie sich mit mir in Verbindung setzen wollte natürlich.«

Er schüttelte den Kopf. »Offenbar wollte sie doch, daß du Kassoulis Mann in Bannisters Crew wirst, stimmt's? Und dazu ist es doch nötig, daß Bannister keine Ahnung davon hat, daß du Kassoulis Interessen vertrittst. Also warum riskierte sie dann, Bannister zu alarmieren, indem sie eine Nachricht auf dem Anrufbeantworter seiner Freundin hinterläßt? Darauf gibt es nur eine Antwort, Nick. Sie wollte, daß Bannister erfuhr, welches Spiel du spielst. Und sie haben dich so richtig ins Rampenlicht gerückt, nicht? Dieses Mädchen sorgt dafür, daß du sie vor Mulder rettest, sie schickt dir ein Ticket für die Vereinigten Staaten und sie hinterläßt ihre Fingerabdrücke auf Angelas Anrufbeantworter. Warum?«

Lästerlicher Jubel erscholl, als ein Schlagmann der Gefängnismannschaft einen Lauf schaffte. Der Gefangenenmannschaft fehlten 53 Läufe zum Gewinn, und sie hatte noch acht Schlagleute übrig. »Und irgend jemand hat Mulder auch ein Foto von mir geschickt«, sagte ich langsam. Es war wie der Moment, in dem ein furchtbarer Sturm abebbt, wenn sich die Wolken teilen, die Sonne eine erregte, aber sich doch langsam beruhigende See bescheint – die Schäden des Sturmes wurden endlich sichtbar. Ich verstand die Worte meines Vaters und kam mir dumm vor. »Es ist in Kassoulis Haus auf Cape Cod aufgenommen worden. Er hat den Absender nicht genannt.«

Mein Vater schenkte mir einen mitleidigen Blick. »Es war diese Miss Kirov. Oder Kassouli. Sie wollten, daß Bannister erfuhr, daß du mit ihnen unter einer Decke steckst. Und was meinst du, wer diesem Mulder gesagt hat, wo du und Jill-Beth in Dartmoor zu finden waren?«

»Sie hat es getan?« Ich fragte es zögernd, wollte es einfach nicht glauben.

»Selbstverständlich! Sie wollten Bannister in Sicherheit wiegen. Sie wollten, daß Bannister glaubte, er habe die Fliege in seinem Kakao gefunden, nämlich dich. Sie haben dich als Bedrohung Bannisters aufgebaut. Du warst bequemerweise zur Hand, Nick. Also haben sie mit einem verdammt dicken Finger auf dich gezeigt und unternahmen ein paar sehr ungeschickte Sabotageversuche, aber immer nur dann, wenn du in der Nähe warst. Und während dieser ganzen Zeit hielt sich der wirkliche Schurke sehr bedeckt.«

»Mulder.« Es war offensichtlich.

»Alle neune! Wie hat Bannister Mulder kennengelernt?«

»Seine Frau hat ihn entdeckt.«

»Wer hat das Tonband genommen?«

»Mulder.«

»Das war natürlich ein glücklicher Zufall«, sagte mein Vater. »Vermutlich hatte er eine Kamera dabei und wollte diese Miss Kirov und dich beim Rendezvous fotografieren. Aber statt dessen trifft er auf deinen Freund mit seinem Aufnahmegerät und schlägt ihn zusammen. Für wen, mein lieber Nick, arbeitet Mulder also? Was meinst du?«

»Kassouli.« Ich hockte auf meinem Liegestuhl und kam mir ziemlich dämlich vor. »Und Mulder hat mich zusammengeschlagen, weil er seine Loyalität gegenüber Bannister beweisen mußte?«

»Das würde ich annehmen. Du nicht?«

»Aber die Gerüchte besagen, daß Mulder bei dem Mord an Nadeschna Bannister mitgeholfen hat!«

»Wer verbreitet diese Gerüchte?« wollte mein Vater geduldig wissen.

»Kassouli?«

»Und wer hat Kassouli davon überzeugt, daß seine Tochter ermordet worden ist?« fragte sich mein Vater und gab sich dann gleich die Antwort: »Mulder. Und warum? Weil sich die Dankbarkeit eines reichen Mannes stets auszahlt. In dem Moment, als Kassouli dir vierhundert Riesen angeboten hatte, witterte ich Unrat! Die augenblickliche Prämie für einen Auftragsmord kann nicht über zwanzigtausend liegen, aber Menschen wie du meinen immer, daß eine große Summe nur die Ernsthaftigkeit einer Angelegenheit bestätigt.«

»Aber Jill-Beth hat es mitgebracht«, protestierte ich. »Ich habe es gesehen. Es waren hunderttausend Dollar.«

»Die Mulder dir wieder abgenommen hätte – als Beweis dafür, daß du Bannister verraten hattest.« Die Stimme meines Vaters klang freundlich. »Was meinst du, warum er dir in jener Nacht gefolgt ist? Vermutlich hatte er angenommen, du hättest die hundert Riesen auf der *Sycorax.* Mein lieber Nick, sie haben dich sauber auseinandergenommen. Vielleicht hat Kassouli anfangs gehofft, du könntest als Unterstützung für Mulder eingesetzt werden. Deshalb könnte er dich in Amerika so hofiert haben. Aber nachdem er feststellen mußte, du würdest darauf beharren, lästig zu fallen und ehrenhaft zu bleiben, hat er dich wie eine Marionette tanzen lassen, um Bannister abzulenken.« Er sah mich an. »Mach dir keine Vorwürfe, Nick. Kassouli hat schon um höhere Einsätze als den hier gespielt – und das gegen die schleimigsten Gestalten, die der Kapitalismus hervorgebracht hat. Du darfst dir keine Vorwürfe machen, nur weil du von einem der Besten geschlagen worden bist.«

Aber ich machte mir Vorwürfe. Ich war nie sehr

schlau gewesen, nie so schlau wie mein Vater, mein Bruder und meine Schwester. Während unserer Kindheit hatten sie stets miteinander gewetteifert, die Wortgefechte zu gewinnen, während ich hilflos und schweigend daneben gesessen hatte. Mir fehlte die nötige Portion Cleverness. Nur ein verdammter Esel hätte direkt über diesen verdammten Hügel hinweg angegriffen, während eine ganze Kompanie darum bemüht war, von der Flanke her vorzugehen. Aber immerhin hatte ich der Kompanie etliche Verluste erspart. »Verdammt«, sagte ich jetzt. Mein Vater antwortete nicht, und ich versuchte einen letzten und verzweifelten Einspruch. »Aber Kassouli weiß doch noch nicht einmal sicher, ob seine Tochter ermordet worden ist.«

»Vielleicht doch. Vielleicht hat ihm Mulder Beweise geliefert. Vielleicht hat Mulder Bannister erpreßt und bekommt noch mehr Geld von Kassouli. Wie auch immer...« – mein Vater hob die Schultern – »... Yassir Kassouli wird seine Rache bekommen. Du kannst dich von Bannister verabschieden.«

»Auf See«, sagte ich bitter.

»Weit weg von jeder Rechtsprechung«, stimmte mein Vater zu. »Es wird keine lästige Leiche geben, keine Polizeispürhunde, keine Spezialisten der Forensik, keine Mordwaffe, keine Zeugen, die nicht Kassoulis Leute wären. Nichts.«

»Aber ich weiß Bescheid«, sagte ich trotzig.

»Und wer würde dir glauben? Und falls du irgendeinen Wirbel veranstaltest, Nick – was meinst du, wie lange sich Kassouli das gefallen lassen würde?« Er berührte meinen Arm. »Nein, Nick. Soweit es dich betrifft, ist die Sache beendet.«

Ich starrte auf das Cricketfeld und schwieg. Also

war alles in der Nacht, als Jill-Beth geschrien und ich angenommen hatte, Mulder wolle sie vergewaltigen, ein perfekt ausgeklügelter Plan gewesen, um mir eine Falle zu stellen? Und ich, der ich so sehr an die Ehrenhaftigkeit glaubte, war darauf hereingefallen. Ich fluchte leise vor mich hin. Ich wußte, daß mein Vater recht hatte. Er war schon immer sehr gut darin gewesen, die Dinge erklären zu können. Die Wahrheit hatte offen vor mir gelegen, aber ich hatte mich als blind erwiesen. Nach den Veröffentlichungen in den Jacht-Magazinen würde Fanny Mulder der Navigator auf Bannisters Boot sein. Bannister selbst wollte als Skipper fungieren, aber Mulder wäre der Taktiker und Navigator der *Wildtrack.* Von Kassoulis Standpunkt aus war das perfekt, aber so war es von Anfang an auch geplant gewesen – perfekt.

»Wann fährt dein Bus?« wollte mein Vater wissen.

»Um fünf.«

Wir schlenderten langsam weiter an der Spielfeldgrenze entlang. »Die Welt ist ziemlich hart«, sagte mein Vater leise. »Sie wird nicht von Aufrichtigkeit, Gerechtigkeit und Liebe regiert. Das ist nur eine Idee, die die Herrschenden den Menschen vorgaukeln, um sie ruhig zu halten. Die Welt wird von überaus rücksichtslosen Menschen geleitet, die wissen, daß der Kuchen sehr klein ist und die Zahl der hungrigen Mäuler immer größer wird. Wenn du die Revolution verhindern willst, dann mußt du diese Mäuler stopfen, und das geschieht auf sehr grobe Art mit dem Kuchen. In Kassoulis Fall heißt der Kuchen Arbeitsplätze und Investitionen.«

»Und Bannister?«

»Er hat die falsche Frau geheiratet und auf leichtfertige Weise verloren. Im geringsten Fall wird er wegen Fahrlässigkeit geopfert. Findest du das ungerecht?«

»Natürlich ist das unfair.«

»Guter alter Nick.« Er legte mir einen Moment lang eine Hand auf die Schulter. »Hast du deine Geschwister in der letzten Zeit gesehen?«

»Nein.«

Er lächelte. »Das kann ich dir nicht verdenken. Sie sind nicht besonders liebenswert, was? Ich habe ihnen das Leben zu leicht gemacht.«

»Du hast auch mir das Leben zu leicht gemacht.«

»Aber du bist anders, Nick. Du hast all die Phrasen geglaubt, die sie dir bei den Pfadfindern beigebracht haben, nicht? Du glaubst vermutlich immer noch daran.« Das sagte er fast zärtlich. »Also, mein Lieblingssohn, was willst du im Hinblick auf Angela unternehmen?«

»Da kann ich nichts tun. Sie heiraten am Montag.«

»Da kann man eine ganze Menge tun«, erklärte mein Vater energisch. »Ich würde damit beginnen, daß ich jede teure Orchidee in Paris aufkaufe, sie alle mit kostbarem Parfum tränke und sie ihr zu Füßen lege. Wie alle schönen Frauen ist sie für Eroberung. Also erobere sie.«

»Ich habe die *Sycorax.* Ich werde nach Süden segeln.«

Er zuckte mit den Schultern. »Wird Angela am St. Pierre-Rennen teilnehmen?«

Ich schüttelte den Kopf. »Sie wird seekrank.«

»Ich an deiner Stelle würde warten, bis sie eine reiche Witwe ist, was nicht mehr lange dauern kann, und sie dann heiraten.« Er meinte das ganz ernst.

Ich lachte. Das war Tommy Sandman in Reinkultur.

»Warum denn nicht?« fragte er pikiert.

»Ich segele nach Süden«, erklärte ich stur. »Ich möchte nach Neuseeland.«

»Und was ist mit Piers und Amanda?«

Wir waren am Gefängnisausgang angekommen. Es gab keine Wachen, nicht einmal ein verschlossenes Tor, sondern nur eine lange Auffahrt, die sich zwischen Erbsenfeldern erstreckte. »Ich werde zurückfliegen, um sie zu besuchen«, sagte ich.

»Das kostet Geld, Nick.«

Ich streckte meine Hände vor, die wieder Schwielen von guter, handfester Arbeit trugen. »Ich kann mir meinen Lebensunterhalt verdienen.«

»Ich habe ein bißchen Bares. Die Hunde haben mir nicht alles nehmen können.«

»Das hätte ich auch nie für möglich gehalten.«

»Falls du jemals in Schwierigkeiten kommst, Nick . . .«

»Nein«, sagte ich zu hastig. »In den letzten Monaten habe ich zumindest eins gelernt: mir meinen Weg durchs Leben selbst zu bezahlen.«

»Das ist ein Fehler.« Er lächelte. »Wenn ich den günstigsten Straferlaß bekomme, werde ich in einem Jahr draußen sein. Wirst du mich wissen lassen, wo du bist?«

»Selbstverständlich.«

»Vielleicht komme ich dich dann besuchen. Wir könnten zusammen warme Gewässer durchsegeln.«

»Das könnte mir gefallen.« Ich sah den Bus die lange Auffahrt heraufkommen. Staub verteilte sich von seinen Reifen auf die Erbsenstauden. Ich kramte in meiner Tasche und holte das flache Etui heraus. »Ich habe mir gedacht, daß du das vielleicht für mich aufleben möchtest«, sagte ich unbeholfen. Ich redete mir ein, daß die Geste spontan war, wußte aber, daß das nicht stimmte.

Immerhin hatte ich mir die Mühe gemacht, das Etui mitzubringen. Ich hatte meinem Vater vielleicht keine Zigarren oder Wein mitgebracht, aber dafür den einen Gegenstand, von dem ich wußte, daß er ihm die größte Freude machen würde.

Er öffnete es, und ich sah, daß ihm Tränen in die Augen stiegen. Er hielt meinen Orden in der Hand. Er strich das burgunderrote Band glatt. »Bist du sicher?«

»Ich könnte ihn verlieren.« Ich bemühte mich, jede Gefühlsregung zu vermeiden. »Auf kleinen Booten gehen schnell Dinge verloren.«

»Das kommt vor, ja.«

»Paß für mich auf ihn auf, ja?« sagte ich und versuchte, es wie eine beiläufige Bemerkung klingen zu lassen.

»Das werde ich tun.« Er drehte das Kreuz um und sah, daß mein Name in die stumpfe Bronze graviert war. »Ich werde ihn in den Safe des Gefängnisdirektors legen.«

»Die Bronze soll angeblich von den russischen Kanonen stammen, die wir in Sewastopol erbeutet haben«, sagte ich.

»Ich glaube, ich habe mal so etwas Ähnliches gelesen.« Er zwinkerte die Tränen fort und steckte den Orden in seine Tasche. Der Bus fuhr einen weiten Kreis vor dem Gefängniseingang, hielt an und entließ eine dicke Dieselwolke.

»Bis bald, Dad.«

»Gut, Nick.«

Da war ein kurzes Zögern, und dann umarmten wir uns. Ich kam mir linkisch und dumm vor. Ich ging zum Bus, bezahlte mein Fahrgeld und setzte mich auf einen der hinteren Sitze. Mein Vater stand neben dem Fenster. Noch ein paar zurückkehrende Besucher stiegen ein, dann schloß sich die Tür zischend und der Bus ruckte an. Mein Vater lief ein paar Schritte mit. »Nick!« Ich konnte ihn wegen der Fahrgeräusche kaum verstehen. »Nick! Paris! Orchideen! Düfte! Verführung! Wer wagt, gewinnt!«

Der Bus fuhr schneller. Er winkte. Das Getriebe mahlte, als der Bus schneller wurde, und dann hatte ich ihn in einer Staubwolke verloren.

Der Pflicht war Genüge getan.

Ich bestand auf zwei Bilgenpumpen, beide manuell zu bedienen. Die eine war vom Cockpit aus zu handhaben, die andere aus der Kabine. George brummte, stellte sie mir dann aber zur Verfügung. »Tommy hätte dir nichts von den Dawsons erzählen sollen«, murrte er.

Ich fragte mich, warum ihn ein so geringfügiges Vergehen belastete, aber später stellte ich fest, daß die Londoner Polizei tatsächlich noch immer nach dem Fälscher fahndete. Die örtliche Polizei hätte George nicht gefürchtet, denn mit der kam er klar, aber er hatte vor London Manschetten.

Ein Brief aus London für mich lag auf Ritas Schreibtisch. Ich riß ihn begierig in der kleinen Hoffnung auf, er könne von Angela sein. Aber die war selbstverständlich in Paris. Der Brief kam von Micky Harding. Er war auf dem Weg der Besserung. Er entschuldigte sich, die Sache verpatzt zu haben. Es tat ihm leid, daß die Story geplatzt war. Es gab keinerlei Beweise mehr, um die Berichterstattung zu stützen, und eine solche Geschichte konnte ohne Untermauerung nicht laufen. Er habe das Gerücht eines möglichen Kassouli-Rückzugs einem Kollegen, einem Wirtschaftsjournalisten, erzählt, aber ich hätte vielleicht gelesen, was aus der Veröffentlichung geworden war, wie sie nach Kassoulis Dementi im Sande verlaufen sei. Falls ich irgendwann nach London käme, solle ich ihn anrufen. Ich schulde ihm ein oder zwei Pints.

Am Dienstag brachte *The Times* ein Foto von Bannisters Pariser Hochzeit. Die Braut trug lichtgraue Seide und Blüten im Haar. Ihr Vater, der Baptistenpfarrer, hatte den Segen über das glückliche Paar gesprochen. Angela lächelte. Ich schnitt das Bild aus, behielt es für etwa eine Stunde, zerriß es dann und warf es in das Dock.

Die nächsten Tage verbrachte ich damit, die *Sycorax* fertigzustellen. Ich installierte zusätzliche Wassertanks, zwei Kojenmatratzen und elektrisches Kabinenlicht. George organisierte mir ein Kurzwellenradio, das ich im Regal über der Backbordkoje unterbrachte. Ich schraubte ein Barometer an das Schott über dem Kartentisch und kaufte aus zweiter Hand ein Chronometer, das ich daneben anbrachte. Ich begann damit, Ersatzgegenstände in den Spinden zu verstauen und machte mir die Mühe, eine Flagge der britischen Handelsmarine zu erstehen, die meinen Jackstag auf fernen Meeren schmücken sollte. Ich fand einen alten Feststoffofen, mit dem ich die Kabine beheizen konnte. Es hatte einmal eine Zeit gegeben, in der jede Jacht damit ausgestattet gewesen war, und ich installierte das gußeiserne Monstrum mit besonderer Genugtuung. Den Schornstein dichtete ich im strömenden Regen. Das heiße Wetter war vorüber. Tiefdruckgebiete brachten Wind und kalte Luft, die den Kanal unruhig machten und einen sprunghaften Wind im nördlichen Atlantik versprachen.

Die ersten hoffnungsfrohen Segler verließen Cherbourg, um die atlantischen Stürme zu nutzen. Eine italienische Crew ging als erste an den Start und kam erstaunlich schnell zu den Grand Banks. Aber irgendwo östlich von Cape Race wurden sie von einer Welle überrollt und verloren den Mast. Zwei französische Boote folgten. Ich las, daß Bannister seine Flitterwochen in Cherbourg verbrachte, während er auf noch stärkere Winde wartete.

Es war das falsche Wetter für das Einpendeln eines Kompasses, denn das verlangte eine glatte See, damit die feinabgestimmten Messungen nicht verwakkelten, aber ich nutzte einen trüben, regnerischen Tag, um zwischen sorgfältig gesetzten Bojen und Markierungen im Plymouth Sound zu segeln. Ich hatte die Kompasse grob mit winzigen Magneten kompensiert, die die Anziehungskraft des Metalls in Motor und Ofen neutralisierten, aber ich mußte dennoch wissen, welche anderen Fehler die Nadeln enthielten. Also lenkte ich die *Sycorax* nach Norden, Süden, Westen, Osten sowie auf Zwischenkurse und notierte bei jeder Wende sorgsam die Veränderung des Kompasses. Manche Veränderungen waren groß genug, um mich zu Manipulationen mit den winzigen Magneten zu veranlassen, was bedeutete, daß jeder Kurs noch einmal abgefahren werden mußte, aber gegen Sonnenuntergang war die Arbeit getan, und ich befestigte eine folienüberzogene Korrekturtafel über meinem Navigationstisch. An diesem Abend ging ich mit meiner Schmutzwäsche in einen Waschsalon, wo ich darüber nachdachte, daß ich meine nächste Wäsche mit ein wenig Glück an Bord waschen würde, wozu ich einen Müllsack benutzen würde, gefüllt mit zwei Litern Wasser und Waschpulver. Das funktioniert ebenso gut wie jede Waschmaschine.

Am nächsten Tag fuhr ich nach London und ging mit den Kindern in den Holland Park, wo ich mit ihnen Verstecken zwischen den nassen Büschen spielte. Danach bestand ich darauf, Melissa sprechen zu können. »Sie werden Bannister umbringen«, sagte ich ihr.

»Ich bin überzeugt davon, daß das nicht stimmt, Nick.«

»Er würde nicht auf mich hören«, sagte ich.

»Das ist wohl kaum überraschend. Ich meine, du hast ihm schließlich den Krieg erklärt! Bist du sicher, daß du dich von den Falklands erholt hast? Man liest immer wieder diese weitschweifigen Geschichten von Vietnam-Veteranen, die absolut normal erscheinen, bis sie dann in irgendeinem gutbesuchten Supermarkt das Feuer eröffnen. Ich kann nur hoffen, daß du nicht in der Tiefkühlabteilung Amok läufst, Nick. Es wäre ganz schön hart für Mands und Pip, einen Massenmörder zum Vater zu haben.«

»Das wäre es«, stimmte ich zu. »Aber würdest du Bannister anrufen? Auf dich wird er hören. Sag ihm, daß er Mulder nicht trauen darf. Du mußt ihn einfach davon überzeugen. Ich habe ihm geschrieben aber...« Ich hob die Schultern. Ich hatte mein Versprechen, das ich Abbott gegeben hatte, gebrochen. Ich hatte an Bannisters Haus, an seine Produktionsgesellschaft, an das Haus in Richmond und an die Studios geschrieben. Ich hatte ihm geschrieben, weil es keinen Beweis dafür gab, daß er eines Verbrechens schuldig war, für das er bestraft werden sollte. Zweifellos waren meine Briefe da gelandet, wo auch die anderen Briefe von Spinnern hinkamen, die ein Mann wie Bannister nun einmal anzog.

Melissa fuhr mit dem Finger um den Rand ihres

Weinglases. »Tony würde nicht mehr auf mich hören, Nick. Er hat diese schreckliche Fernsehfigur geheiratet. Sie hat tatsächlich gut für sich gesorgt, nicht? Und ich bin überzeugt davon, daß Tony in diesem Nachhochzeitswahn steckt. Du weißt, wenn man schwört, dem anderen nie im Leben untreu zu werden.« Sie lachte.

»Ich meine es ernst, Melissa.«

»Davon bin ich überzeugt, Nicholas. Aber falls du glauben solltest, ich würde mich zum Narren machen und Tony davon abraten, sein kleines Bootsrennen zu machen, dann irrst du dich. Er würde mir ja sowieso nicht glauben! Fanny Mulder mag nicht gerade der Typ nach jedermanns Geschmack sein, aber Tony gegenüber ist er absolut loyal.« Ich erzählte Melissa alles, einschließlich meiner neuen Gewißheit, daß Mulder Kassoulis Mann war und die *Wildtrack* in den Tod navigieren würde.

»Ruf ihn an!« drängte ich.

»Sei nicht so widerlich, Nick.«

»Um Himmels willen, Melissa!« Ich schloß einen Moment lang die Augen. »Ich bin nicht verrückt, Melissa. Ich habe kein Kriegstrauma und leide nicht unter Alpträumen. Ich kann Bannister noch nicht einmal leiden. Würdest du mir glauben, meine Liebe, wenn ich dir sagen würde, daß es mir großartig passen könnte, wenn er ins Gras bisse? Aber ich kann die Vorstellung von Mord nun einmal nicht ertragen. Sie verursacht mir Bauchschmerzen. Besonders, wenn ich die Möglichkeit habe, ihn zu verhindern.« Ich schüttelte den Kopf. »Ich bin nicht edel, ich bin nicht ehrenhaft, ich möchte nur nachts ruhig schlafen können.«

»Ich hasse es, wenn du deine Galahad-Allüren bekommst. Ich erinnere mich daran, wie elend mich das immer während unserer Ehe gemacht hat.«

»Also rufe ihn an«, bedrängte ich sie. »Du kannst doch herausfinden, in welchem Hotel er wohnt, nicht wahr?«

Sie zündete sich eine Zigarette an. »Seine Sekretärin würde es mir vielleicht sagen«, räumte sie vorsichtig ein.

»Dann rufe ihn an und sage ihm meinetwegen, deiner Meinung nach wäre das alles barer Unsinn, aber erzähle es ihm. Du kannst mich vorführen, wenn du willst. Sag, ich wäre durchgedreht. Aber sag, du hättest versprochen, die Nachricht weiterzugeben. Und die Nachricht ist die, daß Mulder Kassoulis Mann ist und es immer war.«

»Ich werde mich nicht mit diesem TV-Parvenu unterhalten.«

»Willst du, daß Bannister stirbt?«

Sie musterte mich von Kopf bis Fuß, bemerkte meine schmutzigen Hosen, das zerknitterte Hemd. »Du bist ungeheuer theatralisch, Nick.«

»Ich weiß. Aber bitte, meine Liebe, bitte.«

Sie zögerte, entschied sich dann aber für die Sicherheit. »Ich werde mich doch nicht zum Narren machen . . .«

»Willst du, daß ich Hon-John von dir und Bannister erzähle?«

»Nick!«

»Ich werde es tun!«

Sie dachte ein paar Augenblicke nach. »Wenn du diese überaus unfeine Drohung zurücknimmst«, sagte sie spitz, »dann werde ich überlegen, ob ich Tony für dich anrufe. Aber ich verspreche es dir nicht.« Sie runzelte die Stirn. »Andererseits wäre es doch durchaus angebracht, ihm zur Hochzeit zu gratulieren, nicht? Selbst wenn es diese vulgäre kleine Goldschürferin ist, die er zum Altar geführt hat.«

Ich wußte, daß ich mehr bei ihr nicht erreichen würde. »Ich ziehe die Drohung zurück«, sagte ich. »Und entschuldige mich dafür, sie geäußert zu haben.«

»Vielen Dank, Nick. Und ich verspreche, daß ich ein Gespräch mit Tony in Betracht ziehen werde.« Sie schien zufrieden mit ihrem taktischen Sieg zu sein. »Und was wirst du jetzt tun?«

»Ich habe einen Job«, sagte ich. »Ich arbeite in der Bootsbranche.« Ich hatte keineswegs die Absicht, Melissa zu erzählen, daß ich England verlassen würde. Wenn ich das täte, würden ihre Anwälte sehr bald mein Heck belagern wie Haie, die Blut gerochen haben. Ich stilisierte meine Gelegenheitsarbeit für George Cullen zu einer Tätigkeit als eine Art von Schiffsmakler hoch, was sie einigermaßen erfreute.

»Also segelst du nicht in den Sonnenuntergang?«

»Nein«, erwiderte ich. »Ich bin nicht sicher, daß ich körperlich dazu in der Lage bin, weißt du.«

»Sehr vernünftig. Also hast du jetzt eine anständige Adresse?«

Ich erfand eine Adresse in Plymouth, was sie zufriedenstellte. Wenn sie herausfand, daß es die Institute Road Nummer 17b nicht gab, wäre ich längst auf und davon. Ich rechnete damit, in drei oder vier Tagen mit allem fertig zu sein. Dann würde ich meine Leinen kappen und ausfahren – vorbei an Drake Island, vorbei an den Wellenbrechern und dann in die Western Approaches. Ich würde an Ushant an der französischen Küste vorbeikommen und dann in die großartige Leere segeln.

Ich rang Melissa noch einmal das Versprechen ab, daß sie Bannister anrufen, oder wenigstens über einen Anruf nachdenken würde. Dann nahm ich den Bus zurück nach Plymouth. Busse waren billiger als Züge, und ich hatte keine Angela mehr, die mich zu schnellen, aber auch sehr kostspieligen Reisen verführte. Ein weiterer Bus brachte mich zu Georges Bootswerft.

George spähte von oben auf die *Sycorax*. Seine Arbeiter hatten längst Feierabend gemacht. Ich sah, daß er das Fischerboot wieder vor der *Sycorax* vertäut hatte. »Du fährst doch noch nicht am Wochenende ab, oder?« fragte er mich.

»Montag oder Dienstag.«

»Es wird schön sein, das Dock wieder frei zu haben«, sagte er, als stünden die Jachten Schlange, um endlich von seinen fachkundigen Händen bedient und versorgt werden zu können. »Also hast du alles, was du brauchst, Nick?«

»Ich brauche noch immer Fender, eine Dan-Boje, einen Jackstag, ein schönes Beiboot . . .« – mein altes Dingi war immer noch vor Bannisters Haus und irgendwie hatte ich das Gefühl, ich würde es nicht wiedersehen – »Treibstoffilter, einen Radarreflektor, Segelnadeln, Flaggen, ein paar Extra-Laufräder, Medikamente . . .«

»In Ordnung.« Er prüfte den Stand der Flut. »Ich gehe nach Hause. Kümmere dich um die Werft.«

Es begann zu regnen. Ich ging in die Kabine der *Sycorax* und bereitete mir eine Tasse Tee zu. Ich schraubte eine gerahmte Fotografie von Piers und Amanda über den Navigationstisch und versuchte nicht daran zu denken, wie viele Monate es dauern würde, bis ich sie wiedersah. Statt dessen fragte ich mich, ob Melissa Bannister anrief und kam zu dem Schluß, daß sie es wohl nicht tun würde.

Aber ich hatte immerhin alles getan, was in meiner Macht stand, um sein Leben zu retten. Alles, bis auf eine Fahrt nach Frankreich, um ihm direkt gegenüberzutreten. Aber eine Konfrontation wäre nicht so günstig gewesen, weil mir Bannister zweifellos nicht glauben würde. Ebenso zweifellos würde er Melissa nicht glauben, aber ich hatte es versucht. Kassouli würde gewinnen.

Ich sagte mir, daß es anständig von mir war, den Versuch zu machen, Bannister zu retten. Melissa hatte mich nach dem Grund gefragt, und ich hatte ihr Ehrlichkeit und Gerechtigkeit genannt; sie hatte das geglaubt, weil sie wußte, wie wichtig diese Dinge für mich waren. Aber die echte Wahrheit war sowohl einfacher als auch weniger edel. Die echte Wahrheit war, daß es mir herzlich wenig ausmachte, ob Bannister starb oder nicht, ob er eine Strafe für den Tod seiner Frau verdiente. Die Wahrheit, wie unehrenhaft das auch sein mochte, bestand darin, daß ich mich um Bannister nur deshalb so sorgte, weil es meine einzige Möglichkeit war, mit Angela in Verbindung zu bleiben.

Ich hatte das alles für Angela getan. Jeder Versuch, Bannister zu erreichen, war auch ein Weg gewesen, Angela daran zu erinnern, daß es mich gab und daß ich sie liebte. Jeder ethisch anspruchsvolle Versuch, sein Leben zu retten, war nichts weiter als eine pathetische Demonstration meiner Liebe. Deshalb hatte ich mich so bemüht. Es war wenig subtil und entwürdigend, aber auch unwiderstehlich, denn Angela hatte sich in meiner Sehnsucht eingenistet. Ein Leben ohne sie erschien mir nichtssagend.

Ich mußte auf See. Ich brauchte den Wind und die Wellen, um wieder klarzukommen. Ich trank meinen Tee und schrieb auf, was ich noch brauchte. Ich begann auch mit einer Liste von leichtverderblichen Nahrungsmitteln: den letzten Dingen, die ich kaufen würde, bevor ich mit der *Sycorax* zum Ende der Welt aufbrechen würde.

Durch den Regen hörte ich, daß in Georges verschlossenem Büro das Telephon zu läuten begann. Ich konnte mich nicht auf meine Nahrungsmittelliste konzentrieren und heizte statt dessen meine Vorfreude an, indem ich eine Karte von den Azoren ausbreitete. Zu dem Zeitpunkt, an dem ich Horta erreichen würde, ginge die Saison zu Ende. Und das war gut, weil dann die Liegeplätze billiger wären. Ich könnte neue Nahrungsmittel an Bord nehmen und Freundschaften im Café Sport auffrischen. Ich lächelte unwillkürlich bei dieser Vorstellung und merkte dann, daß das Telephon noch immer klingelte. Und klingelte. Und klingelte.

Ich stieß mir das Knie, als ich von der *Sycorax* auf den Kai kletterte. Die rundlichen Steine waren naß und schlüpfrig, warfen mich immer wieder zurück, aber ich ergriff eine der Leinen der *Sycorax* und zog mich mit ihrer Hilfe nach oben. Mein Knie schmerzte dumpf und mein Rücken tat weh, als ich quer über das Werftgelände hinkte. Der Regen war heftiger geworden, die Tropfen sprangen in feinem Nebel von den Kopfsteinen hoch. Das Telephon, gedämpft durch das Fenster und das Regenrauschen, klingelte immer noch.

Ich trat in eine Pfütze. Ich hatte zwar die Schlüssel zum Haupteingang der Werft, aber die Schlüssel zum

Büro vertraute mir George nicht an, damit ich keine Telefonanrufe führte, die er nicht registrieren konnte. Ich zog am Türknauf, aber er hatte nicht vergessen, sie abzuschließen. Ich fluchte. Das Telefon klingelte immer noch.

Ich sagte mir, daß es wahrscheinlich nur ein Kunde war, der sich nach einem von Georges unendlich verschleppten Aufträgen erkundigen wollte. Aber es wäre schon ein verdammt sturer Kunde, wenn er zu dieser Tageszeit anrief. Ich fand einen herumliegenden Pfosten und hob ihn hoch, um mit seiner Hilfe die Glasscheibe der Tür einzuschlagen. Ich griff durch das Loch nach dem Schnäpper. Jetzt, da ich im Gebäude war, klingelte das Telefon lauter.

Ich hinkte die Treppe hinauf und dankte der Vorsehung, daß George keine Alarmanlage besaß. Ich wußte, daß das Klingeln aufhören würde, bevor ich den Apparat erreicht hatte. Ich zerschlug das Glas in der Tür zu Ritas Büro und hastete über den abgewetzten Teppich quer durch den Raum. Ich stolperte und im Fallen ergriff meine rechte Hand das altmodische Kabel, und der altertümliche Bakelitapparat glitt vom Schreibtisch. Sein Gehäuse zerbrach auf dem Fußboden. Ich fingerte nach dem heruntergefallenen Hörer und flehte, daß ich die Verbindung nicht unterbrochen hatte. »Hallo?«

Schweigen. Bis auf das entfernte und hallende Zischen, das mir zeigte, daß die Leitung nicht tot war. Ich richtete den zerbrochenen Apparat auf dem Teppich und drehte mich so herum, daß mein Rücken an Ritas Schreibtisch lehnte. »Hallo?«

»Nick?« Die Stimme war sehr dünn und ungewöhnlich schüchtern.

»O Gott!« Ich spürte Tränen in meinen Augen. Und dann begann ich tatsächlich und unsinnigerweise vor Erleichterung zu heulen. »Angela?«

»Nick?«

»Ich weine«, sagte ich.

»Ich auch«, meinte sie, »um Tony.«

Ich schloß die Augen. »Wo bist du?« fragte ich.

»In Cherbourg. Melissa hat angerufen.«

Ich sprach ein kleines Dankgebet für Melissas mitfühlende und treusorgende Seele. »Ich habe sie gebeten, das zu tun.«

»Ich weiß. Ich habe keine Ahnung, was ich machen soll, Nick.«

»Halte Tony davon ab, an den Start zu gehen.«

»Er ist schon fort. Sie sind mit der Nachmittagsebbe ausgelaufen.«

»O Gott.«

»Kurz danach hat Melissa angerufen. Und dann habe ich mit diesem Journalisten geredet, von dem du gesprochen hattest. Und er betonte, du hättest die Wahrheit gesagt. Ich hätte dir vorher glauben sollen, Nick, aber . . .«

»Das macht nichts.« Ich blickte zu dem Kalender, den Rita an die Wand gehängt hatte. Zu dem Kalender, auf dem sich drei Kätzchen in eine rosafarbene Decke kuschelten und ziemlich unlogisch für eine Firma warben, die Hochfrequenzgeräte lieferte. »Du mußt ihn über Funk anrufen«, sagte ich. »Nimm dir ein Taxi zur Chantereyne Marina. Geh da ins Büro . . .«

»Ich habe bereits versucht, mit ihm über Radiotelefon zu sprechen. Es war sinnlos. Er meint, ich sei hysterisch. Er meint, das seien die Nerven einer Jungverheirateten. Er meint, du würdest versuchen, ihn vom St. Pierre abzubringen, weil du für Kassouli arbeitest.«

Ich rappelte mich hoch, um nach einer Uhr auf Ritas Schreibtisch zu suchen. Es war keine da. »Wie spät ist es jetzt?«

»Fast sieben.« Ich zog eine Stunde ab, um auf die britische Zeit zu kommen. »Nick?« fragte Angela.

»Ich bin noch da.«

»Kannst du ihn stoppen, Nick?«

»Lieber Himmel!« Ich dachte ein paar Sekunden nach. Die Antwort hätte nein lauten müssen, aber ich wollte nicht so brüsk sein. »Wann ist er losgefahren?«

»Er ist genau zwanzig Minuten nach drei Uhr über die Startlinie gefahren.«

»Ortszeit?« fragte ich. Sie bestätigte es mir, und ich bat sie, einen Moment am Apparat zu bleiben.

Ich ging in Georges Büro und riß Pin-up-Fotos von den Wänden, um eine alte und ausgeblichene Karte des Ärmelkanals freizulegen. Ich öffnete eine Schreibtischschublade und fand zwischen Pfeifenreinigern, Korkenziehern und Fläschchen und Schächtelchen mit Wundermedizin einen alten Stechzirkel. Der Flutkalender des laufenden Jahres befand sich in der anderen Schublade. Um zehn Minuten nach zwölf Uhr mittags hatte die Flut in Dover heute ihren Höchststand gehabt. Das hieß, Bannister hatte die schnellste Tidenströmung für seinen Start genutzt.

Ich ging zum Fenster. Der Wind kam von Süden und war heftig genug, den Regen gegen die verschmutzten Fenster zu peitschen. Ich nahm den Telefonhörer auf Georges Schreibtisch ab. »Bist du noch da?«

»Ja.«

»Warte noch einen Moment.« Ich setzte den verrosteten Stechzirkel auf Georges verdammter Landkarte an. Die *Wildtrack* würde wie der Teufel drauflos fahren, um Lizard Point klar zu umrunden, bevor sie dann auf Mizen Head an der Südspitze Irlands zuhielt. Danach würde sie nach Nordwesten segeln und dabei den Ausläufern der tiefdruckgeborenen Stürme nachjagen, die in östlicher Richtung über den Atlantik fegten. Aber die einzige Stelle, an der ich sie abfangen konnte, war mein eigener Hinterhof, der Kanal. Ich fügte einen weiteren Zirkelschnitt für die günstige Strömung hinzu und kam zu dem Schluß, daß sich die *Wildtrack* gegen drei Uhr morgens in einem Gebiet etwa zwanzig Seemeilen südsüdwestlich von Bolt Head befinden müßte, wenn Bannister einen leicht nördlichen Kurs eingeschlagen hatte, um die Zonen zu umgehen, in denen sich die Verkehrsströme trennten. Um das Suchgebiet zu begrenzen, zog ich auf der Karte mit dem Zirkel einen Kreis.

Es ist einfach, eine derartige Suche auf einer Karte festzulegen, aber draußen auf dem Kanal, in der sturmdurchtosten Dunkelheit, wäre es so, als würde man ein ersterbendes Glühwürmchen in der Milchstraße suchen. Ich verengte die Zirkelspanne, um die Schrittgeschwindigkeit der *Sycorax* in Betracht zu ziehen, und steckte dann von meinem Kreis in nördlicher Richtung die Entfernung nach Plymouth ab. Acht Stunden Unbehagen gegen den Wind.

»Wenn ich jetzt aufbreche, könnte ich ihn vielleicht abfangen«, meinte ich zögernd.

»Nick, bitte ...?« In ihrer Stimme lag Dringlichkeit. »Wirst du ihn stoppen?«

Das Problem lag nicht darin, die *Wildtrack* abzufangen. »Hör mal, Angela, ich kann dir nicht einmal versprechen, daß ich ihn überhaupt finde.«

»Aber du wirst es versuchen? Bitte?« Das letzte Wort sagte sie mit ihrer alten, glühenden Leidenschaft.

»Ich werde es probieren. Das verspreche ich«, entschied ich mich freiwillig für den Wahnsinn. »Was wirst du jetzt tun?«

»Ich weiß nicht.« Sie klang hilflos und ängstlich.

»Hör zu«, sagte ich. »Flieg nach Exeter. Miete dir notfalls ein Privatflugzeug. Triff dich morgen mit mir in Bannisters Haus. Gegen Mittag werde ich da sein.«

»Warum?«

Weil ich dich wiedersehen möchte, dachte ich, sagte das aber nicht. Weil ich drauf und dran bin, mir in einer verdammten Nacht für deinen verfluchten Ehemann die Haut in Fetzen zu segeln. Und da ist das mindeste, das ich erwarten kann, ein Dank von dir. Aber das sagte ich auch nicht. »Sei ganz einfach da, Angela. Bitte.«

Sie schwieg, und ich nahm an, sie würde ablehnen. »Ich werde mich bemühen«, sagte sie vorsichtig.

»Ich werde mich auch bemühen«, sagte ich und legte den Hörer auf. Der Wind rüttelte an Georges Fenstern und fegte nassen Abfall unordentlich über die Werft. Der Südwind nahm noch zu, und das hieß, daß das Segeln heute nacht ein Knüppeln gegen den Sturm werden würde. Die Chancen, Bannister zu finden, waren äußerst gering, aber das war kein Grund, das Versprechen zu brechen. Ich hatte es Angela gerade erst gegeben. Ich schloß die zerbrochenen Türen hinter mir, zog den Kopf zwischen die Schultern und hinkte durch den Wind zur *Sycorax.*

Ich bewegte Georges halb abgewracktes Fischerboot beiseite, bereitete meinen verdammten Motor vor und fügte meinem Rücken Schmerzen zu, indem ich das Schwungrad drehte. Ich brauchte einfach einen Selbststarter. Ich brauchte eine Selbststeuerung. Ich brauchte dringend eine Untersuchung meines Geisteszustands. Vermutlich war genau das die Art und Weise, mit der fahrende Ritter ihre Enttäuschungen selbst vorbereitet hatten: ein weinerlicher Ton von der Jungfrau, und die Trottel galoppierten los ins Land der Drachen. Endlich hustete der Motor, und ich ließ ihn sich an die Vorstellung der Arbeit gewöhnen, während ich die Focksegel durch die vordere Luke zog und an ihren Leinen befestigte. Einen Moment lang empfand ich fast so etwas wie Neid auf die Hochglanz-Segler, die über eine Reffautomatik und selbstdrehende Winsche verfügten, vergaß dann aber mein Selbstmitleid, als ich die *Sycorax* mit dem Heck voran auf den Fluß brachte, auf dem die Wellen unter einem kalten Wind dahinjagten. Ich schob den Schalthebel auf Vorwärts, und die *Sycorax* richtete ihren Bug gegen Wind und Wasser.

Ich betete darum, daß der Motor nicht streikte. Wir trieben an schäbigen Kais vorbei, auf denen selbst die Möwen, zusammengedrängt dem Südwind zugewandt, elend aussahen. Auf dem Fluß hißte ich alle Segel, ließ den Motor aber weiterlaufen, damit ich nicht an den Wellenbrechern vorbeilavieren mußte. An diesem englischen Sommerabend war der Himmel eine tiefhängende, graue und winterliche Düsternis, durch die zwei Wessex-Hubschrauber auf eine

Fregatte zuknatterten, die im Plymouth Sound vertäut lag. Ein landendes Flugzeug brummte schwarz und khakifarben auf Mount Edgcumbe zu, und das untersetzte, brutale Aussehen des häßlichen Flugzeugs brachte die Erinnerung an jene Zeit, in der ich zwei gesunde Beine und die Überzeugung gehabt hatte, daß ich sowohl unbesiegbar als auch unsterblich war. Ein plötzliches heftiges Peng vom Schießplatz Wembury verschärfte die Erinnerung bis fast zur Übelkeit. Aber dann, als auch mein Motor ein unheilverkündendes Peng hören ließ, vergaß ich die Vergangenheit. Er gab den Geist auf, hatte mich aber sicher in das Gebiet am westlichen Ende der Wellenbrecher gebracht.

Das offene Meer war rauh. Beim Auftreffen auf die erste Woge hinter den Wellenbrechern fand die *Sycorax* noch nicht den richtigen Rhythmus. Aber dann schien sie zu begreifen, was von ihr verlangt wurde. Sie senkte den Kopf und lief in den Wind, der weiße Schaumfahnen von den Wellen wegfetzte. Ich sortierte das Durcheinander von Segelleinen im Cockpit. Ich war bis auf die Haut durchnäßt. Wenn ich den Draystone hinter mir hatte, würde ich unter Deck gehen, und Schlechtwetterkleidung suchen, aber jetzt mußte ich erst einmal am Ruder bleiben. Ein großes Moody passierte mich, der Skipper winkte und rief mir etwas zu, was aber im Wind verlorenging. Vielleicht hatte er gerufen ich hätte ein schönes Boot. Er hatte recht, ich besaß ein schönes Boot.

Doch das war heute abend ein schwacher Trost. Ich duckte mich tief ins Cockpit und wußte, daß ich das alles nur tat, um Angela zu beeindrucken. Ich mischte mich in ihr Leben ein, weil es mir die Chance gab, ihr nahe zu sein. Aber am Telefon hatte es keinerlei Anzeichen dafür gegeben, daß auch sie mir nahe sein wollte. Aus ihrer Stimme hatte die verzweifelte Sorge um ihren Ehemann geklungen, während ich wollte, daß sie sich um mich sorgte. Soviel zum Stolz.

Ich drehte mich zum Steuerbordgang um und zog die Leinen straff. Vielleicht hatte ich das alles hauptsächlich für Angela getan, aber ein kleiner Teil von mir war auch von dem abgestoßen, was sich ereignet hatte. Ich war von Menschen ausmanövriert worden, die keinen Pfifferling auf die Rechtmäßigkeit ihrer Sache gaben. Niemand wußte, wie Nadeschna Bannister gestorben war, aber dieses Nichtwissen hatte sie nicht davon abgehalten, eine dumpfe Rache zu planen. Also segelte ich heute abend trotz der Warnungen, aus Sturheit. Ich erinnerte mich an eine andere Nacht, in der mir gesagt, ja befohlen worden war, nichts zu unternehmen. Ich erinnerte mich an einen Scharfschützen und zwei Erdhöhlen mit verdammt großen Maschinengewehren vom Kaliber 50. Der Scharfschütze hatte ein nagelneues amerikanisches Infrarotfernrohr besessen und bereits ein halbes Dutzend unserer Männer getroffen. Der Boß hatte gefunkt, wir sollten uns so schnell wie möglich verdrücken, aber das hätte das Risiko bedeutet ... Als die *Sycorax* mit ihrem Bug auf eine hohe Welle traf und die Gischt heftig über dem Deck zusammenschlug, wurde ich in die Gegenwart zurückgeholt. Ich fröstelte, justierte das Ruder und ging unter Deck, um mir einen Pullover, Stiefel und eine Öljakke zu holen.

Als es dunkel wurde, sah ich schemenhaft im Dunst, wie das Leuchtfeuer von Eddystone seinen

Doppelstrahl durch den prasselnden Regen schickte. Die *Sycorax* hielt hervorragend den Kurs, während sie sich durch eine aufgewühlte See pflügte. Ich mochte ja keine bombastischen selbstdrehenden Winsche und keine Reffautomatik haben, aber der tiefe Kiel machte die *Sycorax* zu einem besseren Schiff für die See, als es eines der modernen Kunststoffmonster sein konnte, die die Vergnügungsküsten der Welt bevölkerten. Ich schaltete meine elektrischen Navigationslichter ein und hoffte, daß die Batterie ordentlich aufgeladen war. Der Motor gab einen merkwürdigen Geruch von sich, und ich deckte ihn zu und hoffte, daß milde Vernachlässigung das kurieren würde, was da auch immer schiefgegangen sein mochte. Ich beklopfte das Barometer und stellte fest, daß es stieg. Daher rief ich die Küstenwache über Hochfrequenzfunk an und erkundigte mich nach der Wettervorhersage. Starke Winde heute nacht, aber gegen Morgen nachlassend. Ein neues Tiefdruckgebiet war bereits im Anzug.

Ich ging kurz nach vorn und sah nach, ob womöglich ein Handelsschiff dabei war, mich zu Kleinholz zu verarbeiten. Diese Gefahr drohte nicht, und so ging ich wieder unter Deck und leerte den Inhalt von zwei Dosen gebackener Bohnen in einen Topf. Es war das einzige Essen, das ich hatte, und es schmeckte gut. Ich füllte eine Thermosflasche mit Tee und trug sie ins Cockpit. Nun war es nur eine Frage der Zeit, wie die naßkalten Stunden vergingen. Der Regen ließ nach, als es ganz dunkel war, und ich fragte mich, ob der Wind bereits am Abflauen war. Inzwischen war die See ruhiger, aber die Dünung unter der Gilling der *Sycorax* war noch immer lang und hoch. Die Farbe der Wellen hatte von Silbergrau über Grau zu Dunkelgrau gewechselt. Schon bald würden sie pechschwarz sein, vielleicht durchzogen von Meeresleuchten. Das Mondlicht wurde von Wolken ertränkt.

Die *Sycorax* segelte von allein. Ihr Ruder war justiert und ihre Leinen straff mit Klampen befestigt. Wenn die Dünung sie abrupt in ein Wellental schickte, erzitterte das Großsegel, aber sie riß sich schnell wieder zusammen und lief zügig weiter. Ich hatte noch immer keinen Radarreflektor und hoffte, daß die großen Schiffe, die von Amsterdam, Hamburg und Felixstowe aus unterwegs waren, gut aufpaßten. Überall um mich herum sah ich die strahlende Vielfalt ihrer Lichter.

Mitternacht ging vorüber, der Wind flaute ab und wechselte die Richtung. Ich lockerte die Leinen und spürte, daß die Geschwindigkeit der *Sycorax* zunahm, als sie feststellte, daß sie nun die Art des Segelns erreicht hatte, die ihr am meisten lag: auf breiter Front. Bisher hatte ich nur wenige andere Jachten gesehen, aber kurz vor ein Uhr, als ich eigentlich noch recht weit nördlich vom Kurs der *Wildtrack* sein mußte, entdeckte ich die Lichter eines Schiffes unter Segel. Es lief westlich vor mir, und um es abzufangen, löste ich das Ruder und brachte die *Sycorax* wieder an den Wind. Die hohe Dünung ließ die andere Jacht bis auf das dreifarbige Licht an ihrer Mastspitze zeitweise aus meinem Blickfeld verschwinden. Ich versuchte, ihre Größe abzuschätzen, aber das gelang mir nicht. Ich peilte sie an, und das Ergebnis sagte mir, daß sie recht schnell vorankam.

Ich öffnete das Spind, in dem ich meine Leuchtraketen verwahrte. Bannister würde nicht stoppen, wenn ich versuchte, über Hochfrequenzfunk mit ihm zu sprechen. Und wenn ich Anstalten machte, vor seinen Bug zu segeln, riskierte ich eine Kollision, die – auch wenn sie ihn stoppen würde – die *Sycorax* durchaus versenken konnte. Statt dessen nahm ich mir vor, hinter seinem Heck zu kreuzen und rote Notsignale in den Himmel zu schießen. Selbst ein Rennboot muß die Fahrt unterbrechen, um einem Schiff zu helfen, das in Not ist. Das war Gesetz. Mulder und Bannister würden zwar fluchen, aber auch auf neuen Kurs gehen, um mir zu helfen. Hatte ich sie dann erst einmal längsseits, würde ich alle Trümpfe ausspielen, die ich in der Hand hatte. Das waren nicht viele, aber sie schlossen einen Colt vom Kaliber 45 ein, den ich aus seinem Versteck geholt hatte. Ich wußte, daß ich durch das Abschießen der Leuchtraketen ein Chaos auf dem Kanal verursachen würde. Rettungsboote, Funkverbindungen und andere Schiffe würden zu einer Rettung beitragen, die nicht nötig war. Aber ich hatte Angela versprochen, ihren Mann abzufangen. Und wenn dieses Versprechen beinhaltete, einen verkehrsreichen Schiffsweg ins Chaos zu stürzen, so war das eben nicht zu ändern.

Ich hielt auf die näherkommende Jacht zu. Sie war backbord, ich steuerbord, also war es ihre Pflicht, mir auszuweichen. Man schien meine Lichter gesehen zu haben, da die Jacht einen Punkt südlich ansteuerte, um mir Platz zu machen. Ich beschleunigte erneut, und sie dachte, ich hätte sie nicht gesehen und richtete einen hellen Scheinwerferstrahl auf ihr Großmastsegel, das in der Dunkelheit blendendweiß aufleuchtete. Zur gleichen Zeit rief mich ein Mitglied der Crew über Channel 16, den Hochfrequenz-Notkanal: »Segelboot nähert sich großer Jacht. Haben Sie verstanden? Over.«

Es war weder Mulder noch Bannister. Ich meinte, einen französischen Akzent in dem Knacken zu entdecken. Nun war ich auch nahe genug, um die Registrierungsnummer im Scheinwerferlicht erkennen zu können. Und da es nicht die *Wildtrack* war, fiel ich vom Wind, um achtern an der Jacht vorbeizufahren. Der Scheinwerfer wurde ausgeschaltet. Eine Stimme schrie etwas, was aber wegen der Geräusche von Wind und Wellen unverständlich blieb. Das Hecklicht der Jacht zeigte mir den Namen *Mariette* am weißen, überhängenden Heckwerk. Der Heimathafen war Étables. Ich winkte, als wir einander passierten, dann riß uns der Wind wieder auseinander, und ich strebte in südliche Richtung.

Gegen drei Uhr wußte ich, daß ich innerhalb des Kreises sein mußte, den ich auf Georges Karte eingezeichnet hatte. Die Nacht war pechschwarz und der Wind flaute weiter ab. Ich wandte mich nach Westen, hielt auf den angenommenen Kurs der *Wildtrack* zu und suchte eine Stunde lang. Ich sah zwei weitere Franzosen, einen Niederländer, aber keine Spur von der *Wildtrack*. Ein Großfrachter hämmerte vorbei, und die Segel der *Sycorax* latschten, als wir von dem ungeheuren Kielwasser getroffen wurden. Aber abgesehen von dem großen Schiff war die See leer. Ich war gescheitert.

Ich richtete die *Sycorax* auf nördlichen Kurs. Im Osten säumte das erste Licht der Dämmerung die Wolken. Ich war hundemüde, mir war kalt, ich hatte Hunger. Ich war gescheitert, hatte aber auch von Anfang an gewußt, wie gering meine Erfolgschancen gewesen waren. Vom Cockpit der *Sycorax* aus konnte ich nie weiter als zwei Meilen sehen, und die *Wildtrack* hätte zu jedem Zeitpunkt in der Dunkelheit an mir vorbeigesegelt sein können. Im Grunde bezweifelte ich sogar, daß ich südlich genug gesegelt war. Bannister war nach Lizard Point und weiter in den Tod gefahren.

Es begann wieder zu regnen, als ich nach Hause segelte. Der Regen versah die Wanten mit Perlen und tropfte von den Schnüren am Mast. Ich machte mir noch einen Tee und fand in der Kombüse einen runzligen Apfel. Ich schnitt ein schlechtes Stück heraus und aß den Rest.

Der Morgen enthüllte eine See mit einer schmierig-behäbigen Dünung. Nebel trieb über dem schlammähnlichen Meer. Als sich der Nebel hob, regnete es. Jetzt kam der Wind aus Westen, war aber schwach und mürrisch. Das Ruder schlug ohne Geschwindigkeit, die ihm Biß hätte geben können, müde in seinen Bolzen. Ein weiteres Tiefdruckgebiet sollte auf den Kanal zurasen, und die *Wildtrack* würde um sein Eintreffen beten, da sie mit ihm eine optimal schnelle Ausfahrt hatte.

Ich betete nur darum, nach Hause zu kommen. Segeln ist nicht immer ein Spaß unter der Sonne. Es ist nicht immer ein reines Vergnügen mit Freunden auf schimmernden Planken über einem glitzernden Ozean. Es kann das personifizierte Elend sein. Es kann Regen, Nebel, Kälte und Hunger bedeuten. Es kann eine schmollende See und ein lustloser Himmel sein. Es kann Scheitern bedeuten, und dann ist der einzige Trost, daß wir uns freiwillig für das Elend entschieden haben.

Und so kroch ich elend nach Norden. Ich verbrachte eine Dreiviertelstunde mit dem Feststellen der für meinen Kurs günstigsten Strömungen und versuchte dann, den Motor zum Anspringen zu überreden. Er streikte, und der Wind schien sich seiner Verweigerung anzuschließen. Ich hantierte am Treibstofftank, probierte es erneut, aber er wollte noch immer nicht anspringen. Also räumte ich statt dessen die Kabine auf und säuberte die Planken. Ich sagte mir immer wieder, daß ich nicht enttäuscht sein würde, wenn Angela nicht nach Devon zurückkam. Ich sagte mir, daß wir beide keine Zukunft hatten. Immer und immer wieder versicherte ich mir, daß es mir wirklich nichts ausmachen würde, wenn sie nicht in Bannisters Haus auf mich wartete.

Am späten Vormittag huschte ein Wind über die See, zögernd zunächst, aber dann ließ er die Backbordwanten knarren. Ich ließ den Mop fallen und griff nach dem Ruder. Angestrengt lauschte ich auf die anschwellenden Geräusche des Wassers um den Bug und spürte, daß meine Erregung zunahm, weil Angela ja vielleicht doch auf mich wartete. Es machte mir etwas aus. Es machte mir sogar sehr viel aus.

Es wurde Mittag, bevor ich Calfstone Shoal passierte. Die Glockenboje grüßte zu mir herüber. Der Wind war nun stark genug, mich den Fluß hinauf und um den Point zu tragen.

Wo, auf der Terrasse über dem Fluß und vor einem leeren Haus, Angela auf mich wartete.

Sie hatte geweint. Sie trug Jeans und Pullover, ihre Haare waren zu einem Zopf gebunden, der ihr über die schmale Taille herabhing. »Es ist eine scheußliche Art, eine Ehe zu beginnen.«

Oder zu beenden, dachte ich, sagte das aber nicht.

Sie war untröstlich, aber ich war zu kalt und ausgehungert, um ein aufmerksamer Zuhörer sein zu können. Ich machte mir Eier mit Speck, Kaffee und Toast und aß am Küchentisch. Angela saß mir gegenüber, und ich bemerkte den breiten goldenen Ehering an ihrem Finger neben dem Diamanten. Sie schüttelte verzweifelt den Kopf. »Ich habe versucht, mit ihm zu reden . . .«

». . . aber er wollte nicht auf dich hören«, beendete ich den Satz.

»Er glaubt, du hättest mir das eingeredet. Er glaubt, du willst, daß er scheitert.« Sie stand auf und begann hin und her zu gehen. Sie war rastlos und verwirrt, aber das konnte ich ihr nicht übelnehmen. Sie hatte nur mein Wort und das von Micky Harding, daß ihr frischangetrauter Ehemann in den Tod segelte.

Eine Zeitlang versuchte sie sich davon zu überzeugen, daß das nicht zutraf. Ich ließ sie sprechen, während ich aß. Sie redete von Bannisters Überzeugung, daß er die begehrte St. Pierre Trophy erringen könne, und von seinem Glück darüber, daß sie mit ihm vor den Altar geschritten war. Sie sprach von den Sendungen, die Bannister in der kommenden Saison machen würde, sie sprach von der Zukunft, die sie geplant hatten und die ihr nun – da sie bedroht war – noch viel strahlender und glänzender erschien. »Sag mir, daß es nicht wahr ist«, bat sie im Hinblick auf Kassoulis Drohung.

»Soweit ich weiß«, meinte ich vorsichtig, »ist es wahr.«

Plötzlich schüttelte sie verärgert den Kopf. »Wie können sie behaupten, er habe Nadeschna ermordet?«

»Vielleicht sind sie überzeugt, daß er es getan hat?«

»Er hat es nicht getan! Er hat es ganz bestimmt nicht getan!«

»Weißt du das? Genau?« Ich goß mir neuen Kaffee ein.

»Um Himmels willen!« Sie war noch immer verärgert. »Glaubst du, ich hätte ihn geheiratet, wenn er sie getötet hätte?«

»Warum hast du ihn geheiratet?«

Sie zündete sich eine Zigarette an. Seit ich zurückgekommen war, rauchte sie Kette. »Weil ich ihn liebe«, sagte sie trotzig.

»Gut.« Ich verbarg meine Enttäuschung.

»Und«, fuhr sie fort, »weil wir einander ein anständiges Leben bieten können. Ich gebe ihm die Sicherheit, die er braucht, und er gibt mir die Sicherheit, die ich will.«

»Gut«, sagte ich wieder.

»Und«, sagte sie womöglich noch trotziger, »weil ich dich nicht heiraten konnte.«

Ich lächelte. »Ich bin kein besonders vielversprechender Kandidat.«

Sie zog an ihrer Zigarette. »Du bist braun geworden.« Es klang wie eine Beschuldigung.

»Ich habe gearbeitet. Wirkliche, echte Arbeit geleistet, für die ich bezahlt wurde. Ich habe nicht viel Geld bekommen, aber ich konnte das Boot fertigstellen. Nur ein Radarreflektor fehlt noch. Und ein paar Fender. Und noch ein oder zwei andere Dinge.«

»Hast du ein Mädchen gefunden?«

Die Frage überraschte mich, weil sie eine Eifersucht andeutete, mit der ich nicht gerechnet hatte. »Nein. Ich habe dein Foto in der Zeitung gesehen, ausgeschnitten und zehn Minuten aufgehoben, bevor ich es weggeworfen habe. Ein- oder zweimal habe ich mich betrunken.«

Sie lächelte. Es war das erste Lächeln, das sie mir schenkte. »Ich habe dich auf den Schnellkopien gesehen. Ich bin in den Schneideraum gegangen und habe mir mehrmals dein häßliches Gesicht angesehen.« Sie zuckte mit den Schultern. »Du hast mir meinen schönen Film verhunzt, Nick.«

»Das tut mir leid.«

»Nein, es tut dir nicht leid.« Sie hob wieder die Schultern. »Aber ich habe den Job schließlich aufgegeben, nicht? Das war eines der Versprechen, die ich Tony gegeben habe. Kein Fernsehen mehr.« Sie sah auf ihre Uhr. »Wo wird er jetzt sein? Vor der Südspitze Irlands?«

»Ja.«

Sie begann leise zu weinen. »Er kann einfach nicht aufgeben, nicht? Er wird von Kameras beobachtet, also muß er der große, tapfere Junge sein. Männer sind so verdammt dumm.« Sie putzte sich die Nase. »Du auch, Nick Sandman. Was wirst du jetzt machen?«

Jetzt zuckte ich mit den Schultern. »Ich werde die *Sycorax* mit Vorräten beladen. Ich werde in die Stadt gehen, eine Bank aufsuchen und ein Vermögen für Nahrungsmittel ausgeben. Mit der morgigen Flut laufe ich aus. Ich werde in Ushant an Land gehen, und dann segele ich weiter in Richtung Azoren.«

Sie runzelte die Stirn. »Einfach so?«

»Bist du der Meinung, es seien eine Blaskapelle und Cheerleaders vonnöten?«

Sie zeigte mir den Hauch eines Lächelns. »Ich würde auf Tabletten gegen Seekrankheit bestehen.«

»Goldfische werden seekrank.«

Sie lachte. »Das werden sie nicht.«

»Doch, es stimmt. Wenn man sie als Haustiere mit auf See nimmt, werden sie seekrank.« Ich goß mir den Rest des Kaffees ein. »Ich hätte nichts gegen eine Katze einzuwenden.«

»Ehrlich?« Sie klang überrascht.

»Ich habe Katzen immer gern gehabt«, meinte ich. »Du bist ein bißchen katzenähnlich.«

Sie starrte die Tischplatte an. Ich kam zu der Überzeugung, daß die letzten Minuten ein bißchen zu entspannt gewesen waren, und – natürlich – waren ihre Gedanken noch immer auf der *Wildtrack.* »Ich habe schon daran gedacht, die Küstenwacht zu alarmieren. Aber das hätte wohl kaum Sinn.«

»Nein. Man würde dich auslachen.«

»Ich habe es noch einmal über Radiotelefon versucht, aber er wird nur wütend. Er glaubt, ich will ihm seinen Triumph zerstören. Außerdem ist bei meinen letzten beiden Versuchen Fanny am anderen Ende gewesen.«

»Tut mir leid«, sagte ich. Wir hatten das alles bereits durchgesprochen, und es gab nichts, was ich unternehmen konnte. »Du mußt beten, daß er lebt«, sagte ich.

Sie sah mich düster an. »Vielleicht sollte ich nach Kanada gehen?«

Ich lächelte. »Und was willst du da tun?«

»Ich könnte versuchen, ihn aufzuhalten. Ich könnte mich dem Filmteam anschließen.«

»Was willst du machen?« erkundigte ich mich. »Ihn rammen? Und woher willst du wissen, daß ihn die Filmcrew überhaupt findet? Ich weiß, daß sie Funkverbindung halten, aber hast du schon einmal den Nebel in diesen Gegenden erlebt? Vielleicht wendet die *Wildtrack* auch nachts. Was machst du dann? Willst du am folgenden Tag mit dem Kamerahubschrauber eine Bruchlandung auf dem Vordeck riskieren? Glaubst du wirklich, du könntest ihn dort zum Aufgeben überreden, wo du es hier nicht geschafft hast?« Plötzlich wurde mir bewußt, daß dieser Pessimismus für sie ganz und gar nicht gut war. »Entschuldige. Vielleicht solltest du es wirklich probieren. Jedenfalls ist es immer noch besser, als gar nichts zu tun.«

Sie seufzte. »Vielleicht wird Tony den Wendepunkt gar nicht erreichen. Wer will das wissen?«

»Er wird nach St. Pierre kommen«, entgegnete ich.

»Wird er?« Meine Sicherheit schien sie zu verblüffen.

Ich sah sie schweigend an und dachte über etwas nach, das Kassouli gesagt hatte. Jill-Beth hatte sich in dieser Hinsicht nicht spezifisch geäußert, als ich ihre Worte auf Band aufgenommen hatte, aber Kassouli, erinnerte ich mich jetzt, hatte von mir verlangt, auf der Rückfahrt einen bestimmten Kurs zu steuern. »Großer Gott«, sagte ich leise. »Ich bin so verdammt dumm gewesen.«

»Was meinst du damit?«

»Sie wollen ihn genau an die Stelle bringen, an der Nadeschna gestorben ist! Siehst du es nicht? Auf dem Hinweg muß er viel zu weit in den Norden hinauf, aber beim Zurückkommen kann er den großen Bogen mit den Stürmen segeln. Sie lassen ihn wenden, weil der perfekte Racheplan genau an derselben Stelle ausgeführt werden muß!«

»Wo?« fragte sie drängend.

Ich konnte mich nicht erinnern. Die einzigen Stellen, an denen ich die Koordinaten gesehen hatte, waren der Rahmen von Nadeschna Bannisters Porträt im hinteren Cockpit der *Wildtrack* und die Papiere gewesen, die mir Kassouli gezeigt hatte. »Vierzigundetwas nördlich«, sagte ich und hob hilflos die Schultern. Doch dann fiel mir die Kopie des Untersuchungsberichtes ein.

Angela lief aus der Küche, und ich folgte ihr. Sie ging in Bannisters Arbeitszimmer, wo sie Schubladen aufriß und alte Drehbücher, Briefe und Tagebücher auf dem Teppich verstreute. Sie fand den Untersuchungsbericht ganz hinten in einem Aktenschrank. Hastig blätterte sie die Seiten durch und schien zu erstarren, als sie zu der Stelle kam, die sie gesucht hatte. »Neunundvierzig Grad, achtzehn Minuten nördlicher Breite, einundvierzig Grad, sechsunddreißig Minuten westlicher Länge«, las sie laut vor und drehte sich zu mir um. »Wo ist das?«

Ich zeigte es ihr in einem Atlas. Ich nahm einen von Bannisters Bleistiften und demonstrierte ihr auf der Mercatorprojektion, wie die *Wildtrack* eine Parabel nach Westen segeln würde, um dann in einem flacheren Bogen nach Hause zu kommen. An der Stelle, an der Nadeschna Bannister gestorben war, machte ich ein Kreuz. Angela benutzte ein Lineal, um die Entfernungen herauszufinden. Ich betrachtete ihre schmalen Finger und wußte, was als nächstes kommen würde.

»Nick . . .«

Ich war zum Fenster gegangen. »Es sind noch etwa dreitausend Seemeilen für die *Wildtrack*«, stellte ich fest. Das war etwa die Entfernung von Cherbourg bis zum Wendepunkt vor St. Pierre und zurück zum Bleistiftkreuz.

»Und von hier aus? Auf dem schnellsten Weg?« Ich hörte Hoffnung aus ihrer Stimme.

»Tausendsiebenhundert?« Vielleicht waren es ein paar Meilen weniger, aber so etwas wie einen »schnellsten Weg« gab es nicht; nicht gegen Stürme und die Strömung des Atlantik.

»Sagen wir zweitausend Landmeilen.«

»Wie lange würde es dauern ...« Sie beendete den Satz nicht, aber das war auch nicht nötig. Sie wollte mich fragen, wie lange die *Sycorax* brauchte, um das Kreuz auf der Karte zu erreichen.

Ich sah, daß sich am anderen Flußufer die Bäume im Wind bogen. Es war ein eigentümliches Wetter: Wind und Flaute in schneller Folge, aber heute abend würde es eine steife Brise geben. »Sechzehn Tage«, vermutete ich.

»Nick?« Ihre Stimme klang zaghaft, fast ängstlich, und doch flehte sie mich an. Sie wollte, daß ich auf den nördlichen Atlantik hinausfuhr, um ihren Mann zu retten.

»Es ginge schneller«, erklärte ich brutal offen, »wenn ich jemanden hätte, der mir an Bord zur Hand geht.«

Sie schüttelte den Kopf, aber so abwesend, daß ich glaubte, sie hätte nicht genau zugehört. »Aber könntest du ...«, begann sie, aber dann schien ein Gedanke die Hoffnung ersterben zu lassen. »Es ist dein Bein, nicht? Du fürchtest, es könnte dir Schwierigkeiten machen.«

»Das ist seit Wochen nicht geschehen«, sagte ich zutreffend. »Und selbst wenn, würde mich das nicht behindern.«

»Also ...« Sie brachte es nicht über sich, die Bitte direkt zu äußern.

»Ja«, sagte ich. Die *Wildtrack* war einen Tag unterwegs, aber sie hatte auch einen weiten Weg vor sich. Ja, ich könnte die Stelle des Bleistiftkreuzes erreichen – und ja, ich würde es versuchen.

Nie zuvor hatte ich ein Boot so schnell mit Proviant ausgestattet und auch noch nie so gut. Angela fuhr mit ihrem Auto und ihrer Kreditkarte in die Stadt, während ich Bannisters Speisekammer und sein Bootshaus plünderte.

»Ich kann ihn doch nicht sterben lassen«, sagte sie zu mir, als sie mit einer Schubkarre voller Lebensmittel zum Liegeplatz hinunterfuhr. Sie sagte es, als wolle sie den Aberwitz meines Vorhabens rechtfertigen.

Ich hatte keineswegs die Absicht, über die Motive zu diskutieren. Es reichte, daß ich zugestimmt hatte, es für sie zu tun. »Was ist in der Schubkarre?«

»Kaffee, Trockenmilch, Eier, alle möglichen Konserven.«

»Die Eier müssen fünf Sekunden in kochendes Wasser getaucht werden. Das macht sie haltbar.«

Sie nahm die Eier zurück ins Haus, während ich die Konservendosen in Plastiktüten verpackte, damit sie durch das Wasser im Kielraum nicht die Etiketten verloren oder rosteten. Ich verstaute Tütensuppen, frisches Brot, Obst, Gemüse, Kekse, gebackene Bohnen, noch mehr gebackene Bohnen, irischen Whiskey, noch mehr Whiskey, Margarine, Früchtekuchen in Dosen, Salz, Zucker, Dosenschinken und Corned beef. Ich schloß meine Liste leicht verderblicher Lebensmittel und hoffte, nichts Wesentliches vergessen zu haben. Teebeutel, Waschpulver, Kompaßalkohol, Reis, Hafermehl, Desinfektionsmittel, Multivitamine, Kochöl, Lampenöl, Seife. Ich deckte mich nicht nur für eine Nordatlantikfahrt ein, sondern dachte auch an das, was danach kommen würde. Ich vermutete, nein, ich war sicher, daß ich die *Wildtrack* nicht finden würde. Ich unternahm diese wahnwitzige Suche, weil ich zu einer Blondine nicht nein sagen konnte, aber nachdem ich gescheitert war, würde ich den Bug der *Sycorax* nach Süden wenden, und so versorgte ich mich für eine lange, lange Fahrt, die mich von England zur kanadischen Küste führen würde und dann südwärts dahin, wo Palmen und Zedern wuchsen. Fruchtsaft, Nüsse, Brühwürfel, noch mehr Whiskey, Ersatzglühbirnen, Lampendocht, Klopapier, Reinigungsmittel, die auch als Haarshampoo dienen konnten.

Der Wind nahm immer noch zu, während das Barometer fiel. Bei Nachtanbruch würde ein halber Sturm wehen. Bannister hatte, was er wollte – einen schnellen Start. Und ich würde daran partizipieren.

Angela brachte die blanchierten Eier, und ich erteilte ihr weitere Aufträge. »Ich brauche ein bißchen Kohle oder Koks, Feueranzünder. Ich brauche Pullover, Socken, leichte Kleidung für warmes Wetter. Ich möchte das beste Ölzeug, das im Haus zu finden ist. Ich will einen Sextanten, Karten, den besten Schlafsack, den du auftreiben kannst. Ich hätte gern ein Funkpeilgerät und einen Ventilator.«

»Was immer du willst, Nick. Nimm es dir.«

Ich durchstöberte das Haus nach Dingen, die ich brauchen konnte. Ich lieh mir Bannisters Ersatz-Ölzeug, das so viel besser war als meines. Ich lieh mir einen Sextanten, damit ich einen in Reserve hatte. Ich fand Karten vom Nordatlantik und von der kanadischen Küste. Ich stahl die Batterie des Peugeot, um die beiden an Bord der *Sycorax* befindlichen zu verstärken. Aus einer Schublade in Bannisters Arbeitszimmer nahm ich ein aufwendiges tragbares Funkpeilgerät und eine Packung Ersatzbatterien. Dann holte ich einen ganzen Arm voller Taschenbücher aus seinen Regalen. Noch mehr Whiskey. Ich nahm die Fender der *Wildtrack II.* Ich stopfte das Spind, jedes Fach der *Sycorax* mit Vorräten voll. Angela half, indem sie alle möglichen Dinge einfach auf dem Fußboden der Kabine anhäufte. Ich hatte keine Ahnung, was sie da eigentlich alles deponierte, aber ich konnte das ganze Durcheinander ja während der Fahrt sortieren. Ich benutzte den Schlauch aus dem Bootshaus, um Wasser aufzufüllen, und hievte drei Ersatzkanister Diesel auf das Vordeck. Ich zurrte die großen Behälter unter Deck fest, obwohl ich daran zweifelte, daß der verdammte Motor lange genug laufen würde, um den Treibstoff zu brauchen. Im Bootshaus war eine zerbrochene Selbststeuerungsanlage, und ich nahm sie mit an Bord. Sie konnte auf See repariert und eingebaut werden.

Ich brauchte noch Medikamente. Angela fuhr mit ihrem Porsche in die Stadt und kam mit Verbänden, Pflastern und Schmerztabletten zurück. Ich bat sie darum, einen Arzt aufzusuchen und sich Rezepte für noch mehr Schmerztabletten, lokale Betäubungsmittel, Tranquilizer, Antibiotika und Benzedrin zu holen. Ich schrieb dem Arzt einen Zettel, auf dem ich meine Situation erklärte, und Angela kam mit allem zurück. Noch mehr Whiskey, Kartoffeln, Mehl, Knäckebrot, Newcastle Brown Ale, Schokoladenriegel, Rasierklingen, Angelschnüre, antiseptische Salben und Sonnenbrillen.

Um sechs Uhr war es fast geschafft. Der Wind wehte inzwischen heftig aus Südwest. Wenn sich das Wetter hielt, würde ich eine steife Fahrt aus dem Fluß heraus haben, eine feuchte Brise rund um Lizard Point und eine rauhe See bis Mizen Head. Aber dann, nach dem Küstensockel, würde ich schnell in die hohen Breitengrade kommen. Von dort aus würde ich mich zum Treffpunkt hinuntertreiben lassen.

Mein Beiboot war noch immer im Bootshaus. Während Angela die beiden letzten Kisten in die Kabine brachte, hievte ich das Dingi auf das Kabinendach der *Sycorax* und zurrte es kieloben fest. Das Beiboot war mein einziges Rettungsfloß. Es gab keine Rettungswesten an Bord. Als ich die letzte Lasching am Steuerbord-Handlauf befestigte, begann es zu regnen. Es gab nichts mehr zu tun, als sich zu verabschieden.

Ich küßte Angela. Wir standen im Regen am Fluß, und ich küßte sie noch einmal. Ich hielt sie an mich gedrückt, weil ein Teil von mir sie nicht verlassen wollte. »Ich kann nichts versprechen«, sagte ich.

»Ich weiß.«

»Du mußt jetzt einfach abwarten.«

»Ja.« Es war ihr peinlich, daß ich das für sie tat, aber es war die letzte, verzweifelte Chance, und ich wollte sie ihr nicht verweigern. Ich hatte sowieso geplant, auf und davon zu segeln. Nun würde ich lediglich einen Umweg nach Norden machen, wo das Meer kalt, grau und trostlos sein konnte.

»Zeit zu gehen.« Ich wollte bei ihr bleiben, aber die fallende Tide rief. Da waren weder eine Blaskapelle noch Cheerleaders. Es gab nur ein überladenes Boot auf einem Fluß, der vom Regen gesprenkelt und vom Wind aufgewühlt war. »Ich werde schreiben«, sagte ich. »Irgendwann.«

»Bitte tu das.« Ihre Stimme klang spröde.

»Ich liebe dich«, sagte ich.

»Bitte, sag das nicht, Nick.«

Es war ein elender Abschied, ein elender Aufbruch.

Der Motor wollte nicht anspringen, aber der Klüver zog den Bug der *Sycorax* vom Anlegeplatz. Angela löste meine Taue und Warpleinen, während ich Groß- und Besansegel hißte. Wasser sprudelte zwischen Rumpf und Ufer, als ich die Seile zusammenrollte.

»In der Kabine ist ein Geschenk für dich!« rief Angela. Die *Sycorax* lief jetzt schnell, erfaßt von der Ebbe und der zähen Strömung des Flusses. Angela dachte, ich hätte sie nicht gehört, formte die Hände zu einem Trichter vor dem Mund und rief: »In der Kabine, Nick! Ein Geschenk!«

Ich winkte zum Zeichen, daß ich verstanden hatte. Aber ich konnte nicht in die Kabine gehen, ehe ich die *Sycorax* in die Hauptfahrrinne gebracht hatte. Als ich das geschafft hatte, justierte ich das Ruder, ging die Kajüttreppe hinunter und fand die letzten beiden Kisten, die Angela an Bord gebracht hatte. Eine war mit Katzenfutter gefüllt und die andere enthielt eine kleine schwarze, weibliche Katze, die mich, sobald ich den Kistendeckel geöffnet hatte, mit nadelscharfen Krallen begrüßte.

Ich ging an Deck und sah zurück, aber der Regen hatte Angela bereits vom Liegeplatz vertrieben. Das Kätzchen, verdutzt über sein neues Zuhause, starrte mich von den Kabinenstufen her an. »Ich werde dich Angel nennen«, sagte ich zu ihm.

Angel fauchte mich an. Das Fell auf ihrem Rücken sträubte sich. Ich hoffte, sie war eine Schiffskatze. Ich hoffte, sie brachte mir Glück.

Ich fuhr am Pub vorbei und fragte mich, wann ich es wiedersehen würde. Jemand erkannte das Boot und winkte mir vom Fenster her zu, und ich winkte zurück. Ich wußte, daß ich in fernen Gewässern dieses Lokal als Ort müßigen Geplauders und hervorragenden Biers in Erinnerung haben würde, aber dann mußte ich in der Flußenge beim Dorf lavieren, und dieses Manöver lenkte mich von der verfrühten Nostalgie ab. Ich bemerkte, daß mich Gesichter aus den Autos der Urlauber beobachteten, die am Flußufer geparkt waren. Die Touristen sahen ein Boot, das für eine Reise zweckmäßig beladen war. Die *Sycorax* hatte jetzt nichts Großartiges an sich, sie wurde vom abendlichen Regen gepeitscht, und ihre Schönheit war die eines funktionellen, seegängigen Fahrzeugs. Die kleine Katze kletterte ins Cockpit herauf und zeigte mir ihre winzigen Zähne. Ich kraulte sie unter dem Kinn und beobachtete dann, wie sie auf das Kabinendach sprang und ihre Krallen an den Laschungen des Beiboots zu wetzen begann. »Angel«, sagte ich, um sie an ihren Namen zu gewöhnen. »Angel.«

Ich hatte mein Formular C 1328, Teil 1, nicht ausgefüllt, um die Zoll- und Steuerbehörde Ihrer Majestät davon in Kenntnis zu setzen, daß ich außer Landes ging. Zum Teufel mit Formular C 1328. Ich hatte keine Zulassungspapiere für die *Sycorax*. Ein Mangel, der in fremden Häfen bürokratischen Ärger mit sich bringen würde. Dann sollten auch die Bürokraten zum Teufel gehen. Die Welt hatte schon viel zuviel von diesen Spaßverderbern. Die *Sycorax* würde auch ohne sie vorankommen. Vor mir lagen jetzt die Kaianlagen der Stadt, dann die Flußmündung, wo der Wind die Wellen weiß auf die Sandbank warf. Die Wolken brachten eine frühe Dämmerung, in der die vertrauten Lichter aus den Fenstern der Stadt sanft schimmerten. Das blaue Neonkreuz am Giebel der Baptistenkirche blitzte, und ich sprach ein kleines Gebet für mein kleines Schiff, das auf das große Meer hinauslief. Regen strömte auf uns herab, und das Kätzchen beschwerte sich bei mir aus der Sicherheit des Lukendeckels heraus.

Autoscheinwerfer blitzten vom Hafendamm an der Bootswerft der Stadt. Als die *Sycorax* näherkam, sah ich, daß der blaue Porsche dort geparkt war und wußte, daß Angela angekommen war, um uns zu verabschieden. Sie lief zum Treibstoffponton und winkte mit beiden Armen. Ich winkte zurück und fragte mich, warum der Abschied plötzlich so enthusiastisch ausfiel, während er vor einer halben Stunde so kühl gewesen war. »Die Katze gefällt mir!« schrie ich, so laut ich konnte.

»Nick! Nick!« Da sah ich, daß sie mich zu sich heranwinkte. Ich schob das Ruder nach hinten und ließ das Boot auf den Ponton zugleiten. Dort waren zwei Motorkreuzer festgemacht, und ich sah, wie Angela über das Heck des größeren Schiffes kletterte. Sie stellte sich außerhalb der Reling und hielt sich an einer Verstrebung fest. Sie hatte eine Tasche bei sich.

Ich drehte den Bug der *Sycorax* in den Wind und ließ mich von der Flut neben den Kreuzer treiben. Angela warf die Tasche auf das Vordeck, wartete eine Sekunde, ergriff dann meine Hand und sprang ins Cockpit.

Ich schob das Ruder nach Steuerbord und holte den Klüver an, um das Boot zu wenden. Ich sah, daß die Tür von Angelas Auto offenstand. Auch die Scheinwerfer brannten noch.

»Bist du sicher?« fragte ich sie.

»Natürlich bin ich ganz und gar nicht sicher, aber . . .« Sie klang eigentümlich ärgerlich auf mich.

»Was aber?«

Ihre Augen waren vom Weinen gerötet. »Es ist dein Bein. Du wirst dich da draußen umbringen, Nick.«

»Mir wird es hervorragend gehen, das verspreche ich dir.«

»Und du hast gesagt, daß es mit zwei Leuten an Bord schneller ginge.«

»Das stimmt.« Ich ließ die Segel flattern. »Aber nicht, wenn einer von beiden seekrank ist.« Ich wollte von ihr mehr, als ich sagen konnte, und setzte doch Argumente ein, die sie zur Zurückhaltung zwingen mußten.

Sie beugte sich vor und zeigte mir ein kleines Pflaster hinter ihrem linken Ohr. »Der Apotheker sagt, es wirkt hundertprozentig.« Sie mußte das Pflaster gekauft haben, als sie meine Tabletten und Arzneien geholt hatte. Und das hieß, daß sie diese Entscheidung stundenlang überdacht hatte.

»Es wird rauh da draußen werden«, warnte ich sie. Ich ließ die *Sycorax* in der Strömung treiben, falls Angela doch wollte, daß ich sie wieder zum Ponton zurückbrachte.

»Wenn du mir jetzt die Wahl läßt«, sagte sie, »werde ich unter Umständen nicht bleiben.«

Ich ließ ihr keine Wahl. Statt dessen überließ ich ihr das Ruder und holte die Leinen ein. »Halte den Kurs. Siehst du den weißen Pfahl auf den Klippen? Halte darauf zu.«

Ich holte ihre Tasche vom Vordeck und hißte das Stagsegel. Ich war so glücklich, daß ich am liebsten auf dem Wasser gewandelt wäre.

Dann traf der Bug der *Sycorax* auf die Wellen bei der Sandbank in der Flußmündung, und die erste kalte Gischt wurde wie Schrapnelle auf uns abgeschossen, und wir drei liefen auf die See hinaus.

Teil Vier

Angela war seekrank.

Stunde um Stunde, Tag und Tag, Nacht um Nacht lag sie zitternd und hilflos da. Ich versuchte, sie dazu zu bringen, ins Cockpit zu kommen, wo ihr die frische Luft gutgetan hätte, aber sie blieb in der Leekoje der Kajüte, war in Decken eingehüllt und übergab sich in einen Zinkeimer.

Der kleinen Katze ging es gut.

Sie schien zu glauben, daß eine Welt, die dauernd vom Wind in Schräglage gebracht und von einem halben Sturm geschlagen wurde, ein perfekter Aufenthaltsort war. Sie schlief auf Angelas Schoß und gab Angela so das einzige kleine Vergnügen, das sie würdigen konnte. Bei Tage stromerte sie über das Boot und vollführte waghalsige Akrobatenkunststükke, die mich mit Sicherheit annehmen ließen, sie müsse jeden Augenblick über Bord gehen. Aber das kleine Biest besaß einen untrüglichen Instinkt, den Fluten des Meeres zu entgehen. Einmal sah ich sie auf das Haltetau des Großsegels springen. Sie krallte sich mit gespreizten Beinen an die Leinwand, während ein Brecher über das Kabinendach donnerte und über dem festgezurrten Beiboot zusammenschlug. Danach schien das Kätzchen das Großsegel zu lieben und kletterte häufig das Segel hinauf, während ich unten hilflos schrie, daß sie das Leinen mit ihren Krallen zerreißen würde. Sie wurde oben zwischen den Gaffelklauen eingeklemmt und sah aus wie eine kleine schwarze Spinne auf einer riesigen Kalkwand, aber sie fand immer irgendwie ihren Weg herunter. Ihr anderer Lieblingsplatz war der Kartentisch, und jedesmal, wenn ich eine Karte entfaltete, sprang sie hinauf und rollte sich neben dem Zirkel zusammen. Dann schnurrte sie und widersetzte sich allen Versuchen, hinuntergeworfen zu werden. Ich navigierte von Katzenhaar zu Katzenhaar.

Aber es gab auch wenig mehr, wonach ich die *Sycorax* hätte steuern können. Der Himmel blieb bewölkt, die Nächte blieben dunkel, und nachdem wir die letzten Lichter Irlands hinter uns gelassen hatten, waren wir wie blind. Es gelang mir nicht, Bannisters schickes Funkpeilgerät zum Funktionieren zu bringen. Wenn ich auf den Auslöser drückte, leuchtete nur ein kleines rotes Licht auf, das war alles. Schließlich schleuderte ich das verdammte Ding in einem Anfall erschöpfter Geduld mit einem Fluch gegen alle modernen Errungenschaften über Bord. Ich sagte mir, was ich mir schon millionenfach gesagt hatte: wenn die *Mayflower* Amerika ohne Silikon-Chip erreicht hatte, würde ich das auch können.

Also knüppelten wir wie die *Mayflower* unter Segel nach Nordwesten. Angela hatte die Koje an der Leeseite, also die Koje, die dem Wind abgewandt war, damit sie nicht herausfallen konnte. Ich legte mich in die Wetterkoje und verbrachte meine spärlichen Stunden Schlaf gegen die Leinengurte gerollt, die mich an Ort und Stelle hielten. Ich füllte Thermosflaschen mit Suppe, die Angela gereizt von sich schob. Ich war nie seekrank gewesen, aber ich wußte gut genug, wie das war. Am ersten Tag befürchtete sie, sterben zu müssen, um danach zu befürchten, das nicht zu tun. Soviel zu dem Klebepflästerchen des Apothekers.

Die *Sycorax* blühte auf. Sie schien mir sagen zu wollen, daß sie in den Monaten zuvor genug Unsinn erdulden mußte, und daß das hier genau das war, wofür sie geschaffen war. Sie machte sich ganz vorzüglich. Natürlich gab es in den ersten Tagen die üblichen Probleme. Das Klüverschothorn begann zu reißen, und ich ersetzte es vorübergehend durch den Sturmklüver, um einen Abend damit zu verbringen, das steife Leinen wieder zusammenzunähen. Um den Kamin löste sich meine Dichtung und ich hatte zwei Stunden lang zu tun, sie wieder festzubekommen. Das Kurzwellenradio gab nach nur zwei Tagen den Geist auf. Kein gutes Zureden, kein Schlagen und Fluchen brachte es ins Leben zurück. Der Verlust des Radios war schwerwiegender als der des Funkpeilgerätes, weil ich ohne Kurzwelle die Genauigkeit meines Chronometers nicht überprüfen konnte. Wir verließen uns beim Segeln auf Gott, meine Mutmaßungen und auf die Logtafeln, bis der Himmel aufklarte und ich in der Hoffnung visieren konnte, daß das Chronometer eine gute Zeit hielt. Im Kielraum stand eine Menge Wasser, so oft ich ihn auch auspumpte, aber damit hatte ich gerechnet. Die kalfaterten Fugen würden bald genügend undurchlässig sein.

Mein größtes Problem war meine Erschöpfung. Angela konnte mir nicht helfen, daher mußte ich Tag und Nacht segeln. Ich hatte das lädierte Selbststeuerungsgerät noch nicht repariert, das unter dem Beiboot verstaut war, aber die *Sycorax* war bisher mit justiertem Ruder und verkürzten Segeln immer gut gesegelt, während ich ein bißchen geschlafen hatte. Ein solches Verfahren setzte eine beständige Windrichtung voraus und hatte häufiges Aufwachen zur Folge, um den Kompaßkurs zu überprüfen. Der schlimmste Moment kam in der achten Nacht nach unserem Start, als ein Klampenhorn glatt absprang und ich durch das Hämmern des flappenden Stagsegels wach wurde. Das Boot rollte wie ein Betrunkener in der Dünung, während ich mich an Deck kämpfte.

Der Regen peitschte durch die Dunkelheit, und ich drehte die *Sycorax* in den Wind, nahm den Klüver zurück und ging mit angelegter Rettungsleine nach vorn, um die verlorene Klampe zu finden. Es kostete mich zehn Minuten, sie ins Cockpit zurückzubringen und wieder ordentlich zu befestigen. Dann brachte ich das Boot wieder auf Kompaßkurs. Meine Nachtlichter flackerten an den Wanten, während unter ihnen, geisterhaft und gereizt, die Wellenkämme weiß und bedrohlich auf uns zukamen. Ich pumpte den Kielraum aus und kletterte dann in meinem durchnäßten Ölzeug zurück über die Waschborde. Angela wurde wach und stöhnte. »Was ist passiert?«

»Klampe gebrochen. Nichts Beunruhigendes.«

»Warum hast du auch keine anständigen Winsche wie Tony?«

Ich dachte, daß die Frage eine Rückkehr des Interesses zeigte, vielleicht gar erste Symptome der Auferstehung waren. »Weil das protzige, schauerlich moderne Dinger sind, die nicht zur *Sycorax* passen würden, und weil sie mehr als hundert Pfund pro Stück kosten.« Ich spürte, daß mein Rücken schmerzte, als ich mich aus der steifen, nassen Ölkleidung zwängte. »Möchtest du etwas essen?«

»O Gott, nein!« Sie stöhnte erneut auf, als das Boot eine Welle nahm. »Wo sind wir?«

»Westlich von Irland, östlich von Kanada.«

»Gehen wir unter?«

»Noch nicht. Aber der Wind hat ein bißchen aufgefrischt.«

Eine Stunde später wurde ich wieder wach und merkte, daß das Boot schlingerte und stampfte. Ich schlüpfte wieder ins Ölzeug und ging an Deck, um festzustellen, daß das Wetter Unheil verhieß. Ich nahm das Großsegel herunter und hißte das Sturmgaffelsegel an seiner Stelle. Ich holte den Klüver ein und reffte den Besan. Das Boot war noch immer unausgeglichen, versuchte in den kochenden Wellen auszubrechen, und so nahm ich das Gaffelsegel wieder herunter und hißte es neu als Besan-Stagsegel. Das stärkte die *Sycorax* ganz leidlich. Und Verstärkung hatte sie auch nötig, denn die See hob und senkte sich wie eine Landschaft, die verrückt geworden war. Wir befanden uns inzwischen hoch im Norden. Die Nacht war hell und kurz. Ich konnte sehen, daß der Wind und der heftige Regen die Wellenkämme glattschliff und die Täler mit einer feinen Decke aus weißem Schaum bedeckte. Zweimal tauchte die *Sycorax* ihren Bug ein und schwankte dann wieder hoch. Das Wasser kam auf das Cockpit zurückgeströmt, um sich mit dem prasselnden Regen zu mischen. Ich hatte weder Brückenkleid noch Gischtschutz, wenn auch das festgezurrte Beiboot einen gewissen Schutz nach vorn bot. Ich pumpte den Kielraum alle paar Minuten leer.

Die ganze Nacht, den nächsten Tag und in die folgende Nacht hinein schlugen dieser Wind und diese See auf uns ein. Ich schlief am Morgen eine Stunde, wurde dann von dem wahnsinnigen Tosen wach, pumpte eine halbe Stunde lang und schlief wieder ein. Ich nahm Benzedrin. Gegen Mitternacht der zweiten Sturmnacht flaute der Sturm ab und das dauernde Rollen der Wellen ließ nach. Also justierte ich das Ruder, ließ die Segel kurz und kroch in meine Koje. Angela weinte vor Verzweiflung, aber ich hatte nicht genug Energie, um sie trösten zu können. Ich wollte nur schlafen und vergessen.

Ich schlief fünf Stunden, verbrachte aber die meiste Zeit in halbwachen Träumen, und kletterte dann aus der klammen Koje und stellte fest, daß sich der Sturm gelegt hatte. Ich schälte mich aus dem Schlafsack, zog einen feuchten Pullover an, ging an Deck und erblickte eine lange, lange Dünung mit kleinen und gereizten Wellen, die Überbleibsel des Sturms waren. Ich nahm das Besan-Stagsegel ab, löste Baum und Gaffel, hißte Großsegel und Klüver und reffte dann den Besan. Ich pumpte das Flach aus, bis mein Rücken die Schmerzen nicht mehr ertragen konnte. Jeder Knochen, jeder Muskel tat mir weh. Das nannte man Segeln, aber der Wind war auf Stärke vier gefallen, und da waren Risse in den Morgenwolken, die Sonnenschein versprachen. Das Meer glitzerte silbern im Westen, und ich lehnte mich auf das Kabinendach, zu erschöpft, um mich bewegen zu können, und dankte der *Sycorax* für alles, was sie getan hatte. Ich tätschelte das Kabinendach und sprach meinen Dank laut aus.

Die Katze, die meine Stimme gehört hatte, beschwerte sich darüber, daß sie seit Stunden nicht gefüttert worden war. Ich glitt durch die Luke in die klamme Kabine. Die Katze rieb sich an meinen Beinen. Ich nannte sie nicht mehr Angel, weil jedesmal

Angela geantwortet hatte, wenn ich es tat. Ich öffnete eine Dose Katzenfutter und war so hungrig, daß ich versucht war, den Inhalt selbst hinunterzuschlingen. Statt dessen reinigte ich den Fußboden der Kajüte, einschließlich des herausgefallenen Inhalts des Zinkeimers, und versuchte mich selbst davon zu überzeugen, daß das tatsächlich das Leben war, das ich mir in diesen langen Krankenhausnächten erträumt hatte.

Eine Stunde später tauchte ein sowjetischer Raketenkreuzer der Aurora-Klasse am nördlichen Horizont auf. Er war von zwei Zerstörern begleitet, die mißtrauisch in Richtung *Sycorax* schnüffelten. Pflichtschuldigst zog ich meine Handelsmarine-Flagge auf. Nach dieser Höflichkeitsbezeugung, die mit dem Dippen von Hammer und Sichel des einen Zerstörers quittiert wurde, schaltete ich das Hochfrequenzgerät ein. »Jacht *Sycorax* an sowjetisches Marineschiff. Hören Sie mich? Over.«

»Guten Morgen, Kleine. Over.« Der Funker mußte mit meinem Ruf gerechnet haben, denn er antwortete sofort. Er klang schrecklich munter, als hätte er seinen Bauch bereits voller Kaffee und Spiegeleiern oder mit dem, was ein herzhaftes russisches Frühstück auch immer enthalten mochte.

»Können Sie mir eine Position und einen Zeitvergleich geben?« Wir blieben auf dem Notkanal, was wohl so weit draußen auf See niemanden stören würde. »Over.«

»Keine Ahnung, ob unsere amerikanische Satellitenausrüstung funktioniert«, lachte er. »Warten Sie. Over.«

Ich lachte über seine Antwort und spürte, wie die Salzschicht auf meinem Gesicht sprang. Eine Minute später gab er mir eine Position und einen Countdown auf die Sekunde genau. Er wünschte mir Glück, und dann glitten die drei grauen Kriegsschiffe südlich durch die gereizte See.

Wir hatten uns gut gehalten. Wir waren glatt um das Rockall Plateau herumgekommen, aber wir waren nördlicher, als ich beabsichtigt hatte. Wenn Bannister mit seinem schnelleren Boot nur halb so gut war, mußte er die St. Pierre Trophy gewinnen – falls er lange genug lebte. Mein Chronometer war auf die Sekunde genau geblieben und das war beruhigend.

»Mit wem hast du gesprochen?« Angela rollte sich in der Koje herum.

»Mit einem sowjetischen Zerstörer. Er hat mir unsere Position gesagt.«

»Die Russen helfen dir?« Sie klang ungläubig.

»Warum sollten sie es nicht tun?« Ich schob die Katze sanft vom Rockall Plateau und machte ein Bleistiftkreuz auf der Karte. »Möchtest du ein bißchen Kaffee?«

»Ja, bitte.«

Die Auferstehung hatte definitiv begonnen. Ich brühte den Kaffee auf und rührte dann ein paar Eier in die Pfanne. Angela meinte, sie könne unmöglich auch nur den kleinsten Bissen Ei herunterbringen, aber fünf Minuten später probierte sie vorsichtig einen Löffel von meiner Portion und schlang dann den Rest hinunter.

»Mehr?«

»Ja, bitte.« Ich machte Nachschub. Die Auferstehung war in vollem Gang. Sie fand ihre Zigaretten und zündete sich eine an. An dem Nachmittag, den wir damit verbracht hatten, die *Sycorax* zu beladen, hatte Angela zwanzig Stangen Zigaretten in der Vorderpink versteckt. Sie hatte auch einen zweiten Schlafsack und einen zweiten Satz Schlechtwetterkleidung an Bord verstaut. »Nur für den Fall, daß ich mich zum Mitkommen entscheiden würde«, erklärte sie. Jetzt rauchte sie ihre Zigarette im Cockpit und blinzelte in das graue Tageslicht. Sie griff sich hinter das Ohr und riß den kleinen Klebstreifen ab. »Soviel zum Thema moderne Wissenschaft.« Sie warf ihn über Bord. Sie sah furchterregend aus: grau wie Asche, mit strähnigen Haaren und blutunterlaufenen Augen.

»Guten Morgen, Schöne«, sagte ich.

»Ich hoffe, du hast keinen Spiegel auf diesem verdammten Boot.« Sie sah tieftraurig zum Horizont und erblickte nichts als die lange, graue Dünung. Hinter uns waren die Wolken schwarz wie die Sünde, während der Himmel voraus ein träges Grau zeigte. Sie musterte mich mit hochgezogenen Brauen. »Gefällt dir dieses Leben wirklich, Nick?«

»Ich liebe es.«

Die Katze verrichtete ihr Geschäft auf dem Speigatt, wo sie irgendwie mitbekommen hatte, daß die See dort nachspülte. Dann sprang sie würdevoll auf Angelas Schoß und begann mit ihrem morgendlichen Putzen. »Du kannst sie nicht Angel nennen«, sagte Angela.

»Warum nicht?«

»Weil es mir nicht gefällt. Nenn sie Pixie.«

»Ich werde doch meine verdammte Katze nicht Pixie nennen.«

»Gut.« Sie kraulte das Kinn der Katze. »Vicky.«

»Warum Vicky?«

»Nach dem Victoria Cross natürlich.«

»Das wäre anmaßend.«

»Wer sollte das wissen, wenn du es nicht erzählst?«

»Ich weiß es.«

Angela knurrte über meine Kompromißunwilligkeit. »Sie wird Vicky genannt, und damit basta. Sehe ich tatsächlich schauerlich aus?«

»Absolut verheerend. In der Tat ekelerregend.«

»Vielen Dank, Nick.«

»Du gehst jetzt unter Deck, ziehst dich aus, wäschst dich, trocknest dich sorgfältig ab, ziehst dir saubere Sachen an, kämmst dir die Haare und kommst fröhlich pfeifend wieder herauf«, sagte ich.

»Aye, aye, Sir.«

»Dann öffne die Luke zum Vorderdeck, um die Kabine zu lüften. Anschließend hockst du dich hierher und steuerst zweihundertneunundachtzig, während ich schlafen gehe.«

»Ganz allein?« Sie klang nervös.

»Du kannst dir von der Katze Gesellschaft leisten lassen.«

»Vicky.«

»Du kannst dir von Vicky Gesellschaft leisten lassen«, sagte ich.

Seither heißt sie Vicky.

In dieser Nacht bewölkte sich der Himmel erneut, und ich wurde in der kurzen Dunkelheit wach, hörte das Wasser am Rumpf entlangzischen und wußte, daß wir es mit dem wirbelnden Rückschlag eines weiteren Sturms zu tun bekommen würden.

Angela wurde erneut seekrank, aber nicht so schlimm. Sie begann sich an das Boot zu gewöhnen sogar an das chemische Klo. Ich versicherte ihr, daß eine Verstopfung nicht über den ganzen Atlantik hinweg anhalten würde und erntete dafür einen sauren Blick.

Aber die nächsten Tage brachten Farbe in ihre Wangen. Sie begann ordentlich zu essen. Ich übernahm das Kochen, weil Kochen auf einem Schiff bei Anfälligen die Seekrankheit fördert.

In diesen Tagen kamen wir schnell voran. Wir sahen keine anderen Segelboote, nur einen Trawler, der nach Westen, und ein Kriegsschiff, das nach Norden zog. Die Kondensstreifen von Flugzeugen durchzogen den Himmel: Jumbojets, die ihre zusammengepferchte Ladung zwischen den großen Städten der Welt hin und her transportierten. Die Passagiere, falls sie überhaupt heruntergeblickt haben, hätten die Runzeln einer form- und gestaltlosen See gesehen, während wir, in den Wind gebeugt, zusahen, wie ein Wal auftauchte und eine Fontäne aufspritzen ließ. Angela war fasziniert wie ein Kind. »Ich hätte nie geglaubt, daß ich so etwas erleben würde«, sagte sie.

Aber die meiste Zeit sprach sie über ihren Mann, und ich stellte fest, wie verzweifelt sie bemüht war, ihre Anwesenheit auf der *Sycorax* zu rechtfertigen. »Er wird die Warnung vermutlich eher glauben, wenn er meine Stimme über Funk hört«, erklärte sie beispielsweise. »Er wird wissen, daß es ernst ist, wenn ich eine solche Anstrengung unternehme, ihn zu erreichen, oder?«

»Bestimmt«, erwiderte ich. Ich behandelte sie wie ein rohes Ei. Meine eigene Überzeugung war die, daß Bannister außer sich vor Wut sein würde, wenn er erfuhr, daß seine junge Frau mit einem anderen Mann über den Atlantik gesegelt war. Aber Angela brauchte diese Art von Wahrheit nicht zu erfahren.

»Ich kann einfach nicht glauben, daß er wirklich gefährdet ist«, sagte sie an diesem Abend.

»So ist es nun einmal mit Gefahren«, erwiderte ich. »Auf den Falklandinseln kam sie mir auch nicht wirklich vor. Der Krieg schien nicht real zu sein. Wir waren dafür ausgebildet worden, aber ich glaube nicht, daß auch nur einer von uns geglaubt hat, daß wir tatsächlich kämpfen würden. Ich erinnere mich, daß ich dachte, wie verrückt das doch war. Ich hätte überhaupt nicht denken sollen. Von mir wurde erwartet, daß ich die Runden mitzählte, die ich abfeuerte. Aber ich vergaß das glatt. Wir waren dafür ausgebildet. Die verdammten Runden zu zählen, meine ich. Damit wir wußten, wann wir das Magazin zu wechseln hatten. Aber ich lachte nur darüber. Es war nicht real. Ich drückte ab, immer und immer wieder; aber plötzlich waren da keine Kugeln mehr in meiner Knarre. Und dieser verdammt riesige Kerl mit der Maschinenpistole taucht links von mir in einer Erdhöhle auf, und alles, was ich hatte . . .« Ich hob die Schultern. »Entschuldige. Ich rede zuviel.«

Angela saß neben mir im Cockpit. »Und alles, was du hattest, war was?«

»Haben wir eigentlich ein paar eingelegte Zwiebeln mitgenommen?«

»War das, als du verwundet worden bist?« blieb sie beharrlich.

»Ja.«.

»Also, was ist passiert?«

Ich imitierte den Schlag mit einem Bajonett. »Dreckig.«

Sie runzelte die Stirn. »Wurdest du angeschossen?«

»Zunächst noch nicht. Ich reagierte wie ein Blödmann. Ich konnte mich nicht zurückziehen, weil das so ausgesehen hätte, als hätte ich keinen Mumm. Also ging ich weiter. Ich weiß noch, daß ich geschrien habe wie ein Wilder, werde aber in meinem ganzen Leben nie erfahren, was ich geschrien habe. Es ist wirklich dämlich, denn daran würde ich mich eigentlich gern erinnern.«

Angela runzelte die Stirn. »Warum wolltest du darüber so im Film nicht sprechen?«

»Ich weiß nicht ...« Ich machte eine kurze Pause. »Weil ich alles verpfuscht habe. Wenn du die Wahrheit hören willst. Ich war am falschen Ort, ich hatte eine Heidenangst und ich dachte, wir würden von ein paar verdammten Argies in die Pfanne gehauen. Ich bin ganz einfach ausgeflippt, das ist alles.«

»In der Würdigung liest sich das aber ganz anders.«

»Es war dunkel. Niemand hat gesehen, wie es sich abgespielt hat.«

Sie mißverstand meinen Tonfall. »Bereust du jetzt, gekämpft zu haben?«

»Himmel, nein!«

»Nein?«

»Für Königin und Heimat, mein Schatz.«

Sie starrte mich ungläubig an. »Du bist tatsächlich davon überzeugt, was?«

Natürlich war ich davon überzeugt, aber es blieb keine Zeit, etwas dazu zu sagen, weil die Sonne untergegangen war und perfekte Bedingungen zum Visieren herrschten. Ich holte Bannisters teuren Sextanten mit seiner eingebauten elektronischen Stoppuhr hervor und holte einen Stern perfekt zum Horizont herunter.

Am nächsten Tag ließ der Wind nach. Die Mittagssonne verbreitete immer noch einen Hauch von Wärme, aber schon am frühen Nachmittag waren wir beide in Pullover, Schals und Ölzeug gehüllt. In dieser Nacht, nachdem ich unsere Position ermittelt hatte, rief ich Angela an Deck, damit sie das Polarlicht sah, das den nördlichen Himmel mit seinem großen Gewimmel geschwungener und unterschiedlichster Farben füllte. Sie war begeistert. »Ich dachte, das Nordlicht sieht man nur im Winter?«

»Man kann es das ganze Jahr über sehen. Manchmal sogar in London.«

»Nein!«

»Zwei- oder dreimal pro Jahr«, versicherte ich. »Aber ihr Stadtbewohner seht ja nie hin. Oder besser gesagt, ihr habt soviel Neonlicht über euch, daß es das Nordlicht verdrängt.«

Ein großartiger, korallenfarbiger Lichterbogen schimmerte auf und verblich im Zwielicht, während die Spieren der *Sycorax* klatschend hinübergingen und unfreiwillig, aber langsam den Kurs änderten. Wenn ich am St. Pierre-Rennen teilgenommen hätte, wäre ich vermutlich in dieser Windstille unruhig geworden. Das Meer war spiegelglatt und sah aus wie aus Blei, während Angela und ich im Cockpit saßen und beobachteten, wie die zauberischen Lichter den Himmel im Norden erhellten.

»Weißt du, was ich vergessen habe?« brach Angela unser Schweigen.

»Sag's mir.«

»Meinen Paß.« Ich lächelte. »Vielleicht sollte ich den Kanadiern erzählen, ich hätte dich entführt.«

Sie drehte sich auf der Ruderbank, damit sie sich an mich lehnen konnte. Es war die erste wirklich persönliche Geste, seit sie an Bord gekommen war. Sie starrte auf einen ungeheuren Regen sternenstaubähnlichen blauen Lichts. »Weißt du, warum ich mitgekommen bin, Nick?«

»Sag's mir.«

»Ich wollte mit dir zusammen sein. Es war nicht wegen deines Beins. Und ich bin keineswegs sicher, daß Tony wirklich in Gefahr ist. Ich weiß, ich sollte dir in dieser Beziehung glauben, aber das kann ich nicht.« Sie zündete sich eine Zigarette an. »Ich war wütend.«

»Wütend?«

»Als er sagte, das wären nur die Nerven einer Frischverheirateten. Weil er mir nicht geglaubt hat.« Sie hatte eine Flasche irischen Whiskey aus der Kabine geholt und goß uns beiden nun ein Glas ein. »Meint man das, wenn man sagt, man laufe davon und steche in See?«

»Ja«, erwiderte ich. »Warum nutzt du also nicht die Gelegenheit und gibst das Rauchen auf?«

»Und warum hältst du nicht den Mund?« Also hielt ich den Mund, und wir saßen eine Weile schweigend da. Das Aufscheinen und Verbleichen der großartigen Lichteffekte spiegelte sich in der See. »Ich habe Tony als eine Art Reaktion geheiratet«, stellte Angela plötzlich fest.

»Hast du?«

»Als eine Art Reaktion auf dich.« Sie wandte den Kopf, um mich anzusehen. »Eigentlich sollte ich nicht hier sein, oder?«

»Ich habe mir gewünscht, daß du hier bist«, umging ich ihre Frage.

Sie lächelte. »Soll ich den Ofen in der Kabine heizen?«

»Du willst unter Deck, während Gott diese großartigen Lichteffekte zeigt?«

»Willst du in dieser Kälte mit mir schlafen?« fragte sie. Ich zögerte, und sie sah mich finster an. »Nick?«

»Du bist verheiratet«, meinte ich unbeholfen, obwohl ich es eigentlich nicht sagen wollte und obwohl ich wußte, daß ich mir wünschte, sie würde meine schwachen moralischen Bedenken überwinden.

Sie schloß verärgert die Augen. »Mir ist kalt, ich fühle mich einsam, ich habe Angst und ich bin auf einem verdammten Boot meilenweit entfernt von jedem verdammten Irgendwo, weil ich mit dir zusammensein wollte, aber du spielst den verdammten Pfadfinder.« Sie drehte sich auf der Ruderbank und sah mich verärgert an. »Weißt du, wann ich zum letzten Mal einen Mann gebeten habe, mit mir zu schlafen?«

»Entschuldige«, sagte ich kläglich.

Sie zog die Ringe von ihrer linken Hand und schob sie in ihre Tasche. »Ist es so besser?«

Prinzipien sind eine gute Sache, aber auch in Begierde löslich. Wir heizten den Kabinenofen.

»Glaubst du wirklich an Gott?« fragte sie mich am nächsten Tag.

»Ich kenne niemanden, der tiefe Wasser mit kleinen Booten befährt und es nicht tun würde«, antwortete ich.

»Ich glaube nicht.« Ihre Stimme kam vom Kajütendach, wo sie die kleinen Rationen der Mittagssonne einfing. Ich war in der Kabine und hatte die Bestandteile des Motors um mich verteilt. Wenn wir die Stelle erreichen wollten, an der Nadeschna Bannister den Tod gefunden hatte, und die Rückfahrt der *Wildtrack* unterbrechen wollten, dann würde ich den verdammten Motor brauchen.

Weil in der Nacht eine Flaute das Meer zur Ruhe gebracht hatte, trieb der Rauch aus unserem Schornstein mit dem Boot. Die Segel hingen herab wie Wäsche. Das Barometer war beständig und der Himmel blaß und unschuldig, mit hohen Büschelwölkchen geädert.

»Ich kann nicht an Gott glauben.« Angela hatte offenbar darüber nachgedacht.

»Bleib nur lange genug auf einem Boot, und du wirst glauben.« Ich fragte mich, ob vielleicht ein Gebet dem Motor helfen könnte.

»Au!« sagte Angela.

»Was ist?«

»Vickys Krallen.«

»Wirf sie über Bord.« Die verdammte Katze hatte die ganze Nacht bei uns im Schlafsack verbracht. Jedesmal, wenn ich sie hinauswarf, kam sie zurück, schnurrte wie ein Zweitakter und grub sich wieder in die Wärme ein.

»Wenn du überzeugt bist, daß Segeln den Glauben an Gott fördert«, meinte Angela pedantisch, »meinst du dann auch, daß Mulder glaubt?«

»Ganz tief in seiner trüben Seele wird er es vielleicht tun«, erwiderte ich. »Aber ich stimme dir zu, daß Fanny keine besonders gute Werbung für Gottes Qualitätsarbeit ist. Aber da siehst du es wieder einmal: Ich habe meine theologischen Probleme, genau wie du.« Ich kam zu dem Schluß, daß ich ein Problem mit den Zuleitungen des Motors hatte. Ich begann, mit Silicon um mich zu spritzen.

»Was machst du?« Angela hatte das Zischen der Sprühdose gehört.

»Ich beseitige die Fehlerquellen am Motor.«

»Warum beseitigst du nicht die Katze?«

»Kannst du das nicht selbst tun?«

»Nein, weil ich möchte, daß du es tust.«

Ich zog mich ins Cockpit hinauf und lachte. Ich war nicht wegen der Katze aufs Deck gebeten worden, sondern weil Angela nackt auf der Lukenkimming an Backbord lag. Ich warf die Katze hinauf zum schlaffen Großsegel, wo sie ihre Spinnenpose einnahm, dann beugte ich mich vor und küßte Angela. »Kommst du dir vor wie ein verführter Mann?« wollte sie wissen.

»Ich komme mir vor wie ein glücklicher Mann.«

»Armer Nick.« Sie sah hinaus auf das spiegelglatte Meer. »Hat dich Melissa betrogen?«

»Ständig.«

Sie wandte mir wieder ihr Gesicht zu. »Hat es weh getan?«

»Natürlich.«

Sie streichelte mein Gesicht. »Das wird nicht mehr wehtun, Nick.«

»Nein.«

»Du bist ein scheußlicher Kerl, Nick, aber ich liebe dich.«

Es war das erste Mal, daß sie das gesagt hatte, und ich küßte sie. »Ich liebe dich.«

»Aber . . .«, begann sie.

»Kein aber«, sagte ich schnell. »Nicht jetzt.«

Wir trieben auf einer leeren See. Das Barometer blieb beständig. Der Nordatlantik hatte sich beruhigt.

Es werden mehr Dinge durch Gebete bewirkt, als diese Welt sich träumen läßt. Der Motor sprang an.

Wir fuhren mit Motorkraft nach Westen und ließen hinter uns eine Kielspur, die gerade war wie eine Pflugfurche. Solange der Motor die Batterien beanspruchte, ließ ich das Hochfrequenzgerät auf Channel 16 eingeschaltet. Seine Reichweite betrug nicht mehr als 50 oder 60 Meilen, aber wenn Boote innerhalb dieses Radius miteinander kommunizierten, würde ich sie hören und fragen, ob sie irgendwelche Informationen über die *Wildtrack* hatten. Ich hörte nichts. Ich nahm das Kurzwellengerät auseinander und stellte fest, daß auf irgendeine Weise Wasser in das Gehäuse gedrungen war. Die Verbindungskabel waren ein Chaos von Rost und Moder. Ich gab das verfluchte Ding auf. Dann verlor ich mein Schlepplog, das sich in einem Stück Treibgut verfangen hatte und riß. Und obwohl ich das gesamte Boot auf den Kopf stellte, konnte ich keines der Ersatzstücke finden, von denen ich sicher war, sie an Bord genommen zu haben.

Die See war nicht länger glatt. Ein winziger Wind kräuselte sie, und eine lange Dünung regte sich unter dem Schiffskörper. Ich klopfte gegen das Barometer und sah, daß der Zeiger eine Spur sank. Die Bewölkung nahm zu. Ich maß den Sonnenlauf und stellte unsere Fortschritte zwischen den Messungen jetzt, da ich kein Log mehr hatte, mit Holzstückchen fest. Angela hielt die Zeit der Holzstückchen mit der Stoppuhr fest, die diese brauchten, um an den abgemessenen siebeneinhalb Metern entlangzutreiben, die ich am Steuerbord-Dollbord der *Sycorax* markiert hatte. Die Holzstücke brauchten durchschnittlich dreieinhalb Sekunden. Multipliziert mit 100, geteilt durch 25 mal 60 bedeutete das, daß uns der Motor gerade mit knapp mehr als 4,2 Knoten voranbrachte. Wir liefen gegen eine Strömung von einem halben Knoten, also kamen wir sehr langsam voran.

»Warum, großer Seemann«, wollte Angela kühl wissen, »hast du keinen Tachometer?«

»Meinst du ein elektronisches Log?«

»Ich meine einen Tachometer, du Schwachkopf.«

»Weil es ein schauderhaft modernes Ding ist, das falsch gehen kann.«

»Stoppuhren können auch falsch gehen.«

»Steck sie in die Hülle zurück«, sagte ich, »während ich über eine Antwort nachdenke.«

Während dieses mittleren Teils der Reise lernte Angela, die *Sycorax* zu segeln. Sie übernahm die Wache, während ich unten schlief. Das Leben wurde leichter für mich. Und für sie. Die Seekrankheit war vorüber, und sie schien eine ganz neue Frau zu sein. Die Anspannungen Londons und der Ehrgeiz waren durch ein gesünderes Leben verdrängt worden. Sie sah gut aus, sie lachte, und ihr schwacher Körper kräftigte sich. Die Winde frischten auch auf, so daß wir wieder unter Segeln hart am Wind nach Westen liefen. Aber ich wußte, daß wir bald wenden mußten, um nach Süden zu dem Punkt zu gelangen, an dem eine junge Frau gestorben war. Tag für Tag sahen wir, wie sich die Bleistiftlinie dem Kreuz näherte, und es kam uns noch immer unwirklich vor, daß wir auf einen Ort der Rache zuhielten.

Wirklich waren nur wir beide. Es war ein Kinderspiel, das wir spielten, aber wir nannten es Liebe, und wie alle Liebenden dachten wir, daß es nie enden würde. Wir waren zusammen zu einem Abenteuer aufgebrochen, aber das Abenteuer hatte jetzt nur noch wenig mit Kassouli und Bannister zu tun. Angelas ringlose linke Hand war eine Bestätigung dafür. Wir waren glücklich, aber ich glaube, niemand von uns vergaß die Wolke, die hinter dem westlichen Horizont wartete. Wir sprachen nur nicht mehr über sie.

Wir waren auch beschäftigt. Ein kleines Boot, aus

Holz gemacht und mit Leinwand betrieben, macht nun mal Arbeit. Ich reparierte die zerbrochene Klampe, nähte Segel und besserte Schäden im Lack aus. Unser beider Leben hing von dem Boot ab, und es gab die einfache, lebensrettende Regel, daß keine Aufgabe aufgeschoben werden durfte. Der kleinste Riß in einem Segel mußte ausgebessert werden, bevor das ganze Segel zu einem nutzlosen Fetzen zerschliß. Es war ein Leben, das seine eigene Disziplin verlangte und auf diese Art Befriedigung brachte.
»Aber für immer?« fragte Angela.

Ich kalfaterte das Brückendeck, wo der Besan eine Planke verformt hatte. »So lange wie nötig.«

»Nötig? Für was nötig?«

»Ich weiß nicht.«

»Nick!«

Ich lehnte mich auf der Ruderbank zurück. »Ich erinnere mich, wie ich nach meiner Verwundung im Hubschrauber aufgewacht bin. Ich wußte, daß ich schwer verletzt war. Die Wirkung des Morphin ließ nach, und ich hatte plötzlich große Angst vor dem Sterben. Aber ich schwor mir, daß ich, wenn ich leben würde, dieses Leben der See widmen würde. Einfach so.« Ich blickte hinaus auf die graue Eintönigkeit der graugrünen Wogen. »Das da«, sagte ich, »ist die gefährlichste Sache der Welt. Wenn du dem Meer gegenüber träge bist, wenn du unaufrichtig bist, wenn du versuchst, es zu betrügen, dann wird es dich töten. Ist das eine Antwort?«

Angela sah auf die See hinaus. Wir liefen unter vollen Segeln hart am Wind und kamen gut voran. Die *Sycorax* fühlte sich wohl, war straff, diszipliniert, zielbewußt. »Was ist mit deinen Kindern«, fragte sie plötzlich. »Vernachlässigst du sie?«

Sie hatte einen wunden Punkt berührt und wußte es. Ich beugte mich über meine Arbeit. »Sie brauchen mich nicht.«

»Nick!« tadelte sie.

»Sie brauchen mich so, wie ich bin. Himmel, sie haben Hon-John, Mumsy und den verdammten Brigadegeneral, die schlampige, große Nanny, ihre Ponys und Melissa. Ich bin jetzt nur der arme Verwandte.«

»Du läufst vor ihnen davon«, warf mir Angela vor.

»Ich werde zurückfliegen, um sie zu sehen.« Die Worte waren unzulänglich, und ich wußte es, hatte aber keine bessere Antwort. Manche Dinge brauchen eben ihre Zeit.

Am nächsten Tag wendeten wir nach Süden, und mit dem neuen Kurs veränderte sich unsere Stimmung. Wir dachten wieder an Bannister, und ich sah an diesem Abend, daß die beiden Ringe wieder an Angelas Hand steckten. Sie zuckte mit den Schultern, als sie sah, daß ich es bemerkt hatte.

Wir sprachen wieder von Bannister. Aber nun redete Angela von seiner Unschuld, erzählte mir immer wieder, wie sie darauf bestanden hatte, die Wahrheit zu erfahren, bevor sie geheiratet hatten. Nadeschna, sagte sie, wäre getötet worden, als eine Welle über dem hinteren Cockpit der *Wildtrack* zusammengeschlagen war. Der Boden ihrer Überzeugung war so brüchig wie der von Kassoulis Gewißheit, aber ich sagte nichts.

»Wenn wir ihn nicht finden«, sagte sie, »und er in Ordnung ist, kann ich dann von Kanada nach Hause fliegen, bevor er wieder in Cherbourg ist?«

»Ja«, versprach ich. Sie plante ihren Abschied von mir, und es gab nichts, was sie davon hätte abbringen können. Meine aktuelle Sorge galt dem Barometer. Es begann schnell zu fallen, und ich wußte, daß uns ein schwerer Sturm bevorstand, und daß wir, indem wir südwärts segelten, in den Strudel des Tiefdruckgebiets fuhren.

Wir gewannen das Rennen um Stunden. Wir erreichten unseren Bestimmungsort, bevor uns der Sturm erreichte. Wir erreichten den leeren und gesichtslosen Ort, an dem ein Jahr zuvor ein Mädchen gestorben war. Die dunklen Wolken hingen tief und wurden schnell über den Himmel getrieben. Die See war zerklüftet und schaumgekrönt. Als eine Art von Tribut mußte ich mich gegen Mittag übergeben. Keiner von uns sagte ein Wort. Es war kein Schiff in Sicht, und aus dem Funkgerät drang kein noch so leises Knacken. Ich wünschte, ich hätte eine Blume gehabt, um sie ins Meer zu werfen, fand dann aber, daß eine solche Geste sentimental gewesen wäre.

»Bist du an der richtigen Stelle?« fragte Angela.

»So nah wie möglich, ja.« Ich wußte, es konnte genausogut meilenweit entfernt sein, aber ich hatte mein Bestes getan.

»Wir wissen nicht einmal sicher, ob Kassouli ihn hier treffen will«, sagte Angela. »Wir vermuten es nur.«

»Hier oder nirgendwo«, erwiderte ich. Aber es blieb eine Tatsache, daß wir es nicht mit Sicherheit wußten. Wir waren ins Nichts gesegelt, weil das besser war, als nichts zu tun. Und jetzt, da wir angekommen waren, gab es noch immer nichts zu tun.

Angela, mit seefrischem Gesicht und windzerzausten Haaren, richtete den Bug der *Sycorax* nach Westen. Ich ließ sie den Kurs wählen und beobachtete, wie sie die Focksegel anholte und das Ruder justierte. Die Katze schärfte ihre Krallen an einem Seesack.

»Vielleicht«, sagte Angela nach ein paar Minuten, »haben sie sie noch gar nicht erreicht.«

»Vielleicht.« Auf meiner Atlantikkarte hatte ich den vermutlichen Kurs der *Wildtrack* markiert. Wenn meine Annahme richtig war, würde unsere Begegnung eine knappe Sache sein, aber der zunehmende Seegang machte jede Chance des Visierens unmöglich.

Angela blickte sich auf dem leeren Meer um. »Vielleicht kommen sie nicht einmal hier entlang.«

»Vielleicht.«

Die Wogen wurden höher, und die Sicht war durch die Gischt behindert, die von den Wellenkämmen gefetzt wurde. Angela reffte das Groß- und staute das Stagsegel, ohne mich zu fragen und aus der Zuversicht heraus, die sie in den Tagen unseres Beisammenseins gewonnen hatte. Die Wellen liefen auf uns zu. Einige von ihnen brachen sich weiß an unserem Vordersteven, und unter ihrem Wüten begann Angelas Zuversicht zu zerfetzen wie die Gischt auf den Wellenkronen. »Kommen wir in ein Unwetter, Nick?«

»Nur in einen Sturm. Das ist nicht so schlimm. Unwetter mag ich nicht.« Die Dämmerung sah uns nur unter der schweren Leinwand des Sturmklüvers und des Besan-Stagsegels. Beide Segel waren winzig und hielten den schweren Schiffskörper in der kochenden See doch in Bewegung. Angela und ich trugen Ölzeug und Sicherungsgurte, während die Katze unter Deck eingesperrt war, als die *Sycorax* von Wellenberg zu Wellental schaukelte, inmitten grünschwarzer Wogen, die mit weißem Schaum bedeckt waren. Der Himmel war mit tiefhängenden, dahinjagenden Wolken beschmiert, und der Wind heulte laut in der Takelage. Angela fröstelte neben mir. »Wo sind die Rettungsringe?« schrie sie mir zu.

»Ich habe keine. Wenn du in diesem Wetter über Bord gehst, bist du ohnehin gleich tot. Warum leistet du nicht Vicky Gesellschaft?«

Sie überlegte kurz, schüttelte dann aber den Kopf. »Ich möchte einen Sturm miterleben.«

Sie würde ihren Sturm bekommen und konnte von Glück sagen, wenn es kein verdammt ausgewachsener Sturm wurde. Aber auch so wurde diese Nacht zu einem Widerhall des Schöpfungschaos.

Das Getöse war ohrenbetäubend. Die Geräusche des Windes reichten von einem messerscharfen Schrillen bis zu einem hohlen Brüllen einer Explosion, die nicht enden will. Das Meer ist das Schlagzeug zu dieser verrückten Melodie, hämmert durch das Boot, daß die Planken erzittern, und es erscheint wie ein Wunder, daß irgend etwas, das von Menschen erschaffen wurde, überleben kann.

Der Lärm ist schlimm, aber der Anblick einer sturmgepeitschten See ist schlimmer. Er ist ein Durcheinander von Luft und Wasser, von Schaumfahnen, die wie Fontänen zum Himmel hinaufschießen. Und durch dieses Chaos aus Weiß, Schwarz und Grau muß die hochgehende See im Auge behalten und das Boot gelenkt werden. Nach Einbruch der Dunkelheit drehte der Wind und verursachte eine Gegensee. Die Hauptdünung rollte noch immer mit brüllenden Wogen von Westen heran, aber nun waren die Wellenkämme durch die gegenlaufenden Wogen gezackt, und dennoch nahm die *Sycorax* diese Wellen wie die Hexe, die sie war. Wir erklommen die Hänge von Ozeanbergen und wurden mit atemberaubender Schnelligkeit in die Höhlen ihrer Täler geschleudert. Ich spürte den Sog der Tonnen kalten Wassers an ihrem Kiel, und einmal hörte ich Angela schreien; es klang wie das schauerliche Kreischen des Windes selbst, als sich die *Sycorax* auf die Seite legte und der Großmast drohte, in einem Wirbel grauweißen Wassers zu versinken.

Die *Sycorax* richtete sich mit Hilfe des Metalls in ihrem Kiel wieder auf. Sie half sich mit demselben Metall, das sie wie einen Stein auf den Grund des Meeres ziehen würde, wenn die See die nächtliche Schlacht gewann. Aber es ist ja keine Schlacht. Die See kennt keine Feindschaft, sie ist uns gegenüber nur blind und taub, und es kommt der Moment, an dem die Angst vergeht, weil es keine Hoffnung mehr zu geben scheint, nur ein Sichfügen.

Wasser kochte über die Planken, strömte durch die Luken und überschwemmte die Abflüsse im Cockpit. Ich ließ Angela pumpen, zwang sie zum Weitermachen, wenn sie aufhören wollte, denn die Bewegung hielt sie warm. Die Kälte könnte uns töten, bevor das Meer dazu kam. Das Meer konnte uns peitschen, durchrütteln, an uns zerren, aber die Kälte würde uns in den Tod lullen. Ich brachte sie dazu, in die Kajüte hinunter zu gehen, um sich ein bißchen aufzuwärmen, sowie die Thermosflasche und die Sandwiches zu holen, die wir vorbereitet hatten. Sie brachte mir das Essen, ging dann wieder hinunter und blieb da. Und ich stellte sie mir vor, wie sie sich auf ihrer Koje zusammenkauerte und die Katze mit beiden Armen umklammerte. Ich pumpte, während die *Sycorax* die Wellenkämme erklomm, und steuerte, wenn wir durch die windgeschüttelten Täler schossen. Der Wind entzündete meine Augen. Es war ein Wind, irgendwo im Herzen Nordamerikas geboren. Er hatte sich in der Hitze der Weizenfelder zusammengebraut und war dann in ein Tiefdruckgebiet umgeschlagen, das am Rand des Ozeans entlangrasen würde, um den Gerstenfeldern Englands Regen zu bringen. Und doch, trotz der steil aufragenden Wellen spürte ich, daß dies keiner der schiffszerfetzenden Stürme war, die den Atlantik tagelang heimsuchen konnten, sondern nur eine fauchende Wildkatze von einem Tief, das über das Wasser fahren und vergehen würde. Auf einer Wetterkarte sah dieser Sturm sicherlich nicht gefährlicher aus als jener, in dem Nadeschna Bannister gestorben war.

Noch vor Ende der Nacht ließ der Wind nach. Er brodelte noch immer in der Takelage und schnippte das Wasser von den Wellenkronen, aber ich konnte spüren, daß sich die Bewegungen des Bootes entspannten. Der Sturm ging vorüber, obwohl da noch ein ekelhafter Wind und eine unangenehme Gegensee waren, verwirrend durch die bedrohliche Dünung. Ich öffnete eine Kabinenluke und sah, daß Angela schlief.

Ich brachte das Boot in den Wind, nahm das hintere Stagsegel herunter und hißte das gereffte Besan- und Großsegel. Die Wellen schlugen gegen die *Sycorax* und zerrten an ihren Segeln. Angela schlief noch, aber ich war wach und suchte nach einer Jacht, die schnell auf Europa zulief.

Meine Suche war eine reine Pflichtübung, denn ich war inzwischen davon überzeugt, daß wir die *Wildtrack* verpaßt hatten. Die Chancen, Bannisters Boot zu finden, waren von Anfang an lächerlich gering gewesen. Und so rechnete ich damit, nichts zu sehen, und als ich in der Morgendämmerung doch etwas sah, wollte ich meinen salzgereizten Augen zuerst nicht trauen.

Ich war müde, mich fror und ich dachte, ich hätte einen Blitz gesehen. Dann hielt ich es für eine Luftspiegelung, aber dann sah ich den reflektierten Schimmer eines Notsignals in den Wolken und wußte, daß ich diesen fahlen Glanz schon einmal gesehen hatte. Es war eine rote Notrakete, die da inmitten des Nichts um Hilfe rief. Sie fackelte aus, dann stieg eine weitere hoch, um vor einem schmierigen Himmel zu explodieren, und ich wußte, daß wir – entweder durch Pech oder Gottes liebende Gnade – zum Ort der Rache gelangt waren.

Ich schob die Luke zurück und stellte das Funkgerät an, aber da war nur das knackende Zischen atmosphärischer Störungen zu hören. Die *Sycorax* vibrierte auf den kurzen, steilen Wellen, die über die Faserung der aufbrandenden Dünung liefen. Angela war noch in einer Ecke der Koje zusammengerollt. »Ich habe gerade Notraketen gesehen«, sagte ich.

Sie brauchte einen Moment, um zu begreifen. »Die *Wildtrack*?«

»Ich weiß nicht.« Ich bemühte mich, nicht hoffnungsvoll zu klingen, aber der Ausdruck auf Angelas Gesicht sagte mir, daß es mir nicht gelungen war.

Sie zwängte sich in ihr Ölzeug und kam ins Cockpit herauf. Sie schloß die Luke, um zu verhindern, daß die Wellen in die Kajüte schwappten, und verhakte dann ihren Sicherungsgurt an einem Jochstock. Ich sah, wie sie beim Anblick der hochgehenden, grünen Dünung erschauerte, die auf uns zukam. Die *Sycorax* suchte sich ihren Weg die Hänge hinauf und schoß im Slalom wieder hinunter. Oben auf jeder Wellenkrone sah ich nach vorn, konnte aber keine Notraketen mehr entdecken.

Ich begann zu glauben, daß ich unter Halluzinationen gelitten hatte. Ich stand auf dem Speigatt, hielt mich backbords an den Besanwanten fest und durchsuchte die aufgewühlte See. Nichts. Der Wind ließ nach und drehte ab. Ich war versucht, das Großsegel zu reffen, aber gerade, als ich mich zu dieser Anstrengung aufraffen wollte, rief Angela.

»Nick!« Ihre Stimme wurde von einer Bö fast verschluckt. »Nick!«

Ich folgte ihrer ausgestreckten Hand mit den Augen. Eine Sekunde lang sah ich nichts als das Chaos von Gischt und Schaum auf den spiegelglatten Flanken der Wellen, aber dann, eine halbe Meile voraus, sah ich die Jacht.

Eine Jacht. Es mußte die *Wildtrack* sein.

Aber nicht die *Wildtrack*, an die wir uns erinnerten, nicht das großartige und glanzvolle Spielzeug eines reichen Mannes, so schnittig, stolz und aufragend. Statt dessen sahen wir eine Jacht ohne Mast, halb vollgelaufen, mit kaskadenartigen Warpleinen, die von Planken herunterhingen, die wasserüberflutet waren. Sie rollte in den Wellen wie ein volles Faß. Wir waren angekommen und waren doch gescheitert, weil sie nun nichts anderes mehr war als ein verlassener Klotz. Eine Sekunde lang gab ich mich der Hoffnung hin, daß dieses Wrack das eines anderen Schiffes war, aber dann entblößte ein Hub der Dünung die Flanke des Rumpfes und ich sah deutlich den unverkennbaren blauen Blitz. Es war die *Wildtrack*. Wir waren mehr als 1700 Seemeilen gesegelt und hatten sie durch ein Wunder gefunden.

Aber durch ein grausames Geschick hatten wir sie zu spät gefunden.

Ich trat ins Cockpit der *Sycorax* und nahm das Ruder.

»Nick! Nick!« Angelas Stimme enthielt eine neue Dringlichkeit, und ich sah, daß sich im hinteren Cockpit der *Wildtrack* ein orangefarbener Farbfleck bewegte. Anfangs dachte ich, es wäre ein Sitzkissen oder irgendein anderes Treibgut, aber dann stellte ich fest, daß es sich um einen Mann in Ölzeug handelte. Er lebte. Es mußte Bannister sein, und er lebte; es sei denn, die See bewegte eine Leiche.

Ich kletterte auf den Kabinenboden hinunter und bedrohte den Motor mit dem Tod, falls er nicht ansprang und fluchte, daß ich keinen Selbststarter besaß. Ich schwankte, als das Boot schwankte, und schwang die Kurbel. Zu meiner Überraschung erwachte die kalte Maschine unverzüglich zum Leben. Ich schoß die Kajüttreppe wieder hinauf und kletterte ins Cockpit. Die *Wildtrack* war in einem Wellental verschwunden, aber als ich den Gang einlegte, sah ich, wie sich ihr Bug schwerfällig auf einen vom Wind zerrissenen Wellenkamm schob. Ich drehte die *Sycorax* in den Wind, visierte die Wogen an und ließ uns vom Motor voranbringen. Unsere Segel knatterten wie Kanonen. Angela blickte mit offenem Mund nach vorn. Ich wollte nicht wissen, was sie dachte, oder welche Hoffnungen – ihre oder meine – sich einer Tragödie näherten.

Tückisch drehte der Wind, schob und stieß uns. Wir stampften auf einem Wellenberg, und der Motor raste wie eine Todesfee, bevor das Heck wieder unter Wasser sank. Aber als wir auf der Wellenkrone waren, sah ich, daß die orangefarbene Gestalt im

Heck der *Wildtrack* lebte, weil sie winkte und dann wieder zurückfiel. Er war entweder verletzt oder so erschöpft, daß er sich kaum drehen konnte.

»Es wird verdammt schwer sein, ihn dort von Bord zu bekommen!« schrie ich zu Angela hinüber.

Sie brauchte mich nicht, um die Probleme zu erkennen. Neben einem überfluteten Boot in einer hohen See und bei einem drehenden Wind längsseits zu gehen, war ein Stück seemännischen Könnens, das einen Jimmy Nicholls oder den Steuermann eines Lebensrettungsbootes verlangte. Schlimmer noch: Wenn Anthony Bannister verletzt war, würde er kaum in der Lage sein, sich selbst zu helfen, und das bedeutete, daß einer von uns an Bord der *Wildtrack* gehen mußte, um ihm Beistand zu leisten. Das würde ich sein müssen. Ich wollte es nicht, aber es war einer von jenen Augenblicken, in denen es wirklich das Beste war, nicht allzusehr über die Vorzüge von Klugheit gegenüber der gottverdammten Dummheit nachzudenken. »Du wirst das Boot steuern müssen!« rief ich Angela zu. »Du wirst es längsseits bringen und dann wieder abschieren, wenn ich an Bord der *Wildtrack* bin. Verstanden? Ich will nicht, daß uns dieses Ungetüm den Rumpf eindrückt.«

Sie nickte. Sie sah auf die Gestalt im Heck der *Wildtrack*. Sie hatte die Kapuze auf, und ihr Kragen war hoch zugeknöpft.

»Wenn ich ihn habe«, fuhr ich fort, »wirst du noch einmal längsseits kommen müssen!« Wie, das mochte Gott wissen. Sie war eine gute Seglerin geworden, aber dieses Manöver war so, als würde man einen Sportflugzeugpiloten auffordern, einen Jumbo zu landen.

Ich ließ sie am Ruder, während ich alle Fender, die ich aus Bannisters Bootshaus mitgenommen hatte, an den Verstrebungen der Reling der *Sycorax* befestigte. Ich hängte die Fender mehr in der Hoffnung auf als in der Erwartung, daß sie mein Boot retten konnten. Die *Wildtrack* und die *Sycorax* würden stampfen, wenn sie dicht nebeneinander lagen, und ich befürchtete, daß ich mit meinem Bug auf ihr Deck hinunterkrachen oder – schlimmer – mir das Ruder und die Schiffsschraube abreißen würde. Ich hatte Angst vor der *Wildtrack*. Sie war ein treibender Rammbock, der uns manövrierunfähig machen oder sogar unseren Kielraum eindrücken konnte.

Ich ließ das Großsegel fallen und befestigte Gaffel und Segel locker am Mast, den ich dann an den Galgen sicherte. Ich wollte nicht, daß Angela durch knatternde Segel irritiert wurde, wenn sie versuchte, das Boot optimal zu manövrieren. Ich staute Stagsegel und Besan, ließ aber den Sturmklüver straff, um die *Sycorax* zu versteifen und dem Bug für den Moment eine kleine Hebelwirkung zu geben wenn Angela abschieren mußte. Ich nahm das Ruder. »Bist du festgegurtet?«

Sie zeigte mir ihren Sicherungsgurt. Ich beschleunigte, und wir waren bald nahe genug an der *Wildtrack*, um die Wellentäler mit ihr zu teilen. Ich wollte das lädierte Boot umrunden, um mich ihm von Lee zu nähern, so daß der Wind die *Sycorax* von dem tückischen Ungetüm wegdrängen würde, nachdem ich an Bord war. Doch mit der Wahl dieses Kurses riskierte ich, daß sich die herabhängenden Taue der *Wildtrack* in der Schiffsschraube der *Sycorax* verfingen, und ich sagte Angela, sie solle den Motor auf

Neutral stellen und sich vom Sturmklüver von den Leinen wegtragen lassen, sobald ich auf dem anderen Boot war. »Laß den Segeln ein bißchen Spiel, okay?«

Eindeutig war es nicht okay. »Soll ich zu ihm hinübergehen?« rief Angela.

Ich hatte darüber nachgedacht, wußte aber, daß sie nicht kräftig genug war, einen hilflosen Mann hochzuheben. Und Bannister war hilflos. Er bewegte sich kaum, verfolgte unser Vorgehen lediglich mit den Augen unter der orangefarbenen Kapuze. Es gab auch noch einen anderen Grund, weshalb ich hinüberwollte: Falls irgend etwas schiefgehen sollte, dann wäre Angela auf dem sicheren der beiden Schiffe. Ich erklärte, daß ich die herunterhängenden Seile einsammeln würde, sobald ich auf der *Wildtrack* war, damit sie sich keine Sorgen zu machen brauchte, daß sie ihr bei der zweiten Annäherung in die Schiffsschraube gerieten. »Aber falls es wider Erwarten nicht gelingen sollte, daß ich mit ihm auf die *Sycorax* komme, dann bleibe so nahe wie möglich! Wenn du das nicht kannst, viel Glück! Segle nach Westen. An den Grand Banks wirst du mit Sicherheit auf Trawler stoßen. Und vergiß nicht, Vicky zu füttern!«

Sie warf mir einen ängstlichen Blick zu. Ich grinste, versuchte sie aufzumuntern, ihr Selbstsicherheit zu geben. Dann heizte ich dem Motor ein, damit er die *Sycorax* auf die Lee-Seite der *Wildtrack* brachte. Ich stellte fest, daß uns der überflutete Rumpf der *Wildtrack* einen gewissen Schutz gewährte. »Nimm das Ruder! Denk dran: Ruder herum und Motor auf Neutral, sobald ich drüben bin.«

Angela nahm das Ruder, und ich schwankte vor zu den Steuerbordwanten der *Sycorax*. Ich löste meinen

Sicherungsgurt vom Jochstock und rollte ihn in der Tasche zusammen. Ich trat mit meinem gesunden Bein über die Reling und hielt mich dann krampfhaft fest, als das Schandeck überrollt wurde. Wir waren noch anderthalb Meter vom überfluteten Boot entfernt, dann einen Meter, einen halben, und ich war gerade dabei, über den brodelnden Abgrund zu setzen, als sich die See zwischen den Jachten hob, und die *Sycorax* abdrehte. Ich klammerte mich mit der linken Hand an die Wanten, während das grüne Wasser bis zu meinen Stiefeln hochkochte. »Näher!« schrie ich, obwohl ich nicht sicher war, daß Angela mich hörte. Sie drehte am Steuer, und wir wogten wieder auf das andere Boot zu. Die schlingernde Bewegung hatte die *Sycorax* am Rumpf der *Wildtrack* weit nach vorn getrieben, fast an ihren Bug. In einer Sekunde würde es zum Springen zu spät sein.

Dann schob die See die Schiffskörper zusammen und ich hörte das Knirschen von Holz an Fiberglas. Ich sprang.

Ich kam mit dem rechten Bein auf, und zum ersten Mal seit Wochen versagte mein Knie. Ich muß laut aufgeschrien haben, obwohl ich im Getöse von Wasser und Wind nichts hören konnte. Das Bein schmerzte dumpf, es verdrehte sich, und ich stürzte schwer auf das schlüpfrige Vorderdeck der *Wildtrack.* Von meinem Rücken her breitete sich der Schmerz aus. Ich hörte die Maschine der *Sycorax* stottern, als Angela den Hebel auf Neutral stellte, und mir bot sich der erschreckende Anblick, daß sich der Bugspriet der *Sycorax* meinem Kopf näherte. Aber der wahre Schrecken kam, als eine Welle über dem Vordeck der *Wildtrack* zusammenschlug und mich fortzuschwemmen drohte. Ich ergriff die Relingverstrebung mit meiner rechten Hand und klammerte mich fest, während mich das Wasser tosend umspülte. Ein Schwall eiskalten Wassers schwemmte mich herum, aber mein linker Stiefel fand einen Halt an einer Luke der *Wildtrack,* und irgendwie hielt ich mich im kochenden und wirbelnden Donnern der Woge fest. Ich konnte nichts anderes denken als den sich wiederholenden Refrain: »Du mußt total verrückt sein; du mußt verrückt sein!« Und plötzlich erinnerte ich mich, daß das genau die Worte waren, die ich laut hinausgeschrien hatte, als ich mit einer SLR in den Händen einen Hügel hinaufgestürmt war. Ich hatte damals Todesangst ausgestanden, und ich stand sie heute aus. Das Wasser begann vom Deck der *Wildtrack* abzulaufen, und ich hob meinen Kopf und sah, daß Blut in die überfluteten Speigatte sickerte. Es schien von meiner linken Hand zu stammen, aber ich konnte nicht feststellen, wie schlimm die Verletzung war. Ich versuchte, mein rechtes Bein zu bewegen, aber da war überhaupt kein Gefühl. Ich sah zu, wie die *Sycorax* wegschierte und ihren Bugspriet in die Wellenkämme tauchte.

Über die Lukenkimming rutschte ich in das überflutete mittlere Cockpit. Ich war bis auf die Haut durchnäßt, wurde aber vom Adrenalin gewärmt. Der Wind peitschte Gischt über das Boot, aber im Cockpit gab es ein bißchen Schutz, obwohl es beängstigend war, so niedrig und ungesichert im Wasser zu sein. Die Wellen ragten steil neben mir auf. Ihre Flanken wirkten wie zerspringende Flächen von Flaschenglas, an denen sich die überschwemmte Jacht schwerfällig emporheben wollte, aber die Wellenkämme nie ganz erreichte, so daß die Wogen über ihr zusammenbrachen und sie für Augenblicke überflutet wurde. Es war eine Tatsache, daß die *Wildtrack* sank, und ich wurde plötzlich von namenloser Angst gepackt, daß sie untergehen könnte, bevor es Angela gelungen war, die *Sycorax* wieder an ihre Seite zu bringen. Ich sah mich nach einem Rettungsring oder -floß um, aber als die *Wildtrack* von ihrer Crew verlassen worden war, hatte sie all diese Gegenstände mitgenommen. Selbst wenn es Angela gelang zurückzukommen, hatte ich keine Ahnung, wie ich wieder an Bord der *Sycorax* kommen sollte, von Bannister ganz zu schweigen. Mein Bein war nicht einsatzfähig. Ich hockte halb unter Wasser, krallte Finger in Hüfte und Knie, um wenigstens etwas zu spüren.

Ich versuchte aufzustehen, fiel wieder hin und schleppte mich mühsam zum Ende des Cockpits. Ich nahm auf mein Bein keinerlei Rücksicht, während ich die Taue aus dem Wasser zog und in Spinde stopfte. Als ich das letzte Seil an Bord gezogen hatte, ließ eine Woge das Heck des Bootes hochgehen, und das Wasser im Cockpit floß nach vorn ab. Da sah ich es. Ich war nicht darauf vorbereitet und mußte mich übergeben.

Die Tür zur hinteren Kabine stand offen, und der Körper wurde von der trägen Bewegung des Schiffes nach vorn getrieben. Er kam durch die Tür, bis seine Schultern steckenblieben. Ich verstaute das letzte Tau und nahm meinen ganzen Mut zusammen, um das Kabinendach zu überqueren und nach hinten zu gehen, wo Bannister lag. Aber plötzlich wußte ich, daß es nicht Bannister war, der im Heck der *Wildtrack* auf mich wartete.

Es konnte nicht Bannister sein, weil ich Bannister gerade ansah, und er mich. Oder besser gesagt: seine toten Augen starrten mich von der Tür zur hinteren Kabine an, durch die jetzt noch mehr Wasser ins Cockpit gesprudelt kam. Er steckte in einer Rettungsweste, die seinen Kopf eigentlich über Wasser halten sollte, aber seine Kehle war ihm bis fast zum Rückgrat durchschnitten worden, und sein Kopf war nach hinten gefallen, lag unter dem Wasserspiegel. Es war kein Blut zu sehen. Alles Blut mußte aus seinem Körper gepumpt und herausgewaschen worden sein. Er mußte seit mehreren Stunden tot sein, denn er war nichts als ein bleicher, blutloser Gegenstand, der zusammen mit anderen Gegenständen durch die Kabine trieb. Die Kehle war mit einer Klinge glatt durchtrennt und vom Seewasser noch sauberer gewaschen worden. Der Anblick dieser Wunde ließ mich erneut erbrechen.

Der Bug der *Wildtrack* hob sich, und der Körper wurde gnädigerweise meiner Sicht entzogen. Ich kletterte weiter nach hinten und zog mich mit beiden Armen auf das Dach der hinteren Kabine. Ich klammerte mich mit beiden Händen am Handlauf fest, während eine weitere Woge die *Wildtrack* überflutete. In diesem Moment wandte der Mann im Heck der *Wildtrack* den Kopf und sah mich an.

Es war Mulder.

Die *Wildtrack* erzitterte unter mir, während das Wasser von ihren Decks abfloß. Ich kroch auf Mulder zu und fiel in das kleine, hintere Cockpit. »Können Sie aufstehen?«

Er schüttelte den Kopf und zeigte auf sein linkes Bein, das unnatürlich verbogen war. Er schrie etwas, und ich legte die Hand an das Ohr, um ihm verständlich zu machen, daß ich ihn nicht hören konnte. Er öffnete den oberen Kragenknopf seiner Öljakke, um seinen Mund freizulegen. »Verdammter Sturz.« Er schrie es verbittert, als wäre das Schicksal ganz besonders ungnädig mit ihm umgegangen. »Mein Bein ist gebrochen.«

Das machte zwei einbeinige Männer auf einem sinkenden Boot. »Wo ist der Rest der Crew?« Ich versuchte aufzustehen und ergriff den Handlauf neben der Tür zur hinteren Kabine. Als es mir gelungen war, hielt ich Ausschau nach der *Sycorax*. Sie war etwa zweihundert Meter entfernt und zog immer noch davon. Ich sah, daß sich der Sturmklüver gelöst hatte und vom Sturm in Fetzen gerissen wurde. Dann entzog eine riesige Welle die *Sycorax* meiner Sicht. Ich verlagerte mein Gewicht auf mein rechtes Bein, und die Beanspruchung ließ es nervös zittern. »Wo ist Ihre Crew?« schrie ich.

»Abgehauen!« schrie Mulder zurück. »Sie sind in Sicherheit.«

Also war ein anderes Boot dagewesen und hatte die Crew gerettet? Mulder war an Bord geblieben, um das beschädigte Boot zu bergen und hatte dann die Notraketen abgeschossen, als der Sturm stärker geworden war. Ich fragte mich, wo das Rettungsboot war und warum es auf die Notsignale nicht reagiert hatte. »Haben Sie die Signale abgegeben?« fragte ich. »Damit sie das Rettungsschiff sieht?«

»Bringen Sie mich hier runter, verdammt noch mal, Sandman! Die Jacht sinkt!«

»Ich sollte Sie Ihrem Schicksal überlassen, Fanny.« Ich duckte mich, als wir bis zur halben Höhe einer riesigen Welle hinaufschwankten, die dann Tonnen eiskalten Wassers auf uns entlud. »Warum haben Sie ihm die Kehle durchschnitten?« Ich stellte die Frage noch einmal, nachdem wir von den kalten Wogen wieder emporgehoben wurden.

»Unglücksfall!« schrie er vehement.

Er sah so verdammt geschniegelt aus in seiner teuren Schlechtwetterkleidung und der Rettungsweste. Ich verabscheute ihn und versuchte ihn zu treten, aber mein verdammtes Bein knickte ein, so daß ich unbeholfen stürzte. Ich fiel über sein gebrochenes Bein und hörte Mulder schrill aufschreien. Ich rollte von ihm herunter und brachte mich in eine sitzende Position. »Warum haben Sie ihm die Kehle durchschnitten?« schrie ich erneut.

Er starrte mich nur haßerfüllt an, und ich hob mein linkes Bein, als wolle ich gegen seinen gebrochenen Knochen treten. Diese Bedrohung brachte ihn zu angsterfülltem Gestotter. »Weil ich ihn nicht über Bord werfen konnte.«

»Haben Sie seine Frau getötet?«

Er sah mich an, als sei ich verrückt geworden. »Bringen Sie mich hier weg! Das Boot geht unter!«

»Haben Sie seine Frau getötet?«

»Nein.«

»Sie sind ein widerlicher Hund, Fanny.« Ich mühte mich auf die Knie und löste seinen Sicherungsgurt von einem D-Ring. Er beobachtete mich und schien sich nicht sicher zu sein, ob ich ihn über Bord stoßen oder sein Leben retten würde. Ich griff in das Durcheinander von Treibgut im Cockpit, packte das Ende eines Seils und zog zehn oder fünfzehn Meter hervor, bis das Seil steckenblieb. »Messer!« schrie ich über das Getöse von Wind und Meer hinweg. »Geben Sie mir Ihr Messer!«

Er reichte mir ein feststehendes Messer – die

Mordwaffe, wie ich vermutete. Ich schnitt mit ihm das Seil durch und klammerte mich an den Handlauf, als erneut eine Welle über uns zusammenschlug.

Ich machte eine kleine Schlaufe und hakte Mulders Sicherungsgurt fest ein. Das andere Ende des Seils schlang ich um meine Taille und verknotete sie. Wenn Angela mit der *Sycorax* zurückkam, würde ich an Bord klettern, um dann Mulder in Sicherheit zu hieven. Ich erklärte ihm, was ich vorhatte. »Es wird Ihnen wehtun«, fügte ich hinzu. »Aber wenn Sie ertrinken wollen, brauchen Sie nur das Seil zu zerschneiden.« Ich warf ihm das Messer zu und schleppte mich dann an die Lee-Reling.

Dort richtete ich mich auf, klammerte mich an die Verstrebungen und versuchte, mein Bein dazu zu zwingen, mein Gewicht zu ertragen. Ich durchforschte die aufgewühlte See nach einem Anzeichen der *Sycorax*. Die *Wildtrack* rollte langsam, als wir von einer Wellenkrone angehoben wurden, und dann sanken wir erneut. Doch ich meinte, ich hätte über die zerklüftete Wellenkrone hinweg eine Mastspitze gesehen. Ich wartete, betete, und einen Moment später – als wir erneut hochgehoben wurden – erblickte ich das Heck der *Sycorax* mit der farbenfrohen Flagge der britischen Handelsmarine. Ich wußte, daß es Angela nicht leicht hatte, das alte Boot zu wenden. Sie war bereits eine Dreiviertelmeile entfernt, und ich konnte nur beten, daß sie uns nicht aus den Augen verlor. Ich sah mich nach einem Bootshaken um, einem Ruder, aber alles, was uns hätte nützlich sein können, um Angela damit ein Zeichen zu geben, war längst über Bord gespült worden.

Ich kroch wieder in den Schutz des hinteren Cockpits zurück. »Sie werden noch ein bißchen warten müssen, Fanny.«

»Wer steuert Ihr Boot?«

»Ein Freund.«

Mulder zuckte mit den Schultern. Er wirkte erschöpft und ausgelaugt, hatte ein graues Gesicht, blutunterlaufene Augen. Der Schmerz verzog ihm die Gesichtszüge. »Sie haben in der Nacht den Kontakt zu uns verloren«, sagte er.

»Wer?«

»Kassouli. Wer denn sonst?«

Wer sonst! Ich hätte wissen müssen, daß Kassouli am Ort des Geschehens sein wollte. Ich klammerte mich an den Handlauf, als eine Woge über die Lukenkimming donnerte. Einen Moment lang befürchtete ich, das überflutete Boot würde sinken, hinabgezogen vom Gewicht seines Motors und Ballasts, aber irgendwie kam der schnittige Rumpf wieder hoch. Ich fand ein Stück Seil, das ich als eine Art von Notverband um meine verletzte Hand schlang.

»Wenn Kassouli Sie hier findet«, stellte Mulder fest, »wird er Sie versenken, Sandman.«

»Er hat Sie im Stich gelassen, Fanny. Er hat Sie hier Ihrem Tod überlassen.« Unten in den Wellentälern war das Getöse des Windes nicht ganz so stark, aber dennoch mußte ich schreien, damit Mulder meine Worte verstand. »Er hat Sie im Stich gelassen, Fanny. Aber ich werde Ihr elendes Leben retten. Ich werde Sie vor Gericht bringen, damit Sie alles über Bannister und seine durchschnittene Kehle erzählen können.«

Der Südafrikaner starrte mich vernichtend an, dann senkte er den Kopf. »Kassouli würde mich nicht im Stich lassen.«

»Das hat er bereits getan.« Ich duckte mich vor einem erneuten Anprall einer Welle. Dann richtete ich mich mühsam auf und suchte den südlichen Horizont ab. Die *Sycorax* hatte gewendet, war aber immer noch weit entfernt, und ich flehte zu Gott, daß Angela keine Schwierigkeiten mit dem Motor bekam. Es war nirgendwo ein anderes Schiff zu sehen.

Ein unterdrückter Schmerzensschrei ließ mich umschauen. Mulder hatte versucht, mit dem Messer in der Hand auf mich zuzukriechen, doch sein gebrochenes Bein und die Behinderung durch sein steifes Ölzeug hatten den mörderischen Angriff vereitelt. Er schien wirklich zu glauben, daß Kassouli zurückkam, und daß es besser war, auf diese Rettung zu warten, als der Gerechtigkeit übergeben zu werden. In dieser Hoffnung hatte Mulder seinen Vorstoß unternommen, aber nun trat ich gegen das Messer in seiner Hand, um zu verhindern, daß er einen erneuten Versuch unternahm.

Mein Tritt ging fehl, und wieder einmal ließ mich die Anstrengung straucheln. Meine Finger glitten vom Handlauf, und ich fiel nach vorn, auf Mulder zu. Zwar versuchte ich, mein Gleichgewicht wiederzugewinnen, schaffte es aber lediglich, mein rechtes Knie auf den Schenkel von Mulders gebrochenem Bein fallen zu lassen.

Er schrie, aber das Geräusch wurde vom Sturm und der brüllenden See verschluckt. Die *Wildtrack* wurde hochgehoben, als ich zusammenbrach. Noch immer stöhnte Mulder vor Schmerz, aber die Widerstandsfähigkeit dieses Mannes war ungewöhnlich. Er legte seinen linken Arm um meinen Hals, und ich wußte, daß er das Messer in seiner rechten Hand hob, und daß die Klinge jede Sekunde zwischen meinen Rippen stecken konnte. Wasser umschwappte uns.

Ich rammte meinen Kopf nach vorn und hämmerte mit meiner Stirn gegen seinen Nasenrücken, und dann schrie ich wegen des Schmerzes, der sich in meinen Rücken krallte, als ich mich von ihm abwandte. Ich sah das Messer vor einer Wasserwand und packte mit beiden Händen zu. Meine Rechte ergriff sein Handgelenk, während meine Linke von der Klinge aufgeschlitzt wurde. Ich riß seine Hand mit dem Messer zu mir heran, und dann senkten sich meine Zähne in seinen Daumenballen. Ich biß zu, bis ich den Geschmack seines Blutes in meiner Kehle hatte.

Mulder versuchte, die Hand zu befreien, aber ich ließ nicht locker. Er schlug mit der anderen Hand nach mir und versuchte dann, mir seine Rettungsleine um den Hals zu legen. Ich trat mit dem linken Fuß nach ihm; nicht mit der Absicht, ihn zu verletzen, sondern eher, um einen besseren Angriffspunkt im überfluteten Cockpit zu gewinnen. Die Rettungsleine hing vor meinen Augen, und er zog sie zu. So brachte er mich dazu, meine Kiefer zu lockern. Dann stieß mein linker Fuß gegen die Lukenkimming, und ich brauchte meine gesamte Energie, um mich tropfnaß und blutend auf die Beine zu zwingen. Ich ließ seine Hand mit dem Messer los und ließ mich mit meinem ganzen Gewicht und mit vorgestreckten Fäusten auf sein gebrochenes Bein fallen.

Ich traf ihn wie ein Rammklotz, und die Wucht meines Aufpralls wurde durch ein Aufwärtsschwanken des Bootes noch verstärkt. Ich glaubte, seinen gebrochenen Knochen gespürt zu haben, als ich auf ihn prallte.

Er schrie und zuckte – das Messer war vergessen. Ich nahm es ihm aus den schlaffen Fingern. Wäre er nicht so geschwächt gewesen, hätte ich ihn nie entwaffnen können. Aber jetzt war er wegen seines Beins und wegen der Tatsache, daß er wegen Unterkühlung und Durst halbtot war, nicht voll einsatzfähig. Ich sah Blut auf seinem Gesicht, doch dann wurde es von der See fortgewaschen. Erschöpft kroch ich mit dem Messer zurück, warf mich in eine Ecke des Cockpits neben dem Steuer und hielt den Atem an, um den Schmerz abebben zu lassen.

Mulder hatte aufgegeben. Erschöpft und ausgelaugt lag er da. Ich kämpfte mich wieder auf die Füße, hatte noch immer das Messer in der Hand und sah, wie sich die Gischt am Bug der *Sycorax* brach. Angela kämpfte sich durch die Wogen auf uns zu, war aber noch immer etwa 400 Meter von uns entfernt. Der Sturmklüver hing in zerfetzten Streifen herab.

Ich drückte meinen Fuß gegen Mulders gebrochenes Bein. »Und jetzt«, sagte ich, »werden Sie mir sagen, was geschehen ist.«

»Lassen Sie mich in Ruhe.« Er war unverschämt bis zum Schluß, zeigte sich störrisch wie ein in die Ecke getriebener und verletzter Bär.

Ich empfand keinerlei Reue über die Schmerzen, die ich ihm zufügen würde. Er hatte versucht, mich umzubringen, und jetzt würde ich die Wahrheit aus ihm herausholen, um sie eines Tages vor einem Gericht zu Protokoll zu geben. Ich stieß den Absatz vor.

Als er zu schreien aufgehört hatte, fragte ich ihn erneut, und diesmal, weil ich ihn noch immer bedrohte und bewiesen hatte, daß ich ihm Schmerzen bereiten würde, erzählte er mir von Kassoulis Rache.

Die Story kam langsam und zögernd, ich mußte sie zwischen den tobenden Angriffen der Brecher aus ihm herausholen.

Im Auftrag seines Brötchengebers hatte Mulder die *Wildtrack* zu diesem verlassenen Ort mitten im Meer gebracht und hatte vor zwei Tagen im Schutz der Dunkelheit eine Wantenschraube angefeilt. Er hatte schon einmal eine Wantenschraube angefeilt, um mich in den Verdacht zu bringen, und er hatte gewußt, daß der Mast sich senken und brechen würde, sobald er belastet wurde. Dann war er nach hinten gegangen, hatte laviert und den langen Rumpf dem Chaos überlassen. Die Crew war aus ihren Kojen hochgeschreckt, um sich der Katastrophe und der Errettung gegenüberzusehen.

Die Rettung nahte in Form der *Kerak,* des Supertankers. Das Kassouli-Schiff war mit strahlenden Lichtern aus der Dunkelheit aufgetaucht, und ich stellte mir Bannisters Entsetzen vor, als er über Funk die Identität des Schiffes hörte, das so zufällig am Ort des Geschehens erschienen war.

Ein schlauer Schachzug, dachte ich bitter. Bannister hatte sich natürlich entschieden, bei dem Mann zu bleiben, dem er vertraute: bei seinem Mörder.

Bannister und Mulder hatten das Wrack des Mastes beseitigt und waren unter Motorkraft nach Westen gefahren. Dann hatte der Sturm eingesetzt. Mulder orientierte sich beim Steuern an den Lichtern des Tankers, aber irgendwann in der Dunkelheit war die *Wildtrack* beigedreht oder besser, von einer Gegensee getroffen worden, und eine offenstehende Luke hatte das Boot überschwemmt. Die Elektrik hatte den Geist aufgegeben, während der Motor zu spukken begann, um dann ganz zu schweigen. Mulder war nach vorn geklettert, um die Maschine mit der Hand zu starten, war aber auf dem Niedergang ausgerutscht und hatte sich das Bein gebrochen.

Sie waren durch die Dunkelheit getrieben, hatten den Tanker verloren, und irgendwann an diesem langen Tag hatte Mulder seine Klinge durch Bannisters Kehle gezogen, um seinen Vertrag zu erfüllen. Dann wartete er auf Kassouli, aber der überfüllte niedrig liegende Rumpf des Bootes war auf dem Radarschirm des Tankers nicht auszumachen gewesen und Mulder hatte umsonst gewartet. Er hatte eine Weile geschlafen, war dann in der Dunkelheit wach geworden, in der er seine wenigen Notraketen in großen Abständen abgefeuert hatte. Die letzten drei hatte ich gesehen.

Zusammengekauert und kalt, angeschlagen und zitternd hatte ich Mulders Schilderung zugehört. Ich massierte mein Bein und spürte, daß langsam Leben in das kalte Fleisch zurückkehrte. Dann und wann, wenn ich mich im überschwemmten Cockpit aufrichtete, sah ich die quälend langsamen Fortschritte, die Angela mit der *Sycorax* machte. Einmal winkte ich ihr zu, und sie winkte zurück. Ich konnte nur beten, daß die *Wildtrack* nicht sank, bevor uns die *Sycorax* erreicht hatte. Ich dachte darüber nach, in die hintere Kabine zu gehen, um dem Toten die Rettungsweste auszuziehen, aber ich hätte den Anblick der leblosen Augen und der klaffenden Kehle nicht ertragen.

»Was«, schrie ich Mulder an, »ist Nadeschna zugestoßen?«

Er hatte angenommen, meine Befragung wäre beendet, und ich mußte meinen Fuß heben, um ihn zu motivieren. »Ich weiß es nicht!« schrie er.

»Sie wissen es verdammt genau!« Ich legte meinen Fuß dicht an sein gebrochenes Bein.

»Ich war nicht an Deck.« Mulder schien von meiner Bedrohung hypnotisiert zu sein. »Bannister hatte mich abgelöst.«

»Das haben Sie bei der Untersuchung aber nicht ausgesagt.«

»Bannister wollte es nicht. Er hat mich dafür bezahlt, daß ich sagte, ich hätte Wache gehabt.«

»Warum?« schrie ich. Der Wind kreischte uns an, fetzte unsere Stimmen fort und schüttete Wasser über unsere zusammengekauerten Gestalten. »Warum?« rief ich noch einmal.

»Er wollte nicht, daß irgend jemand erfuhr, daß er kein Watch-Captain war. Nadeschna und ich segelten die *Wildtrack*, nicht er. Aber wenn jemand erfahren hätte, daß er kein Skipper war, hätte er sein Gesicht verloren.«

Ich starrte den zitternden Mann an. Großer Gott, dachte ich, aber es war einleuchtend. Bannister hatte nicht annähernd so gut segeln können wie seine Frau oder Mulder, aber seine Eitelkeit hätte es verboten, nicht als Experte angesehen zu werden.

Mulder hielt mein Schweigen für Skepsis. »Gott ist mein Zeuge . . .« – er zitterte vor Angst und Kälte – ». . . das war meine einzige Lüge. Ich schwöre es! Ich weiß nicht, was geschehen ist. Ich hätte sie nicht getötet. Ich habe sie geliebt!« Ich sagte noch immer nichts, aber Mulder sah mein Schweigen weiterhin als Bedrohung an. »Ich habe sie geliebt, Mann! Wir haben uns geliebt, sie und ich!«

»Geliebt?« Ich sah ihn ungläubig an. Wenn ich darüber nachdachte, ergab das durchaus einen Sinn, und doch wirkte die Verbindung von Nadeschna

Bannisters Schönheit mit Mulders Brutalität erstaunlich. »Hat Bannister davon erfahren?«

»Er hat es nie herausgefunden.« In Mulders Stimme war ein eigentümlicher Stolz, das Brüsten eines Mannes, der eine bedeutende sexuelle Eroberung gemacht hat. Armer Bannister, dachte ich, von so vielen Seglern zum Hahnrei gemacht worden zu sein.

Aber falls Bannister von Mulder und Nadeschna erfahren hätte, hätte ihn sein Stolz dazu gebracht, beide zu töten. »Hat Bannister seine Frau umgebracht?« fragte ich.

»Ich weiß es nicht.« Mulders Stimme war ein Wimmern, das über dem Tosen von Meer und Wind kaum hörbar war. »In Gottes Namen, Mister Sandman, ich weiß es nicht.«

»Aber Sie haben Kassouli erzählt, er hätte sie getötet.«

»Ich sagte ihm, ich hätte bei der Untersuchung für Bannister gelogen.« Mulder war nahezu verzweifelt darum bemüht, daß ihm geglaubt wurde. »Es war Mister Kassoulis Idee, daß Bannister Nadeschna getötet hat, nicht meine!«

»Aber Sie haben ihn von dieser Idee auch nicht abgebracht, nicht?«

»Ich habe ihm die Wahrheit gesagt. Ich habe ihm erzählt, daß Bannister Nadeschna gehaßt hat. Hinter ihrem Rücken nannte er sie eine verwöhnte ausländische Schlampe«, plapperte Mulder. »Er hatte Angst vor ihr.«

»Aber Sie wissen nicht, ob er sie ermordet hat, oder?«

»Wer denn sonst?«

»Sie mieser Hund!« Die ganze gottverdammte, unglückselige Mistsituation war entstanden, weil

Kassouli Mulders Lüge bei der Untersuchung falsch gedeutet hatte. Die ganze Zeit lang hatte der verdammte Bure keine Spur eines Beweises gehabt, aber seine Käuflichkeit hatte ihn zu diesem Ort des Anschlages geführt. Er hatte Geld für eine Lüge genommen und dann festgestellt, daß er noch mehr Geld bekommen konnte, indem er Bannister an Kassouli verriet. Jetzt lag er zitternd und gebrochen in einem sinkenden Boot, und falls ich ihn retten konnte, wäre das nur für das Gericht und das Gefängnis.

Dieses Schicksal schien plötzlich näher zu rücken, als die *Sycorax* ihren Bug über die Kämme der benachbarten Dünung schob. Ich schleuderte das Messer über Bord und kämpfte mich an die Lee-Reling. Die *Sycorax* schoß die Welle hinunter, dann schob sich eine rollende Woge zwischen uns, und ich konnte nur noch ihre Mastspitze über dem schäumenden Wasser erkennen. Ich klammerte mich verzweifelt an den Handlauf, als eine weitere Welle über der *Wildtrack* zusammenstürzte. Als das Wasser ablief, sah ich, daß die *Sycorax* verdammt nahe war, zu nahe. Sie ragte bedrohlich neben uns auf, von ihrem Wasserstag tropfte Seetang und Wasser, wurde vom Wind erfaßt und fast horizontal weggefetzt. Die *Wildtrack* stürzte die Welle hinunter, aber die *Sycorax* schob sich schnell und hoch auf den schäumenden Wasserhang. An ihrem Vordersteven sah ich die Kupferummantelung. »Schier weg! Wegschieren!« Ich schrie es vergeblich, während die *Sycorax* neben mir hochstieg und auf mich zuzutauchen begann. Angela erkannte die Gefahr, erkannte sie zu spät. Ich zuckte vom Dollbord der *Wildtrack* zurück, als der Bug der *Sycorax* gegen den Rumpf krachte. Ich glaubte in dem wilden Tosen des Wassers zu ertrinken und hörte mehr als ich sah, wie die beiden Boote zusammenstießen. Ich zwang mich auf die Füße und beobachtete, wie die Planken der *Sycorax* zersplittert und zerfetzt wurden. Ich hatte die Fender zu weit hinten angebracht.

»Nick!« hörte ich Angela schreien. Ich wußte, sie würde es nie schaffen, dieses Manöver ein weiteres Mal zu machen. Ich holte tief Atem, zwang meine Beine dazu, mich hochzuschieben und sprang dann vor, um die Reling der *Sycorax* an der Kanzel zu pakken. Mein linkes Bein stieß mich nach oben, als die beiden Boote gegeneinanderprallten. Wenn ich zwischen die Schiffskörper fiel, mußten meine Beine zu Hackfleisch zermalmt werden. Ich verhakte einen Arm um die Reling, zog mein linkes Bein an und hing plötzlich außen am Bug der *Sycorax*. Ich wurde vom Wasser fast ertränkt, war nahezu taub vom Bellen des Windes, dem Knirschen von Holz und dem Wüten des Meeres.

Angela warf das Ruder herum, um wegzuschieren, wie ich es ihr gesagt hatte, und plötzlich wußte ich, daß sie das Schiff beschleunigen würde, aber sie wußte nicht, daß ich mit Mulder zusammengebunden war. Wenn sich das Seil straff spannte, würde ich es sein, der in die See gerissen wurde, nicht Mulder. Er lag schwer in seinem überschwemmten Cockpit, während ich mit erlahmenden Armen am Schandeck der *Sycorax* hing. Ich schrie Angela zu, sie solle die Fahrt verlangsamen, aber der Sturm schrumpfte meine Stimme zu einem Nichts. Das Messer hatte ich weggeworfen. Ich konnte lediglich versuchen, das herabhängende Seil mit der rechten Hand zu packen und an den Verstrebungen der *Sycorax* zu befestigen. Ich schlang es einmal, zweimal um eine Klampe, dann spannte es sich, und ich hörte den Schmerzensschrei, mit dem Mulder aus dem Cockpit der *Wildtrack* gerissen wurde. Die Schlaufen an der Klampe hatten gehalten, begannen sich aber nun zu lockern, und ich ließ sie rutschen, damit mir das Seil half, an Bord der *Sycorax* zu kommen.

Ich hievte mich selbst in Sicherheit, schluchzte vor Schmerzen und Kälte, aber es war keine Zeit zum Atemholen. Die *Sycorax* tauchte in ein Wellental, und das Wasser schleuderte mich auf den Großmast zu, wo mich die Spannung des Seils stoppte. Ich hielt das Seil gespannt, während ich es von meiner Taille löste und mich hinkniete, um es an einer Nagelbank zu sichern. Angela starrte mich mit schreckgeweiteten Augen an, aber sie hatte alles getan, was ich von ihr gefordert hatte, und sie hatte es gut gemacht. Blut tropfte von meiner linken Hand, die ihren Notverband inzwischen längst verloren hatte.

Ich kroch durch die Luke. »Hart nach Steuerbord! Motor ausschalten!«

Angela hatte sich nach der Gestalt umgedreht, die hinter uns durchs Wasser gezogen wurde. »Ist es Tony?«

»Das Ruder nach Steuerbord! Motor ausschalten!« Die Gischt kochte und zischte um Mulder.

Angela schob das Ruder herum, stellte den Motor auf N, und die Spannung des Seils, an dem Mulder hing, ließ nach. Ich mußte wieder nach vorn, diesmal mit einer Seilrolle aus einem Spind im Cockpit der *Sycorax.* Mein rechtes Bein zitterte, trug mich aber. Ich gurtete mich an, beugte mich dann über die Reling und befestigte mein neues Tau an Mulders Seil. Der Knoten war blutbefleckt, als er endlich festsaß.

Ich löste Mulders Seil von Nagelbank und Klampe, um dann ins Cockpit zurückzukehren. Der Wind heulte, aber vielleicht heulte auch ich, denn der Schmerz ließ mich laut aufschluchzen. Ich bewegte mich wie das Monster in einem Horrorfilm und brabbelte mir selbst Befehle zu. Die *Sycorax* drehte ab, rollte und stampfte, bockte wie ein eingefangenes, junges Wildpferd.

Ich holte Mulders Seil an Bord, löste den Knoten und führte das Tau durch eine Stahlöse am Galgen des Großmastes. Dann begann ich damit, Mulder hochzuhieven.

»Ist es Tony?« Angela half mir beim Ziehen.

»Es ist Mulder!«

»Wo ist Tony?«

»Er ist tot.« Ich konnte ihr den Schlag nicht ersparen. Ich wußte, meine Worte waren brutal knapp, aber ich war mit meinen Kräften am Ende. Wie hätte ich ihr in diesem Durcheinander von Meer und Sturm die Nachricht schonender beibringen sollen?

Mulder war zu schwer für uns. Wir zogen ihn bis zum Schandeck und dann saß er fest. Anfangs dachte ich, daß seine Rettungsweste unsere Bemühungen blockierte und sagte Angela, sie solle ein Messer holen, um die Weste aufzuschneiden, damit die Luft entwich. Mulder, der Angela verblüfft und dann ängstlich ansah, zuckte vor der Klinge zurück, beruhigte sich dann aber, als er feststellte, daß sie ihn nicht bedrohte. Angela stach ein paarmal in den festen Stoff, dann wurde die Weste flacher.

»Zieh!« rief ich ihr zu, und wir zogen, aber Mulders Gewicht und die Schwere seiner wassergetränkten Kleidung erwies sich als zu groß. Wir schafften es nicht, ihn über die Reling zu hieven. Die *Sycorax* ging mit ihrem Schandeck unter Wasser, und Mulder versuchte sich selbst hochzuziehen, aber er war genauso schwach wie wir. »Halten Sie sich fest!« schrie ich ihm zu. Er nickte und krallte sich an eine Verstrebung der Reling. Ich schlang das Seil um eine Klampe und holte dann meinen Bolzenschneider aus einem Spind. Wenn ich einen Teil der Reling wegschnitt, würde eine Welle den Südafrikaner wahrscheinlich auf unsere Luken spülen.

Ich durchschnitt die Verstrebungen und löste gerade das Seil von der Klampe, als Angela laut aufschrie.

Ich dachte, sie hätte geschrien, weil Mulder gestorben war, aber es gab einen ganz anderen Grund.

»Nick! Nick!« In ihrer Stimme klang namenloses Erschrecken mit. Ich drehte mich um und sah den Bug eines riesigen Schiffes aus dem grauweißen Chaos auftauchen.

Es war ein Supertanker. Ein großes, schwarzes, tropfendes, metallbeschichtetes Monstrum der Meere mit einem knolligen Bug. Ich sah den gelben Falken der Kassouli Line am Schornstein. Der Tanker durchschnitt das Meer wie ein riesenhaftes Seeungeheuer, wie ein Koloß, der gekommen war, um Rache zu nehmen. Es war die *Kerak.* Sie war nur mit Ballast beladen, zeigte ihren roten Unterwasseranstrich, während die Ausbuchtung ihres Bugs wie ein Rammklotz wirkte, der genau auf die *Sycorax* gerichtet war. Ich erinnerte mich an Mulders Drohung – daß uns Kassouli versenken würde –, und sie kam mir höchst realistisch vor angesichts der Gewalt, mit der der riesige Bug die Wellen teilte.

»Nick!« schrie Angela erneut.

»Halten Sie sich fest!« schrie ich Mulder zu, dann riß ich das Ruder herum und gab Gas. Alles geschah in plötzlicher Panik und aus einem eiskalten Erschrecken heraus. Das riesige Schiff kam offenbar in voller Fahrt näher, und ich konnte nichts anderes tun, als meine verzweifelte Wut ihrem bedrohlichen Bug entgegenzuschreien – absolut wirkungslos.

Die *Kerak* muß uns während meines Schreiens gesehen haben, denn sie schien zu wenden – oder die *Sycorax* hatte zu einer Schnelligkeit gefunden, die ich in ihr nie vermutet hätte. Wie auch immer, auf jeden Fall würden wir nicht mehr gerammt werden. Dafür bestand aber die Gefahr des Überspültwerdens, und ich riß das Ruder instinktiv nach Backbord, damit unser Bug vom Kielwasser des Tankers von vorn getroffen werden würde.

Ich wendete, und indem ich das tat, tötete ich Mulder.

Ich hatte keineswegs diese Absicht gehabt, ich wußte nicht, was ich tat, aber ich tötete ihn. Aber vielleicht war er auch schon tot gewesen, bevor ich das Ruder herumriß.

Ich hatte die beiden Schlaufen des Seils gelöst, nachdem ich die Reling weggeschnitten hatte. Das hatte ich getan, um Mulder später besser an Bord ziehen zu können. Aber mein Erschrecken über das Auftauchen der *Kerak* hatte mich die Klampe vergessen lassen. Sie war dreimal umwickelt, aber das Seil bestand aus glattem synthetischen Material und glitt ohne die zusätzlich sichernden Schlaufen aus der Halterung. Die Gewalt unserer Beschleunigung mußte Mulders Griff um die Verstrebungen gelockert haben. Er hatte losgelassen, und sein Gewicht hatte das Seil Zentimeter für Zentimeter herausgezogen. Er war mit jedem Stück mehr in Gefahr geraten. Als ich wendete, mußte eine Welle unser Heck angehoben haben und er war unter das Boot geraten.

Das erste, was ich davon bemerkte, war ein abgehacktes Beben in den Planken der *Sycorax,* ein Erzittern des Rumpfes. Ich stellte den Motor ab, aber das Blut vermischte sich bereits mit unserem Kielwasser. Blut und Schrecken verbreiteten sich, wurden von den wirbelnden Flügeln der Schiffsschraube an die Oberfläche gebracht, und dann kam Mulders angebundener Körper hoch – eine fast unkenntliche rote Masse. Ich riß das Seil ab und gab Gas, damit wir ihn schnell hinter uns ließen und Angela der schreckliche Anblick im Wasser hinter uns erspart blieb. Mulders Schädel war von der Schiffsschraube zerstückelt worden. Er war tot.

Dann baute sich der ungeheure Schiffskörper der *Kerak* vor uns auf und verdunkelte den östlichen Horizont. Gesichter, wegen der Höhe und Entfernung winzig, starrten hinter den Fenstern der Brücke auf uns herunter. Eine einsame Gestalt stand auf dem Vorsprung der Brücke und schleuderte etwas gegen die *Sycorax,* was ich im ersten Moment für einen Rettungsring hielt. In der Luft löste sich der Gegenstand auf, die Bestandteile wurden vom Wind erfaßt und rote Blüten fielen in die See. Blumen für eine tote junge Frau.

Das Kielwasser des Tankers war wie eine sturmgepeitschte Woge, überschlagend und schaumgekrönt. Ich schob die *Sycorax* hart herum, wieder unter voller Motorkraft, und stellte den Hebel dann wieder auf langsame Fahrt, als wir auf die erste Welle trafen. Wir donnerten in die Woge hinein, bäumten uns auf, stürzten ab, während kochendes Wasser unser Deck überlief. Die zweite Woge packte uns mit voller Gewalt und der Mast erzitterte so, daß ich befürchtete, er würde brechen. Ich schleuderte nutzlose Flüche gegen den entschwindenden Tanker.

»Was ist passiert?« fragte Angela und starrte auf die Stelle, an der ich ein Stück der Reling herausgeschnitten hatte und wo Mulder gewesen war.

»Er ist gestorben«, erwiderte ich. »Meine Schuld.« Unser Bug stieß in etwas hinein, das auf mich wie ein riesiges schwarzes Loch in der See wirkte. Wir donnerten gegen die nächste Welle, Angela geriet ins Schwanken, aber dann richtete sich die *Sycorax* wieder auf.

»Wer ist gestorben?« fragte Angela, und da wurde mir bewußt, daß sie unter Schock stand.

»Mulder ist tot.«

Ihr Blick war leer. »Und Tony?«

»Es tut mir leid.« Ich wußte nicht, was ich anderes hätte sagen sollen, als daß es mir leid tat. Es tat mir leid. Sie tat mir leid, ihr Mann tat mir leid – mir tat selbst der Mann leid, der gestorben war, weil ich die Schlaufen seiner Rettungsleine gelöst hatte. Von diesen Schlaufen würde ich noch lange träumen. Ein Leben war verlorengegangen, weil ich ein Seil gelockert hatte. Es war ein Alptraum, der gut zu dem von dem Mann passen würde, der *»Mama!«* geschrien hatte, als ich ihm mein Bajonett in seinen Leib rammte.

Die *Kerak* war in Gischt und Schaum verschwunden, hatte die *Sycorax* in geringfügig niedrigeren Wellen zurückgelassen. Ich wendete sie, um ihren Bug direkt in die Dünung zu richten, als mich ein Knacken aus dem Funkgerät aufstörte. Ich zwang Angela dazu, das Ruder zu übernehmen, während ich die Kabinenluke öffnete und mich zum Gerät hinunterbeugte. Vicky miaute mich vom Kartentisch her an, ich murmelte ein paar beruhigende Worte und zog das Mikrophon zu mir heran. Der Ruf klang erneut auf. »Handelsschiff *Kerak* ruft die Jacht *Sycorax*. Over.«

»Sycorax«, antwortete ich. Eine Woge schlug über unserem Bug zusammen und kam durch die Luke, um scharfe Wassernadeln in mein Gesicht zu bohren.

»Ist da Captain Sandman? Over.« Es war Yassir Kassoulis Stimme.

»Wer sonst?« schnappte ich zurück.

Es entstand eine Pause. »Ich habe an Bord der *Wildtrack* niemanden sehen können. Waren Sie nahe genug, um etwas erkennen zu können? Over.«

»Ich war an Bord der *Wildtrack«*, sagte ich. Ich war zu müde, zu verletzt, mir war zu kalt, um mich mit den Höflichkeitsfloskeln des Funkverkehrs befassen zu können.

Es knackte und zischte. Angela beobachtete mich, war aber so benommen, daß ich nicht sicher war, ob sie etwas mitbekommen würde. »Sie waren an Bord? Over.« Kassoulis Stimme klang ungläubig.

»Warum verpissen Sie sich nicht endlich?« Allerdings hatte ich nicht auf den Mikrophonknopf gedrückt. Er konnte mich nicht hören. Jetzt drückte ich auf den Knopf. »Ich war an Bord«, bestätigte ich. »Aber dort war niemand mehr am Leben. Niemand. Bannister ist tot. Mulder auch.«

Nach einer kleinen Pause ertönte wieder Kassoulis Stimme. »Wer war der Körper, den Sie hinter Ihrer Jacht hergezogen haben, Captain? Over.«

»Das war Mulder. Ich habe versucht, ihn zu retten. Aber es ist mir nicht gelungen.«

»Was ist geschehen? Over.« Kassouli blieb beharrlich.

»Mulder ist gestorben«, sagte ich. »Er ist einfach gestorben.« Ich hob den Kopf, um nach der *Kerak* Ausschau zu halten, aber der Tanker war immer noch hinter der Wand aus Gischt und Schaum verborgen. Sie würden mich auf ihrem Radarschirm beobachten, überlegte ich. Und ich hatte Angst, daß sie wenden und zurückkommen würden. »Es war ein Unfall«, sagte ich ins Mikrophon.

»Und Bannister ist tot? Over.«

Ich zögerte. Ich wollte meine Wut über Kassouli über das Mikrophon loswerden, ihn des Mordes beschuldigen. Ich wollte ihm sagen, daß ich nicht glaubte, daß seine Tochter ermordet worden war. Ich wollte ihm sagen, daß seine perfekte amerikanische Prinzessin sich ein burisches Tier zum Geliebten genommen hatte, aber irgendwie schienen diese Wahrheiten hier auf diesem tobenden Ozean fehl am Platze zu sein. Es hatten zu viele Menschen ihr Leben verloren, es hatte zuviel Wut und Zorn gegeben, und es war Zeit, dem allen ein Ende zu machen. Rache gebiert neue Rache, und ich hatte die Möglichkeit, das zu beenden. Daher zögerte ich.

»Hören Sie mich, *Sycorax*? Over.«

»Bannisters Tod war ein Unfall«, log ich. Und erst nachdem ich die Lüge ausgesprochen hatte, fragte ich mich, ob es vielleicht mein simples Motiv gewesen war, am Leben zu bleiben. Denn wenn ich Kassouli des Mordes beschuldigt hätte, wäre der riesige Koloß vielleicht von Norden zurückgekommen und hätte mich wie ein Bündel Reisig zerdrückt. Ich drückte wieder auf den Knopf. »Alle drei Todesfälle waren Unglücksfälle, Kassouli. Alle drei . . .«

Kassouli ignorierte meinen Einwand, daß der Tod seiner Tochter ein Unglücksfall gewesen war. Er schwieg. Da war nichts als der Wind und das Meer und die hohle Leere der ersterbenden Qualen des Sturmes. Die *Kerak* war verschwunden, und das Funkgerät ließ lediglich ein Rauschen hören. Ich wartete noch ein paar Minuten, aber nichts tat sich im Norden. Kassouli hatte seinen Willen bekommen, dachte ich, und der Geist seiner Tochter war frei. Es war vorüber.

Ich schaltete den Motor aus, nahm den zerfetzten Sturmklüver herunter, staute die Galgen und setzte das gereffte Großsegel, während Angela das Besansegel setzte. Sie justierte das Ruder und half mir dann hinunter in die Kabine, wo ich mein nasses, steifes und zerrissenes Ölzeug auszog, bevor ich die Wunden meiner linken Hand verpflasterte. Vor Erschöpfung und Kälte zitterte ich wie Espenlaub. Angela raffte sich zusammen, bereitete eine Ochsenschwanzsuppe, hüllte mich in eine Decke und zog mich dann eng an sich, um mich mit ihrem Körper ein bißchen zu wärmen.

»Tony ist tot?« fragte sie mich schließlich.

»Er war bereits tot, als ich an Bord der *Wildtrack* ging«, sagte ich.

»Und es war ein Unfall?« wollte sie wissen. Also hatte sie meine Worte über Funk doch mitbekommen.

»Es war ein Unfall.« Plötzlich begann ich bei dem Gedanken an die durchschnittene Kehle wieder zu zittern, aber dann verdrängte der Anblick des Blutes, das hinter dem Heck der *Sycorax* hochgekommen war, die Erinnerung an Bannisters Leiche aus meinem Kopf. Ich schloß die Augen.

»Sag mir die Wahrheit, Nick. Bitte.« Angela sah mir ernst in die Augen. Aber ich wußte nicht, wozu die

Wahrheit gut sein sollte. Wenn ich Angela die Wahrheit sagte, war es keineswegs sicher, was ihr heftiges Temperament daraus machen würde. Es war vorbei, und es war besser, wenn sie es nicht wußte. Ich versuchte, von der Koje hochzukommen, aber Angela drückte mich wieder zurück. »Nick.«

»Ich muß den Kurs für die Weiterfahrt nach St. John bestimmen.«

»Was ist Tony zugestoßen, Nick?« fragte Angela. Das Meer hämmerte gegen unseren Rumpf, schüttelte die *Sycorax*.

»Das Boot wurde von einer Welle getroffen.« Ich erfand eine Geschichte, während ich sie erzählte. »Mulder brach sich das Bein. Tony wurde am Kopf getroffen. Ich glaube nicht, daß sich Mulder allzu große Mühe gab, sein Leben zu retten, aber es war ein Unfall. Er war bewußtlos. Ich glaube, er ist letzten Endes an Unterkühlung gestorben. Es kann so verdammt kalt werden.« Ich erschauerte, während ich sprach.

»Hat dir das Mulder erzählt?« wollte Angela mißtrauisch wissen.

»Ich habe ihn gesehen.« Ich schloß die Augen. »Es war ein Unfall.«

Ich denke, daß Angela mir geglaubt hat. Es war besser so. Hätte ich ihr die Wahrheit über ihren Mann erzählt, hätte sie sehr wahrscheinlich auch Gebrauch davon gemacht. Sie hätte Kassouli wegen des Liebhabers verhöhnen können, den sich seine Tochter ausgesucht hatte. Sie hätte sogar versuchen können, Kassouli vor Gericht zu bringen. Wie ihr Leben auch von nun an verlaufen würde – sie brauchte mit Sicherheit keinen Kassouli, dessen Feindschaft sie nicht loslassen würde. Jedenfalls rechtfertigte ich meine Unaufrichtigkeit ihr gegenüber mit diesen Überlegungen.

Angela setzte sich auf die andere Koje und fuhr sich mit ihrer schmalen Hand durch die Haare. »Ich brauche ein Bad. Gott, habe ich ein Bad nötig.«

Das metallische Quäken des Hochfrequenzgerätes ließ uns beide zusammenfahren. »Jacht *Sycorax.* Hier ist das Handelsschiff *Kerak.* Over.« Die Stimme des Mannes kannte ich nicht, sie hatte einen amerikanischen Akzent.

Angela nahm das Mikrophon auf. »*Kerak.* Hier ist die *Sycorax.* Over.«

Die Stimme verriet keine Überraschung darüber, daß eine Frau ihren Ruf beantwortete. »Wir sind der Meinung, daß der Rumpf der *Wildtrack* eine Gefahr für die Schiffahrt darstellt. Können Sie bestätigen, daß sich niemand mehr an Bord befindet? Over.«

Angela sah mich an, ich nickte, und sie drückte auf den Mikrophonknopf. »An Bord lebt niemand mehr«, sagte sie knapp.

»Vielen Dank, *Sycorax.* Over und Ende.«

Ich empfand die Anwesenheit Kassoulis wie eine Bedrohung. Ich glitt über das Kabinendach und kletterte auf das Brückendeck. Angela folgte mir. Keiner von uns sagte ein Wort, aber wir fragten uns beide, ob der große Tanker zurückkommen würde, um uns als unwillkommene Zeugen des Zorns eines reichen Mannes zu zermalmen. Wir warteten zwei Minuten, dann tauchten die ungeheuren Umrisse des Tankers aus dem grauen Norden auf. Die *Kerak* hatte gewendet und kam zu uns zurück.

Sie war gekommen, um ihre widerwärtige Aufgabe zu beenden. An der riesigen Bugwelle, die sie vor sich herschob, erkannte ich, daß die *Kerak* mit voller Kraft fuhr. Sie kam nicht auf die *Sycorax* zu. Ich blickte mich nach der *Wildtrack* um, konnte die Jacht aber in der zerrissenen See nicht entdecken. Aber der Tanker konnte sie sehen und zielte mit seinem ganzen Gewicht auf die halbversunkene Jacht. Angelas Gesicht war ausdruckslos. »Ist Tonys Leiche noch an Bord?«

Ich nahm ihre Hand. »Ja.«

Dann traf die *Kerak* auf den treibenden Schiffskörper. Ich bezweifle, daß auch nur das geringste Beben den Riesentanker erschüttert hat. Die *Kerak* berührte den treibenden Rumpf, und ich sah, wie die *Wildtrack* am Bug des Tankers hochstieg und dort wie ein Stück Treibholz gefangen schien, festgehalten vom stahlbewehrten Bug.

Die *Kerak* pflügte weiter. Die Windschutzschirme auf der Brücke wirkten wie die bösen Augen einer Maschine. Hinter den Fenstern war Licht, und im behaglichen Glanz der großen Räume bewegten sich Gestalten.

Da begann Angela zu weinen. Sie hatte Bannister genügend geliebt, um ihn zu heiraten. Sie hatte ihre Haare für einen gutaussehenden Mann mit Blumen geschmückt, und nun sah sie zu, wie sein Traum tausend Meter tief unter den Wasserspiegel sank.

Die *Wildtrack* machte sich vom Bug des Tankers los. Eine Sekunde lang hob sich der hübsche, blaugestreifte Rumpf der Jacht – ein Spielzeug vor der Stahlwand, die es zerbrochen hatte, dann wurde er zur Seite geschleudert und zerbarst. Die *Wildtrack* sank dorthin, wo Nadeschna Bannisters Gebeine lagen; sank dorthin, wo es keine Stürme und kein Licht gab, nur Schweigen und Stille.

»O Gott«, sagte Angela, und es klang wie ein Gebet. Ich sagte nichts, beobachtete nur, wie der Tanker wieder im grauen Nichts des Ozeans untertauchte. Erst als er gänzlich verschwunden war, begannen wir wieder zu sprechen. »Gibt es auf St. John einen Flughafen?« fragte Angela mit ganz kleiner Stimme.

Ich nickte.

»Nick?«

»Es ist in Ordnung«, sagte ich. »Das verstehe ich.« Ich hatte immer gewußt, daß sie kein Mädchen für ein kleines Boot auf einem großen Ozean war, hatte es nur zu hoffen gewagt. Jetzt wußte ich, daß sie heimfahren würde, und so richtete ich den Bug der *Sycorax* nach Westen, auf Kanada zu. Nach Westen, auf den Abschied zu, nach Westen, fort von dem unbezeichneten Ort, an dem die Toten ungestört liegen würden, während das ätzende Salz ihre Knochen auflöste, so daß sie als unidentifizierbare Bestandteile der See dahintrieben, bis die Sonne eines Tages die Meere austrocknete.

Die *Sycorax* tauchte ihren Bug in die Wellen, und grünes Wasser spülte durch ihre Speigatte. Zumindest sie war in ihrem Element, während wir schweigend weitersegelten.

Epilog

Es war ein harter Winter. Schnee, Nebel und eine Kälte, die einem in die Knochen fuhr. Und doch war es ein harter Winter in einer guten Gegend. Neufundland gefiel mir: es hat die Vorzüge eines Ortes, an dem ehrliche Menschen ordentliche Arbeit verrichten.

Der Vordersteven der *Sycorax* hatte bei der Kollision mit der *Wildtrack* kaum Schaden genommen. Ein Kupferblech war losgerissen worden, aber es hatte nur ein paar Minuten gedauert, bis es während einer Ebbe wieder festgenagelt war. Ich reparierte die Reling und ließ mir einen neuen Sturmklüver aus schwerer Baumwolle nähen. Das Segel verschlang den letzten Rest meiner Ersparnisse, aber Vicky und ich verhungerten nicht. Ich fand – illegale – Arbeit auf einer Bootswerft.

Vicky wuchs heran. Eine Ratte kam an Bord und lebte gerade so lange, um den Umzug zu bereuen. Vicky, die ein paar blutende Wunden davongetragen hatte, ignorierte würdevoll meine Gratulationen und stakste mit siegreich erhobenem Schwanz über die bereiften Speigatte. Sie war jetzt meine Gesellschaft; sie und das Foto von Angela, das ich an den Balken über der Backbordkoje geschraubt hatte.

Ich zerlegte den Motor in seine Bestandteile und

baute ihn wieder zusammen. Ich bastelte mir einen Radarreflektor aus Schrott und befestigte ihn unter den Spreizern. Ich machte mein Boot rundherum fertig und einsatzbereit.

Zu Beginn des Frühlings segelte ich mit der *Sycorax* nach Norden. Ich unternahm keine Reise, sondern wollte nur den Motor und den neuen Klüver ausprobieren. Wir segelten, bis der Himmel von der von den Eisflächen reflektierten Sonne schimmerte und glitzerte. Eine steife kalte Brise kam aus Nordwesten und kurz vor dem tückischen Eis und unter einem Himmel voller Farben und Wolken braßte ich die Stagsegel und lockerte das Großsegel, so daß die *Sycorax* gefügig und sicher beigedreht lag.

Ich hatte Angelas Brief ein dutzendmal gelesen, jetzt las ich ihn ein letztes Mal. Die Untersuchung hatte die Schuld an Bannisters und Mulders Tod dem Druck zugeschrieben, unter dem heute Bootsrennen stattfinden. Weder Kassoulis Name noch seine Anwesenheit beim Ende der *Wildtrack* waren erwähnt.

Meiner notariell beglaubigten Aussage war kaum ein Blick geschenkt worden. Die mit der Untersuchung Beauftragten kamen zu dem Schluß, daß es sich um Unglücksfälle gehandelt hatte. Angela äußerte die Meinung, daß der Film über mich zu einer 50-Minuten-Sendung zusammengeschnitten werden könnte und fragte an, ob ich bereit sei, mit der *Sycorax* nach England zu kommen, um ein paar Schlußaufnahmen zu drehen. Aber sie wollte, daß ich nicht nur für die Filmaufnahmen zurückkam. Sie hatte Bannisters Produktionsgesellschaft übernommen und wußte, daß ich ihr helfen könnte. Bitte, Nick, hatte sie geschrieben, komm nach Hause.

Ich hockte da, mir wurde zunehmend kälter,

und starrte in den Glanz über dem glitzernden Eis. Es war eine große Versuchung, heimzufahren; einen Orden gegen Behaglichkeit, Freundschaft und Sicherheit einzutauschen. Aber es war eine Versuchung, die es zu überwinden galt. Ich war eines der Arbeitstiere dieses Lebens, ich paßte nicht zu den glänzenden Menschen, die Fernsehfilme und Geld machten. Zu Hause würde ich mit klugen, scharfsinnigen Köpfen konkurrieren müssen. Zu Hause – das war die Welt, in der Kassouli und seinesgleichen das Sagen hatten.

Ich hatte gesagt, ich würde nach Neuseeland segeln. Es gab keinen besonderen Grund für Neuseeland. Es hätte auch Utopia oder Wolkenkuckucksheim sein können, denn es war nur ein Ziel, mich im Cockpit meines Bootes zu halten und an niemanden zu binden. Ein Jahr zuvor hatte ich aus einem Krankenhausfenster geblickt und einen Stern entdeckt, den man im Sextantenspiegel einfangen konnte, und jetzt war ich da, wohin mich der Stern geführt hatte. Ich war allein, allein mit einer Schiffskatze und glücklich. Ich konkurrierte mit niemandem, empfand weder Neid noch Eifersucht, und wünschte keinem Menschen etwas Böses. Hier, auf dem Meer, konnte ich aufrichtig sein, weil anders zu sein die Macht der See herausgefordert hätte. Hier gab es keine bösen Träume, keine Nächte, die von Leuchtspurgeschossen zerrissen oder durch Phosphor verbrannt wurden. Und mein Bein, genau wie mein reparierter Motor, funktionierte die meiste Zeit.

Also würde ich hierbleiben. Ich löste die Leinen des Focksegels, und die *Sycorax* tauchte ihren Bug ein, als wir wendeten und Vicky auf die flatternden Blätter von Angelas Brief einhieb. Ich nahm sie hoch und kraulte sie unter dem Kinn, während die *Sycorax* den Wind fing und sich vorwärts bewegte.

»Nachdem wir jetzt angekommen sind«, sagte ich zu Vicky, »wohin sollen wir segeln?«

Kleines Wörterbuch für Landratten

abdrehen: Den Kurs des Schiffes von einem Gegenstand, einem anderen sich nähernden Schiff oder vom Wind wegdrehen.

Abdrift: Der Leeweg eines Schiffes; die Strecke, um die es seitlich zu seinem Kurs durch Wind, Strom oder See versetzt wird.

abfallen: Den Kurs eines Schiffes dahin ändern, daß der Wind voller, das heißt achterlicher, in die Segel fällt.

abhalten: 1. Den Kurs des Schiffes ändern, um von einem Hindernis und dergleichen frei zu kommen. – 2. Dasselbe wie abfallen.

ablandig: Der Wind ist ablandig, wenn er vom Land ab der See zu weht.

abreiten: Schlechtes Wetter vor dem Anker oder Treibanker liegend überstehen.

abschlagen: Das Losnehmen der Segel von ihren Spieren (Rundhölzern), an denen sie sonst gefahren werden.

abstagen: Dem Mast durch die Stage Halt nach vorn und hinten geben.

abtakeln: Beim Außerdienststellen das Ausscheren und Abnehmen des gesamten stehenden und laufenden Gutes, aller Segel und Spieren bis auf die nackten Untermasten.

abtreiben: Das seitliche Versetztwerden eines Schiffes von seinem Kurs.

achteraus: Alles, was hinter dem Schiff liegt, von querab [dwars] bis recht [genau] achteraus.

Achterdeck, das: Der hintere, dem Achtersteven zulaufende Teil eines Schiffsdecks.

Achterliek: siehe *Liek*

achtern: Alles, was »hinten« ist, hinter mittschiffs liegt.

Achterpiek, die: Der hintere, spitz zulaufende Raum eines Schiffes.

Achterschiff, das: Der hintere Teil eines Schiffes vom Großmast ab.

Achterstag das: Ein Stag (längsschiff stehendes Stütztau), das den Mast nach hinten stützt, jedoch »fest« ist, während die dem gleichen Zweck dienenden Backstage (schräg nach achtern laufende Stütztaue) wegen der Bäume losnehmbar angeordnet sind.

Achtersteven, der: Der Hintersteven; Abschlußbauteil des nach hinten zusammenlaufenden Schiffskörpers.

am Wind segeln: Segeln bei einer spitz von vorne einfallenden Windrichtung.

anbrassen: Die Rahen durch die Brassen (an den Rahnocken oder -enden angreifende Taue) aus der Quer- in die Längsrichtung bewegen.

an den Wind gehen: Einen raumen Kurs (Kurs mit achterlichem Wind) so ändern, daß das Schiff am Wind segelt (»höher« segelt als bisher).

anliegen: Das Halten eines bestimmten Kurses am Kompaß. »Kurs soundso liegt an!«

anluven: Dasselbe wie »an den Wind gehen« – Kursänderung so, daß das Schiff spitzer zum Wind segelt.

anpieken: Das Steilertrimmen (Schrägerstellen) einer Gaffel (der oberen Spiere eines Gaffelsegels; die untere ist der Baum) durch Anholen (Anziehen) des Piekfalls (der Leine, die an der Spitze des Gaffelsegels ansetzt und über die am Mast sitzende Piekfallrolle oder Piekfallscheibe an Deck läuft).

anschäkeln: Einen Gegenstand durch *Schäkel* (Eisen- oder Metallbügel, durch einen Schraubbolzen verschließbar; Verbindungsglied von Takelagetauen, Ketten usw.) verbinden.

anschlagen: Zwei Dinge miteinander verbinden. Zum Beispiel: das Segel an eine Spiere, einen Baum anschlagen.

anspleißen, ansplissen: Zwei Taue miteinander (oder ein Tau mit einem anderen Gegenstand) durch *Spleißung* (Einflechtung) verbinden.

anstroppen: Etwas (zumeist einen Block, ein Rollen- oder Scheibengehäuse) mit einem Seilring oder einer Seilschlinge versehen.

aufbrassen: Die Rahen mit Hilfe der Brassen so drehen, daß sie mehr in die Querschiffrichtung kommen. Gegensätzlich: anbrassen.

aufbringen: Beim Auftakeln das Montieren von Stengen (obere, aufsetzbare und abnehmbare Teile eines Mastes), Rahen, Bäumen usw.

aufdrehen: Mit dem Schiff gegen (in) den Wind drehen (oder anluven) – oder auch: gegen den Strom drehen.

aufgeien: Ein Segel mittels besonderer Taue, der Geien oder Geitaue, unter die Rah aufholen.

aufklaren: An Deck Ordnung schaffen.

aufkommen: Das Ruder nach mittschiffs zurücklegen.

auflandig: Wind, der von der See zum Lande hin weht.

aufriggen, auftakeln: Alle Spieren, alles Tauwerk, alle Segel an Bord bringen und an ihren Verwendungsstellen anbringen.

aufschießen: Zusammenlegen eines Taues »in Buchten« (in regelmäßigen Biegungen ausgelegt oder in Kreisen »aufgeschossen«).

auftörnen: Einen »Törn«, eine Kinke, eine Eindrehung aus einem Tau bringen und es klar zum Gebrauch machen.

auftoppen: Spieren (Rundhölzer) wie Bäume oder Rahen aus ihrer normalen (waagerechten) Lage in eine mehr schräge bringen.

ausbringen: Etwas nach außenbords bringen, das aber noch mit dem Schiff in Verbindung bleibt.

aus dem Ruder laufen: Gleichbedeutend mit: »aus dem Kurs laufen« ohne Absicht des Steuernden.

ausholen: Das Durchholen (lose hängende Leine einholen und straff setzen) und Steifsetzen eines Teils des Riggs (der Gesamtheit der Takelage).

ausreißen: Ein Vorsegel oder eine Flagge werden »aufgetucht«, das heißt, mit Bändseln gezeist, gezurrt oder aufgebunden, gesetzt. Durch Zug an Schot oder Flaggleine werden sie »ausgerissen« oder (durch Sprengen der Bändsel) entfaltet.

ausscheren: 1. Eine Leine aus einem Block (Rolle) herausziehen. – 2. Ungewolltes Abweichen eines Schiffes vom Kurs. – 3. Beabsichtigtes oder ungewolltes Ausbrechen aus einer Linie (wenn zum Beispiel mehrere Schiffe hintereinander fahren).

back: Entgegen, rückwärts, zurück. Ein Segel »steht back«, wenn es den Wind von der falschen Seite bekommt. *»Backhalten«:* Ein Segel derart stellen, daß es »von der falschen Seite« den Wind einbekommt.

Backbord, das: Die (in Richtung zum Vorsteven) linke Seite eines Schiffes. Backbord ist alles, was sich auf der linken Hälfte der Mittellängsebene eines Schiffes befindet.

Backbordhalsen, Backbordschoten, die: Ein Schiff segelt mit Backbordhalsen (auf Steuerbordbug und mit Steuerbordschoten), wenn es den Wind von Backbord einbekommt. Ein Schiff hat Backbordschoten (segelt auf Backbordbug und mit Steuerbordhalsen), wenn es den Wind von Steuerbord einbekommt.

Bändsel, das: Ein dünnes Stück Leine, das zum Bändseln (Festmachen) oder Zeisen (mit einer Zeising, *s.d.*, festmachen) von Tauwerk und Segeln dient. Segelbändsel sind zumeist Streifen aus Segeltuch.

Baum, der: 1. Bezeichnung für jedes Stück Rundholz, dasselbe wie »Spiere«. 2. Der Ladebaum eines Frachters. 3. Der Baum (untere Spiere) eines Schrat-, Gaffel-, Lugger- oder Stagsegels.

Baumbock, der: Auf Segelschiffen und Jachten die bock- oder gabelhaften Gebilde, auf die der Groß-, Fock- oder Besanbaum nach dem Segelbergen gelagert und gezurrt (festgebunden) wird.

Baumfock, die: Eine Stagfock (ein Focksegel, das am Stag, am Stütztau, fährt, also das untere Segel an allen nicht voll- oder rahgetakelten vordersten Masten), deren Untersaum (Unterliek) auf einem Baum festgemacht ist wie bei einem Gaffelsegel.

Baumkragen, auch Baumkranz, der: Ein hölzerner Kragen um einen Mast, auf dem die Klau (Gabel) des Baumes ruht.

beidrehen: Ein Segelmanöver, das man am Wind segelnd ausführt, und bei dem man die Stagfock (und je nach dem Schiff auch noch weitere Segel) *backsetzt* (vgl. »back«). Das Schiff macht nun nur noch wenig oder gar keine Fahrt mehr voraus, treibt stark ab.

Beisegel, das: Die leichteren Segel einer Jacht, die nicht zur Grundbesegelung gehören.

beisetzen: Es werden mehr Segel gesetzt als bereits stehen.

bekneifen, belegen: Das kreuzweise Herumlegen eines Tauendes um einen Poller, eine Klampe, einen Belegnagel, so daß sich das Tau durch den eigenen Zug ohne Knoten hält.

Belegnagel, der: Ein hölzerner oder metallener, mit einem Handgriff versehener Dorn, der senkrecht oder waagerecht durch einen gelochten Balken gesteckt wird.

beschlagen (der Segel): Das Festmachen, das Zeisen, das Bändseln der Segel.

Besteck, das; Besteck aufmachen, aufnehmen: Berechnung des Standortes des Schiffes mit Hilfe von Instrumenten (Sextant, Chronometer) nach Gestirnshöhen (astronomisches Besteck) oder aus zurückgelegten und aufgezeichneten Kursen und Geschwindigkeiten.

Bilge, die: Der Raum im Doppelboden beziehungsweise zwischen den Bodenwrangen, in dem sich alles eingedrungene Wasser und das Kondensationswasser – also das Bilgenwasser – sammelt.

Block, der: Hölzernes oder auch eisernes, vorne und hinten offenes Gehäuse mit einer oder mehreren Rollen im Innern zum Umleiten von Tauwerk. Die Rollen werden als *Scheiben* bezeichnet. Der Block ist oben oder unten mit einem Auge oder mit einem Haken beschlagen, oder auch oben (unten) mit einem Haken und unten (oben) mit einem Auge. Er kann auch in ein Tau eingestroppt (eingebunden) sein.

Bonnet, das: Ein Segeltuchstreifen, der an die Fußliek (den Untersaum) eines Rahsegels angeheftet wird, um die Segelfläche zu vergrößern.

Bramrah, die: Die Rah des Bramsegels.

Bramsegel, das: Das Rahsegel, das über dem Marssegel gefahren wird, also das dritte Segel von unten bei Schiffen mit einfachen Mars- und Bramsegeln.

Bramstenge, die: Die zweite Stenge (abnehmbarer Teil) eines vollgetakelten Mastes. Die erste (untere) ist die Marsstenge.

Brasse, die: An den Rahenden (Rahnokken) angreifendes Tau zum seitlichen Drehen der Rah.

brassen: Das seitliche Herumholen der Rahen mit Hilfe der Brassen.

Breitfock, die: Ein einfaches Rahsegel, das auf mit (längsschiff gestellten) Schratsegeln ausgerüsteten Schiffen auf raumem Kurs (mit achterlicher als querab einfallendem Wind) benutzt wird.

Bugspriet, das: Der fest mit dem Schiff verbundene, über dessen Vorderteil hinausragende Mast oder »Klüverbaum«. Der Ausdruck Klüverbaum wurde nur für die wegnehmbare Verlängerung des Bugspriets verwendet.

Bugstag, das: Die beiden Stage (Stütztaue), die das Bugspriet nach den Seiten abstützen.

Cockpit s. Plicht

Derrik, auch Derrick, Derrickkran, der: Ein Kran, der aus einem senkrechten Pfosten (Säule) und einem unten angelenkten (mit Gelenk angesetzten) Ausleger besteht.

Dirk (Kranleine), die: Ein Tau (s.d.) aus Manilahanf oder Stahldraht, das von der Nock (Ende) eines Baumes an den Mast läuft. Es dient zum Lüften der Baumnock, zum Auftoppen. Meist wird die Dirk sogar zu beiden Seiten des (Gaffel-)Segels geführt, um die jeweilige Leedirk (die Leine auf der windabgewandten Seite) beim Segelsetzen (Hissen, Aufziehen) loswerfen zu können. Das Anziehen (Ansetzen) der Dirk, das die Baumnock anlüftet, wird *dirken* oder *andirken* genannt.

Dollbord, Schälbord, der: Der obere Rand eines Bootes.

Ducht, die: Die Sitzbank in einem Ruderboot.

durchdrehen: Das unbeabsichtigte Durch-den-Wind-Gehen oder Überstaggehen eines Schiffes, so daß der Wind plötzlich von der anderen Seite einkommt und die Segel back gehen.

durchgehen: Das beabsichtigte Durch-den-Wind-Gehen oder Überstaggehen (Wenden) eines Segelfahrzeuges.

dwars: Genau querab, Mittschiffslinie.

Dwarslinie: das Nebeneinanderfahren mehrerer Schiffe (eines Geschwaders) auf gleicher Höhe und auf gleichem Kurs.

Dwarswind: Seitlich einkommender Wind.

Einhandjacht, die: Eine Jacht, die ein Mann allein bedienen und segeln kann.

einholen: Etwas von außenbords nach binnenbords bringen, ziehen, holen. Beispiel: einholen (auch: einrennen) des (losnehmbaren) Klüverbaums in schwerer See oder in engen Häfen.

einlieken (des Segels): Das Einsäumen des Liektaus (eines geteerten Seils oder eines Stahltaus) an den Rändern eines Segels, um dieses vor Einreißen zu schützen.

Eisenkiel, der: Der aus Gußeisen bestehende und als Außenballast wirkende Ballastkiel unter dem Kiel der Segeljachten, der entweder direkt dem Kiel untergebolzt ist oder einer Zwischenlage von Totholz. Ein *Bleikiel* ist aber besser als ein Eisenkiel.

Ende, das: Seemännisch wird jede Art von Tau oder Tauwerk als »Ende« bezeichnet. Das Ende eines »Endes« (Tau) ist der *Tampen.*

Faden, der: Längenmaß. Ein (1) Faden (engl. »fathom«) hat 6 Fuß zu 0,3048 Meter und ist gleich 1,829 Meter. Tiefenangaben auf englischen Seekarten sind gewöhnlich in Faden angegeben.

Fall, das: Zum Heißen (Hissen) und Fieren einer Rah oder eines Segels dienendes, einfach oder doppelt fahrendes Tau.

Fallblock der: Block am Topp eines Mastes, einer Stänge (Stenge) oder an der Nock einer Rah, durch den ein Fall geschoren wird oder läuft.

Fallwinde, Fallwinsch, die: Die Winde, mit der die Fallen auf größeren Segelschiffen und Jachten geholt werden.

Fangleine, die: Die am Vorsteven eines Bootes angebrachte Leine, die dazu dient, es festzumachen.

Fender, der: Wie ein Kissen wirkender Gegenstand, um die Bordwand des Schiffes bei Berührungen mit anderen Schiffen, mit der Kaimauer zu schützen.

fieren: Ein Tau, eine Kette nachlassen, ihnen Lose geben, sie herunterlassen. Ein Gewicht, eine Last, die an einem Tau, einer Tale oder dergleichen hängt (Rah, Boot usw.), herunterlassen.

Flach, das: Flache Stelle, Bank, Barre, in der Nähe des freien Fahrwassers.

flach vor den Winde, platt vor dem Winde: Segeln bei genau achterem Wind.

Flansch, der: 1. Der eine Schenkel eines Winkeleisens. – 2. Die rechtwinklig abgeknickte Kante eines Bleches (z.B.: Oberkante einer Bodenwrange).– 3. Tellerartiges (oft mit Bolzenlöchern versehenes) Verbindungsstück an einem Rohr- oder Wellenende.

Flaschenzug, der: Vom Seemann immer *Talje* genannt.

fliegen lassen: Auffieren, fieren, laufen lassen. Etwa: das plötzliche Fieren einer Schot, um allen Wind aus dem Segel zu bekommen *(Fliegende Schoten:* vollkommen lose Schoten).

Flossenkiel, der: Der tief unter den Rumpf reichende, stets mit Außenballast (Ballastkiel) versehene Kiel der Segeljachten.

Fock, die; Focksegel, das: Das untere Segel vor dem vorderen Mast (Fockmast) oder überhaupt vor dem Mast bei einem einmastigen Schiff oder Boot. Bei Rahschiffen ist es ein Rahsegel. Bei Schiffen mit Schratsegeln ist es meist ein Stagsegel, das am Fockstag (Fockmaststütztau, nach vorn laufend) gefahren wird und dann Stagfock heißt.

Fockbaum, der: Der Baum der Stagfock oder des Fockstagsegels (bei Schiffen mit Schratsegeln). Die Stagfock wird dadurch zu einer *Baumfock.*

Fockmast, der: Der vorderste Mast bei

mehrmastigen Schiffen, mit Ausnahme der Anderthalbmaster. Er wird auch *Vortopp* genannt.

Fockstag, das: Starkes Tau des stehenden Gutes (alles Tauwerk, das bei Segelmanövern stehenbleibt, unbeweglich bleibt).

Freibord, der: Der Abstand zwischen der Wasserlinie und dem tiefsten Punkt des Oberdecks.

Fuß, der: Englisches Längenmaß: 1 englischer Fuß ist 0,3048 Meter lang. Er hat 12 Zoll zu 25, 41 Millimeter.

Fußliek, das: Dasselbe wie Unterliek, unterer Saum eines Segels.

Fußrah, die: Eine kürzere Rah an dem Unterliek eines Segels, beispielsweise einer Stagfock.

Gaffel, die: Die obere Spiere (Rundholz) eines Gaffelsegels (eines Schratsegels oder längsschiff geführten Segel bestimmter Art). Die Gaffel sitzt mit einer gabelartigen Holz- oder Metallklaue, mit der *Gaffelklau,* an der Achterseite (hinteren Seite) des Mastes. Sie wird durch zwei Fallen (Aufziehtaue) geheißt: durch das Klaufall an der Klau und durch das Piekfall an der frei stehenden Spitze.

Gallone, die: Englisches Hohlmaß: 4,54 Liter.

Garn, das: Segelgarn: Ein starker Faden, wird insbesondere für Näharbeiten an Segeln und Persenningen (geteerten Segeltüchern) verwendet.

Gatt, das: 1. Das Hinterende eines Schiffes (Rundgatt, Spitzgatt, Plattgatt). — 2. Speigatt, Nüstergatt: Wasserlauflöcher, um das Wasser von Deck oder durch die Bodenstücke ablaufen zu lassen. 3. Allgemein ein Loch, eine Öffnung. — 4. Ein Loch mit eingenähtem Rand im Segel. *Gattchen:* Eingenähte kleine Ösen in Segeln, um Reffbänder durch sie stecken zu können.

Gegenwind, der: Ein Wind, der gerade aus der Richtung kommt, in der man zu segeln wünscht.

gegißtes Besteck: Der durch die Koppelung (Eintragen der gefahrenen Kurse und ihrer Längen auf der Seekarte) gefundene Schiffsort.

Gei, Geitau, das: 1. Das auf einer Talje (Flaschenzug) laufende Ende (Tau), mit dem Davits (Anker- und Bootskräne) und Ladebäume seitlich bewegt werden. — 2. Gording (Reff- oder Zusammenholtau) für ein Gaffelsegel. — 3. Die beiden Gordinge, die zu den Schothörnern (untere Segelecken) der Rahsegel laufen.

geschlagenes Tauwerk: Durch Zusammendrehen der einzelnen Garne zu Kardeelen (Strängen) und durch Zusammendrehen dieser zu einem Tau entstehend.

gieren: Das Hin- und Herdrehen eines Schiffes in hoher See, die es ununterbrochen aus dem Kurs wirft; ebenso das Schwojen (durch Wind und Strom verursachtes Drehen) eines Schiffes vor Anker.

Gillung, die: Der gewölbte Übergang vom Achtersteven zum ausfallenden Heck. Ebenso die geschwungenen Seitenbegrenzungen (Lieks) der Segel.

Gischt, der: Sprühwasser, Schaumverblasungen bei starkem Winde (ab Windstärke 7 nach Beaufort).

gissen: schätzen. Der »gegißte« Schiffsort ist der durch Koppelungen, nicht durch Peilungen gefundene Schiffsort.

Gleitschiene, die: Die Metallschiene an Masten und Bäumen, an der das Segel mittels Reiter oder Rutscher entlanggleitet. Auch Jackstag.

Gräting die: Hölzernes Rost- oder Gitterwerk.

Gut, das: Die Gesamtheit des zum Takelwerk eines Schiffes gehörigen Tauwerkes. *Stehendes Gut:* die unbeweglich oder feststehend bleibenden Taue, wie die Pardunen, Stage, Wanten — alle Stütztaue also; *laufendes Gut:* alle beim Gebrauch oder bei der Bedienung der Segel bewegten Taue, wie Brassen, Fallen, Gordings, Schoten.

halsen: Das Segelmanöver, das ausgeführt wird, wenn das Schiff mit dem Heck durch den Wind gebracht wird, also »vor dem Winde« wendet (Gegensatz: wenden, den Bug durch den Wind bringen, also »am Winde« oder »bei dem Winde« wenden). Wenn es vorher den Wind von Steuerbord einbekam (auf Steuerbord-Halsen und Backbord-Schoten lag), so bekommt es nachher den Wind von Backbord ein (und liegt nunmehr auf Backbord-Halsen und Steuerbord-Schoten). Halsen ist für Rahschiffe ein einfaches Manöver, für Schiffe mit Gaffelsegeln (besonders für Jachten) bei Wind und See unter Umständen eines, das die Takelung gefährdet.

handig: handlich, leicht zu handhaben.

Handspake, die: Hölzerner Hebebaum für einen Mann zur Anlüftung schwerer Gegenstände.

Hartruder das: Die Ruderlage mit der größten Wirkung für das Schiff; normal zwischen 35 und 40 Grad liegend. Kommando: Hart Backbord (Hart Steuerbord!)

Hauptspant, Nullspant, der: Querschnitt und Spant an der breitesten Stelle eines Schiffes.

Haut, die: Die Außenhaut des Schiffes.

heißen: Das Hieven (Aufziehen) eines Segels oder einer Flagge. Auch: *hissen.*

Helgen, der; Helling, die: Der Bauplatz der Schiffe auf dem Areal der Werften, mit Neigung zum Wasser für den Stapellauf oder Ablauf des Schiffes.

Helm, Helmstock, der: Die Ruderpinne, der längsschiff stehende Hebel zum Drehen des Ruders.

hieven: Hochziehen, hochheben.

Jackstag: s. Gleitschiene

Kalfatern, kalfaten: Das Abdichten von Außenhaut- und Decksnähten. Es werden dabei die Fugen mit geteertem Werg durch das Kalfateisen (eine Art Meißel mit Rillen in der verbreiterten Schneide) und den Kalfathammer (ein Holzhammer aus Pockholz) vollgestemmt.

Kappbeil, das: Ein gewöhnliches, aber besonders starkes Beil, das zum Kappen der Masten und Stütztaue, Wanten, Stage) bei unmittelbarer Kentergefahr der Segelschiffe im Sturm verwendet wurde.

kardanische Aufhängung, die: Aus zwei konzentrischen Ringen bestehende Aufhängung von Kompaß, Chronometer, Kochapparat, in der diese Gegenstände stets senkrecht hängen.

Kardeel, das: Der Schaft eines Taues. Dreikardeelig (dreischäftig) oder aus drei Kardeelen besteht ein Tau, wenn es aus drei ihrerseits aus mehreren Fasern zusammengedrehten Garnen geschlagen (zusammengedreht) ist.

karweel, Kraweel: Bei Holzschiffen und -booten die Art, die Außenhautplanken so nebeneinander zu legen, daß eine glatte Haut entsteht im Gegensatz zu *klinker* (Klinker-Bauweise), wobei die Planken sich dachziegelartig überlappen.

Ketschtakelung, die: Die Takelung der frühen Anderthalbmast-Jacht wird Ketschtakelung genannt.

killen der Segel: Das schlaffe Hin- und Herschlagen der Segel, wenn sie parallel mit dem Wind stehen und er keine Angriffsfläche findet.

Kink, die: Eine ungewollte Verdrehung oder Schlaufe im Tauwerk. Geflochtenes Tauwerk *kinkt* weniger als geschlagenes (eingedrehtes).

Klampe, die: Hölzerne oder metallene Festhalte- oder Führungsvorrichtung (z.B. Bootsklampe nach der Bootsform ausgeschnittene Klampe zum Hineinstellen des Bootes auf Deck).

Klau, die: Ein gabel- oder klauenartiger Beschlag am inneren Ende einer Gaffel als Anlage- und Drehpunkt am Mast. An der Klau setzt das *Klaufall* an.

Klüse, die: Runde oder ovale Öffnung in der Außenhaut oder im Deck, deren Kanten verstärkt sind und die als Führung für Leinen und Ketten dient.

Klüver, der: Das innerste Vor- oder Stagsegel.

Klüverbaum, der: Die über den Steven nach vorn hinausragende Spiere, an der die Vorsegel (Stagsegel) gefahren werden. Meist zum Einrennen oder Einholen (zum Abnehmen) eingerichtet.

kneifen: Ein Ende (ein Tau) wird so belegt (festgemacht), daß es gegen Zug gesichert ist, weil es sich selber *bekneift* (die Knotenschlinge anzieht).

Knoten der: Geschwindigkeitsmaß: 1 Stunden-Seemeile = 1852,01 Meter (0,5144 Sekundenmeter).

Koje, die: Kleine, fest eingebaute Schlafstelle an Bord eines Schiffes.

Kopf der; Heiß, die: Der obere Teil eines Segels, der am Fall (Heißtau) angeschlagen wird. Viele Segel erhalten am

Kopf ein kleines Brett, das Kopfbrett, eingenäht, das den Zug des Falls verteilen soll.

kreuzen: Ein Segelschiff kann nicht genau oder, wie der Seemann sagt, »vierkant« gegen den Wind segeln. Liegt sein Ziel deshalb in Richtung des Windes, so muß es zickzack laufen, eben kreuzen. Kreuzen heißt auch »in Schlägen fahren«. *Schlag* ist die jeweils über einen Bug zurückgelegte gerade Strecke, also jedes Zack und jedes Zick.

krimpen: Das langsame Linksdrehen des Windes, das auf der nördlichen Halbkugel im allgemeinen schlechtes Wetter anzeigt.

Kurs, der: Fahrtrichtung eines Schiffes, in Kompaßstrichen oder -graden nach der Kompaßrose (Windrose), die runde Scheibe des Kompasses, auf der die Richtungen in *Graden* oder in *Strichen* eingeteilt sind. *Gradeinteilung:* 0 Grad = Nord, 90 Grad = Ost, 180 Grad = Süd, 270 Grad = West, 360 Grad = Nord. *Stricheinteilung:* Aufteilung der Kompaßrose in vier Quadranten: Nord bis Ost, Ost bis Süd, Süd bis West, West bis Nord. Jeder Quadrant ist halbiert, zum Beispiel Nord-Ost. Die entstehenden Felder sind wieder halbiert, und diese wiederum usw., bis eine Aufteilung in Achtelstrichen entsteht. Ein Strich hat 11/1,4 Grad.

Kurs absetzen: Das Festlegen eines Kurses auf der Seekarte, in die er eingezeichnet wird und aus der mit Hilfe der nächstliegenden der vielen eingedruckten Rosen mit dem Parallellineal (zwei durch bewegliche parallele Leisten in jedem Abstand voneinander ebenfalls parallel gehaltene Lineale) genommen werden kann.

Landfall, der: Das Insichtkommen von Land nach dem Überqueren größerer Gewässer.

längsseit, langseit: Außenbords in der Längsrichtung des Schiffes.

Lasche, Laschung, die: Verbindung zweier Teilstücke.

Läufer der: Die Leine, das Tau, das bei einer Talje (Flaschenzug), einer Gier (schwerer Flaschenzug mit mindestens einem dreischeibigen Block) durch die Blöcke läuft.

lebendig: Ein Schiff ist lebendig, wenn es dem Ruder leicht und schnell gehorcht. Ein Segel ist lebendig, wenn es nicht ganz vom Wind gefüllt wird, sondern an der Grenze des Killens steht. Ein Schiff wird lebendig gesteuert, wenn es so gesegelt wird, daß seine Segel lebendig sind.

Lee, die: Die dem Wind abgekehrte Seite an Bord eines Schiffes. Gegensatz: *Luv,* die dem Wind zugewandte Seite.

Leeküste, die: Die Küste in Lee. Vom Schiff ausgesehen steht der Wind auf sie zu.

Legerwall,der: Ein Schiff liegt auf Legerwall, wenn es auf seiner Leeseite die Küste hat.

Leine, die: Dünneres Tauwerk jeder Art.

lenzen; Lenz, auch *lens:* bedeutet leer in bezug auf Wasser. Lenzen ist deshalb Wasser aus einem Raum pumpen, bis er leer oder lenz ist.

Lenzpumpe, die; Lenzrohr, das: Eine an ein Saugrohr angeschlossene Wasserpumpe zum Lenzen.

lichten: Anlüften, anheben, hochheben, hochziehen, hieven.

liegen: Für ein Seemann »schwimmt« ein Schiff nie, sondern es liegt; zum Beispiel es liegt vor Anker, es liegt kopflastig.

Liek, Lieck, das: Das dünne Tau, mit dem jedes Segel eingefaßt, eingesäumt ist. Die Kanten des Segels. Benannt je nach ihrer Lage am Segel: *Vorliek, Achterliek, Mastliek* usw.

Löffelbug, der: Der löffelartige, runde, mit einem längeren Überhang versehene Vorsteven bei Jachten.

Log, das; Logge, die: Gerät zum Messen der Fahrtgeschwindigkeit eines Schiffes. Unterschieden werden: Handlog; Patentlog, eine an einer Leine nachgeschleppte Propellerschraube, deren Drehungszahlen auf ein Uhrwerk registriert werden und damit Fahrt (Fahrtgeschwindigkeit) und gelaufene Strecke angeben. Heute gibt es auch eingebaute Stevenloge, komplizierte Apparate, die den Staudruck des Wassers am Vorsteven zum Messen der Fahrtgeschwindigkeit benutzen.

Logbuch, das: Das Journal, das Schiffstagebuch.

Logis, das: An Bord eines Schiffes der Wohnraum oder die Wohnräume für die Mannschaft.

Lose geben: Ein Tau fieren (ein beanspruchtes oder belastetes Tau nachlassen).

Luv, Luvseite, die: Die dem Wind zugekehrte Seite eines Schiffes.

marlen: Ein Segel an einem Baum durch die *Marlleine* und mit *Marlschlag* anschlagen. Die Marlleine ist ein dünnes ungeteertes Tau, das abwechselnd durch die Kauschen des Segellieks gezogen und in einer besonderen Weise, eben dem Marlschlag, um den Baum geschlungen wird und so das Segel an diesem hält.

Marssegel, das: Das über dem untersten, nach dem Mast benannten Segel (Focksegel, Großsegel) gefahrene Segel; also das zweite von unten. Es war aber seit langem unterteilt in Ober- und Untermarssegel (zweites und drittes Segel von unten). Sie wurden an der Obermars beziehungsweise Untermarsrah geführt. Über den Marssegeln kam dann das Bramsegel, das allerdings ebenfalls meistens in Unter- und Oberbramsegel geteilt war.

Marsstenge, die: Die erste Stenge (Mastverlängerung) von unten. Auf ihr steht die obere, die Bramstenge.

Mast, der: Langes Rundholz (Spiere), an dem die Segel gefahren werden. Die aufgesetzten Verlängerungen des Mastes werden Stengen (Stängen) genannt. Heute werden Masten als lange Hohlzylinder aus Stahl zusammengenietet und inwendig durch Eisenstreben verstärkt.

Masttopp, der: Der oberste Teil des Mastes, vom obersten Block bis zum Flaggenknopf. Er ist für die Flagge reserviert.

mitschiffs: 1. In der Mitte des Schiffes in der Breitenrichtung, das heißt in »Mitte Schiff«. 2. In der Mitte des Schiffes in seiner Längsrichtung.

Mole, die: Der einen Hafen oder eine Hafeneinfahrt schützende Damm.

Nagelbank, die: An den Masten, am Schanzkleid, an den Wanten vorhandener gelochter Bock aus Holz oder Eisen, in den die Belegnägel zum Belegen (Festsetzen) der Taue gesteckt werden können.

Nock, die: Das Ende einer Spiere, eines Rundholzes (Rah, Gaffel, Baum). Das obere Ende des Mastes (bzw. der obersten Stenge) heißt aber *Topp.* Dann gibt es auch die *Brükkennocken,* die seitlichen, meist ausgeschwungenen Enden der Brücke, an denen sich die Seitenlichter befinden.

Pardun, Pardune, die: Stahlverstagung, Stahltrossenabstützung der Stengen, die achterlich der Wanten steht.

Persenning, die: Starkes, besonders präpariertes oder geteertes Segeltuch. Im engeren Sinne ein zugepaßter Bezug aus geteertem Segeltuch für Decksöffnungen, Kappen, Oberlichter, Steuerräder, Segel, Boote.

Pfriem, der: Eine starke gekrümmte Nähnadel zum Vernähen besonders schwieriger Stücke.

Pieckfall, das: Fall (Tau zum Fieren und Heißen) einer Gaffel.

Piek, das: Allgemein Ecke, Spitze. Daher die äußersten, spitzen Räume an den Enden des Schiffes: *Piekräume* (Vorpiek, Achterpiek). Das äußere Ende einer Gaffel.

Pier, der: Bollwerk aus Holz, Eisen, Stein, Beton, zum Anlegen von Schiffen.

Plicht, die: Ursprünglich auf Booten ein primitiver, gedeckter Aufenthaltsraum. Heute der gegenüber dem Deck vertiefte Sitzraum für Besatzung und Rudergänger auf Jachten.

Prahm, der: Kastenförmiges Transport- und Arbeitsboot.

preien, anpreien: Anrufen eines Schiffes (»Schiff ahoi!«).

pressen: Für eine bestimmte Windstärke zu viel Segel führen.

querab: Dasselbe wie dwars, das heißt, im rechten Winkel zur Längs-, Mittschiffslinie eines Schiffes.

querein: Dasselbe wie querab, aber in Richtung auf das Schiff zu. (Der Wind kommt querein.)

Rack, das: Vorrichtung (Beschlag, Schlinge) in der Mitte einer Rah oder an der Klau einer Gaffel, um diese schwenkbar mit dem Mast oder mit einer Stenge zu verbinden.

Rah, die: Waagerechtes, an der Vorkante eines Mastes oder einer Stenge hängendes schwenkbares Rundholz, das auf Segelschiffen zur Befestigung der Segel (Rahsegel) dient.

Rakete, die: Ein zu Signalzwecken verwendetes Leuchtgeschoß.

rank: Ein Schiff, das nur eine geringe Stabilität hat, ist rank. Das bedeutet: es hat die Eigenschaft, sich bei seitlichem Druck oder Zug (Wind, Ladung) stark überzulegen.

raumer Wind: Wind, der raum einfällt, das heißt, achterlichter als dwars. Man steuert dann einen *raumen Kurs.*

Rauschenlassen (eines Endes), das: Schnelles Losgeben eines Taus, so daß es auslaufen kann.

recht: Genau. Recht voraus, recht achteraus: etwas, das genau voraus, genau achteraus liegt.

Reep, das: Soviel wie Tau.

Reff, Reef, das: Zum Verkleinern, zum Reffen eingerichteter Teil eines Segels, parallel zur Rah, zum Baum liegend; also die Bahn oder Doppelung auf dem Segel, an der die Reffbändsel oder -kauschen sitzen, mit denen das Reff aufgebunden oder eingesteckt wird.

reffen: Ein Reff einstecken. Das Aufholen eines Reffs geschieht durch die *Reffjolle,* die über die *Refftalje* (kleiner Flaschenzug) läuft.

Reling, Reeling, die: Das Schutzgeländer, der »Zaun«, der um ein oberes, freiliegendes Deck eines Schiffes oder Bootes herumläuft.

Riemen, Remen, der: Runde Holzstange, oben mit Handgriff, die untere Hälfte blattförmig ausgestaltet, zum Fortbewegen eines Bootes durch Rojen dienend. Von der Landratte »Ruder« genannt, vom Seemann »Pullstengel«.

Rigg, das; Rigging, die: Die Takelage, die Takelungsart eines Schiffes, einer Jacht. *riggen, aufriggen:* takeln, auftakeln.

rojen: Das Vorwärtstreiben, die Fortbewegung eines Bootes mit Riemen. Von der Landratte *rudern* genannt.

rollen: Die das Schlingen (seitliche Bewegungen) und das Stampfen (längsgerichtete Bewegungen) vereinigenden Bewegungen des Schiffes bei Seegang.

Rüsteisen, Pütting, das: Der Beschlag, mit dem die Wanten an der Außenhaut angebracht sind.

Saling, Saaling, die: Auf Jachten die Spreize am Mast zur Ausspreizung der oberen Wanten, damit der Mast besser gestützt ist. Auf Schiffen mit Rahtakelung wird diese Ausspreizung durch die beiden Quersalings erzielt, auf denen der Mast ruht.

Schäkel, der: Durch einen Schraubbolzen verschließbarer Eisen- oder Metallbügel. Dient als Verbindungsglied von Tauen, Ketten usw.

Schälbord, Setzbord, das: Bei halbgedeckten Booten die senkrecht stehende Abschlußplanke der Eindeckung vor der Plicht.

Scheuerleiste, die: Eine rund um das Schiff laufende, hervorstehende und meist mit Halbrundschienen beschlagene Leiste, die den Schiffsrumpf bei Berührung von Pfählen, Brücken, Kaimauern schützen soll.

Schlag, der: Beim Segeln, beim In-Schlägen-Fahren, diejenige Strecke, die ohne zu wenden zurückgelegt wird.

Schlingerbord, der: Randleiste um einen Tisch, die bei Schiffsbewegungen das Herunterrutschen von Gegenständen verhindert.

Schot, die: Leine zum Bedienen des Segels, die am Schothorn (der achteren Ecke des Segels) angreift.

schralen: Das Drehen des Windes derart, daß er mehr von vorn einkommt, also für das Segel ungünstiger wird.

Schratsegel, das: Sammelbezeichnung für alle Segel, die nicht querschiffs stehen (an einer Rah gefahren werden), sondern längsschiffs. Also sämtliche Stagsegel, alle Gaffelsegel, die Hochsegel, die Spitzsegel.

schwojen, schwien: Das Drehen eines vor Anker oder an einer Boje liegenden Schiffes oder Bootes durch Wind oder Strom.

See, die: 1. Das Meer, das Weltmeer. 2. Der Seegang, entsprechend der Beaufort – Skala (Seegangsstufen) eingeteilt. 3. Für den Seemann auch jede einzelne (größere) Welle.

Seemeile, die: Längenmaß in der Schifffahrt. Sie mißt 1852,01 Meter. Die englische Seemeile (nautical mile oder admirality knot) ist um einen Meter länger (die englische Landmeile, statute mile, ist dagegen 1609 Meter).

Segelführung, die: Die Art und Weise, in der ein Schiff seine Segel fährt (d.h. welche Segel es setzt, wie sie gesetzt sind, wie sie in den Schoten oder Brassen geführt werden).

Segeltuch, das: Ein Gewebe aus Flachs, Hanf oder Baumwolle, das in verschiedenen Stärken und Größen hergestellt wird. (Sechs Stärkenummern; 0 ist das stärkste Tuch, 5 das schwächste.)

Sextant, der: Präzisionswinkelmeßgerät für die Navigation (Schiffsortbestimmung), um bei Peilungen den Winkel zwischen Horizont und »angeschossenem« Gestirn zu messen.

Slip, auch Schlipp, der: Schräge Gleitbahn am Ufer zum Heraufziehen beziehungsweise Hinablassen von Schiffen, insbesondere bei Werften.

Spant, der: Querverbandsteil im Schiff (den Rippen im Brustkorb vergleichbar).

Speigatt, das: Öffnung in der Verschanzung, im Schanzkleid, durch die das Wasser vom Deck nach außen ablaufen kann.

Spiegel, der: Die Abschlußplatte am Heck eines Schiffes mit einem *Spiegelheck,* das also nicht rund oder spitz ausläuft.

Spill, das: Eine Winde mit senkrechter Achse (Ankerspill, Verholspill).

Spinnaker, der: leichtes Vorwindsegel, das bei raumem Wind und gutem Wetter auf Jachten gefahren wird.

Spitzgatt, das: Die Heckform, die nicht rund oder in einem Spiegel, sondern spitz zuläuft.

Spitzsegel, das: Das dreieckige Hochsegel der Jachten, das Stützsegel der Motorsegler.

spleißen, splissen: Seemännisches Verflechten zweier Tauenden so, daß kein Knoten entsteht.

Stag, das: Die Taue des stehenden Gutes, die die Masten und Stengen nach vorn und hinten stützen und die nach ihrem Ansetzen an bestimmten Masten (Stengen) unterschieden werden (Fockstag Großstag, Bramstengestag usw.).

Stagsegel, das: Ein Segel, das an einem Stag (längsschiff) gefahren wird (Stagfock, Klüver, Stengestagsegel usw.).

stampfen: Die Bewegungen eines Schiffes um seine Querachse, wodurch sich Vor- und Hinterschiff heben und senken. Das *Stampfen* tritt besonders stark auf, wenn das Schiff gegen die See angeht.

stauen, verstauen: Die Ladung eines Schiffes sachgemäß, platzsparend, seefest und dennoch in der Reihenfolge des Löschens in die Laderäume pakken.

stecken: 1. Ein Tau oder eine Kette von Bord aus nachlassen, so daß der außenbordige Teil sich verlängert auch *ausstecken.* 2. Ein Ende (ein Tau) dadurch verlängern, daß man ein zweites durch einen Knoten (Einflechtung, *Steck)* mit ihm verbindet: *aufstecken.* 3. Zwei Taue (Enden), die aufgesteckt worden sind, wieder auseinandernehmen: *abstecken.* – 4. Das Reffen, Einreffen eines Segels: ein Reff *einstekken.*

stehen: Segel, wenn sie gesetzt sind (an der Rah, am Mast hängen), stehen. Sie *stehen voll,* wenn der Wind gut hineinbläst.

Stenge, Stänge, die: Der obere, aufsetzbare und abhebbare (fierbare) Teil eines Mastes. Ein vollgetakelter Mast hat zwei Stengen: die Mars- und die Bramstenge.

Stern, der: Das Hinterteil eines Schiffes.

Steven, der: Das vordere (Vorsteven) und achtere (Achtersteven) als Verlängerung des Kiels (schräg oder senkrecht) nach oben führende Formstück (Holz beim Holzschiff; Schiene, Trägerplatten beim Stahlschiff), das den Schiffskörper nach vorn und nach hinten begrenzt.

Strak, der: Der Verlauf der gekrümmten Schiffslinien (Deck, Sprung Wasserlinie). Sie müssen einen »guten Strak« haben: eine gleichmäßige, schöne Kurve, ohne Knicke, ohne flache Stellen.

Sturmsegel, das: Segel, die im Sturm gefahren werden. So die Untermarssegel, die deshalb besonders klein gehalten sind; ferner das eigentliche Sturmsegel: das *Trysegel,* ein dreieckiges schweres Segel, das mit Gaffel oder gaffellos gefahren wird; es ist auch das Sturmsegel der Jachten.

stützen: Ein Schiff, das durch Ruderlegen einen Bogen beschrieben hat, wird durch kurzes Gegenruder, eben das Stützen, schneller wieder auf geraden Kurs gelegt als durch unmittelbares Mittschiffslegen des Ruders.

Stützsegel, das: Ein kleines Segel, das das Schiff gegen das Schlingern stützen soll (durch den Druck des Windes).

Süll, das: Einfassung an Luken, hohe Schwelle, an Türen und Niedergängen.

Takelage, die; Takelwerk, das: Die Gesamtheit dessen, was zur Besegelung, zur Betakelung eines Schiffes gehört.

Takelung, die: Die Art des auf einem Schiff angebrachten Takelwerks. Zum Beispiel: Vollschifftakelung, Barktakelung, Schonertakelung. Früher sprach man von *»Zeug«:* Schonerzeug usw.

Talje, die: Flaschenzug aus zwei einoder mehrscheibigen Rollen (Blökken) und aus einem *Läufer* (Lauftau, Laufseilwerk) bestehend.

Tamp, Tampen, der: Das Ende eines Taues, eines Endes. Es ist falsch, ein ganzes Ende (Tau) »Tampen« zu nennen.

Tau, Tauwerk, das: Seemännischer Ausdruck für Strick oder Seil (Hanf, Manila, Kokos, Draht).

Topp, der: oberstes Ende eines Mastes oder einer Stenge, jeweils nach dem Mast benannt: Vortopp, Großtopp, Besantopp. (In erweitertem Sinne auch gebraucht für die Gesamtheit eines getakelten Mastes.)

Topp und Takel: Die nackten Spieren, ohne jedes Segel. Vor Topp und Takel wird gelenzt, wenn im Sturm keine Segel mehr getragen werden können.

Treibanker, der: Ein aus Segeltuch hergestellter, spitz zulaufender Sack (behelfsmäßiger wird der Treibanker aus Spieren und Segeln an Bord selbst hergestellt), der bei schwerem Wetter über den Luvbug ins Wasser geworfen wird, um die Abdrift zu mildern und das Schiff mit dem Kopf gegen die See zu halten.

Trimm, der: 1. Ein Schiff ist »in Trimm«, »gut in Trimm«, wenn es ordentlich gehalten und gepflegt ist. – 2. Der Schwimmzustand eines Schiffes, längsschiff betrachtet (es ist z.B. achterlastig getrimmt, wenn es hinten tiefer geht).

trimmen: Das »In-Trimm-Halten« eines Schiffes durch besonders gutes Setzen der Segel, Stauen der Ladung, Pflege der Maschinen usw.

Trosse, die: Eine starke Leine. Vor allem als Festmacher, Schlepptrosse und dergleichen benutzt.

überlegen: 1. Dasselbe wie krängen. – 2. Das Ruder von der einen auf die andere Seite legen (drehen).

überliegen: 1. Das Festlegen eines Schiffes im Hafen durch ungünstiges Wetter, Beladungsverzögerungen usw. – 2. Die Endphase des Überlegens und Krängens: das Schiff liegt über.

über Stag gehen: Das Wenden eines Segelfahrzeuges so, daß es mit dem Bug durch den Wind (am Wind) auf den anderen Bug gebracht wird.

umlaufende Winde: Winde, die in ihrer Richtung stark wechseln. Besonders bei schönem Sommerwetter mit leichten Winden häufig.

vierkant: Rechtwinklig. Im übertragenen Sinne: breit und untersetzt.

voll getakelt: Ein Mast, der mit dem vollständigen Satz Rahsegeln ausgerüstet ist. Er besteht aus dem Untermast, der Mars- und der Bramstenge. Er trägt die je nach dem Mast benannte (z.B. Kreuz-)Rah, die Untermars- und die Obermarsrah, die Unterbram- und die Oberbramrah, vielleicht noch die Royal-(Reuel-)Rah. Er fährt außerdem noch Stagsegel, als hinterster Mast (Kreuzmast) dazu noch ein Gaffelsegel.

vor dem Winde: Ein Schiff läuft vor dem Winde, wenn es den Wind recht (gerade) achteraus hat.

Want, die: Der Teil des stehenden Gutes, der den Mast nach der Seite hin stützt. Bootsmasten haben oft nur ein Want, größere Masten eine große Anzahl, die auf die Länge des Mastes verteilt sind.

Winde, Winsch, die: Eine Vorrichtung oder eine Maschine zum Heben von Lasten.

Yacht, die: Englische Schreibweise für Jacht.

Zeising, Zeiser, der: Ein kurzes Stropp (kurze Leine, Bändsel) zum Beschlagen (Festbinden) der Segel an den Rahen oder Gaffeln.

zurren: festbinden, festlaschen.

Unheimlich spannend und von beklemmender Aktualität

Als Band mit der Bestellnummer 11 751 erschien:

Seit dem qualvollen Tod seiner über alles geliebten Frau und Tochter, Opfer einer verheerenden Umweltkatastrophe, ist John Munroe alias John Wyman nur noch von einem Gedanken besessen: die Verantwortlichen zur Rechenschaft zu ziehen . . .